Küchenbuch

RATGEBER FÜR JUNGE LEUTE

Verlag für die Frau
DDR · Leipzig

Küchenbuch : Ratgeber für junge Leute / [red. Bearb.: Ingetraud Beier]. – 4. Aufl. (3. Taschenbuchauflage) – Leipzig : Verlag für die Frau, 1988. – 272 S. : 51 Ill. (z. T. farb.)
ISBN 3-7304-0206-4
NE: Beier, Ingetraud [Bearb.]

ISBN 3-7304-0206-4

© 1982 Verlag für die Frau, DDR, Leipzig
4. Auflage (3. Taschenbuchauflage)
Herausgeber: Verlag für die Frau, DDR - 7010 Leipzig, Friedrich-Ebert-Straße 76/78
Redaktion Hauswirtschaft
Druckgenehmigungsnummer: 126/405/38/88
Redaktionelle Bearbeitung: Ingetraud Beier
Inhaltliche Gesamtdurchsicht: Zentralinstitut für Ernährung, Potsdam-Rehbrücke – Akademie der Wissenschaften der DDR.
Texte: Prof. Dr. Berthold Gaßmann, Hans-Jürgen Goetze, Zentralinstitut für Ernährung, Potsdam-Rehbrücke; Ingetraud Beier, Christine Dölle, Christine Hüber, Annelie Künstner, Rosita Michaelsen, Sigrid Schirmer, Karla Szabó, Leipzig; Brigitte Berthold, Renate Wunderlich, Sabine Wunderlich, Staatsbad Bad Elster; Elisabeth Breitenfeld, Berlin.
Grafische Gestaltung: Berthold Resch
Fotos: Werner Reinhold (2), Brigitte Weibrecht (2), Heinz Schütze (5), Leipzig.
Printed in the German Democratic Republic
LSV 9229
Bestellnummer: 673 264 5
00860

Gewußt wie

führt auch zwischen Kochtopf und Tiegel am schnellsten zum Erfolg! Deshalb werden mit diesem Buch vor allem junge Leute angesprochen, die sich das nötige Wissen aneignen wollen, um auch im Küchenbereich zu bestehen. Schließlich hat es sich schon lange herumgesprochen, daß Bockwurst mit Brötchen auf die Dauer keine ordentliche Mahlzeit darstellt, wenn man sich – nebst Familie – gesund und leistungsfähig erhalten möchte. Doch mit dem Schwingen des Kochlöffels ist es nicht allein getan! Vieles muß bedacht werden, will man alles richtig machen und zugleich mit Kraft, Zeit und Geld ökonomisch umgehen: also auch im Haushalt beispielsweise Energie und Lebensmittel sinnvoll nutzen.

Ihr
    Verlag für die Frau

...roler Zugspitzwinter zu Vorzugspreisen

Preisen und viel ...t die Urlaubs- Zugspitze (Ehr- ...os, Berwang, ...hlbach, Heiter- ...Wengle) in das ...n der Sonnen- seite des weißen Riesen. In den Arrangementpreisen ist die „Happy Skicard" für über 100 Liftanlagen rund um Deutschlands höchsten Berg bereits enthalten. Unser Bild zeigt den Blick vom Skigebiet Grubigstein auf die Zugspitze, an deren linker Flanke die neue Zugspitzbahn in 10 Minuten zum Gipfel schwebt. Tel. 05674-8348.

Foto: Tiroler Zugspitze/ MaroPublic

„Edelweiß" hilft ...nfängern auf die Brettl

...hes Liftperso- ...ort Kirchdorf ...üßen des Wil- ...t sich ein zah- ...Bär namens als Experten für Skianfänger, der gemütliche Ort bietet für den Brettl-ABC-Schützen alle Voraussetzungen. Viele „spät- berufene" Skifahrer haben in Kirchdorf ihre Liebe zum weißen Pistenspaß entdeckt.

Foto: TV Kirchdorf

HAUSH．

Weihnachtlicher
GÄNSEBRATEN

Zutaten: 1 Gans (ca. 3 kg) 4 St. große Äpfel z.B. Boskop 0,25 ltr. Weißwein 0,25 ltr. Geflügelfond 200 ml Sahne, frisch gemahlener Pfeffer, gerebelter Majoran, Salz, Speisestärke Bier oder Salzwasser oder Honig.

Zubereitung: Die Gans mit Essigwasser abreiben und trocken tupfen, innen und außen mit Salz, Pfeffer und Majoran einreiben. Die Äpfel schälen, vierteln und vom Kerngehäuse befreien. Die Apfelstücke in die Gans füllen und mit Holzstäbchen verschließen. Je nach Gewicht folgende Garmethode anwenden:

Eine junge, magere Gans bis ca. 4 Kilogramm im Bräter auf dem Herd von allen Seiten anbraten, etwas Hühnerbrühe a Bräterdeckel auf Gans im vorgeh ofen bei milder 140 °C schmor einer Stunde de nehmen, die G daß die Brust u liegt, und die G ren ein bis and den bei 140 °C ten lassen. Zwis Bier (oder Sal Honig) bestreic ge Gans warms

Die Garmeth schwere Gans gramm mit Br in den auf höch geheizten Bac Wenn sie seh einen Dämpfe Gitter unterle schmelzende kann. Gans j nach 15-30 Mi die Brust nac sie im eigene und den Back herunterschal

Wußten Sie schon...,

daß der Weihnachtsbaum erstmals 1570 schriftlich belegt ist? Er wurde mit Früchten, Oblaten, Lebkuchen, Zuckerwerk, buntem Papier und Rauschgold behängt. In der bürgerlichen Oberschicht setzte er sich in der zweiten Hälfte des 17. Jahrhunderts durch.

teren ein bis anderthalb Stunden nochmals herunterschalten auf 110 °C und 3-4 Stunden fortgaren bis sie knusprig braun ist. Zum Ende der Garzeit hin der Bräunung eventuell durch Einstreichen mit etwas gesalzenem Malzbier nachhelfen. Ansonsten braucht die Gans bei dieser sanften Garmethode nicht ständig mit Bratensaft begossen werden, sondern kann sich selbst überlassen werden.

Den Bratensatz, falls notwendig, mit etwas Wasser loskochen und das Fett abschöpfen. Die Sauce mit etwas in Sahne angerührter Speisestärke binden und mit Salz, Pfeffer und Majoran abschmecken.

Anrichten:
Die Gans in Portionsstücke teilen und mit der Sauce, Ananasrotkohl und Semmelknödel servieren.

Foto: Fissler GmbH

Ein Küßchen für Frau Dr. ski

Eine besondere Belohnung für eine besondere Leistung: Wer an der Ski-Universität in St. Johann in Tirol, der einzigen ihrer Art, seine „Doktorprüfung" mit Erfolg ablegt, wird von den „Professoren" reich belohnt: Ein Zertifikat, eine Anstecknadel, ein Aufnäher und eine Skimütze als Doktorhut belegen, daß der frisch gebackene „Dr. ski" in diesem etwas anderen Skikurs eine gehörige Portion Wissen erworben hat. Sie reicht vom Skifahren abseits der Piste bis zum Erkennen alpiner Gefahren. Absolventen weiblichen Geschlechts bekommen obendrein ein Küßchen ihrer Skilehrer.

Foto: TV St. Johann

4
Unernste Betrachtung eines jungen Ehepaares

Wie man sich – im Kochen zunächst ungeübt – nach und nach gemeinsam seine eigene „Geschmackswelt" aufbauen kann

21
Rund um den Kochtopf

Ein zweckmäßig eingerichteter Küchenbereich und sinnvolle Arbeitsplanung stehen am Anfang aller Überlegungen

71
Richtige Ernährung gut ausgewogen

Was man wissen muß, damit die Energiebilanz stimmt, wird hier – auch an Hand von interessanten Tabellen – erläutert.

107
Würzmittel gekannt und angewandt

Kleine „Gewürz- und Kräuterschule" für alle, die nicht nur etwas Gutes, sondern auch etwas Schmackhaftes auftischen wollen

133
Das Abc der Küche

Um Garmachungsarten, küchentechnische Fachbegriffe und sonstige wichtige „Küchengeheimnisse" geht es in diesem Kapitel

169
Frisch gewagt ist halb gekocht

Rezepte zum Kochen und Backen, Vorschläge für Speisepläne, Tischdecken, Garnieren und manches andere ermuntern zum Nachmachen

Unernste Betrachtung eines jungen Ehepaares

Den Mut, meine Rezepte aufzuschreiben, hatte ich erst, als meine Gäste „Nachschlag" verlangten und mein Mann begann, einen Bauch anzusetzen. Ich habe die Beobachtung gemacht: Wenn die Gäste während des Essens Lob spenden, dann mundet es ihnen so „lala". Wenn sie aber gar nichts sagen, sich den Bauch haltend allmählich zurücklehnen und verklärt lächeln: „Jetzt bin ich aber satt", dann hat es ihnen wirklich geschmeckt.

Es ist schon eine langwierige Angelegenheit, bis man mit der Kocherei den Bogen raus hat. Zumal, wenn man sich alles selbst aneignet! In der Koch-Anfangszeit ißt man die Gerichte eben, weil sie so viel Mühe gemacht haben (oder es verschwindet auch einmal etwas heimlich in dem Futtereimer). Und bis zur Erkenntnis, welches Gewürz man wählen oder welches man lieber weglassen sollte, ist es ein weiter Weg. Aber mit etwas Mut und Geduld lassen sich allmählich die herrlichsten Gerichte „zaubern". Ich empfinde Kochen sozusagen als eine „schöpferische Tätigkeit", bei der man seine Phantasie die Sporen geben kann. Jede Familie hat ihre eigene Koch- und Geschmackswelt, in der sie sich wohl fühlt. Ich habe meine aufgeschrieben. Zum Beispiel mag ich Muskat und mit Mehl gebundene Soßen nicht sonderlich; auch vom Lorbeerblatt in der Fleischbrühe bin ich nicht zu überzeugen. Und so gut in „guter" Butter Gebratenes schmeckt, es ist mir einfach zu buttrig, und ich fürchte diesen Dickmacher. Nutriabraten ist für mich „ein Fall für den Tierschutzverein" (die Kenner werden leise lächeln) und panierte Ameisen würde ich mir nie im Munde zergehen lassen. Andere Länder, andere Sitten! Ich finde, daß manchmal eine Scheibe Schwarzbrot mit gut gewürzter Leberwurst besser schmeckt, als ein kompliziertes Gericht, mit viel Mühe, aber ohne Erfahrung aus einem Buch abgekocht.

Die nachfolgenden Rezepte für jeweils 4 Personen sind sowohl eigene Erfindungen, weil ich gern probiere, als auch langzeitgetestete traditionelle Speisen mit einer kleinen Änderung dort, wo meine Geschmacksknospen streikten.

Und jetzt lade ich Sie ein, mit mir zu kochen!

Fangen wir ganz einfach an mit warmer **Leberwurst** ●

Eine Büchse Land- oder Hausmacherleberwurst (400 g), 1 große Zwiebel, 1 Eßl. Majoran.

Von der Dosenwurst das Fett entfernen, nur in einem bißchen davon die kleingeschnittene Zwiebel glasig werden lassen. Die Leberwurst dazugeben, leicht zerdrücken, den Majoran unterrühren. Gleich warm aufs Brot streichen oder dazu Pellkartoffeln essen.

Bei uns zu Hause war es üblich, daß Vater den Kartoffelsalat zubereitete. Meine Mutter wurde dann aus der Küche verbannt, weil sie, wie er meinte, nicht die richtige Muße dazu hatte. Aber wir Kinder durften zusehen. Er kochte die Kartoffeln schön weich, denn wir wollten den Salat „musig" haben. Das ist aber Geschmackssache. Manche haben es lieber, wenn die Kartoffelscheiben „schusseln". Er stellte alle Zutaten genau im Halbkreis um die Salatschüssel und fing an, alles klitzeklein zu schnippeln. Am Schluß – und das war das schönste an dieser Zeremonie – wurde mehrmals gekostet und geschnuppert, bis wir alle zufrieden waren. Dieser Kartoffelsalat gehört auch heute noch zu meinen Lieblingsgerichten.

Und so wird er gemacht:
Kartoffelsalat ●
750 g Kartoffeln, 2 kleine Äpfel, 1 große Zwiebel, 1 große saure Gurke, Essig, Pfeffer, Salz, eine Prise Zucker, 2 kleine Eier, 150 g Speck.
Die gewaschenen Kartoffeln weich kochen und noch heiß schälen, Äpfel, Zwiebeln und saure Gurke ganz klein würfeln. In einer Schüssel vermengen. Kartoffeln kleinschneiden und dazugeben. 1½ Eßlöffel Essig mit 6 Eßlöffel Wasser vermischen und unter den Salat heben (auf dem Schüsselboden muß sich eine kleine Pfütze Essigwasser bilden). Pfeffer, Salz, Zucker und die geschlagenen rohen Eier dazugeben. Den Speck in kleine Würfel schneiden und scharf ausbraten. Dann den Speck ohne das Fett unterrühren. Der Salat wird warm gegessen.

Zum Kartoffelsalat schmecken sehr gut
Selbstgemachte Bratwürste ●
500 g Gehäcktes, 1 Ei, Pfeffer, Salz, gemahlener Kümmel, 1 Teel. Majoran, ½ Teel. Knoblauchpulver.
Das Gehackte mit dem rohen Ei und den Gewürzen vermengen. 4 bis 6 Röllchen formen und von beiden Seiten knusprig braun grillen. Diese Würste haben wegen der fehlenden Haut den Vorteil, daß das „böse" Fett ausbraten kann.

Nicht nur die Form, sondern auch der Geschmack ist anders, und deshalb liebe ich sie, die
Käseklopse ●
500 g Gehäcktes, Salz, Pfeffer, 1 Paprikafrucht, 1 saure Gurke, 1 Ei, 200 g Schmelzkäse, Öl.

Das Gehackte mit Salz, Pfeffer, gewürfelter Paprikafrucht, saurer Gurke und rohem Ei vermengen. Aus der Masse kleine runde Klopse formen und dabei je ein walnußgroßes Schmelzkäsestück einhüllen. Die Käseklopse von beiden Seiten in heißem Öl braten und darauf achten, daß der Käse nicht herausläuft.

Während der Zeit, da ich mich allmählich zur Hobby-Köchin entwickelte, kochte ich natürlich auch ständig Salzkartoffeln. Da konnte nie etwas schief gehen – und schnell ging es auch. Als nun zum tausendsten Mal wieder Salzkartoffeln auf dem Tisch standen, half nicht einmal mehr die schöne Schüssel, in der sie lagen, um sie uns schmecken zu lassen. Die Mundwinkel meines Mannes hingen rechts und links herunter. Da wurde mir klar, mir mußte endlich etwas anderes einfallen. Ich probierte ein „Reisveredelungsrezept". Es gelang mir so gut, daß mein Mann es nun immer und immer wieder wünscht – zum Frikassee, zu Rouladen, zum Eisbein, kurz, zu allem, was dazu paßt oder nicht. Ich finde das ja übertrieben, aber er erzählt mir dabei hinterher immer so schöne Geschichten. Und man glaubt nicht, wie ein gutes Essen Geist und Zunge lockern kann. Deshalb soll er den Reis bekommen, wann immer er will:

Brauner Reis ●
½ Tasse getrocknete Pilze, 2 Eßl. Öl, 2 Zwiebeln, 2 Teel. Brühpulver, 1 Beutel Kuko-Reis, 200 g Salami, 10 Oliven, 1 kleines Glas marinierte Champingnons, 1 kleine saure Gurke.
Die getrockneten Pilze 1 Stunde in ¼ l heißem Wasser quellen lassen. Das Öl erhitzen, 1 kleingeschnittene Zwiebel und 1 Teelöffel Brühpulver darin braun werden lassen. Nach etwa 5 Minuten den Reis dazugeben und unter ständigem Rühren bräunen. Dann die Pilze mit dem Pilzwasser zufügen. Den Reis zugedeckt (gegebenenfalls in der Röhre)

garen lassen. Salami in dünne Streifchen schneiden, in einem zweiten Topf scharf ausbraten. Oliven, Champignons und die saure Gurke kleinschneiden und mit 1 Teelöffel Brühpulver unter die Salami rühren. Danach den fertiggequollenen Reis dazugeben und noch etwa 10 Minuten gut umrühren. (Vorsicht, setzt leicht an!)

Wenn etwas übrig bleibt, wird der Reis am Abend aufgewärmt und kommt mit Quark (gewürzt mit Pfeffer, Salz, Kümmel, geriebener Zwiebel) auf den Tisch!

Wenn mein Mann Essig nur riecht, verläßt er fluchtartig die Küche. Vielleicht hat man ihm einmal Essig statt Milch in den Kaffee geschüttet oder eine saure Gurke auf den Eisbecher gelegt. Hinter des Rätsels Lösung bin ich jedenfalls bis heute nicht gekommen.

Ich dagegen esse liebend gern Saures. Mir kann es gar nicht sauer genug sein. Deswegen gebe ich bei den folgenden Sachen nur unverbindliche Essigmengen an, denn meine Vorstellung von Säure zieht manch anderem bestimmt alle Falten glatt! Nur die Eier haben einen angenehmen sauren Schimmer beim

Reis mit Wolkeneiern ●
1 Zwiebel, 1 rote Paprikafrucht, 4 Eßl. Öl, 1 kleine Flasche Tomatenketchup, 1 Beutel Kuko-Reis, 3 Tassen Fleischbrühe, Salz, Pfeffer, 1 Messerspitze Thymian, 1 halbe Tasse Essig, 8 Eier.

Zwiebel und Paprikafrucht kleinschneiden und in Öl glasig dünsten. Tomatenketchup und den Reis dazugeben und kräftig umrühren. Die heiße Fleischbrühe darübergießen. Salz, Pfeffer und Thymian einrühren, aufkochen und zugedeckt ziehen lassen, bis der Reis weich ist. In einem anderen Topf 1 Liter Wasser mit Essig und Salz zusammen aufkochen. Die Eier einzeln in eine Schüssel schlagen, vorsichtig in das heiße Essigwasser gleiten und solange ziehen lassen, bis das Eiweiß weiß ist und dann noch ein paar Minuten (das Eigelb sollte noch weich sein). Dann die Eier abtropfen lassen und auf den Reis legen.

Manchmal hat man auf gar nichts Appetit. Vor allem wenig Lust zu großartigen Vorbereitungen. Dann gibt es:
Saure Eier ●
2 Eßl. Margarine, 2 Eßl. Mehl, Salz, Pfeffer, 2 Eßl. Essig, 1 Prise Zucker, 8 Eier.
Die Margarine zerlassen und das Mehl darin schwitzen. Mit kaltem Wasser ablöschen und nach und nach bis zur gewünschten Soßenmenge heißes Wasser oder Fleischbrühe auffüllen. Gut durchkochen lassen. Mit Salz, Pfeffer, Essig und Zucker würzen. Die Eier nacheinander aufschlagen, in eine Schöpfkelle geben, in die Soße gleiten lassen und so lange auf kleinem Feuer ziehen lassen, bis das Eiweiß weiß und fest ist (etwa 10 Minuten).

In mancher Gefriertruhe dämmert so mancher Becher Geflügelleber traurig vor sich hin. Für mich ist das unverständlich, denn ich fand dafür ein passendes Rezept, den
Geflügelleberreis ●
2 Beutel Kuko-Reis, Salz, 150 g durchwachsener Speck, 4 Zwiebeln, 10 bis 12 Tomaten, 1 Tasse herber Weißwein, 2 Becher Geflügelleber, Pfeffer, je 2 Teel. Basilikum und Knoblauchpulver, 4 Eßl. Öl.
Den Reis in leichtem Salzwasser zugedeckt garen. Speck kleinschneiden und im Tiegel braten. Die Zwiebel in grobe Scheiben schneiden und im Speck glasig, aber nicht braun werden lassen. Tomaten kleinschneiden und mit dem Reis vermischen. Den Wein über das Reisgemisch gießen, nochmals erhitzen und 5 Minuten ziehen lassen. Die Geflügelleber mit Pfeffer, Basilikum und Knoblauchpulver würzen und in Öl von beiden Seiten braun braten, dann salzen.

Das Gewürzsortiment sollte neben

Kümmel, Pfeffer, Salz und Paprika etwas breiter gefächert sein. Zum Beispiel können Knoblauch und Selleriesalz, Curry, Chillie, Cayennepfeffer, aber auch Kräuter die Speisen geschmacklich abrunden. Ein Streifzug durch Fachgeschäfte regt auf jeden Fall an. Kräuter und Gewürze können verdauungsfördernd wirken und sogar den Geist anregen! Wenn ich Zeit finde – sonnabends früh zum Beispiel – oder einfach Lust habe zum Rühren, gibt es

Spaghetti „exklusiv" ●

1 Packung Spaghetti, Salz, 400 bis 500 g Salami, 4 große Zwiebeln, 1 mittelgroße Gurke, 1 Tasse eingelegte rote Rüben, 1 kleine saure Gurke, 1 Tasse Oliven, 1 Eßl. Curry, 1 Messerspitze Cayennepfeffer, 1 Eßl. Knoblauchpulver, $\frac{1}{4}$ l saure Sahne, 300 g Schnittkäse.

Die Spaghetti in reichlich Salzwasser kochen. Salami kleinschneiden und in einem großen Suppentopf ausbraten. Die Zwiebeln und die grüne Gurke in Würfel oder Streifen schneiden, unter die Salami mischen und so lange rühren, bis alles einen braunen Schimmer hat. Rote Rüben und saure Gurke würfeln, Oliven von den Kernen schneiden und ebenfalls unterrühren. Danach Curry, Cayennepfeffer und Knoblauchpulver zugeben. Unter ständigem Rühren etwa $\frac{1}{4}$ Stunde auf kleinem Feuer brutzeln lassen. Dann Tomatenketchup und die saure Sahne zugießen. Mit so viel heißem Wasser begießen, daß das Gemüse reichlich davon bedeckt ist. Schnittkäse kleinschneiden und einrühren. Alles so lange auf kleiner Flamme zugedeckt ziehen lassen, bis der Käse zergangen ist. Die Spaghetti abgießen, abtropfen lassen und alles zusammenschütten. Beim Aufwärmen nehme ich immer noch etwas Wasser dazu. Das schadet dem Geschmack nicht, aber mein Topf freut sich, weil er nicht so gescheuert werden muß.

Jedes Jahr, Mitte Mai, werden Feinschmecker unruhig. Sie halten nach dem ersten Spargel Ausschau. Ich auch. Aber ich habe meistens Pech. Wenn ich komme, ist er in der Regel gerade alle geworden. Neulich kam mir der Gedanke, ob nicht manch ein Kleingärtner sich einmal im Spargelanbau versuchen sollte ...

Als ich wieder einmal vergeblich auf Spargelsuche war, nahm ich als Ersatz Chinakohl mit. Im Frischzustand scheint er für eine riesengroße Familie zu reichen. Aber das trügt. Beim Garen schnurzelt er ganz schön zusammen. Roh, als Salat, mag ich ihn nicht sonderlich; er schmeckt mir zu streng. Deshalb überbrühe ich ihn in jedem Fall. Daß er aber mitunter nur als „Ersatzkraut" für Krautrouladen gekauft wird, hat er wirklich nicht verdient. Ich probierte mehrere Rezepte – und das schmeckt uns:

Gefüllter Chinakohl ●

1 großer Chinakohl, 1 Zitrone, 1 Brötchen, 250 g gekochter Schinken, 200 g Schnittkäse, 3 Tomaten, Salz, Pfeffer, je 1 Messerspitze Cayennepfeffer, Basilikum und Thymian, 3 Eßl. Öl, $\frac{1}{4}$ l Fleischbrühe, 1 kleine Flasche Tomatenketchup, $\frac{1}{2}$ Tasse saure Sahne, frischer oder gefrorener Dill.

Den Chinakohl entblättern. Die einzelnen Blätter mit dem Saft der Zitrone beträufeln und 15 Minuten stehenlassen. Das Brötchen in kaltem Wasser einweichen. Schinken, Käse und Tomaten zerschneiden und mit dem aufgeweichten Brötchen vermengen. Mit Salz, Cayennepfeffer, Basilikum und Thymian würzen. Dieses Gemisch jeweils in 2 bis 3 Blätter wickeln und mit weißem Garn zusammenbinden. In erhitztem Öl von beiden Seiten leicht anbraten. Fleischbrühe, Tomatenketchup, saure Sahne und Dill verrühren und über die Kohlrouladen gießen. Aufkochen und auf kleiner Flamme dünsten, bis die Soße nicht mehr dünn ist, sondern so richtig schön sämig ist und dadurch auch die entsprechende Farbe erhalten hat.

Ähnlich wie Bayrischkraut schmeckt
Chinakohl als Gemüsebeilage ●
1 Chinakohl, Öl, 1 Eßl. Zucker, 2 Eßl. Essig, 1 Eßl. Sojasoße, Salz, Pfeffer.
Den Chinakohl gründlich waschen und nicht allzu klein schneiden. Öl im Topf erhitzen. Den Kohl mit den Gewürzen bei kleiner Flamme so lange dünsten, bis er gerade weich geworden ist. Wichtig ist, daß er immer gerührt und gewendet wird.

Für Leute, die gern löffeln, empfehle ich
Chinakohl-Kaßler-Topf mit Käse ●
1 großer Chinakohl, etwa 500 g Kaßlerkotelett, Öl, 1 Zwiebel, 3 Nelken, Pfeffer, Salz, Sojasoße, ¼ l Joghurt, 5 Scheiben Schnittkäse.
Den vorbereiteten Chinakohl in breite Streifen, das Kaßler in dünne Streifen schneiden. Kohl und Kaßler in erhitztem Öl ein paarmal wenden, bis er etwas zusammengefallen ist. Die zerkleinerte Zwiebel, Nelken, Pfeffer, Salz, Sojasoße, den ausgelösten Knochen und Joghurt dazugeben. Bei geschlossenem Topf garen lassen. Dann den zerkleinerten Schnittkäse unterrühren und noch so lange auf kleiner Flamme lassen, bis er sich aufgelöst hat.

In Gaststätten beobachte ich, wenn Blumenkohlzeit ist, daß meistens nur Männer Blumenkohl bestellen. Egal, in welcher Verfassung oder Farbe er auf den Tisch kommt, ob ganz oder zerfallen, ob weiß oder gräulich. Männer essen ihn immer. Frauen sind da kritischer, sie lassen ihn einfach auf dem Tellerrand liegen. So frage ich mich deshalb: Ist Blumenkohl ein Männergemüse? Ich esse Blumenkohl auf folgende Art:
Makkaroni-Auflauf und Blumenkohl ●
½ Packung Makkaroni, Salz, 400 g Jagdwurst, 300 g Schnittkäse, 1 mittelgroßer Blumenkohl, 1 Eßl. Margarine, geriebene Semmel, ¼ l Milch, ⅓ Tasse Reibekäse, 1 Eßl. Tomatenketchup.
Die Makkaroni in leichtem Salzwasser weich kochen, abgießen, mit klarem Wasser abspülen und auf einem Sieb abtropfen lassen. Jagdwurst, Käse und den halbgaren Blumenkohl kleinschneiden und miteinandervermischen. Eine feuerfeste Form mit Margarine einreiben und mit geriebener Semmel ausstreuen. Eine Schicht Makkaroni, eine Schicht Wurst-Käse-Blumenkohl-Gemisch, wieder eine Schicht Makkaroni einfüllen und so fortfahren, bis alles alle ist. Die letzte Schicht muß aus Makkaroni bestehen. Milch mit dem geriebenen Käse und 1 Eßlöffel Tomatenketchup verrühren und aufkochen lassen. Heiß über die Makkaroni gießen, mit geriebener Semmel bestreuen und 40 Minuten bei Mittelhitze in der Röhre bakken.

Zum Blumenkohl schmeckt, das weiß jeder, ein knusprig gebratenes Schnitzel. Ich hatte einen großen, schlohweißen Blumenkohl besorgt und mehrere Schnitzel. Wir erwarteten Besuch. Nun wußte ich aber nicht, wer Soße wollte oder nicht. Manche mögens mit, manche ohne Soße. Die „Trockenen" essen das Schnitzel mit Kartoffeln und begnügen sich mit einem Schuß Bratenfett. Die feuchten Esser gucken traurig. Sie vermissen die Flüssigkeit, in der sie ihre Kartoffeln zerdrücken können. Vorsichtshalber bereitete ich also eine Soße, die auch zu anderem kurzgebratenem Fleisch schmeckt. Meine Mutter machte die Soße bereits fertig, wenn die Schnitzel noch im Tiegel lagen. Das sollte man aber nicht tun, denn sie sind dann nicht mehr knusprig.
Schnitzel mit heller Soße ●
4 Schnitzel, Pfeffer, Salz, Senf, 2 Eier, geriebene Semmel, Öl, 2 Eßl. geriebener Speisekuchen, 1 Tasse Kaffeesahne, Brühpulver, Worcestersauce.
Die Schnitzel pfeffern, salzen, mit wenig Senf von einer Seite bestreichen. Erst in den geschlagenen Eiern und dann in geriebener Semmel wenden. In heißem Öl von beiden Seiten schön

braun braten. Dann herausnehmen, das Öl abgießen, so daß nur der Bratsud im Tiegel bleibt. Den Speisekuchen im Sud verrühren, die Kaffeesahne zugießen und aufkochen lassen, 1 Teelöffel Brühpulver und ein paar Spritzer Worcestersauce zufügen. Mit heißem Wasser bis zur gewünschten Soßenmenge auffüllen. So lange kochen lassen, bis die Soße etwas eingedickt ist.

Sauerkraut ist ein beliebtes Gemüse. Ich habe mir oftmals Gedanken gemacht, wie man es veredeln könnte. Früher machte ich mit Sauerkraut nicht viel „Ruß". Es wurde in Wasser weich gekocht – und ab auf den Teller. Eines Tages aber zog aus der Türritze meiner Nachbarin ein unbeschreiblicher Duft, äußerst appetitanregend! Ich klingelte, sie öffnete und antwortete auf meine neugierige Frage, sie koche nur:
Sauerkraut ●
100g Speck, 1 Beutel Sauerkraut (500g), 2 mittelgroße Kartoffeln, 1 Prise Zucker.
Den Speck würfeln und im Topf ausbraten. Das Sauerkraut zufügen. Die geschälten Kartoffeln reiben und mit 1 Prise Zucker unter das Kraut rühren. $\frac{1}{2}$ Stunde auf kleinem Feuer dünsten lassen und ab und zu etwas heißes Wasser nachgießen.

Zwar nehme ich mir immer vor, bei Feiern nicht viel zu trinken, aber ... Als ich mich einmal nach „durchzechter" Nacht lange nach Sonnenaufgang mit verkorkstem Magen langsam aus dem Bett rollte, um Kaffee zu kochen, war mir der Gedanke, auch noch Mittagessen kochen zu müssen, schrecklich. Ich kramte im Kühlschrank und sah mich schon wieder mindestens eine Stunde am Herd stehen. Dabei wäre ich lieber an die frische Luft gegangen! Da entdeckte ich meinen großen Suppentopf ...
Wie gut, daß ich wie in weiser Voraussicht einen Tag vorher etwas „gebraut" hatte, was ich mir einstmals von meiner Oma abgucken konnte. Ein Gericht, das ständig wieder aufgewärmt werden kann und dadurch immer besser schmeckt. Man muß es nicht mit Messer und Gabel verzehren, und der angegriffene Magen verträgt es. Es heißt:
Polnisches Kraut ●
1 kg Sauerkraut, 1 kg Kaßlerkamm, 1 Zitrone, $\frac{1}{4}$ l saure Sahne, 2 Möhren (geputzt und gewürfelt), 1 Zwiebel, 1 Messerspitze Kümmel.
Das Sauerkraut mit sämtlichen Zutaten in den Topf geben. Bis zur Hälfte des Krautes heißes Wasser aufgießen. Aufkochen lassen und 1½ Stunden zugedeckt auf kleiner Flamme ziehen lassen. Danach das Fleisch herausnehmen, von den Knochen lösen und zerkleinern. Wieder unter das Sauerkraut mischen. Auf kleiner Flamme immer mal eine Stunde vor sich hin schmoren lassen, bis fast alle Flüssigkeit weg ist. Ab und zu etwas heißes Wasser nachgießen.

Da ich kurzsichtig bin und mir auch mit Brille nur die roten, aber leider giftigen Fliegenpilze auffallen, bin ich beim Pilzesuchen auf die Adleraugen meines Mannes angewiesen (oder auf das Angebot im Handel!). Selbst wenn ich wirklich einmal über einen riesengroßen Speisepilz fast falle, waren bestimmt vor mir bereits die Würmer da. Oder wie es in einem alten Pilzbuch steht: „Schnekken, Spinnen und widerliches Gewürm". Trotzdem kommen nach der Sammelaktion nur einwandfreie Exemplare in den Topf. Die Erstgekauften oder -gesammelten trockne ich. Getrocknete Pilze, einen großen hohen Topf, etwas Geschicklichkeit und ein großes Weißkraut braucht man für:
Gefülltes Kraut ● (8 bis 10 Personen)
1 großes Weißkraut, Salz, 500g Gehacktes, 500g Geschabtes, Peffer, 2 große Zwiebeln, 2 Eier, gemahlener Kümmel, Knoblauchpulver, Öl, 1 Eßl. Erwa-Speisewürze, 2 Eßl. getrocknete Pilze.

Das ganze Kraut im großen Topf zugedeckt 15 Minuten in leichtem Salzwasser kochen lassen, herausnehmen und mit dem Strunk nach oben legen (am besten in die Spüle). Mit einem langen spitzen Messer den Strunk herausschneiden und mit einem Eßlöffel vorsichtig Lage für Lage von innen herausschälen, bis eine Außenwand von etwa 4 Lagen übrig ist. Vorsichtig (damit die Krauthülle nicht auseinanderfällt) stürzen, um das Wasser ablaufen zu lassen. Gehacktes, Geschabtes, Pfeffer, Salz, Zwiebelwürfel, Eier, Kümmel und Knoblauchpulver vermischen und in das inzwischen mit der Öffnung nach oben stehende Kraut füllen. So in heißem Öl 10 Minuten anbraten. Danach vorsichtig wenden, 1 grobgeschnittene Zwiebel dazugeben, nochmals 10 Minuten braten. Speisewürze und getrocknete Pilze zugeben, 5 Minuten braten lassen, mit heißem Wasser bis zu einem Drittel des Krautes aufgießen und aufwallen lassen. Auf kleinem Feuer zugedeckt 45 Minuten dünsten lassen, das Kraut wenden und nochmals 45 Minuten dünsten lassen. Das gefüllte Kraut wird auf einem großen Teller serviert und wie eine Torte in 12 Teile aufgeschnitten.

Wir essen sehr gern Krautrouladen, Krautwickel, Wickelkraut, Kohlrouladen oder wie sie sonst genannt werden. Am liebsten mögen wir das Kraut, wenn es so schön vom Fleischgeschmack durchzogen ist. Da wird gefuttert, bis es fast zu den Ohren wieder herauskommt! Nun haben aber Krautwickel eine ziemlich lange Vorbereitungszeit. Erst das Kraut abkochen und dann die Wickelei mit dem Zwirn, der ständig zu kurz ist! Ich hatte schon alle Zutaten bereit, um mich an die Arbeit zu machen, da klingelte es. Besuch stand vor der Tür. Danach war ich in so guter Stimmung, daß ich auf Zwirn und Wickelei pfiff und Kraut und Gehacktes zerkleinert in den Topf rührte. Denn ich dachte: die Zutaten sind die gleichen, also muß auch der Geschmack der gleiche sein. Das Ergebnis war geradezu umwerfend. Seitdem wickle ich nie mehr!

Krautfleisch ●
750 g Gehacktes, 2 Zwiebeln, Pfeffer, Salz, Kümmelpulver, 1 mittelgroßes Weißkraut, Öl, Erwa-Speisewürze.
Das Gehackte mit den zerkleinerten Zwiebeln, Pfeffer, Salz und Kümmelpulver vermengen. Das ganze Weißkraut abblättern und in Stücke brechen. Öl im Topf erhitzen, das Kraut hineintun, etwas Speisewürze darübergießen und so lange wenden, bis das Kraut zusammengefallen ist. Dann das Gehackte untermischen. Auf kleiner Flamme zugedeckt dünsten lassen, bis das Kraut weich ist.

Weißkraut oder Rotkraut – Rotkraut oder Weißkraut sind die Gemüsealternativen im tiefsten Winter! Deshalb ist der weißgelbliche Chicorée eine willkommene Abwechslung im Winter-Gemüse-Einerlei. Chicoréesalat mit Äpfeln und Apfelsine oder in Butter gedünsteter Chicorée sind allgemein bekannt und beliebt. Ich versuchte einmal etwas anderes:

Chicorée im Schinkenmantel ●
500 g Chicorée, Salz, 400 g in Scheiben geschnittener roher Schinken oder Schinkenspeck.
Möglichst gleichgroße Chicoréestauden in kochendem Salzwasser höchstens 10 Minuten ziehen lassen (er muß noch bißfest sein), herausnehmen, abtropfen lassen und mit je 1 Schinkenscheibe umwickeln. Im Grill von beiden Seiten knusprig braun werden lassen. – Dazu schmecken in Margarine gebratene, vorher dünn mit Knoblauchpulver bestreute Schwarzbrotscheiben.

Gefüllt wird viel: Paprikafrüchte, Täubchen, Gläser, Kaffeekannen. Makkaroni füllen ist schwierig, grüne Gurke hingegen überhaupt nicht. Sie kann zu einer

wahren Gaumenfreude werden, die
Gefüllte Gurke ●
1 große dicke Salatgurke, 250 g Gehacktes, 250 g Geschabtes, Pfeffer, Salz, Kümmel, 1 große Zwiebel, 1 Ei, Öl, ½ Tasse saure Sahne, Erwa-Speisewürze, Dill.
Die Gurke schälen und in 15 cm lange Stücke schneiden. Die Stücke der Länge nach halbieren, mit einem Löffel das Innere herausschaben. Gehacktes und Geschabtes mit Pfeffer, Salz, Kümmel, der kleingeschnittenen Zwiebel und dem rohen Ei vermengen. Die Mischung in die Gurkenhälften füllen, die Teile wieder zusammensetzen und mit weißem Zwirn schön fest umwickeln. Mit wenig Öl auf beiden Seiten leicht anbraten. Die saure Sahne mit ein paar Spritzern Speisewürze dazugießen. Zugedeckt 20 Minuten dünsten lassen. Dann die Gurken wenden und nochmals 20 Minuten dünsten lassen. Zuletzt kleingeschnittenen Dill in die Soße rühren. – Dazu schmeckt Reis.

In meiner Kindheit war Büchsenfleisch das größte, was es überhaupt gab. Beim Öffnen der Büchse stand ich schon gespannt mit einem Löffel bereit, um die herrliche durchsichtige Gallerte herauszupicken. Heutzutage kaufen wir Büchsenfleisch seltener; hauptsächlich dann, wenn wir zum Camping fahren. Für diesen Fall habe ich mir folgendes Schnellrezept ausgedacht:
Büchsenfleisch veredelt ●
1 Zwiebel, 1 Dose Schmalzfleisch, 5 Oliven, 1 Eßl. Tomatenketchup, 2 Eßl. saure Sahne, 100 g Schnittkäse.
Die kleingeschnittene Zwiebel in etwas Dosenfett glasig werden lassen. Oliven von den Kernen schneiden, dazugeben. Das Schmalzfleisch (ohne Fett!) untermischen, durchrühren und offen 10 Minuten schmurgeln lassen. Tomatenketchup und saure Sahne dazugeben, wiederum 10 Minuten schmurgeln lassen. Mit ein wenig Wasser aufgießen und den kleingeschnittenen Käse in der Soße zerlaufen lassen. – Dazu schmeckt Weißbrot.

Wenn ich im Fleischerladen das Angebot vor mir sehe, verbindet sich automatisch für jedes Stück eine althergebrachte Vorstellung der Zubereitung. Zum Beispiel Schweinefleisch als Gulasch, Schnitzel oder Schmorbraten; Rindfleisch als Gulasch oder Braten, Kaßler als rosiger Braten. Ich kaufte ein Stück Kaßler, wollte es gerade, ohne zu überlegen, in den Topf tun und wie üblich von beiden Seiten anbraten. Da aber mein Mann über den langweiligen Sonntagsbraten zu meckern begann, mußte ich mir etwas anderes überlegen. So entstanden die
Kaßler-Röllchen ●
500 g Kaßlerkotelett, 3 Zwiebeln, 1 Glas marinierte Champignons, Öl, ⅛ l saure Sahne.
Kaßler von Knochen und Fett befreien. Das Fleisch in ganz dünne (½ cm) Scheiben schneiden. Auf jede Scheibe ein kleines Stück Zwiebel und einen marinierten Champignon legen, zusammenrollen, mit Rouladennadeln zusammenstecken. In wenig Öl von beiden Seiten je 5 Minuten anbraten. Saure Sahne dazugießen und auf kleinem Feuer 30 Minuten zugedeckt dünsten lassen. Restliche Champignons und Zwiebeln kleinschneiden, in Öl unter ständigem Wenden scharf anbraten und über die Kaßler-Röllchen geben. – Dazu schmecken Bratkartoffeln.

Das übriggebliebene Fleisch vom Sonntagsbraten kann man kleinschneiden und anderweitig verwenden. Zum Beispiel für
Spinat-Ei-Omelett ●
1 Päckchen gefrorener Spinat, 6 Eier, 1 große Zwiebel, Pfeffer, Salz, Öl, Fleischwürfel mit etwas Soße, Reibekäse.
Den aufgetauten Spinat, die Eier, die geriebene Zwiebel, Pfeffer und Salz gut verrühren. Im Tiegel Öl erhitzen und jeweils nacheinander ¼ der Mischung von

einer Seite goldbraun braten. Auf einen Teller legen, etwas von Fleisch und Soße auf die eine Seite des Omeletts geben und zusammenklappen. Mit Reibekäse bestreuen. Nach Belieben kurz überbacken.

Mein Mann war oft genug Versuchskaninchen für mich! Wenn es ihm nicht geschmeckt hätte, müßte ich das folgende Rezept weglassen. Er aber sagte genüßlich: „Kann man essen!" zu

Streifenfleisch mit Bohnenreis ●
1 kg Schnitzelfleisch, 2 Zwiebeln, 1 Eßl. Öl, Pfeffer, Salz, Erwa-Speisewürze, Kümmel, Majoran, Thymian, 1 Beutel Kuko-Reis, 100 g Speck, 1 Glas grüne Bohnen oder gare Gefrierbohnen.

Das Fleisch von allem Fett befreien, in ganz dünne, lange Streifen schneiden. Die Zwiebeln in grobe Stücke schneiden. Beides zusammen in wenig Öl ordentlich anbraten und öfters umrühren. Pfeffer, Salz, ein paar Spritzer Speisewürze, je 1 Messerspitze gemahlenen Kümmel, Majoran und Thymian darüberstreuen. Mit etwas heißem Wasser auffüllen. Das Fleisch darf aber nicht davon bedeckt sein und muß eine halbe Stunde garen. Wenn die Soße verkocht ist, immer etwas heißes Wasser nachgießen. Den Reis mit kochendem Salzwasser ansetzen und körnig kochen. Speck ganz klein würfeln, in einem Tiegel auslassen. In das Speckfett die nochmal aufgekochten, abgegossenen Bohnen geben, salzen und untereinanderrühren. Dieses Speck-Bohnen-Gemisch mit dem gequollenen Reis vermischen und zum Streifenfleisch servieren.

Gehacktes im Blätterteig ●
500 g Gehacktes, Pfeffer, Salz, gemahlener Kümmel, 1 Zwiebel, 2 Eier, ½ Paket gefrorener Blätterteig, Öl.

Das Gehackte mit Pfeffer, Salz, Kümmel, Zwiebelwürfelchen und 1 rohem Ei vermengen. Den Blätterteig auf Mehl dünn ausrollen, 15 cm × 15 cm große Stücke schneiden, auf jedes Teigquadrat 2 Eßlöffel Fleischmasse geben. Die Teigecken zusammenschlagen, so daß das Gehackte völlig vom Teig umhüllt ist. Diese gefüllten Teigtaschen auf mit Wasser befeuchteter Folie in den Grill (oder die Herdröhre) schieben. Die Oberseiten zuvor mit gequirltem Ei bestreichen. Wenn die Oberseite braun ist, wenden und wieder mit Ei bestreichen.

Gefüllte Grillschnitzel ●
4 Schweineschnitzel, 100 g feine Leberwurst, 1 Eßl. geriebene Semmel, 1 Eßl. gehackter Schnittlauch, 1 Eßl. gehackte Petersilie, 1 Teel. edelsüßer Paprika, 1 Messerspitze Knoblauchpulver, Pfeffer, Salz.

In die Schnitzel von der Seite eine Tasche einschneiden. Leberwurst, geriebene Semmel, Schnittlauch, Petersilie, Paprika und Knoblauchpulver vermischen, mit Pfeffer und Salz abschmecken. Diese Masse in die Schnitzel füllen, mit Rouladennadeln zustecken. Von jeder Seite etwa 8 Minuten grillen.

In einem uralten Kochbuch las ich einmal: „Ein altes Huhn findet nur im Topf seinen Platz." Das stimmt, denn nur ganz junge zarte Hühnerbeine eignen sich für

Broilerkeulen mit Senfkruste ●
4 Broilerkeulen, Salz, Pfeffer, 6 Eßl. Öl, 6 Teel. Senf, 1 Teel. Knoblauchpulver, ½ Teel. Thymian, 1 Eßl. geriebene Semmel.

Die Broilerkeulen mit Salz und Pfeffer einreiben und in Öl von beiden Seiten je 10 Minuten anbraten, herausnehmen. Öl, Senf, Knoblauchpulver, Thymian und geriebene Semmel zu einer Soße verrühren. Die Keulen damit von allen Seiten einreiben. Im Grill oder in der Backröhre von jeder Seite noch 15 Minuten garen lassen. – Dazu schmecken Letscho und Kartoffelsalat.

Ein Auge muß man schon zudrücken, um die vielen Joule zu übersehen, die sich trotz Fettabschöpfens immer noch sehr zahlreich tummeln in den

Rippchen ●
1,5 kg Schweinerippchen, Salz, Pfeffer, Senf, Öl, 1 bis 2 Zwiebeln, 1 gehäufter Teel. Knoblauchpulver.
Die Rippchen salzen, pfeffern und von einer Seite mit Senf bestreichen. Stück für Stück nacheinander in Öl von beiden Seiten anbraten. Bei den letzten Rippchen zerkleinerte Zwiebel mitbraten. Wenn alle Rippchen durchgebraten sind, wieder in den Topf schichten, mit Knoblauchpulver bestreuen und bis zur gewünschten Soßenmenge mit Wasser aufgießen. Aufkochen lassen und auf kleiner Flamme 1 Stunde zugedeckt leise kochen lassen. Rippchen herausnehmen, Knochen entfernen und Fett von der Soße abschöpfen. Man läßt die Rippchen am besten an einem kühlen Ort einen Tag stehen, dann bildet das Fett eine feste Schicht und läßt sich mühelos entfernen.

Aus meiner Kindheit kenne ich noch die raffinierten Verlängerungsversuche meiner Mutter, wenn es galt, aus einem kleinen Stückchen Fleisch mehrere Mahlzeiten herzustellen. Es gab damals aus der Not geborene Gerichte, die wir heute unserem Gaumen nicht mehr anbieten würden. Aber es gab auch manches, dessen guter Geschmack sich bis heute auf meiner Zunge erhalten hat. Dazu gehört die Holundersuppe mit Zwieback und

Kartoffelfleisch ●
3 Koteletts, 3 mittelgroße Kartoffeln, Pfeffer, Salz, Senf, Majoran, ½ Tasse eingelegte rote Rüben, 2 Zwiebeln, Öl.
Die Koteletts von Knochen und Fett befreien, in ganz kleine Stückchen schneiden und mit dem Wiegemesser fein zerkleinern. Die geschälten rohen Kartoffeln reiben und mit dem Fleisch vermengen. Pfeffer, Salz, Senf, Majoran, die kleingeschnittenen roten Rüben und eine gewürfelte Zwiebel untermischen. Die Masse in heißem Öl unter ständigem Rühren scharf durchbraten. Eine Zwiebel in dünne Ringe schneiden und das fertige Gericht damit garnieren.

Es gibt im Winter Sonntagvormittage, wo es draußen nicht richtig hell wird. Da sitzt man herum, kann sich schwer für eine Beschäftigung entschließen, schaltet den Fernseher an, blättert in einer Zeitschrift ... An solchen Tagen hole ich aus der Küche ein großes Brett, das Wiegemesser, Zwiebeln, Knoblauch und Rindfleisch, stelle es zwischen meinen Mann und den Fernseher, und er weiß, was zu tun ist. – Eine langwierige Vorbereitungsprozedur beginnt für das

Streuselfleisch ●
500 g Rindfleisch, 2 große Zwiebeln, 1 saure Gurke, 1 Knoblauchzehe, Öl, Pfeffer, Salz, 1 Tasse Kaffeesahne.
Rindfleisch, Zwiebel, saure Gurke und Knoblauch kleinschneiden, untereinandermengen. Auf einem Holzbrett nacheinander immer nur eine Handvoll des Gemischs mit dem Wiegemesser kräftig zerkleinern (durch den Fleischwolf gedreht wird es zu musig). Danach im Tiegel anbraten, würzen, öfters umrühren, bis es bräunlich ist. Nach und nach die Kaffeesahne zufügen. Wenn die Flüssigkeit verkocht ist, etwas Wasser auffüllen. Höchstens 20 Minuten kochen lassen. – Dazu schmeckt uns – wie ja auch zu vielen anderen Gerichten – brauner Reis. Das Rezept dafür wurde schon weiter vorn auf Seite 5 aufgeschrieben.

Herzhafter als Frikassee vom Huhn schmeckt uns

Frikassee aus Rindfleisch ●
600 g Rinderbraten, Pfeffer, Salz, Öl, 1 Eßl. Butter, 1 gehäufter Eßl. Mehl, 1 Teel. Brühpulver, 1 Eßl. Kapern, ½ Zitrone, 1 Ei.
Das Rindfleisch pfeffern, salzen und in Öl von allen Seiten braten. Reichlich 1 Tasse Wasser zugießen, aufkochen lassen und das Fleisch zugedeckt auf kleinem Feuer dünsten lassen, bis es weich ist. Dann herausnehmen, kleinschnei-

den und wieder in die Dünstflüssigkeit tun. In einem anderen Topf Butter zerlassen, Mehl darin schwitzen und das in 1 Tasse Wasser aufgelöste Brühpulver langsam einrühren. Wenn die Soße dick ist, vom Feuer nehmen, Kapern, Zitronensaft und das rohe Ei flott hineinschlagen. Fleisch und Bratensaft dazugeben und umrühren. – Petersilie und Schnittlauch scheinen mir die einzigen Kräuter zu sein, die von den früher bekannten und beliebten übrig geblieben sind. Ich habe bis vor einigen Jahren im Gemüseladen noch frischen Kerbel, Rosmarin, Dill, Brunnenkresse, Liebstöckel, Estragon und Thymian bekommen. Diese Kräuter wären ideal für das **Filet mit der grünen Mütze** ●

200g durchwachsener Speck, 1 kg Rinderfilet, Pfeffer, Salz, Öl, 2 Händevoll frische Kräuter, 2 Zwiebeln, geriebene Semmel, 100 g Butter, ½ l herber Rotwein.

100 g Speck in dünne Scheiben schneiden, die Pfanne damit auslegen. Das Rinderfilet pfeffern, salzen, mit Öl bestreichen und in die heiße Pfanne legen. Gehackte Kräuter, zerkleinerte Zwiebeln und 100 g Speck kleinschneiden, auf die Oberseite des Fleisches legen. Darauf geriebene Semmel streuen, mit den Fingern festdrücken und Butterflöckchen auflegen. 10 Minuten braten lassen, dann ¼ l Rotwein zugießen. 15 Minuten zugedeckt auf kleiner Flamme schmoren lassen, dann den restlichen Rotwein zugeben und bis zum Weichwerden des Fleisches schmoren lassen.

Am Schluß dieser Aufzählung mein Lieblingsgericht. Es ist natürlich etwas Saures. Ich koche es immer, wenn mein Mann auf Dienstreise ist – und dann gleich so viel, daß es für drei Tage reicht:

Sauerbraten ●

1 kg Rindfleisch, 1 große Zwiebel, Pfeffer, Salz, 4 Nelken, 2 Lorbeerblätter, 1 Eßl. Rosinen, ½ Tasse Essig, 1 Teel. Zucker, Öl, 2 Eßl. geriebener Speisekuchen.

Das Fleisch in eine tiefe Schüssel legen. Die zerkleinerte Zwiebel, Pfeffer, Salz, Nelken, Lorbeerblätter und Rosinen dazugeben. In einem Topf Essig und Zucker mit ½ l Wasser auffüllen und aufkochen lassen. Kochend über das Fleisch gießen, so daß es völlig mit der Marinade bedeckt ist. 2 Tage stehen lassen. Dann das Fleisch aus der Marinade nehmen, pfeffern, salzen und in Öl von allen Seiten braun braten. Speisekuchen in den Bratensud streuen, umrühren. Lorbeerblatt und Nelken entfernen, Zwiebeln und Rosinen aus der Marinade fischen und mitbräunen lassen. Mit wenig Marinade auffüllen und wieder einkochen lassen (meine Mutter nannte das „kurzgehen"), zweimal wiederholen. Danach die restliche Marinade dazuschütten und bis zum Weichwerden des Fleisches auf kleiner Flamme zugedeckt schmoren lassen. Sauerbratenfleisch darf nicht mehr schnittfest sein; es muß fast von alleine auseinanderfallen, man sagt dazu auch „gabelgriffig".

Nudelsuppe, Erbsen-, Möhren-, Kraut- und Bohneneintopf sind wohlschmeckende, herzhafte Sachen, aber bestimmt in jedem Haushalt bekannt. Ich handhabe es mit Suppen folgendermaßen: Die Grundbrühe für alle Eintöpfe und Brühen würze ich nur mit Pfeffer und Salz und einer Handvoll gemischtem getrocknetem Suppengemüse (Möhre, Porree, Zwiebel, Bohnen, Sellerie und Petersilie). Dieses Trockengemüse gibt der Brühe einen herzhaften Geschmack und eine schöne bräunliche Farbe. Natürlich das Kochfleisch nicht vergessen!

Weder ein Pferd noch einen Kutscher benötige ich für eine

Fiakersuppe ●

500 g Rindfleisch zum Kochen, Pfeffer, Salz, 1 Handvoll getrocknetes Suppengemüse, 150g Speck, 4 Zwiebeln, 1 Eßl. Essig, 1 Prise Zucker, 1 Eßl. Tomatenketchup,

1 Teel. scharfer Paprika, 1 Eßl. edelsüßer Paprika, 1 Eßl. Majoran.
Das Fleisch mit Pfeffer, Salz und getrocknetem Suppengemüse in etwa 2 l kaltem Wasser aufsetzen, aufkochen und zugedeckt auf kleiner Flamme 2 Stunden ziehen lassen. Das Fleisch herausnehmen, kleinschneiden. Speck in kleine Würfel schneiden und ganz ausbraten. Die zerkleinerten Zwiebeln darin glasig werden lassen. Das Fleisch zugeben und 10 Minuten rühren. Mit dem Essig ablöschen, Zucker, Tomatenketchup, scharfen und süßen Paprika zufügen und umrühren. Mit der Brühe aufgießen. Den Majoran überstreuen und 15 Minuten kochen lassen. Kalt werden lassen und das Fett abschöpfen. Die Suppe wieder erwärmen.

Schnelle Gurkensuppe ●
1 mittelgroße Salatgurke, Pfeffer, Salz, 2 Zwiebeln, Öl, $1/8$ l Milch, 2 Eigelb, Dill, $1/2$ l Fleischbrühe von Brühpulver.
Die Gurke schälen, entkernen, in Würfelchen schneiden, pfeffern und salzen. Mit den kleingeschnittenen Zwiebeln in etwas Öl etwa 5 Minuten unter häufigem Wenden dünsten lassen. Danach die Milch und die Eigelb unterquirlen, mit Dill bestreuen und mit der Fleischbrühe aufkochen lassen.

Beim Blättern in alten Kochbüchern habe ich zwar allerhand Gemüsesorten gefunden, aber keine Paprikafrüchte. Meine Mutter erzählte, daß in ihrer Jugend Paprikafrüchte bestenfalls als Hutschmuck Verwendung fanden. Sie konnte sich nur mit Widerwillen an den Geschmack dieses Gemüses gewöhnen. Für mich unvorstellbar! Paprika schmeckt eigentlich in allen Variationen, von pur bis ganz raffiniert. Dazwischen liegt die uns ganz besonders wohlschmeckende, vitaminreiche

Paprikasuppe ●
4 Paprikafrüchte, 4 Zwiebeln, 1 Eßl. Schweineschmalz, 2 Eßl. edelsüßer Paprika, 8 Tomaten, 1 l Fleischbrühe, 150 g Kaßlerkotelett, $1/4$ l saure Sahne.
Den Paprika in feine Streifen schneiden, die Zwiebeln zerkleinern und in Schweineschmalz unter Rühren 5 Minuten braten. Danach mit dem edelsüßen Paprika bestreuen und 5 Minuten umrühren. Die Tomaten kleinschneiden und mit der Brühe dazugeben. 15 Minuten offen kochen lassen. Kaßlerkotelett in Würfel schneiden, im eigenen Fett knusprig braten und zusammen mit der sauren Sahne in die Suppe geben. Kurz aufkochen lassen.

Ein heißer Sommerabend, herumschwirrende Mücken, Gartenstühle und ein leichter Schwips sind die richtigen Voraussetzungen, um Appetit zu bekommen auf die

Kalte Salatsuppe ●
$1/4$ l Tomatensaft, $1/2$ l Fleischbrühe (kalt und entfettet), 3 Eßl. Öl, Saft von 3 Zitronen, 1 Tasse Eiswürfel, 1 grüne Gurke, 2 grüne Paprikafrüchte, 2 Zwiebeln, Pfeffer, Salz, 1 Teel. Knoblauchpulver.
Tomatensaft, Fleischbrühe, Öl und Zitronensaft mit den Eiswürfeln verrühren. Die Gurke schälen, entkernen, würfeln. Paprikafrüchte und Zwiebeln in ganz, ganz feine Streifen schneiden. Beides mit Pfeffer, Salz und Knoblauchpulver vermischen. Alles in die Brühe geben und 2 Stunden kalt stellen. – Dazu Toast servieren.

Die meisten essen die althergebrachten Heringsgerichte gern, fürchten sich aber vor der damit verbundenen Arbeit und dem Geruch. Deshalb verwende ich beim Ausnehmen kein Holzbrett, sondern ein Plastbrett oder ein paar Lagen Zeitungspapier. Damit die Arbeit flutscht, schärfe ich mein spitzes Messer und dann geht's los: Kopf und Schwanz abschneiden und den Fisch ausnehmen. Im Wasser, wenn nötig, abspülen, waschen und das innere dünne braune Häutchen abziehen.

Nach vielen Pannen und allerlei Versuchen, die sich am Ende nicht bewährt haben, hier mein gelungenes Ergebnis:

Marinierte Heringe ●

1 kg Salzheringe, 3 Eßl. saure Sahne, knapp ½ l Milch, 2 saure Gurken, 1 Apfel, 2 Zwiebeln, 4 Eßl. Essig, 1 Prise Zucker, 4 Lorbeerblätter, 1 Teel. Piment und Pfefferkörner gemischt, 2 Eßl. Öl.

Die Heringe ausnehmen und höchstens 8 Stunden wässern. Dann aus dem Wasser nehmen, gründlich abspülen, Mittelgräte entfernen und Rückenhaut abziehen. In einer entsprechend großen Schüssel die saure Sahne und die Milch verrühren. Saure Gurken in hauchdünne Blättchen schneiden, geschälten Apfel raspeln, roh in die Milch geben, den Rest in ½ Tasse kräftigem Essigwasser mit Zucker kurz aufkochen lassen. Diese Zwiebeln (ohne Essigwasser) mit Lorbeerblättern, dem Piment-Pfefferkorn-Gemisch und dem Öl unter die Milch rühren. Danach die Heringsfilets hineingeben. ½ Tag stehen lassen.

Mit Bratkartoffeln, aber auch mit einem frischen Brötchen oder am besten als Katerfrühstück mögen wir den

Brathering ●

8 grüne Heringe, Pfeffer, Salz, 1 Zitrone, Mehl, 2 Eier, geriebene Semmel, Öl, 2 Zwiebeln, ½ Tasse Essig, 1 Teel. Zucker, 2 Lorbeerblätter.

Die Heringe waschen, ausnehmen und entgräten. Pfeffern, salzen, innen und außen mit Zitronensaft oder Essig beträufeln. Eine Stunde stehen lassen. Dann jedes Filet erst in Mehl wenden, danach durch geschlagenes Ei ziehen und mit geriebener Semmel panieren. In Öl nacheinander von beiden Seiten schön braun braten. In eine große Schüssel schichten. Zwiebeln in Ringe schneiden und auf die Heringe legen. Essig, Zucker, Pfeffer, Salz und Lorbeerblätter mit ¾ l Wasser auffüllen, aufkochen lassen und über die Heringe gießen. Sie schmecken erst richtig gut, wenn sie mindestens 1 Tag durchgezogen sind.

Es gibt zwar auch fertig zubereitete Bratheringe zu kaufen, aber selbstgemachte schmecken uns unvergleichlich besser.

Nie genug bekommen unsere Gäste und wir von

Gabelbissen ●

500 g Salzheringe, 2 Zwiebeln, 1 Stück eingelegter Ingwer, 5 Lorbeerblätter, 1 Teel. Piment und Pfefferkörner gemischt, 1 Eßl. Senfkörner, 1 Zitrone, Dill, 1 Flasche Öl.

Die Salzheringe ausnehmen und 1 Tag wässern. Danach unter fließendem Wasser abwaschen, entgräten und die Rückenhaut abziehen. Die Filets in 1 cm breite Stückchen schneiden und in eine Schüssel legen. Die Zwiebeln in kräftige Ringe, den Ingwer in feine Scheiben schneiden, mit den Lorbeerblättern, Piment, Pfeffer- und Senfkörnern unter die Heringsstückchen mischen. Die Zitrone schälen, in Scheiben schneiden und darauflegen. Reichlich gehackten Dill darübergeben und mit so viel Öl auffüllen, bis alles bedeckt ist. Einen Tag gut zugedeckt in den Kühlschrank stellen.

Nun komme ich, der Ehemann

auch einmal zu Wort, nachdem meine Frau ausführlich von ihren Kochkünsten berichtet hat. Aber damit kein falsches Bild entsteht: Es ist nicht so, daß wir Männer nur Steckdosen, Bügeleisen und Lampen reparieren können. Ich gebe zu, daß ich überhaupt nicht gern Staub wische oder Fenster putze. Doch wenn es sein muß, kann ich es. Aber am liebsten stehe ich am Herd. Meine Frau verdreht zwar die Augen, weil ich angeblich zu viel Krümel hinterlasse und für einen Riesenabwasch sorge, aber wenn „mein" Essen auf dem Tisch steht, ziert sie sich nicht. Im Gegenteil – sie langt kräftig zu.

Außerdem gibt es Situationen, wo die Frauen unbedingt auf ihre Männer angewiesen sind. Ob sie wollen oder nicht. Zum Beispiel, wenn Familienzuwachs angekommen ist. Das muß ja schließlich begossen werden. Da hat Vater schon allein die Gäste zu bewirten! Einige „harte Sachen" stehen im Kühlschrank bereit. Für die Damen „braut" man eine

Leichte Bowle ●
Die Hauptsache ist ein schönes Gefäß; ein blaubemalter Gurkentopf (natürlich ohne Gurken) oder Omas Glasbowle.
Für ungefähr 5 l Flüssigkeit:
3 Gläser oder 3 Beutel gefrorene verschiedene Früchte, 3 Flaschen Bowlenwein, 1 Flasche Himbeersirup, Wasser.
Alles der Reihe nach in das Bowlegefäß geben und vorsichtig verrühren. Kaltgestellt mindestens 2 Stunden durchziehen lassen.
Bowlespezialisten schlagen bei dieser Zusammenstellung bestimmt die Hände über dem Kopf zusammen. Aber …!
Am späten Abend freuen sich alle, auch die „Bowleverächter", auf einen

Eisbecher ●
Schon vorher Pudding kochen und Becher oder Gläser knapp halbvoll damit füllen. Ein paar Früchte oder Schokoladenraspel darüber und kalt stellen. Am Abend in jedes Puddingglas ein Stück Speiseeis (was es gerade in der Kaufhalle gibt) legen. Vanillesoße aus der Tüte nach Anleitung kochen und etwas davon heiß oder kalt über das Eis gießen.

Nach dem Eisbecher ist jeder ein wenig abgekühlt, und das Neugeborene wird noch einmal gebührend bewundert. Wenn aber einige Gäste das Babygeschrei schon heftig übertönen, kann man ruhig den Wodka oder Korn 1:10 mit eiskaltem Wasser verdünnen! Keine Angst, die Gäste merken das nicht (geht auch mit Weinbrand, aber nur bei Kerzenlicht!).

Auf alle Fälle belebt ein Mitternachtssüppchen Geist und Glieder.

Mitternachtssüppchen ●
200 g Speck, 1 Zwiebel, 1 Dose Erbsen, Pfeffer, Salz, Erwa-Speisewürze.
Speck und Zwiebel kleinschneiden, im Topf den Speck scharf ausbraten und dann die Zwiebel darin glasig werden lassen. Danach die abgegossenen Erbsen gut unterrühren. Mit Wasser und Fleischbrühe bis zur gewünschten Menge auffüllen und mit Pfeffer, Salz und Speisewürze abschmecken, so daß die Suppe recht kräftig wird.

Wenn man die Suppe verzehrt hat, darf man noch ein Weilchen bleiben. Aber wenn die junge Mutti fragt, wer noch Kaffee will, sollte man langsam gehen. Denn sie hat ihr Nachthemd bestimmt schon bereit gelegt, um mit dem Seufzer: „Nun ist erst mal 'ne Weile Ruhe" in die Kissen zu sinken.

Abgesehen vom vielen Abwasch und den aufwendigen Vorbereitungen ist es immer wieder schön, Gäste zu haben und sie nach besten Kräften zu bewirten. Ich habe mir nach vielen Qualitätsbeweisen meiner Kochkunst das Recht abgetrotzt, bei Geburtstagsfeiern alles selbst zu machen. Meiner Frau empfehle ich, während dieser Zeit ein kleines Nickerchen zu machen, damit sie sich für den fidelen Abend „schön schläft". Großreinemachen vor einer Feier finde ich überflüssig, denn vom Fußboden braucht man nicht zu essen. Dafür gibt es schließlich Teller. Wieviel Gäste man einladen kann, richtet sich immer nach der Größe des Wohnzimmers und nach der vorhandenen Zeit, um in Ruhe die Vorbereitungen zu treffen.

Ab 10 Personen lohnt sich ein kaltes Büffet, finde ich. Man hat zwar vorher zu tun, aber am Abend fällt das lästige Geschirrwegräumen weg, weil jeder Gast sich um seinen eigenen Teller kümmert. Außerdem kann sich jeder aussuchen, wonach ihm der Sinn steht, und ich, der Gastgeber, kann mich unbeschwert meinen Gästen widmen. Ein kaltes Büffet aufzubauen, bereitet keine Schwierigkeiten. Es kann auf einem Küchentisch, einer Anrichte, kleinen Einzeltischen angeordnet werden.

Es muß für jeden Geschmack etwas dabei sein. Für die „Süßen", die „Sauren", die „Herzhaften" und für die ausgesprochenen „Herumnascher". Und auch das sollte man nicht vergessen: Zu jedem kalten Büffet gehören eine große Schüssel Obstsalat und einige Gemüsesalate. Meine folgenden Zusammenstellungen (man kann wählen zwischen einem Hühner- oder einem Rindfleischbüffet oder dem Büffet „deftig") sind für 12 Personen gedacht.

Hühnerbüffet

Grundzutaten:
2 Suppenhühner, 2 Broiler, 500 g Gehacktes.
Die Suppenhühner in siedendem Wasser mit Pfeffer und Salz gar kochen. Die beiden Broiler mit dem gewürzten Gehackten (Pfeffer, Salz, Ei, Kümmel) füllen, mit Pfeffer und Salz einreiben und in Öl von allen Seiten braten. Etwas Wasser hinzugießen und zugedeckt gar werden lassen. Wenn die Broiler gar sind, vorsichtig die Fülle im Ganzen herausnehmen und wegstellen. Sie wird am Abend in Scheiben geschnitten und serviert.
Aus den Broilern entsteht der
Geflügelsalat ●
1 Glas energiereduzierte Salatsoße, ½ Tasse Kaffeesahne, Saft von ½ Zitrone, ½ Glas Pfirsich- oder Birnenkompott, 2 Broiler.
Die Salatsoße mit Kaffeesahne und Zitronensaft verrühren. Kompott und von den Knochen gelöstes Broilerfleisch kleinschneiden und unter die Salatsoße rühren. Bei Bedarf noch ein wenig vom Obstsaft zugießen. Vor dem Servieren gegebenenfalls nachwürzen.

Ein halbes Suppenhuhn wird kleingeschnitten und verbleibt in der Brühe als Einlage. Sie wird nach Mitternacht gereicht. Die andere Hälfte des Huhnes in nicht zu kleine Stücke zerlegen für
Paniertes Huhn ●
½ gekochtes Huhn ohne Knochen, Pfeffer, Salz, Oregano, 1 Ei, Paniermehl, Öl.
Die Hühnerstücke pfeffern, salzen und mit ganz wenig Oregano bestreuen. Dann durch das geschlagene Ei ziehen, im Paniermehl wenden, in reichlich heißem Öl braun braten.

Aus dem zweiten Huhn wird die
Geflügelsülze ●
1 gekochtes Suppenhuhn, 1 Päckchen Gelatine, 1 saure Gurke, 2 gare Möhren, 1 Zwiebel, 2 Eßl. Essig, Zucker, Salz.
Das Huhn auslösen und das Fleisch kleinschneiden. Die Gelatine in wenig Wasser (nach Gebrauchsanweisung) quellen lassen. Saure Gurke, Möhren und Zwiebel ganz klein schneiden und unter das Fleisch mischen. Die vorgeweichte Gelatine mit 1 l kochender Hühnerbrühe übergießen. Essig, 1 Prise Zucker und Salz nach Geschmack zugeben und kräftig rühren. Das Fleisch-Ge-

müse-Gemisch in kleine Schälchen geben und mit der Gelatine aufgießen. Kalt werden lassen und auf Tellerchen stürzen.
Als huhn-unabhängige Speise stellt man noch dazu:
Kräuterblätterteig •
1 Paket gefrorener Blätterteig, Mehl, je 1 Bund Dill, Petersilie, Schnittlauch, Pfeffer, Salz, Öl, 1 Ei.
Den Blätterteig auf wenig Mehl dünn ausrollen, so daß eine längliche Form entsteht. Die Kräuter kleinschneiden, pfeffern und salzen und dick auf den Teig streichen. Zusammenrollen, mit Öl bestreichen und im Backofen 35 Minuten backen. Mit geschlagenem Ei bestreichen und weitere 5 Minuten backen.

Und als Salat gibt es einen
Selleriesalat •
1 große Sellerieknolle, Salz, 4 Eßl. Essig, Zucker, 1 Zwiebel oder Zwiebellauch, Dill, 2 Eßl. Öl, Pfeffer.
Die Sellerieknolle unter kaltem Wasser sauber bürsten und schälen. In siedendem Wasser weich kochen. Herausnehmen und in feine Streifen schneiden. In einer Schüssel Essig, 1 Prise Zucker, geschnittene Zwiebel, etwas frischen Dill, Öl und Pfeffer verrühren. Den Sellerie darüberlegen und mit dem heißen Selleriewasser übergießen.

Rindfleischbüffet

Grundzutaten:
2,5 kg Rindfleisch, 1 kg Geschabtes.
Das Rindfleisch in einen großen Suppentopf mit heißem Wasser, Pfeffer, Salz und 1 Handvoll getrocknetem Gemüse ansetzen und etwa 2 Stunden zugedeckt bei kleiner Flamme kochen lassen. Danach das Fleisch herausnehmen und in 5 gleiche Teile schneiden. Das erste Fünftel kleinschneiden und in die Brühe als Einlage geben. Wird nach Mitternacht serviert.

Das zweite Fünftel für den
Rindfleischsalat •
½ Glas energiereduzierte Salatsoße, 2 Eßl. saure Sahne, 3 Eßl. Tomatenketchup, 500 g gekochtes Rindfleisch, 1 Apfel, 1 saure Gurke, 1 Zwiebel, 1 Tasse fertiger Selleriesalat.
Die Salatsoße mit der sauren Sahne und dem Tomatenketchup verrühren. Rindfleisch, Apfel, saure Gurke, Zwiebel und Selleriesalat in kleine Würfel schneiden und mit der Salatsoße vermischen.

Das dritte Fünftel für die
Röllchen mit Apfelmeerrettich •
500 g gekochtes Rindfleisch, 2 Äpfel, ⅛ l Schlagsahne, 1 Gläschen Meerrettich.
Das Rindfleisch quer zur Fleischfaser in möglichst dünne Scheiben schneiden. Die Äpfel schälen und reiben. Die Schlagsahne steif schlagen, Meerrettich und Äpfel darunterziehen. Die Masse dick auf die Fleischscheiben streichen und zusammenrollen.

Das vierte Fünftel für die
Rindfleischsülzchen •
Zubereitung wie die Geflügelsülze.

Das fünftel Fünftel des Rindfleisches wird in dünne Scheiben geschnitten und auf einer Platte schön angeordnet.
Aus dem Geschabten formt man die
Klöpschen •
1 große Zwiebel, Pfeffer, Salz, Kümmelpulver, je 1 Teel. Majoran und Thymian, 2 Eier, 1 kg Geschabtes, Öl.
Die Zwiebel kleinschneiden, mit Pfeffer, Salz, 1 Messerspitze Kümmelpulver, Majoran, Thymian und den Eiern unter das Geschabte mengen. Die Fleischmasse zu ganz kleinen Klöpschen formen (fast Pralinengröße), mit Öl bepinseln und im Grill von beiden Seiten braun werden lassen.

Als Salat eignet sich am besten ein
Käse-Radieschen-Salat •
300 g Schnittkäse, 5 Bund Radieschen,

Saft von ½ Zitrone, 4 Eßl. Öl, ⅛ l Joghurt, Zucker.

Schnittkäse in Stäbchen und Radieschen in Scheiben schneiden, miteinander vermengen, Zitronensaft, Öl, Joghurt und 1 Prise Zucker verschlagen und unter den Salat mengen. Kalt gestellt durchziehen lassen. Nach Belieben noch mit Salz und Pfeffer würzen.

Büffet „deftig"

1 großes oder 2 kleine Eisbeine, 1 kg Kaßlerkamm, 2 kg Gehacktes, 1 kg grüne Heringe.

Eisbein ●
1 Eisbein, Pfeffer, Salz, 2 Eßl. Majoran.

Das Eisbein mit Pfeffer, Salz und Majoran in kochendes Wasser geben und zugedeckt weich kochen. Aus der Brühe nehmen, die Fettschicht kreuz und quer einschneiden und das Eisbein im Grill oder in der Herdröhre von beiden Seiten knusprig werden lassen. Auf einem Teller abtropfen lassen und erst am Abend in Scheiben schneiden. Senf oder geriebenen Meerrettich dazu nicht vergessen!

Kaßlerkamm ●
Den garen Kaßler von Knochen und Fett befreien, in dünne Scheiben schneiden, auf eine Platte legen und mit flüssigem Aspik glasieren.

Gefülltes Weißbrot ●
1 Zwiebel, Pfeffer, Salz, Kümmelpulver, 2 Bund Schnittlauch oder Zwiebelschlotten, 2 Eier, 1 kg Gehacktes, 1 frisches Weißbrot (500 g).

Die Zwiebel kleinschneiden und mit den Gewürzen, dem geschnittenen Lauch und den Eiern unter das Gehackte mischen. Im Tiegel ohne Fett unter ständigem Wenden ausbraten. Das Brot an einer Seite köpfen und aushöhlen. Das Gehackte kräftig hineinstopfen. Das so vorbereitete Brot kühl stellen und erst abends in dicke Scheiben schneiden.

Kartoffelfleischbrötchen ●
500 g gekochte Kartoffeln, je 1 Bund Petersilie, Schnittlauch und Dill, 2 Eier, Pfeffer, Salz, Kümmel, 1 kg Gehacktes, Paniermehl.

Die gekochten Kartoffeln zerstampfen. Die gewaschenen Kräuter kleinhacken. 1 Ei, Gewürze, Kräuter, Gehacktes und Kartoffeln miteinander vermengen. Zu Brötchen formen und in Ei und Paniermehl wenden. In reichlich heißem Öl von beiden Seiten braten.

Rollmöpse ●
1 kg grüne Heringe, 3 saure Gurken, 2 Zwiebeln, Essig, Pfeffer, Salz, 2 Lorbeerblätter, 1 Teel. Senfkörner, Zucker.

Die Heringe ausnehmen, waschen, entgräten und häuten. Auf jedes Filet 1 Stückchen saure Gurke und 1 Stück Zwiebel legen, zusammenrollen und mit einem Streichholz (die Kuppe entfernen) zusammenstecken. Die Röllchen in eine Schüssel legen. 1 Teil Essig, 3 Teile Wasser, Pfeffer, Salz, Lorbeerblätter, Senfkörner und 1 Prise Zucker zusammen aufkochen und heiß über die Röllchen gießen. Erkalten lassen. – Die Rollmöpse lassen sich auch von gut gewässerten Salzheringen bereiten. Dann die Essiglösung kalt aufgießen und den Fisch 3 bis 4 Tage zugedeckt ziehen lassen.

Weißkrautsalat ●
1 kg Weißkraut, 200 g Speck, 4 Zwiebeln, ½ Tasse Öl, 1 Eßl. Zucker, Pfeffer, Salz.

Das Weißkraut in feine Streifen schneiden. In kochendem Wasser 3 Minuten ziehen und dann über einem Sieb abtropfen lassen. Den Speck in kleine Würfel schneiden, im Tiegel ausbraten. Zwiebeln kleinschneiden und im Speckfett glasig werden lassen. Das Kraut und das Speck-Zwiebel-Gemisch zusammen in eine Schüssel tun (ohne Fett), Essig, Öl, Zucker, Pfeffer und Salz miteinander vermischen und darübergießen. Einige Stunden ziehen lassen. Der Krautsalat darf nicht zu sauer sein.

RUND UM DEN KOCHTOPF

Zeit ist Geld – auch bei der Küchenarbeit! Wenn alles schnell von der Hand gehen und außerdem Spaß machen soll, sind zunächst die Voraussetzungen dafür erforderlich. Diese wichtige Feststellung darf jedoch keineswegs den Wunsch nach einer Ansammlung elektrischer Küchengeräte auslösen, die womöglich für unsere Belange gar nicht nötig oder nicht geeignet sind. Wir sollten uns vor allem Gedanken machen, wie unser Küchenbereich zweckentsprechend gestaltet werden kann, welches Inventar gebraucht wird und nicht zuletzt, wie sich die Arbeit insgesamt – natürlich unter Einbeziehung aller Familienmitglieder – am besten planen läßt. Und weil jeder natürlich auch Bescheid wissen muß über den Umgang mit Kochgeräten, über Garzeiten, Vorratshaltung und vieles andere mehr, gibt es bestimmt noch allerhand zu lernen – also blättern wir um!

Küchen müssen praktisch sein

Zur Förderung junger Ehen wurden in den letzten Jahren viele Maßnahmen wirksam. Günstige Kredite und niedrige Mietpreise erleichtern u. a. das Einrichten des ersten Zimmers bzw. der ersten eigenen Wohnung. Für ein junges Ehepaar bedeutet ein zinsloser Kredit mit langfristiger Rückzahlung eine große Starthilfe. Farbfernseher, ein großes Grillgerät oder wertvolle Auslegeware sollten jedoch nicht unbedingt das erste sein, was man sich zulegt. Ein Kühlschrank, eventuell Waschmaschine und Wäscheschleuder sowie auch ein Staubsauger sind wesentlich wichtiger. So mancher verfügt bereits in jungen Jahren über ein paar Ersparnisse, kann ein paar Möbel aus der Kinder- und Jugendzeit hinüberretten oder er baut Ausrangiertes der Eltern einfach um: Ablageplatten und Borde werden bestimmt noch daraus!

Eine Küche ist das Herz jeder Wohnung und nimmt bei jung und alt einen gleichhohen Stellenwert ein. Sie kann zugleich Wohn- und Arbeitsraum für Frau, Mann und Kinder sein. Wer einen Haushalt gründet, sollte sich am besten möglichst früh über eine sinnvolle Haushaltorganisation schlüssig werden. Ab und an sind dazu vielleicht überholte Gewohnheiten und Ansichten zu korrigieren, denn nur wenn die Pflichten entsprechend verteilt werden, gewinnt man gemeinsame Freizeit. Außerdem sollte an Hausarbeit nur soviel wie erforderlich, keinesfalls aber soviel wie möglich erledigt werden!

Hier soll zunächst das Einrichten und Gestalten von Küchen im Vordergrund stehen. Es geht dabei um technologische Abläufe, unterschiedliche Grundrißvarianten, Beleuchtungsfragen, Farbgebung, Fensterkleider und auch liebenswerte Details. Natürlich werden nicht nur junge Eheleute mit derlei Fragen konfrontiert. Es geht uns ebenso auch um den alleinstehenden jungen Menschen, der ein erstes Zimmer oder eine erste kleine Wohnung bezieht. Wie man sich seine Küche einrichtet, wird in erster Linie von den architektonischen Gegebenheiten (Größe, Lage, Wasser- und Stromanschlüsse) abhängen. Weitere Aspekte sind Familienstruktur (alleinstehend, Ehepaar ohne oder mit Kind), persönliche Neigungen zu Formen, Farben oder Materialien und schließlich die finanziellen Möglichkeiten.

Über rationelle Arbeitsabläufe und daraus resultierende Zeitersparnis in Küchen hat man sich viele Jahre erfolgreich Gedanken gemacht. Da die meisten Menschen Rechtshänder sind, arbeiten sie von rechts nach links. Dies könnte in einer Küche so aussehen, daß die Speisen auf einer Arbeitsplatte vorbereitet, dann auf den links daneben zugeordneten Herd gestellt und wiederum links vom Herd angerichtet werden. Schmutziges Geschirr gelangt in die noch weiter links plazierte Spüle. So werden Wegstrecken verkürzt und Arbeitszeiten reduziert. Ein kleiner Frühstücksplatz kann das Gemüseputzen im Sitzen gestatten, wobei ein geringerer Kraftaufwand als beim Arbeiten im Stehen erforderlich ist. Aber so ganz allgemeingültig können die praktischsten Empfehlungen niemals sein. Während z. B. eine Verkäuferin den ganzen Tag über hin und her läuft bzw. stehend bedient, verbringt eine Redakteurin den Hauptteil ihrer Arbeitszeit am Schreibtisch. Letztere ist vielleicht froh – die Praxis bewies es öfter – sich abends in ihrer Küche so richtig tummeln zu können, sozusagen als körperlicher Ausgleich. So subjektiv kann es auf den Gebieten der Innenarchitektur in Wohnungen zugehen! Wir werden noch auf Einzelheiten kommen. Es ist deutlich zu erkennen, daß mehr Wohnlichkeit in unsere Küchen einzieht, ohne daß dabei die praktischen Seiten der Ausstattung vergessen werden. Die Neigung zur gemütlichen Küche hat mit den früheren Wohnküchen jedoch nichts gemein. Diese waren häufig der Hauptaufenthaltsraum der Familie wegen zu geringer Wohnfläche (infolge hoher Mietpreise). Oft wollte man auch die „gute Stube" schonen! Wenn wir jetzt eine wohnliche Atmosphäre für sämtliche Räume unserer Wohnung anstreben, so liegt das daran, daß wir uns in jedem Zimmer längere Zeit gern aufhalten wollen. Und das betrifft auch Bäder, Korridore und Küchen. Diese drei Raumkategorien zählen heute mit zu den kombinierten Zimmern mit mehreren Funktionsbereichen, in welchen nicht nur das Nötigste schnell „erledigt" werden soll. Vielleicht haben wir uns auch zu lange Zeit bei der Küchengestaltung allein aufs Rationelle beschränkt.

Die Küche ist wohl der wichtigste Arbeitsraum der Wohnung. Wir lassen aber auch unsere Gäste hinein. Sie dürfen sich selbst aus dem Kühlschrank bedienen, stehen um den Herd herum und schätzen die ungezwungene Gastlichkeit. Ebenso hat ein Kind die Möglichkeit, am Küchen-Eßtisch zu spielen oder sich von einem Elternteil bei den Schularbeiten beaufsichtigen zu lassen.

Die gute Arbeitsorganisation in einer Küche hängt nicht von einem Neu- oder Altbau ab und erfordert auch nicht unbedingt neue Küchenmöbel. Allerdings ist es notwendig, die Arbeitsstrecken so zu ordnen, daß eine fließende Arbeit vonstatten gehen kann.

Die Wasserleitung wird in der Nähe des Arbeitsplatzes oder Herdes benötigt und sollte sich möglichst nicht am anderen Ende der Küche befinden.

Eine Luftfilterhaube wird direkt über der Herdstelle angebracht und dient der Luftverbesserung im Küchenbereich. Unabhängig von der Luftfilterung läßt sich eine zweckmäßige Herdbeleuchtung einschalten.

In kleinen Küchen genügt mitunter ein Fensterlüfter zum Vertreiben der mit Feuchtigkeit oder Küchendünsten angereicherten Luft. Er wird oben in die Glasscheibe eines Fensters eingepaßt.

Beim Neukauf von Küchenbauteilen dürfte ein Schubkastenelement nicht vergessen werden. Sonst weiß man nicht, wohin mit Bestecken, Bindfäden, Tüten, Einwickelpapier u. ä.

Ein Korb oder Holzkasten für Getränke sieht so gut aus, daß man ihn nicht verstecken muß!

Viele Arbeiten wie Kartoffelnschälen, Gemüseputzen u. ä. Speisenvorbereitungen lassen sich im Sitzen erledigen. Ausziehbare Arbeitsplatten in einer Höhe von 600 mm bis 650 mm sind dafür besonders zweckmäßig.

Der Raum unter der Spüle ist für die griffbereite Unterbringung von Reinigungsmitteln und vom Abfalleimer geeignet.

Farblich zur Gesamtgestaltung passende, kräftig getönte Ölsokkel (zwischen Ober- und Unterschränken oder in der Umgebung von Herd und Spüle) sind ebenso zweckmäßig wie Fliesen.

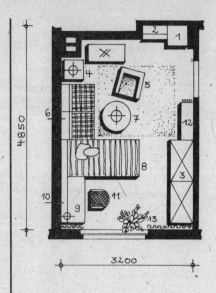

Abb. 1
Grundriß
 1 Hochschrank mit Aufsatz
 2 Regale und Ablagen
 3 Kleiderschränke
 4 Beistelltisch
 5 Einzelsessel
 6 Reihenelemente
 7 Couchtisch
 8 Liege mit Bettkasten
 9 Arbeitstisch
10 Individuelles Wandbord
11 Arbeitsstuhl
12 Anbauteil
13 Grünpflanze

Abb. 1 a
Raumskizze zur Kochnische
1. Variante

Kochplatz im Wohnraum

Aber fangen wir klein an, nämlich mit der Miniküche – einer Küche im Schrank. Es gibt gar nicht so selten Teilhauptmietverhältnisse, in denen der junge Bewohner eines Leerzimmers zwar die Küchenmitbenutzung schätzt, sich aber doch ab und an innerhalb der „eigenen" vier Wände Bratkartoffeln bereiten oder einen Tee brauen möchte. Genauso, wie man unter solchen Wohnbedingungen einen Waschplatz hübsch verkleiden kann, läßt sich eine Kochnische in verdeckter Form vorsehen. Eine Variante stellt z. B. ein zweitüriger alter oder neuer Schrank dar. Elektrokocher, Tauchsieder, Geschirr, Töpfe, Pfannen, Kartoffeln, Zwiebeln, Trockenlebensmittel, Gewürze, Abwaschschüssel, Reinigungsmittel und hundert andere kleine Dinge befinden sich besser dort konzentriert, wo man damit arbeiten muß, als irgendwo im Raum verteilt und verschämt versteckt.

Deshalb wollen wir hier das Beispiel einer ausgebauten Nische als Kleinstküche nicht vorenthalten. Der Grundriß Abb. 1 gibt die Möblierungslösung eines Leerzimmers im Altbau wieder, bewohnt von einer alleinstehenden Lehrerstudentin. Da sie auch unter bescheidenen Umständen gern für sich oder

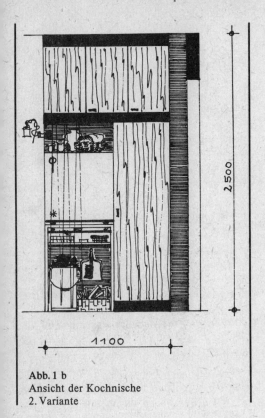

Abb. 1 b
Ansicht der Kochnische
2. Variante

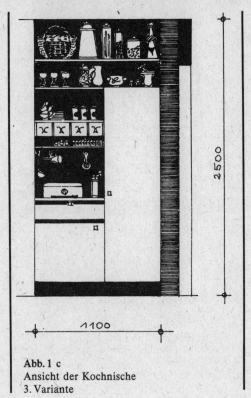

Abb. 1 c
Ansicht der Kochnische
3. Variante

Freunde etwas Schnuckeliges brutzelt, nutzte sie die Mauernische in Ofennähe geschickt aus. Abb. 1 a zeigt den geöffneten Hochschrank mit Aufsatz sowie seitlich anschließende Borde von geringerer Tiefe. Diese können den dekorativeren Teil der Küchenutensilien wie Gläser, Brettchen, Krüge usw. aufnehmen. Ebenso ließe sich in Griffhöhe eine Kühlbox vorsehen, darunter das Heizmaterial schieben (Ofennähe) und zwischen Hochschrank und Wand ein dünner Vorhang anbringen, siehe Abb. 1b. Auf das Kochen wird hier verzichtet, dafür existiert jedoch ein nützlicher Wirtschaftsbereich – zum Belegen von Broten und Bereiten eines Rohkostsalates immerhin ausreichend. Eine weitere Möglichkeit bietet Abb. 1 c, wo ein schmaler Vorratsschrank ohne Aufsatzteil aus einem handelsüblichen Küchenanbauprogramm mit einem schmalen Unterteil kombiniert ist. Auf diesem kann gekocht werden, wobei – wie auf den Abbildungen 1 a und 1 b zu sehen – herausziehbare Bretter das Vorbereiten der Gerichte und den kleinen Abwasch erleichtern. Oberhalb bestimmen offene Böden das Bild. Die engere Umgebung von Kocher und Tauchsiedertopf sollte mit hitzebeständigem Material verkleidet sein; denn auf den Brandschutz ist in jedem Fall zu achten! Ein farbiger Hintergrund würde der Gestaltung der Küchennische sowie dem länglichen Raumformat sehr zuträglich sein.

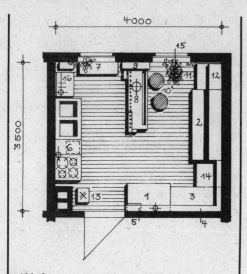

Abb. 2 a
Raumskizze

Abb. 2
Grundriß
1 Anrichte
2 Büffet
3 Individuelle Arbeitsplatte
4 Wandborde
5 Gewürzschränkchen
6 Ablage, Mülleimer
7 Alte Truhenbank
8 Hobelbank
9 Werkzeugspind
10 Hocker
11 Waschmaschine
12 Regal für Weinflaschen
13 Kleiner Ofen
14 Kühlschrank
15 Pflanzenkorb
16 Handwaschbecken

Altbauküche – gut genutzt

Ihr erstes Domizil müssen junge Leute nicht selten als Übergangssituation betrachten. Doch hat sich immer wieder gezeigt, daß man beträchtlich länger irgendwo hängen bleibt, als man anfangs glaubt. Deshalb raten wir, sich so praktisch und heimisch wie nur möglich einzurichten, denn auch ein paar Jahre sollen harmonisch verlaufen und rückschauend als schöne Jahre zählen. Oft erinnert man sich später der Zeit in der improvisierten „Bude" am liebsten.

Selbstverständlich empfehlen sich aufwendige Investitionen, Ein- und Ausbauten (teure Auslegeware, Holzverkleidungen, Fliesen usw.) keinesfalls, da die vollwertige Wiederverwendung in der angestrebten neuen Wohnung in Frage gestellt sein dürfte. Es gibt jedoch eine Reihe von anderen Mitteln, um der engeren Umgebung das individuelle, angenehme Gepräge zu verleihen.
Wir wollen nun auf Küchen zu sprechen kommen, denen man in kleineren Alt- und Ausbauwohnungen häufig begegnet. Wohnt man relativ beengt, verfügt über kein Bad, einen Dachboden gibt es auch nicht und der Keller faßt gerade eben die Kohlen, muß die Küche einfach zum „Mehrzweckraum" erklärt werden. Zum Glück weisen diese Räume meist acht und weit mehr Quadratmeter auf, so daß sich eine Reihe von Funktionen gut miteinander vereinbaren lassen. Abb. 2 demonstriert so einen Fall: lauter unterschiedliche Einzelmöbel und -teile wuchsen zu einer organischen Einheit zusammen. Zugrunde lag ein intensiv ausgearbeitetes Konzept, wie es sich bei der Einrichtung aller Räume in der Wohnung empfiehlt. Dazu nimmt man sämtliche Maße präzise ab (einschließlich Fenster- und Türöffnungen, Nischen und Mauervorsprünge, Heizquellen, Raum- und Brüstungshöhen, Steckdosen, Wasseran-

schlüsse, Wandschrägen usw.) und zeichnet eine Grundrißskizze im Maßstab 1:50 (1 Meter = 2 cm) oder 1:20 (1 Meter = 5 cm). Entweder skizziert man nun mehrere Möblierungsvarianten oder schiebt im gleichen Maßstab ausgeschnittene Pappmodelle so lange hin und her, bis eine Lösung überzeugt. Mit Farb- und Materialproben läßt sich übrigens ähnlich verfahren, nur ist es mühsamer, entsprechende Woll-, Garn-, Flicken- oder Furnierreste zusammenzutragen, mit denen sich eine den Bewohnern gemäße Farbstimmung frühzeitig erproben läßt.

Zur Grundausstattung einer jeden Küche gehören Herd, Spüle, Arbeitsfläche, ein Minimum an Aufbewahrungsmöbeln und inzwischen möglichst auch ein Kühlschrank. Mit diesem Inventar begann auch ein junges Ehepaar in der Küche von Abb. 2. Ein älteres Büffet mit dazugehörender Anrichte wurde bei einer Haushaltauflösung ganz billig erworben und blau-weiß angestrichen. Es handelt sich zwar um voluminöse, schwere Möbel, die jedoch eine Menge Stauraum sowie großzügige Arbeitsflächen bieten. Schon lange ist getestet worden – sogar mit der Stoppuhr –, daß frei stehende Einzelmöbel und Geräte (nach Großmutterart) im Gegensatz zu einer rationell eingerichteten Küche den Arbeitsaufwand insgesamt entschieden erhöhen! Es ist aber gar nicht so schwierig, durch Überleitungen und Verbindungsstücke wie Platten, Borde oder kleine Behältnisse auch mit alten Möbeln rationell zu wirtschaften, wie Abb. 2 a zeigt. Da sich in der zu dieser Küche gehörenden Wohnung kein Badezimmer befindet und auch sonst wenig Platz ist, mußten zwangsläufig die Waschmaschine sowie neben der Spüle noch ein Handwaschbecken mit Unterbeckenspeicher in der Küche untergebracht werden. Der Raum über der Waschmaschine wird durch ein selbstgebautes Regal für Weinflaschen genutzt.

Auf das Drechseln und andere Holzarbeiten mochte der junge Mann nicht verzichten, wozu jedoch in diesem Wohnhaus nirgends Gelegenheit gegeben ist. So wurde kurzerhand die Hobelbank aus dem Elternhaus mit der Schmalseite zwischen die beiden Küchenfenster plaziert. Lustig, aber wahr ist es, daß die jungen Leute an der Hobelbank nun häufig auch einen Imbiß einnehmen. Zu diesem Zweck werden einfach nur Frühstücksbrettchen auf einen rustikalen Tischläufer gelegt und zum Trinken Keramikbecher verwendet. Das soll nun beileibe kein „ernsthafter" Eßplatz sein! Hobelbänke sind bis zu 90 cm hoch; das sind 15 cm mehr, als bei Eßplätzen üblich. Aus diesem Grund entstanden im Eigenbau zwei einfache Hocker von entsprechender Höhe (so zwischen Normal- und Barhockerhöhe). Als Werkzeugspind fungiert an der Fensterwand ein blau gestrichenes altes Medizinschränkchen, ober- und unterhalb von Lochwandteilen mit Haken für Handwerkszeug ergänzt. Im Möblierungsbeispiel Abb. 2 ist das Hantieren von rechts nach links nicht gegeben, da Schornstein und Wasseranschluß die Lösung mit fixierten. Über der Koch- und Naßstrecke sind an blauen Leisten und roten Plasthaken vor einer weißen Wand oft benötigte Utensilien aufgehängt. Bei ihrer Auswahl, wie auch bei Schüsseln, Eimern und den mannigfaltigen anderen Kleinigkeiten, wurde Wert auf Rottöne gelegt. So finden wir in den Vorhängen ebenfalls rote Streublümchen auf weißem Grund. Auf Stores wurde ganz verzichtet, da es kein Visavis gibt und nur unnötig viel Tageslicht geschluckt würde. An Beleuchtungskörpern sind über der Anrichte, dem Herd und dem Handwaschbecken je eine rot gespritzte Keramikfassung mit Profilglühlampen vorgesehen. Für die Hobelbank wurde eine vertikal verstellbare Zugleuchte aus früheren Zeiten für gut geeignet erachtet.

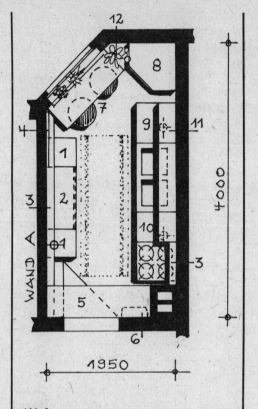

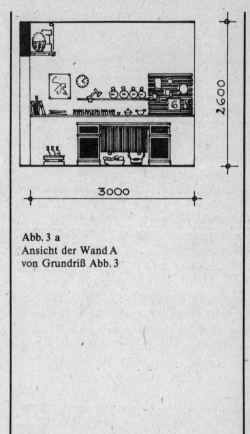

Abb. 3 a
Ansicht der Wand A
von Grundriß Abb. 3

Abb. 3
Grundriß
 1 Alte Nachtschränke
 2 Marmorplatte
 3 Individuelle Wandborde
 4 Pinnwand
 5 Hängeboden
 6 Gasinnenraumheizer
 7 Abklappbare Frühstücksplatte
 8 Älterer Kücheneckschrank
 9 Kühlschrank
10 Unterteil
11 Oberteile
12 Blumensäule

„Einzeilige" mit Ideen

Auch der „Einzeiler" oder die sogenannte „Installationszeile" kann junge Leute vor Probleme stellen. Der Grundriß Abb. 3 demonstriert eine typische einzeilige Küchenvariante aus der Altbausubstanz. Das Fenster befindet sich im abgeschrägten Teil der einen Stirnwand und läuft in einen Rundbogen aus. Das relativ hohe Fenster wurde in Höhe des Oberlichtes durch ein Stellbord geteilt. Dazu wurde Winkelmaterial gegen den Fensterrahmen geschraubt, welches in eine rückwärtige Nut im Bord greift. Die seitliche Befestigung in der Fensterlaibung erfolgt durch Bankeisen oder kleine Bodenträger. Der junge Mann zieht auf dem Bord verschiedene Pflanzensenker und selbst gesäten Gewürzsamen. Weil nur die unteren Fensterflügel zum Lüften bewegt werden, ist das ein zugfreier Standort. Unter dem Gesichtspunkt, daß Fenster in Küchen und Bädern oft geöffnet werden, sind Scheibengardinen wie auf Abb. 3 b besonders praktisch. Man sollte sie nur oben an zierlichen Stangen befestigen und unten lose baumeln lassen. So wirken sie gefälliger. Der Platz unter-

Abb. 3 b
Raumskizze
zu Grundriß Abb. 3

halb des Fensters ist durch eine abklappbare Platte mit zwei schrägen Stützfüßen genutzt. Hier kann das junge Paar frühstücken und viele Küchenarbeiten im Sitzen verrichten. Außerdem erledigt der junge Mann der schönen Aussicht und der sonnigen Lage wegen während der freundlichen Jahreszeit dort schriftliche Arbeiten, liest die Zeitung oder repariert dieses oder jenes. Der Hauptarbeitstrakt – Herd, Ablage, Spüle, Kühlschrank – ist zum großen Teil mit Hängeschränken überbaut. Zwei Profilglühlampen sorgen für ausreichende Beleuchtung. Die dazu erforderlichen Fassungen sind an die Unterböden der Hänger geschraubt. Eine Leuchtstoffröhre hinter einer Blende könnte dieser Aufgabe ebenso gerecht werden, zumal sie bei gleicher Lichtleistung weniger Energie verbraucht. Die Raumecke zwischen Arbeitsplatte und Kühlschrank wird von einem alten Kücheneckschrank mit verglaster Mitteltür eingenommen (siehe Abb. 3 und 3 b). Während früher sein Inhalt durch Innenvorhänge verborgen wurde, stellen Schrank und Inventar heute zusammen ein Schmuckstück dar. Vor der gegenüberliegenden Längswand wurden zwei hohe, alte Nachtschränkchen aufgestellt, zwischen denen eine weiße Marmorplatte als weitere Ablage- und Vorbereitungsfläche nützlich ist. Ein aus Markisenstoff selbst hergestelltes Rollo verdeckt Eimer, große Schüsseln u. ä. (siehe Abb. 3 a). Diese Wandfläche läßt sich weiter nutzen durch Borde, ein appetitanregendes Plakat, Gebrauchs- und Ziergegenstände, einen Strahler, sowie eine Pinnwand. Letztere stellt so eine Art private Wandzeitung dar, an der sich Rezepte, hübsche Postkarten, ein Kalender, Einkaufszettel, Reparaturscheine o. ä. zeitlich begrenzter Kleinkram festmachen lassen. Zwischen Schornstein und Wand ist eine Hängebodenkonstruktion befestigt, auf der so ziemlich alles an Reserven lagert, was man wohl benötigt, jedoch nicht unbedingt zur Schau stellen möchte. Farblich ist mit Weiß, Gelb und als Akzent Schwarz gestaltet worden. Weiß sind Herd, Unterteile, Spülstein, Kühlschrank, Hängeteile und auch die Längswände.

Einen gelben Anstrich bekamen Eckvitrine, Nachtschränke, Borde, Pinnwand, Stirnwände, Decke und Füllung der Eingangstür. Im gleichen Ton wurden die Fliesen zwischen Arbeitsstrecke und Hängern sowie Plast- und Keramikgegenstände ausgesucht. Fensterrahmen, Türfutter, Hängeboden, Hocker, Möbelsockel und Arbeitsplatte beleben das Bild ganz in Schwarz. Ein goldfarbener Kokosläufer hat schwarze Randstreifen. Im Streifendekor der Rollos ist ebenfalls Schwarz.

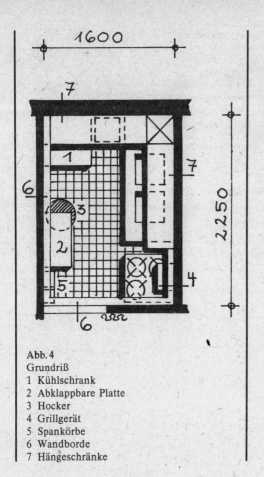

Abb. 4
Grundriß
1 Kühlschrank
2 Abklappbare Platte
3 Hocker
4 Grillgerät
5 Spankörbe
6 Wandborde
7 Hängeschränke

Abb. 4 a
Raumskizze
zu Grundriß Abb. 4

Mini-Küche ohne Fenster

Die Küche von Abb. 4 gehört zu einer Neubau-Einraumwohnung, ist fensterlos und nur ca. 3,5 m² „groß". Auch auf kleinstem Raum sollte jedoch angestrebt werden, einer Uniformierung von Raumformat und Grundausstattung (Herd, Spüle, Hänger) entgegenzuwirken, indem man möglichst überzeugend eigene Ideen und viel Persönliches in die Innenausstattung hineinträgt. Schon durch eine individuelle Farbgebung und Wandaufteilung, eine Kochbuchsammlung oder das Aneinanderreihen aparter, brauner Flaschenformen mit den unterschiedlichsten Kräuteressenzen auf Borden – wie auf Abb. 4a zu sehen – verleiht der Küche die eigene Note. Durch das Aufstellen des Kühlschrankes sowie „Übereckplazieren" eines dreitürigen Hängeteiles, wurde aus dem „Einzeiler" fast eine „L-Küche". Weil die vorgefundenen Möbel eine hellblaue Oberfläche haben, erklärte die alleinstehende Bewohnerin diese Nuance zum farblichen Ausgangspunkt für alle weiteren Maßnahmen. Mit einem geliehenen Heimkompressor wurden Kühlschrank, Mülleimer, Wandbretter, Hocker, Spankörbe, ja sogar die Küchenwaage, zwei Strahlerköpfe und ein Bilderrahmen in Hellblau farblich angeglichen. So eine Aktion wird am besten in Hof oder Schuppen durchgeführt, sonst muß man sich und die „Umwelt" sehr gegen den feinen Regen von Farbpartikelchen schützen! Im Fachgeschäft bekommt man Rat darüber, wie und wie oft Flächen gespritzt werden müssen, ob man Nitro- oder Alkydharzlack verwenden sollte usw. Bei kleinen Flächen und Kanten tut's auch schon das Spritzen mit einer Spraydose (Autolack). Das jeweilige Verfahren richtet sich nach Funktion, Beschaffenheit und Material der betreffenden Objekte. Ein in Orange vorhandener Fußbodenbelag paßt gut dazu und gab den Ausschlag für den Kontrastton der Küchengestaltung. Orange sind Stirnwände und Decke gestrichen, weiterhin die Abschnitte zwischen Decke und den oberen Borden vor den Längswänden. Orange erlebt man auch in unzähligen Kleinigkeiten, die hier benötigt werden. Die Spankörbe gegenüber vom Arbeitstrakt nehmen Gemüse und Obst auf. Leider fehlen ein Minimum an Arbeitsfläche zwischen Türwand und Herd sowie etwas mehr Ablagemöglichkeit zwischen Herd und Spüle. Will man z. B. ein Huhn vorbereiten, müßte man ein großes Holzbrett über das eine Becken der Spüle legen, das sich jedoch beim Hantieren laufend verschiebt! Die schmale abklappbare Platte am Klavierband (siehe Abb. 4 und 4a) bedeutet – wie so oft – persönliches Engagement. Weil sie eigentlich ständig zum Arbeiten gebraucht wird (zum Frühstücken ist sie zu klein), bleibt sie meist in Funktion, so daß die Bewegungsfreiheit (Durchgangsbreite) relativ eingeengt ist. Unter dem Motto: „Vieles ist Gewohnheitssache" verkraftet man's dann auch und kommt mit dem geringen Raum zurecht.

Da oftmals gerade Alleinstehende, die völlig ungebunden über ihre Freizeit verfügen können, sich sehr kontaktfreudig und gesellig geben, bietet ihnen eine so eingerichtete Küche die Möglichkeit, Gäste mit eigenen Kochkünsten zu überraschen sowie allerlei Gewürze, zünftige Gefäße u. ä. zu sammeln und aufzustellen.

Bei zweizeiligen Küchen sollte zwischen den Schrankteilen eine Passage von mindestens einem Meter für die Bewegungsfreiheit vorhanden sein. Auch der nötige Platz zum Öffnen der Türen muß berücksichtigt werden.

Oberschränke befestigt man 45 bis 50 cm oberhalb der Arbeitsplatte. Über Herd und Spüle sollten sie etwas höher hängen, weil man sich beim Arbeiten hier ziemlich weit nach vorn beugt. Aus diesem Grunde wäre auch eine geringere Tiefe der Elemente ratsam (ca. 30 bis 35 cm).

Zwischen Unter- und Oberschränken liegt die „zweite Etage" mit bequemer Griffhöhe. Sie läßt sich gut nutzen, durch Borde, individuelle kleine Nischenmöbel (Gewürzschränkchen usw.), Schübe, eine Messerpalette, ein Gestell für Kochbestecke oder Deckel, Leisten, Haken oder Holzstangen für trocknende Gewürze, Kellen u. ä.

Die gute Arbeitsorganisation in einer Küche hängt nicht von einem Neu- oder Altbau ab und erfordert auch nicht unbedingt neue Küchenmöbel. Allerdings ist es notwendig, die Arbeitsstrecken so zu ordnen, daß eine fließende Arbeit vonstatten gehen kann, um Zeit zu sparen.

Wo es möglich ist, sollten Kühlschrank oder -box auf eine mittlere Höhe gebracht werden, d. h. ein in den Maßen an die übrigen Horizontalen im Raum angepaßter Unterschrank oder Sockelunterbau würde schon helfen, die gewünschte Übersicht und das nötige Greifniveau zu erhalten.

Wer in der Küche einen Flickenteppich, vietnamesische Binsenmatten (Maisstroh) oder Kokosware auslegen möchte, kann es getrost tun, vor allem da, wo es fußkalt ist. Mit Holzbeize lassen sich Binsenmatten sogar einfärben!

Viele Arbeiten wie Kartoffelschälen, Gemüseputzen u. ä. Speisevorbereitungen lassen sich im Sitzen erledigen. Ausziehbare Arbeitsplatten in einer Höhe von 600 mm bis 650 mm sind dafür besonders zweckmäßig.

Die Wasserleitung wird in der Nähe des Arbeitsplatzes oder Herdes benötigt und sollte sich möglichst nicht an anderen Ende der Küche befinden, um zügiges Arbeiten zu gewährleisten.

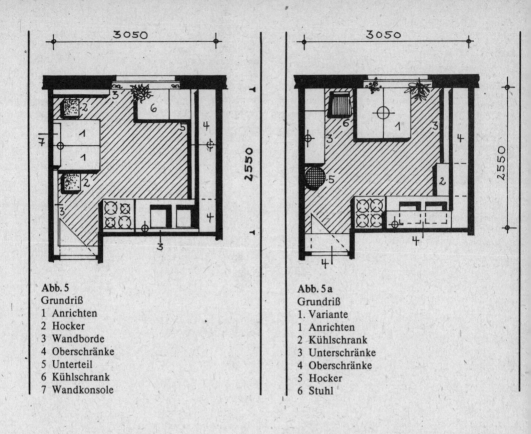

Abb. 5
Grundriß
1 Anrichten
2 Hocker
3 Wandborde
4 Oberschränke
5 Unterteil
6 Kühlschrank
7 Wandkonsole

Abb. 5a
Grundriß
1. Variante
1 Anrichten
2 Kühlschrank
3 Unterschränke
4 Oberschränke
5 Hocker
6 Stuhl

Neubauküche mit Variationen

Viele junge Leute werden auch in den Neubautyp WBS 70 einziehen. Deshalb wollen wir für diese Küche einige Varianten zeigen. Vom Grundriß und den Maßen her läßt sich allerlei beginnen, zumal das Format beinahe quadratisch ist. Die Grundausstattung setzt sich auf Abb. 5 aus Herd, Spüle, Korpusmöbeln mit Ecklösung und vor das Fenster gerücktem Kühlschrank zusammen. Erst eine ganze Weile später ergänzte man die Einrichtung durch zwei rechtwinklig zur Wand und mit den Rückwänden aneinandergestellten Anrichten. Diese Idee ist praktisch und in kommunikativer Hinsicht anregend zugleich. Einmal kann man auf einem so großzügigen „Arbeitsblock" eine Menge Eingekauftes bequem abstellen. Zum anderen bietet sich eine erhebliche Vorbereitungsfläche und schließlich kann auch drumherumgestanden, genascht und erzählt werden. Außerdem ist der Platz noch hervorragend zum Bügeln und Schneidern (Zuschneiden) geeignet. Eine geschnitzte Wandkonsole, Borde und Gardinenstange – alles dunkel gebeizt – bilden einen reizvollen Kontrast zum olivfarbenen PVC-Fußbodenbelag und zu den perlgrauen Anbauteilen. Die Vorhänge sind oliv- und braungemustert (Nadelstreifen) und hängen an braunen Plastringen. Auch sammelt man hier fleißig unterschiedlich große und verschieden geformte Bretter, Eierbecher, Untersetzer, Teller usw. aus Holz. Die auf Abb. 5 eingezeichneten Lichtquellen beleuchten die wichtigsten Zonen. Auf eine Mittelbeleuchtung kann man in den meisten Küchen verzichten, da diese sowieso nur den Rücken des Hantierenden anstrahlt.

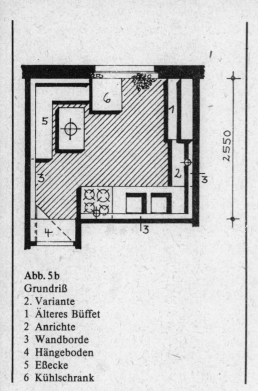

Abb. 5 b
Grundriß
2. Variante
1 Älteres Büfett
2 Anrichte
3 Wandborde
4 Hängeboden
5 Eßecke
6 Kühlschrank

Abb. 5a zeigt eine Möglichkeit der „wachsenden Küche" bei gleichem Grundriß. Die Grundausstattung bestand auch hier aus einer L-förmigen Anordnung der wichtigsten Elemente. Das interessante Aneinanderstellen zweier Anrichten erfolgte auch hier. Allerdings rechtwinklig zum Fenster. Genausogut hätte ein Mini-Eßplatz dort angeordnet werden können. Aber so mancher junge Mitmensch ist vielleicht von dieser Konstellation begeisterter, die neben der Funktion einer geräumigen Arbeitsplatte noch einen Stehimbiß für „ganz Eilige" gewährleistet. Diese zwei Unterteile, noch ein paar Unterteile mit geringerer Tiefe sowie ein oberhalb der Tür in der Nische befestigtes Hängeteil bilden den „Zuwachs" dieser Einrichtung. In der Übergangsphase halfen Plakate u. ä. mit Menüaufnahmen sowie anderer Wandschmuck, die Küche zu vervollständigen.

Abb. 5 b gibt einen gleichen Grundriß wieder, jedoch mit vorwiegend älteren Möbeln ausgestattet – Herd und Spüle ausgeklammert. Ein schmales älteres Büfett, die dazugehörige Anrichte und eine handgewerkelte Eßecke bilden die Arbeits- und Aufenthaltsbereiche. Der Hängeboden oben in der Türnische ist frontal offengehalten und nimmt hübsche Steinguttöpfe, Körbe u. ä. auf. Der Kühlschrank, ein länglicher Tisch und viele Borde komplettieren das Ganze. Von jeweils drei Beleuchtungskörpern ist einer eine Pendelleuchte: Auf Abb. 5a über den Anrichten und auf Abb. 5 b über dem Eßtisch.

Wände und Fußboden – zweckmäßig gestaltet

Gegen Tapete in der Küche ist grundsätzlich nichts einzuwenden. Sind aber sehr viele Gebrauchs- und Ziergegenstände frei aufgestellt, wie z. B. auf Abb. 2a oder 3a, würden selbst kleine Tapetenmuster ein unruhiges Bild ergeben. In eine sachliche Arbeitsküche ohne viel dekoratives Beiwerk kann eine Tapete – eventuell nur an der Fensterwand – einige Wohnlichkeit tragen. Wo es stark spritzt (Wasser, Fett), sollte man das Tapezieren umgehen und abwaschbare Anstriche, Fliesen oder anderes Material verwenden.
Der Fußboden soll gleitsicher sein. Außerdem muß er sich leicht und schnell reinigen lassen. Am besten sind kleingemusterte kräftig farbige PVC-Beläge, auf denen nicht gleich jedes Krümel und jeder Spritzfleck sichtbar sind. Das Dekor des Fußbodenbelages sollte unbedingt in die Raumgestaltung (Möbeloberflächen, Wände, Vorhänge usw.) mit einbezogen werden.

Gutes Licht

Bei einer zentralen Deckenbeleuchtung in der Küche steht man sich bei der Ar-

Abb. 6
Beleuchtungsschema
mit einer Profilglühlampe
in Keramikfassung
(Wandleuchte)

Abb 6a
Beleuchtungsschema
mit abgeblendeter Warmtonröhre
(Befestigung am Unterboden
des Oberschrankes)

beit im Grunde selbst im Licht, arbeitet im eigenen Schatten. Als zusätzliche Allgemeinausleuchtung in einer sehr großen Altbauküche ist eine Deckenleuchte allenfalls denkbar. Als Arbeitsplatzbeleuchtung sind Klemmleuchten an Borden oder die schon erwähnten Wandleuchten am besten geeignet, siehe auch Abb. 6. Bei Leuchtstoffröhren ist jedoch in bezug auf ihre Stimmungsfreundlichkeit immer Vorsicht geboten, weil ihre verstärkten Blau-Violett-Anteile rasch als ermüdend oder unnatürlich empfunden werden.

Besonders abends kommt es dem natürlichen Gefühl des Menschen entgegen, Lichtquellen mit gelb-roter spektraler Verteilung einzusetzen. Sogenannte „Warmtonröhren" kommen dem Glühlampenlicht noch am nächsten. Auf Abb. 6a sitzt eine Warmtonröhre direkt unter der Vorderkante des Oberschrankes hinter einer Blende, wodurch das Licht direkt auf die Arbeitsplatte gerichtet und blendfrei wird.

Schmückendes Beiwerk?

Ob es sich um junge oder ältere Alleinstehende, frisch Vermählte oder sich das zweite Mal einrichtende Ehepaare handelt, immer sollte man sich gründlich selbst durchleuchten, bevor man zur betont dekorativen Kücheneinrichtung schreitet! Gewiß, das absolut Pflegeleichte geht fast immer auf Kosten der Behaglichkeit. Umgekehrt verhielte es sich so, daß sehr viel gemütliches Beiwerk herumsteht und -hängt, aber manchen Ärger dadurch bereitet, daß es laufend nach akuter Säuberung schreit. Wer täglich kocht, dazu womöglich noch eine Kohleheizung betreibt, weiß um den klebrig-fettigen Film, der alles überzieht! Entweder man bezahlt das Dekorative mit öfterem Abwasch, oder man dekoriert mit ständig benutzten Dingen, oder aber man distanziert sich sachlich von Überladenheit! Das ist eine reine Mentalitätsfrage, die jedoch gestellt werden sollte, bevor so manches enttäuscht wieder liquidiert wird. Natürlich zeigt sich auch immer wieder, daß man es mit der Reinlichkeit nicht so „verbissen" sehen darf, denn der tägliche Anblick einer wohnlich „angehauchten" Küche zahlt sich aus – und wenn auch nur aufs Gemüt.

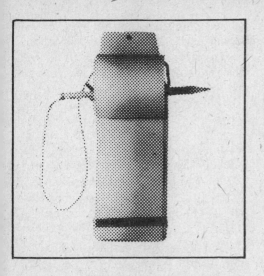

Ein wichtiger Punkt: gute Planung

Wie im gesamten Haushalt ist auch bei allen Arbeiten in der Küche eine gute Organisation außerordentlich wichtig. Das rationelle Arbeiten – im Betrieb ganz selbstverständlich – wird im häuslichen Bereich gern außer acht gelassen. Doch gerade exakte Planung bringt manche Erleichterung, bringt Zeitgewinn. Es macht sich bezahlt, den Ablauf aller Arbeiten genau zu durchdenken und auch mal Gewohnheiten zu ändern. Wenn sich auch kein starres Schema aufstellen läßt, so sind doch in jedem Haushalt viele Faktoren zu berücksichtigen, um die eine oder andere Erleichterung zu schaffen. Das beginnt – wie auf den vorangeganenen Seiten zu lesen – schon bei der Kücheneinrichtung.

Reduzieren läßt sich Küchenarbeit beispielsweise auch, wenn alle Familienmitglieder am Betriebs- bzw. Schulessen teilnehmen (für die Kleinsten in Kinderkrippe oder -garten ist das gemeinsame Essen ohnehin selbstverständlich). Dann braucht an den Werktagen nur noch für die übrigen Mahlzeiten gesorgt zu werden.

Das Bereiten der häuslichen Mahlzeiten geht schneller von der Hand, wenn man weitgehend industriell vorgefertigte Lebensmittel mit verwendet. Zum einen fällt das Vorbereiten weg, zum anderen verkürzen sich die Garzeiten.

Da die technische Ausrüstung eines Haushaltes sinnvoll auf die Besonderheiten der Familie und der Wohnung abgestimmt sein muß, ist es ratsam, sich vor dem Kauf von elektrischen Küchengeräten, aber auch vor dem Anschaffen von Staubsauger, Kühlschrank, Waschmaschine usw. über die Leistung und den Energieverbrauch der Geräte zu informieren. Schließlich soll der Aufwand in einem vernünftigen Verhältnis zum Nutzen stehen.

Eines ist in jedem Falle unerläßlich: Die gemeinsame Verantwortung – nicht nur die „Mithilfe" – der ganzen Familie. Nur wenn jeder seinen Anteil an Arbeit leistet, sich für alles mitverantwortlich fühlt, wird er erkennen, daß sorgfältige Planung oft weit mehr Zeitgewinn bringt, als es etwa technische Hilfsmittel allein vermögen.

Das völlig unbegründete Vorurteil, tägliches Planen beeinträchtige die Behaglichkeit des Familienlebens, ist immer noch nicht überwunden. Wer jedoch die Vorteile der Planung kennt, weiß auch, daß sich sinnvolles Verteilen der Arbeit und klares Festlegen der Verantwortlichkeiten sehr positiv auf das Familienklima auswirken. Sorgfältiges Abstimmen der Aufgaben und verbindliche Aufträge bewahren die Familie vor Pannen und verhindern, daß bloße Betriebsamkeit und Hektik um sich greifen. Oftmals ist Nervosität in ungenügender Planung häuslicher Belange zu suchen. Alle Überlegungen müssen natürlich von der Familiensituation ausgehen: Die Größe der Familie, das Alter der Kinder, das Einkommen, die Wohnung und die Wohnlage, die beruflichen und gesellschaftlichen Verpflichtungen, die Qualifizierung u. a. spielen eine Rolle. In bestimmten Abständen können zwar die anfallenden Arbeiten anders verteilt werden; konsequent einhalten muß man jedoch die gerechte Verteilung auf alle Familienmitglieder. Das Beispiel im Elternhaus bestimmt die Einstellung der Kinder zur Arbeit und beeinflußt ihr weiteres Leben. Wer zu Hause die Grundsätze eines sozialistischen Familienlebens, das gemeinsame Schaffen zum Wohle aller, kennengelernt hat, wird sie später in einer eigenen Familie auch beibehalten.

Alle machen mit

Junge Leute meinen oft, zu Anfang ihrer Ehe sei das Planen noch nicht notwendig. Wer das glaubt, unterliegt einem Trugschluß; denn es ist sehr schwierig, nachträglich die eingeschliffenen Gewohnheiten zu ändern oder abzubauen. Es lohnt sich deshalb, von Anfang an – besser schon vor der Ehe – gemeinsam zu überlegen, wie die Arbeiten sinnvoll aufgeteilt werden sollen und welchen Anteil jeder übernehmen und dann auch zuverlässig und selbständig erledigen kann. Sonst gibt es keine Entlastung für den Partner.

Gemeinsame Tätigkeiten fördern eine gemeinsame Meinungsbildung in der Familie. Über Störungen im Ablauf der Arbeiten sollte offen gesprochen werden, damit man die Ursachen gemeinsam ergründen und künftig vermeiden kann. Vor allen Dingen sollte nicht mit gegenseitigem Lob gespart werden. Wer auch einmal eine Anerkennung für die geleistete Hausarbeit erfährt, wird weiterhin bereitwillig mit zupacken. Mit Nörgelei löst man weder Probleme, noch fördert man die Arbeitslust.

Über eines muß sich jeder im klaren sein: Eine vernünftige Einstellung zur gemeinsamen Hausarbeit bildet sich erst allmählich heraus. Das bedeutet nicht selten eine Bewährungsprobe für junge Ehen, die mit Geduld und Beharrlichkeit beider Partner zu bestehen ist. Sozialistische Lebens- und Verhaltensweisen setzen überlebte Werturteile und Gewohnheiten außer Kraft, aber nur allmählich und nicht von selbst.

Das ist besonders wichtig:
– Gut überlegen, welche Aufgaben anfallen, wieviel Zeit sie erfordern und welche Wege dazu notwendig sind.
– Pflichten nach persönlichen und zeitlichen Gesichtspunkten festlegen. Hierbei alle Familienmitglieder verantwortlich mit einbeziehen.
– Arbeiten – besonders für Kinder und Jugendliche – von Zeit zu Zeit wechseln.
– Nicht zu viele und anstrengende Arbeiten auf einen Tag konzentrieren.
– Den aufgestellten Zeitplan an den Werktagen möglichst genau einhalten, während die arbeitsfreien Tage von einer zu strengen Zeiteinteilung ausgenommen bleiben.
– Voraussetzung einer guten Arbeitsorganisation ist Ordnung. Jedes Ding braucht seinen festen Platz; es sollte in der Nähe des Ortes liegen, wo es benötigt wird.
– Der Plan der Pflichten kann sehr verschieden aufgebaut werden; die Hauptsache ist, er funktioniert und bringt allen Zeit füreinander. Er sollte an gut sichtbarer Stelle seinen Platz finden.
– Wer Pflichten hat, hat auch Rechte. Jeder weiß, wofür er verantwortlich ist, und wird auch den kritisieren, der seine Aufgaben nicht erfüllt. Besonders Kinder haben dafür einen feinen Sinn. Der Plan ist ein gutes Erziehungs- und Selbsterziehungsmittel.
– Umsichtiges Vorbereiten sichert einen zügigen Arbeitsablauf. Deshalb unbedingt vor Beginn alle benötigten Geräte, Hilfsmittel oder Zutaten (beim Kochen und Backen) griffbereit zurechtlegen oder -stellen.

„Mutti, das kann ich schon!"
Auch wenn die Anleitung anfangs etwas Mühe und Zeit kostet, sollten die Kinder möglichst frühzeitig mit kleinen, ihrem Alter entsprechenden Hilfeleistungen und Aufgaben betraut werden. Auf diese Weise gewinnen die Jüngsten am leichtesten Verständnis für die Pflichten der Erwachsenen, fühlen sich in der Familie für voll genommen und gewöhnen sich frühzeitig und selbstverständlich an einen Tagesrhythmus.

Das ist besonders wichtig:
– Eine Bitte um Hilfe, eine Erklärung für die Notwendigkeit einer Arbeit stoßen mitunter auf mehr Verständnis als ein Befehl oder eine Anordnung.
– Bei Kindern sind die Worte „du darfst" oft günstiger als „du mußt".

Auch daran muß man denken:
– Werden vielleicht Neigungen und Fähigkeiten zu bestimmten Arbeiten zu wenig berücksichtigt?
– Ist die Aufgabe zu kompliziert und langwierig?
– Wurde Sie nicht genügend erklärt?
– Hat das Kind einen besonders anstrengenden Tag hinter sich und ist jetzt müde?
– Werden zur gleichen Zeit mehrere Aufträge erteilt, die dem Kind endlos erscheinen?
– Wird die Arbeit von den Eltern kontrolliert und genügend beachtet, durch Lob oder Tadel bewertet?
– Erkennt das Kind den Nutzen und die Notwendigkeit dieser Arbeit?

Kleine Küchenpraxis für Kinder
Da es gerade in der Küche Gefahrenquellen für Kinder gibt, ist es unerläßlich, daß die Eltern die Kinder geduldig und gründlich anleiten und ihnen die Gefahren eindringlich erklären. Für das Hantieren am Herd beispielsweise sind bestimmte Kenntnisse erforderlich, die sich oftmals erst im Laufe der Zeit herausbilden bzw. bei der Arbeit entwickelt werden.

– Das Bedienen des Gas- oder Elektroherdes genau erklären und zeigen (verschiedene Einschaltstufen!). Die Kinder die Handgriffe unter Aufsicht selbst üben lassen.
– Erst nach reichlichem Üben unter Aufsicht den Umgang mit Streichhölzern (immer vom Körper fort anzünden.) und dem Gasanzünder erlauben.
– Gefahren durch unvorsichtiges Hantieren mit Streichhölzern oder mit Feuer immer wieder erläutern.
– Das richtige Halten von Töpfen (mit Topflappen!) zeigen; die Kinder mit den kalten Töpfen üben lassen.

Beherrschen die Kinder diese Handgriffe, muß ihnen der Vorgang des Kochens oder Bratens sowie das Wärmen von Gerichten erläutert werden. Sie dürfen zunächst beim Kochen zusehen und dann unter Aufsicht das Wärmen eines Gerichtes, das nicht so leicht anbrennt, probieren oder kochfertige Suppen bereiten.

Ein nächster Schritt wäre beispielsweise das Kochen von Kartoffeln. Wenn sie im Einsatz gedämpft werden, entfällt das Abgießen (Verbrühungsgefahr!). Sonst kann das Kind einen Schaumlöffel zum Herausnehmen benutzen. Die Garprobe (Anpiken einer Kartoffel) muß gleichfalls geübt werden, ebenfalls der Umgang mit dem Kurzzeitwecker, dessen nützliche Funktion (Überwachen der Garzeiten, Energieeinsparung) man dem Kind erklärt.

Das Hantieren mit Bratpfannen und Fett bedarf einer weiteren besonderen Unterweisung. Zu beachten sind: Kleine Gasflamme oder niedrige Heizstufe benutzen. Pfannenstiel nicht über den Herd ragen lassen. Es besteht sonst die Gefahr, daß ein Tiegel durch Hängenbleiben mit der Kleidung heruntergerissen wird.

Ordnung muß sein!

Die Ordnung beginnt damit, daß jedes Ding seinen festen Platz hat – das ist besonders bei den vielen Kleinigkeiten in der Küche wichtig. Jeder muß sich außerdem angewöhnen, nicht mehr Benötigtes an den dafür bestimmten Platz zurückzutun. Es dauert auch nicht länger, als den Gegenstand erst einmal „irgendwohin" zu legen, wo er dann gesucht werden muß. Schade um die schöne Zeit, die mitunter für Aufräumeaktionen vertan werden muß, die eigentlich gar nicht nötig wären, wenn jeder Ordnung hielte!

Wie teilen wir unser Geld ein?

Es ist überall die gleiche Tatsache: Man kann nur so viel verbrauchen, wie man hat. Doch läßt sich immer wieder feststellen, daß es manche Familien schneller schaffen, den Haushalt zu vervollständigen, daß sie sich „mehr leisten" können, als andere mit gleichen Einkünften.

Wer keine Übersicht über seine Finanzen hat, dem wird das Geld durch die Finger rinnen. Also auch auf diesem Gebiet geht nichts ohne Planung. Finanzplanung ist weder bürokratisch noch spießbürgerlich!

Das ist besonders wichtig:
– Das Einkommen beider Ehepartner wird zusammengelegt; denn das Aufteilen in „Mein" und „Dein" gefährdet das für Eheleute nötige Vertrauen zueinander. Kleinliche Auf- und Abstrichrechnerei bringt Verdruß.
– Ein Spargirokonto, auf das man Lohn oder Gehalt weiter überweisen läßt, erleichtert regelmäßig wiederkehrende Zahlungen (Miete, Energie, Rundfunk, Fernsehen, Zeitungen und Zeitschriften, Ratenzahlungen vom Kredit, Versicherung), wenn man sie als Dauerauftrag von der Sparkasse abbuchen läßt.
– Die als Wirtschaftsgeld errechnete Summe hebt man ab. Der Rest bleibt für vorgesehene Anschaffungen. Auch für den Urlaub sollte ein fester Betrag – und sei er noch so klein – auf dem Konto bleiben.

Das Geld zum „Wirtschaften" kommt in eine Kasse, am günstigsten in eine Kassette. Geld in der Brieftasche verführt zu unkontrollierten Ausgaben. Die Finanzen in der Ehe sollte der regeln, der die bessere Ökonomie betreiben kann.

Bevor man eine bestimmte Summe als Wirtschaftsgeld festlegt, ist es ratsam, mindestens über 2 bis 3 Monate ein Ausgabenbuch zu führen. Dort wird ehrlich eingetragen, was ausgegeben wurde. Nach Ablauf dieser Zeitspanne ist es gut, gemeinsam jeden Posten durchzugehen und zu überlegen, ob eventuell bei einigen Posten Preiswerteres möglich ist.

Jetzt kann man die Wochensumme festlegen, die sich aus dem Durchschnittsbetrag +10 Prozent Aufschlag ergibt. Wichtig ist es, sich auch an den Plan zu halten!

Es hat sich als günstig erwiesen, einen Wochenrhythmus einzuhalten. Das heißt, es wird 4mal im Monat – mit kleinen Abweichungen – die gleiche Summe ausgegeben.

Ausgangspunkt ist die Summe der feststehenden Einnahmen (Lohn, Gehalt), als **fixe Einnahmen** bezeichnet.

Zuerst legt man die monatlich wiederkehrenden Ausgaben fest – als **fixe Kosten** bezeichnet.

Die aus dem Durchschnitt errechneten Wochenbeträge des Wirtschaftsgeldes sind die **variablen Kosten**, die sich bei ökonomischem Wirtschaften beeinflussen lassen.

Was sind fixe Kosten?
– Miete für Wohnung und Garage, Pacht (Garten u. ä.)
– Gebühren für Rundfunk, Fernsehen, Zeitungen, Zeitschriften

- Beiträge für gesellschaftliche Organisationen, Versicherungsprämien
- Aufwand für Verkehrsmittel (Monatskarten)
- Kosten für Betriebsessen bzw. Kindereinrichtungen, Schulessen
- Gebühren für Energieverbrauch
- Kosten für Heizmaterial
- Telefongebühren
- Raten für Kreditrückzahlung
- Taschengeld für die einzelnen Familienmitglieder

Was sind variable Kosten?
- Ausgaben für den Lebensunterhalt wie Lebens- und Genußmittel
- Beiträge für Haushaltreinigungs- und Pflegemittel
- Ausgaben für Körperhygiene (einschließlich Friseur)
- Inanspruchnahme von Dienstleistungseinrichtungen (Wäscherei, Reinigung)
- Reparaturen aller Art (Haushaltgeräte, Schuhe, Fahrzeuge)
- Anschaffung kleiner Kleidungsstücke (Strümpfe, Unterwäsche u. ä.)
- Spenden und Geschenke
- Ausgaben für Kultur, Bildung und Sport
- Unterhalt von Fahrzeugen
- Sparbetrag für Urlaubsreise

Wie lassen sich fixe Kosten beeinflussen?
Zunächst sieht es so aus, als ließen sich diese Kosten von der Familie nicht beeinflussen. Bei genauerem Überlegen findet sich jedoch auch hier die Möglichkeit der Einsparung, wenn wirtschaftlich gearbeitet wird. Das trifft ganz besonders für den Energieverbrauch zu.
- Elektrische Kochplatte nach dem Ankochen (auf höchster Stufe) auf eine niedrigere Heizstufe schalten und bereits vor Ende des Garprozesses ganz ausschalten, da die Speicherwärme genutzt werden kann.
- Bei Gas darauf achten, daß die Flamme nicht über den Topfboden hinaus brennt; denn die Spitzen der Gasflamme geben die größte Hitze. Auf großer Flamme ankochen und zum Weitergaren die Flamme auf klein stellen.
- Alle Töpfe stets mit einem Deckel versehen, weil es dann viel schneller kocht.
- Die Garziehmethode anwenden.
- Öfter im Schnellkochtopf garen; das ist besonders bei Gerichten mit langer Garzeit rationell.
- Kosten für Heizmaterial können gesenkt werden durch gut funktionierende und regelmäßig gereinigte Brennstellen (Öfen, Herde) sowie durch richtiges Heizen.

Wie lassen sich variable Kosten beeinflussen?
- Ausgaben für Ernährung ständig überprüfen und die Kosten durch den Kauf gesunderhaltender, aber energiearmer Produkte senken. Dazu zählen auch die sinnvolle Verwendung von Fleisch und Fisch sowie eine überlegte Resteverwertung.
- Auf übermäßige Mengen an Genußmitteln wie Tabakwaren, Kaffee, Pralinen, Schokolade und Alkohol verzichten.
- Vernünftig mit Vorräten wirtschaften!
- Bei Verwendung von Wasch- und Reinigungsmitteln die angegebenen Verbrauchsnormen einhalten. Überdosierungen und gefühlsmäßige Anwendungen verursachen nicht nur zu hohe Kosten, sondern eventuell auch Schäden.
- Bei Reparaturen abwägen, ob sie sich lohnen oder ob eine Neuanschaffung ökonomisch zweckmäßiger erscheint. Hier sind die zu erwartenden Reparaturkosten zu berücksichtigen (z. B. für ein elektrisches Küchengerät). Am besten ist es, den Rat eines Fachmannes einzuholen.

Einkauf mit System

Wahlloser Einkauf kostet Zeit, Kraft und Geld. Deshalb überlegt man zunächst gemeinsam, was im Laufe der Woche (einschließlich Wochenende) etwa auf dem Speiseplan stehen soll. Wer nämlich nicht weiß, was er am nächsten Tag auf den Tisch stellen will, muß täglich „nur mal schnell" etwas besorgen. Danach wird – möglichst gleich nach Geschäften geordnet – notiert, was gekauft werden muß und wer welchen Einkauf übernimmt. So kann es kaum passieren, daß ständig etwas fehlt oder leicht verderbliche Lebensmittel durch mehrere Familienmitglieder gekauft werden und dann in nicht benötigter Menge vorhanden sind. So läßt sich auch vermeiden, daß Lebensmittel im Futterkübel landen und das Wirtschaftsgeld geschmälert wird.

Ein- bis zweimal im Monat kann ein größerer Einkauf eingeplant werden, um alle Haushaltpflege- und -putzmittel sowie die wichtigsten Kosmetika (Seife, Zahnpasta, Badezusätze, Babypflegemittel usw.) zu besorgen.

Wie man am zweckmäßigsten einkauft, hängt von vielen Faktoren ab. Kommt jemand auf dem Weg von der Arbeit oder Schule an dieser oder jener Verkaufsstelle vorbei, so kann er schon einige Einkäufe erledigen und Zeit sparen. Kinder sollte man dabei weder nervlich noch körperlich überlasten. Muß in mehreren Geschäften etwas besorgt werden, beginnt man am zweckmäßigsten in der von der Wohnung entferntesten Verkaufsstelle und „arbeitet sich nach Hause zurück". Soweit vermeidbar, sollte nicht am Wochenende eingekauft werden.

Das ist wichtig:
- Ein Dederonmininetz hat eine Belastbarkeit bis zu 5 kg (z. B. für Obst). Es benötigt wenig Platz und hat ein geringes Eigengewicht bei großem Fassungsvermögen.
- Gläser und Flaschen stehen besser in einem stabilen Beutel oder einem Netz mit Seitennaht.
- Beim Einpacken kommen die schweren Sachen zuunterst und die leichten obenauf. Dabei Lebensmittel nicht neben Waschpulver oder Kohleanzünder legen (Geruchsübertragung!).
- Kinder sollten nur mit handlichen Beuteln einkaufen.
- Zum Einkauf immer einige saubere Foliebeutel mitnehmen, um feuchte Milchtüten, saure Gurken oder Brötchen hygienisch verpacken zu können.
- Eingekaufte Waren auf zwei Einkaufsbeutel verteilen, sie tragen sich besser, und der Körper wird nicht nur einseitig beansprucht.
- Eine fahrbare Einkaufstasche (Rolli) ist nicht nur für ältere Menschen eine kraftsparende Hilfe.

Vorratswirtschaft groß geschrieben

Eine geplante und gezielte Vorratswirtschaft im Haushalt kann dazu beitragen, die zeitaufwendigen Arbeiten der Speisenzubereitung und der Lebensmittelbeschaffung zu verringern. Vorrat ist eine berechnete Menge verschiedener lagerfähiger Lebensmittel für einen bestimmten Zeitraum. Er muß entsprechend den Eßgewohnheiten, dem persönlichen Geschmack, der Altersstruktur, der Größe der Familie, den verfügbaren Mitteln an Zeit, Kraft und Geld angelegt werden und wird deshalb sehr unterschiedlich sein. Kleine Reserven helfen Zeit und Kraft sparen. Man kann bei Zeitnot, Krankheit oder überraschendem Besuch auf sie zurückgreifen.

Vorräte sind sinnvoll einzuordnen, planmäßig zu verbrauchen, müssen kontrolliert, sauber aufbewahrt und rechtzeitig ergänzt werden. Die Verbrauchsfristen sind unbedingt zu beachten! Wie lange bestimmte Grundnahrungsmittel aufbewahrt werden können, ist aus der Tabelle, Seite 44, zu ersehen. Es ist ein Trugschluß zu glauben, daß im Kühlschrank befindliche Lebensmittel über längere Zeiträume hinweg genußtauglich bleiben. Der Verderb wird zwar unter dem Einfluß der Kälte gehemmt, aber nicht aufgehoben. Näheres dazu ist auf Seite 55 nachzulesen.

Die Öffnungszeiten aller in Frage kommenden Einkaufs- und Dienstleistungseinrichtungen sollten notiert und sichtbar für alle Familienmitglieder in Flur oder Küche aufgehängt werden.

Die Küchenwaage darf nicht als Ablage für irgendwelche Gegenstände benutzt und damit laufend schwer belastet werden. Sie wiegt sonst im Laufe der Zeit ungenau.

Stapelbare Plastbehälter, in denen allerlei Kleinkram (Ausstechformen, Kuchenrädchen, Pinsel usw.) übersichtlich untergebracht werden kann, sorgen nicht nur für Ordnung in den Schränken, sondern gewährleisten, daß die Höhe der Fächer maximal genutzt wird.

Geschirr- und Küchenhandtücher gehören in ein Schrankfach in der Küche. So entfallen unnötige Wege beispielsweise ins Schlafzimmer.

In jeder Küche sollte sich nach Möglichkeit eine Uhr befinden, weil das Hantieren mit der Armbanduhr zwischen Wasser und Küchenbrodel nicht zweckmäßig ist. Moderne Küchenuhren laufen mit einer Batterie und sind deshalb völlig wartungsfrei. Außerdem haben die Uhren meistenteils einen herausnehmbaren Kurzzeitwecker, der für das Überwachen der verschiedenen Garvorgänge wichtig ist.

Ein Korb in der Küche, in den leere Pfandflaschen gestellt werden können, läßt sich beim nächsten Gang in die Kaufhalle sofort mitnehmen.

Schrankfächer und Schubkästen, die nicht ohne weiteres auswaschbar sind, sollten mit Plastfolie bespannt oder ausgelegt werden. Dann ist nur feuchtes Auswischen erforderlich.

Keine Zettelwirtschaft einreißen lassen! Eine Informationstafel kann von allen Familienmitgliedern genutzt werden (wer holt die Kinder ab, wer kauft ein, wer kommt wann nach Hause usw.).
Zum Aufschreiben fehlender Waren ist eine Notizrolle nützlich.

Besteckeinsätze aus Plast mit mehreren Fächern bringen Ordnung in die Schubfächer von Küchenmöbeln.

Abfalleimer mit Papier auslegen, weil sich der Müll dann schneller ausschütten läßt und Metalleimer geschont werden. Das gründliche Auswaschen und die gelegentliche Desinfizierung des Eimers, der vor Wiederbenutzung gut ausgetrocknet sein muß, ist wichtig!

Manche Reparatur an elektrischen Haushaltgeräten läßt sich vermeiden, wenn man sich vor Inbetriebnahme mit der Bedienungsanleitung vertraut macht und sie auch befolgt. Darüber sollten auch größere Kinder, die solch ein Gerät schon benutzen können, genau Bescheid wissen.

Jede Arbeit einer anderen richtig zuordnen: Bereitet man Gemüse zum Garen vor und schält dann gleich noch die Kartoffeln, muß die Arbeitsfläche nur einmal gereinigt werden.

Zeitlücken, die z.B. beim Kochen und Bakken entstehen, mit kurzfristigen Tätigkeiten – Vorbereitungsarbeiten oder Aufräumen – ausfüllen.

Damit in Brotkästen oder -fächern kein dumpfer Geruch entsteht, sollten sie etwa alle vier Wochen mit Essigwasser ausgewaschen werden. Danach gut austrocknen lassen.

Regelmäßige Reinigungsarbeiten in der Küche kosten weniger Zeit, als stark verschmutzte Stellen mit größerem Kraft- und Zeitaufwand zu säubern.

Reinigungsmittel und andere Chemikalien niemals in artfremden Flaschen aufbewahren, das kann zu verhängnisvollen Irrtümern führen!

Was können Kinder wann?

Tätigkeit	Alter 3.	4.	5.	6.	7.	8.	9.	10.	11.	12.	13.	14.	15.	16.
Staubwischen	0	0	0	x	x	x	x	x	x	x	x	x	x	x
Zimmer ausfegen			0	0	x	x	x	x	x	x	x	x	x	x
Mülleimer ausleeren				0	x	x	x	x	x	x	x	x	x	x
Kohlen und Holz heraufholen					0	0	x	x	x	x	x	x	x	x
Spielzeug aufräumen	0	x	x	x	x	x	x	x	x	x	x	x	x	x
Bett machen			0	0	x	x	x	x	x	x	x	x	x	x
Blumen gießen		0	0	x	x	x	x	x	x	x	x	x	x	x
Wäschefach aufräumen			x	x	0	0	x	x	x	x	x	x	x	x
Schuhe putzen			0	0	x	x	x	x	x	x	x	x	x	x
Geschirr abwaschen					0	0	x	x	x	x	x	x	x	x
Geschirr abtrocknen			0	0	x	x	x	x	x	x	x	x	x	x
Abendbrot oder Frühstück bereiten						0	0	0	x	x	x	x	x	x
Treppe fegen						0	x	x	x	x	x	x	x	x
Balkonpflanzen pflegen						0	0	x	x	x	x	x	x	x
Fahrrad putzen							0	x	x	x	x	x	x	x
Jüngeren Geschwistern beim An- und Auskleiden helfen						0	x	x	x	x	x	x	x	x

Vorschläge für Pflichten der Kinder im Haushalt

Alter	Tätigkeiten	Tägliche Zeitdauer
Bis 5 Jahre	**Mehrere kleine Aufträge** wie Hilfe beim Tischdecken, mit kleiner Kanne Blumen gießen, kleine Einkäufe von nur 1 bis 2 leicht zu tragenden Dingen (z. B. Brötchen, Beutelmilch)	je nach Gelegenheit
5 bis 7 Jahre	**Bestimmte Pflichten** wie selbständig den Tisch decken, staubwischen, waschen von Obst oder Gemüse, Spielsachen pflegen (z. B. Bausteine, Plastspielzeug säubern), jüngeren Geschwistern helfen	etwa 10 Minuten je nach Gelegenheit
7 bis 9 Jahre	**Fest umrissene Pflichten** wie Schuhe putzen, Kleidung abbürsten, selbstbewohntes Zimmer in Ordnung halten, Einkauf mit Merkzettel, Roller- oder Fahrradpflege	regelmäßig bis zu 30 Minuten
9 bis 12 Jahre	**Fest umrissene Pflichten mit steigendem Verantwortungsbereich** wie Knöpfe annähen, Strümpfe waschen und stopfen, abwaschen, Pflege von Bad oder Flur, Heraufholen von Heizmaterial, Hilfe bei der Zubereitung von Mahlzeiten	regelmäßig etwa 30 Minuten
12 bis 14 Jahre	**Pflichtenkreis wie Gruppe 9 bis 12 Jahre, doch mit altersgemäßer weiterer Steigerung** des Verantwortungsbereiches, z. B. Bereiten von kleinen Mahlzeiten, selbständiger Umgang mit Gas- und Elektrogeräten, „Küchendienst"	regelmäßig etwa 30 Minuten, später bis zu 60 Minuten

Haltbarkeitsdauer von Grundlebensmitteln

Lebensmittel	Haltbarkeit	Aufbewahrung
Mehl, Stärkemehl, Grieß, Haferflocken, Reis, Teigwaren	6 Monate bis 1 Jahr	trocken, kühl, luftig, in geschlossenen Gefäßen oder handelsüblicher Verpackung
Linsen, weiße Bohnen, grüne und gelbe Erbsen	1 Jahr	
Pudding-, Soßenpulver	3 bis 6 Monate	besonders kühl, luftig, trocken
Kindernährmittel	Umlauffrist beachten	in geschlossenen Gefäßen
Kochfertige Erzeugnisse, Kuchenmehle	6 bis 9 Monate	kühl, luftig, trocken, in Originalverpackung
Backpulver	6 Monate	kühl, trocken, in geschlossenen Dosen
Zucker	2 bis 3 Jahre	trocken, in geschlossenen Gefäßen oder handelsüblicher Verpackung
Salz	2 bis 6 Monate	trocken, in geschlossenen Behältern
Gewürze, ausländische	1 bis 2 Jahre	trocken und dunkel, in gut geschlossenen und beschrifteten Gläsern oder Dosen
Senf	6 Monate	kühl
Essig	2 Jahre	kühl
Kondensmilch, gezuckerte	3 Monate	(Herstellungsdatum beachten!)
Magermilchpulver	6 Monate	luftig
Vollmilchpulver, „Cafesan"	3 Monate	in Originalverpackung ab Herstellungsdatum
Marmelade, Konfitüre, Honig	1 Jahr	trocken, luftig, kühl, frostfrei in Originalverpackung
Fleischkonserven	Verbrauchsfrist beachten!	trocken, kühl
Gemüsekonserven	1 Jahr	trocken, kühl
Obstkonserven	1 Jahr	trocken, kühl

Wenn der Abwasch nicht wär'!

Der Abwasch ist eine immer wiederkehrende und meistenteils wenig beliebte Küchenbeschäftigung. Bei guten Arbeitsbedingungen und mit etwas Überlegung läßt er sich jedoch von allen Familienmitgliedern verhältnismäßig rasch erledigen. Vor allem größere Kinder, die diese Arbeit schon gut verrichten können, sollen beizeiten richtig angeleitet werden.

Vorteilhaft ist eine 2-Becken-Spüle mit Abfluß sowie Heiß- und Kaltwasseranschluß. Zum Abtropfen eignet sich ein plastbeschichtetes Abwaschkörbchen, in dem das Geschirr nicht verrutschen kann. Rechts und links neben der Spüle sollte genügend Abstellfläche für schmutziges und sauberes Geschirr vorhanden sein. Gesäubertes Geschirr, das nicht in der Küche untergebracht wird, kann sofort auf ein eigens neben den Spülplatz geschobenes fahrbares Tischchen (Teewagen o. ä.) gestellt und dann in den anderen Raum transportiert werden. So braucht man die Geschirrteile nicht mehrfach in die Hand zu nehmen. Speisereste in Töpfen und Pfannen mit Knüllpapier oder Plastschaber entfernen und mit warmem Wasser vorweichen lassen. Man sollte sich angewöhnen, schon während der Küchenarbeit nicht mehr benötigte Gerätschaften, Geschirr, Bretter usw. unter fließendem Wasser vorzureinigen, weil angetrocknete Speisereste sich nur schwer entfernen lassen und andererseits das Spülwasser nur unnötig verschmutzen.

Die Spüllösung durch Nachfüllen von heißem Wasser ständig auf einer Temperatur von etwa 45 °C halten. Bei starker Verunreinigung gegebenenfalls erneuern. Spülmittel erst nach dem Einlassen des Wassers zufügen. Sie entspannen und desinfizieren das Wasser, binden Fett und wirken selbsttrocknend sowie glanzbildend auf dem Geschirr. Wird nochmals mit heißem Wasser nachgespült, muß auch in dieses Becken Spülmittelzusatz kommen, weil sonst der selbsttrocknende Effekt nicht wirksam wird. Gläser und Besteckteile sind jedoch immer abzutrocknen. Babygeschirr sollte zuletzt noch einmal in heißes Wasser – ohne jegliche Spülmittelzusätze – getaucht werden.

Beim Abwaschen immer von rechts nach links arbeiten und das vorsortierte Geschirr in dieser Reihenfolge ins Becken nehmen: Kristall, Glas, Silber, Kaffee- und Teegeschirr, Porzellan, Plastgeschirr und dann erst Bestecke, Holzgeräte, Töpfe, Tiegel und Pfannen. Backbleche aus Schwarzblech nur mit Knüllpapier abreiben oder bei starker Verschmutzung mit käuflichem „Backofenreiniger" nach Vorschrift säubern. Geschirr von Kranken ist gesondert abzuwaschen. Für die gründliche Reinigung des Spülbeckens ein Spezialmittel verwenden. Becken aus Steingut oder Plast niemals mit Sand scheuern! Emaillespülen lassen sich gut mit Spee-Wasser säubern, das man eventuell kurze Zeit darin stehen läßt. Die Plaststöpsel saugen sich mitunter fest und sind dann nur schwer wieder herauszubekommen. Deshalb ab und zu ein wenig einfetten.

Versicherung nicht vergessen!

Durch die Haushaltversicherung sind alle Gegenstände des Haushalts versichert und damit auch alle Sachen, die zur Küche gehören. Eine wichtige Voraussetzung für vollen Versicherungsschutz ist, daß die Versicherungssumme in der richtigen Höhe festgelegt wird. Darauf sollte jeder Versicherungsnehmer achten! Die Versicherungssumme ist dann ausreichend, wenn sie dem Wert aller Sachen des Haushaltes entspricht. Dazu zählen außer der Wohnungseinrichtung mit allem Zubehör auch Kleidung, Wäsche, Schmuck,

Edelmetalle, Sammlungen sowie Bargeld bis zu 1000 Mark. Im Küchenbereich – und darüber hinaus – gehören auch solche fest mit dem Gebäude verbundenen Gegenstände und Einrichtungen dazu wie Herde und Öfen, Wassererhitzer und Warmwasserspeicher sowie Gas- und Etagenheizung, wenn diese Eigentum des Mieters (Versicherungsnehmers) sind.

Da die Haushaltversicherung den Haftpflichtversicherungsschutz einschließt, müssen außer den Eheleuten auch deren noch nicht volljährige Kinder mit versichert sein. Gegen Zahlung eines Beitragszuschlages kann die Haftpflichtversicherung auch auf volljährige Kinder und erwachsene Personen ausgedehnt werden, die in der Wohnung des Versicherungsnehmers wohnen.

Die Haushaltversicherung tritt unter anderem ein bei Schäden durch Brand, Explosion, Blitzschlag und bestimmte andere Elementarereignisse wie z. B. Sturm und Überschwemmung; außerdem bei Schäden durch Leitungswasser, Einbruchdiebstahl und in bestimmtem Umfang auch anderem Diebstahl. Die Versicherung gegen Schäden durch Brand bedeutet nun aber nicht, daß der verbrannte Kuchen ersetzt wird! Die Begriffsbestimmung für einen Brand im Sinne der Versicherungsbedingungen* besagt eindeutig: „Schäden, die an den versicherten Sachen dadurch entstehen, daß sie einem Nutzfeuer oder der Wärme zur Bearbeitung oder sonstigen Zwecken (z. B. Kochen, Braten, Backen, Rösten, Trocknen, Plätten) ausgesetzt werden, fallen nicht unter den Versicherungsschutz." Wenn dagegen der ganze Herd als unmittelbare Folge eines Schadenfeuers mit verbrennt, so würde auch der Kuchen, der sich zur Zeit des Brandes zufällig im Herd befand, zusammen mit den übrigen Sachen durch die Haushaltversicherung ersetzt. Zahlt die Versicherung nun auch, wenn beim Waschen der Fensterrahmen im Übereifer ein voller Wassereimer umkippt und ausläuft? „Ja und nein". „Ja", soweit durch dieses Unglück die Wohnungseinrichtung des Mieters in der darunterliegenden Wohnung in Mitleidenschaft gezogen wird; denn nach § 330 ff. des Zivilgesetzbuches der DDR ist der Schadenstifter gegenüber dem Geschädigten (das kann auch der Gebäudeeigentümer sein) zum Ersatz des Schadens verpflichtet, den er schuldhaft verursacht hat. „Nein" muß aber zu dem Schaden gesagt werden, der durch das auslaufende Wasser am Eigentum des Versicherten selbst entsteht, denn der Versicherungsschutz bezieht sich zwar auf Schäden durch Leitungswasser, jedoch nur auf solche, die durch den unmittelbaren Austritt von Wasser aus Wasserleitungen entstanden sind. Wenn beispielsweise Wasser aus einem an die Wasserleitung angeschlossenen Waschautomaten läuft, so würde der dadurch entstandene Schaden an den Sachen des eigenen Haushalts ebenso ersetzt werden wie der Schaden in der darunterliegenden Wohnung.

Damit derartige Schäden möglichst gar nicht eintreten oder ihr Ausmaß eingeschränkt wird, ist es notwendig, den ordnungsgemäßen Ablauf des Waschvorganges in kurzen Zeitabständen zu kontrollieren. Die Wohnung darf also nicht verlassen werden! Tritt nämlich ein Schaden ein, während der Versicherte abwesend ist, liegt eine fahrlässige Pflichtverletzung vor, und die Staatliche Versicherung ist berechtigt, die Versicherungsleistung teilweise zu versagen oder aber einen Teil des Betrages, der an den geschädigten Mieter der darunterliegenden Wohnung gezahlt wird, vom Versicherten zurückzufordern.

* Anordnung über die Allgemeinen Bedingungen für freiwillige Sach- und Haftpflichtversicherungen der Bürger vom 18. 2. 1977 (GBl. I Nr. 8 S. 67)

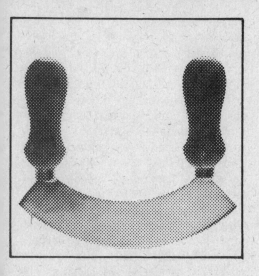

Was wird gebraucht?

Viele junge Menschen haben bei den Überlegungen zur Ausstattung ihrer Küche einige Schwierigkeiten. Sie möchten sie gern modern und zugleich praktisch einrichten. Diese Aufgabe setzt viel Umsicht und Erfahrungen voraus, die mit jungen Jahren jedoch noch nicht vorhanden sein können. Deshalb sollen unsere Vorschläge helfen, das Richtige auszuwählen.

Rund um den Topfschrank

Ein Blick in die Schaufenster eines Haushaltgeschäftes erweckt nicht selten den Wunsch, etwas von dem farbenfreudigen und formschönen Kochgeschirr besitzen zu wollen. Doch die Wahl fällt schwer: Was ist wofür geeignet?

Antihaftbeschichtetes Kochgeschirr
Töpfe und Tiegel mit PTFE-Antihaftbeschichtung dienen der gesunden Ernährung, denn sie sind zur fettarmen Zubereitung der Speisen besonders geeignet. Starkes Rühren mit Messern oder Metallöffeln verletzt jedoch die Beschichtung. Deshalb sollten zum Hantieren nur Holzlöffel verwendet werden. Die Töpfe sind meistenteils aus stoßfester Emaille. Plastgriffe und -beschläge sind wärmeisolierend (Topflappen nicht nötig), jedoch nicht hitzebeständig. Das Kochgeschirr darf deshalb nicht in die Backröhre gestellt werden bzw. die Plastteile dürfen nicht mit offener Flamme in Berührung kommen! Die Reinigung ist ganz einfach. Weil nichts ankleben oder anbrennen kann, lassen sich Töpfe und Tiegel schnell und einfach z. B. mit einer weichen Bürste oder einem Schwamm im heißen Abwaschwasser reinigen. Damit die Beschichtung nicht leidet, darf weder Sand noch ein Topfkratzer genommen werden. Auch im Topfschrank ist der Beschädigung vorzubeugen. Deshalb keinen Topf direkt auf einen Tiegel stellen! Gegebenenfalls muß ein Stück Folie o. ä. dazwischengelegt werden.
Kochgeschirr mit PTFE-Antihaftbeschichtung kann auf Gas-, Elektro- und Kohleherden benutzt werden.

Jenaer Glas
Gargefäße aus Jenaer Glas sind nicht nur formschön und pflegeleicht. Sie ersparen auch eine Menge Abwasch, weil sie gleich vom Herd auf den Tisch gesetzt werden können. Außerdem läßt sich der Garvorgang bei geschlossenem Deckel überwachen, so daß alle Aromastoffe der Speisen erhalten bleiben und die Vitaminverluste sehr gering sind.
Die Glasgefäße dürfen niemals leer auf eine Heizquelle gestellt werden und sind zuvor außen gut abzutrocknen. Der innere Boden sollte stets mit etwas Flüssigkeit, zerlassenem Fett o. ä. bedeckt sein. Rasches Erhitzen ist ohne weiteres möglich. Kalte Speisen sollten aber nicht in heiße Schüsseln gefüllt und ebenso heiße Schüsseln nicht auf kalte Metall- oder nasse Unterlagen gestellt werden. Breiige Speisen müssen selbstverständlich – ebenso wie in anderen Kochtöpfen – während des Garens umgerührt werden.

Jenaer Glas eignet sich für jeden Herd. Um die Wärme einer Gasflamme gleichmäßig zu verteilen und somit besser auszunutzen, empfiehlt es sich jedoch, ein Flammenschutzsieb (spezieller Drahtuntersetzer) unterzulegen. Beim Elektroherd müssen die Gargefäße direkt auf die Kochplatte passen. Näheres dazu ist auf Seite 56 nachzulesen.
Kochgeschirr aus Jenaer Glas ist vielseitig verwendbar, weil die flachen Oberteile nicht nur als Deckel dienen können, sondern z. B. auch als Pfanne zum Eierbraten und danach gleich als Eßteller zu benutzen sind. In zugedeckten Gefäßen läßt sich Kompott aufbewahren oder Kleingebäck wegstellen. So kann man mit ganz wenig Geschirr auskommen.
Zum Reinigen von Jenaer Glas keine groben Putzmittel – wie beispielsweise Sand – verwenden!

Cordoflam-Geschirr
Dieses feuerfeste Porzellan besitzt große Festigkeit und speichert die Wärme sehr gut. Es handelt sich hierbei ebenfalls um ein „Vom-Herd-zum-Tisch-Geschirr", das Abwasch sparen hilft und auch für Gas-, Elektro- und Kohleherd geeignet ist. Auf Gasflamme muß – wie schon bei Jenaer Glas erwähnt – ein Flammenschutzsieb verwendet werden und elektrische Heizplatten dürfen auch nicht größer als die Böden der Cordoflam-Gefäße sein. Bei zu großen Temperaturschwankungen von „heiß" auf „kalt" kann das Geschirr platzen. Deshalb in heiße Gefäße nichts Kaltes gießen. Andererseits kann jedoch etwas im Kühlschrank Stehendes sofort auf die Kochstelle kommen. Scharfes Anbraten sollte vermieden werden, denn darunter leidet das Geschirr. Beim Reinigen kann gegebenenfalls etwas gröber verfahren werden, denn das feuerfeste Porzellan ist mit einer Glasur versehen, die es gegenüber Putzmitteln unempfindlich macht.

Wasserbadkocher
So ein Aluminiumtopf ist doppelwandig. Er besteht sozusagen aus einem äußeren und einem inneren Gefäß. Erst das durch eine kleine Öffnung gefüllte Wasser bringt den Topfinhalt zum Kochen und Garen. Deshalb kann absolut nichts anbrennen oder überkochen. Außerdem erinnert zur entsprechenden Zeit ein Pfeifton an das Kochgut. Danach sollte der Topf noch 1 bis 2 Minuten auf der Kochstelle bleiben.
Ein Wasserbadkocher ist zum Kochen von Milch, Kakao, Pudding, Babynahrung, Milchreis u. ä. sehr praktisch. Außerdem läßt sich Gefrierkost auf schonende Weise darin auftauen und garen. Diese Töpfe gibt es in verschiedenen Größen. Es ist wichtig, die entsprechende, angegebene Wassermenge einzufüllen und bei laufendem Gebrauch Wasser nachzufüllen, weil beispielsweise das Wasserbad eines 1-Liter-Topfes in etwa 13 Minuten verdampft.

Tauchsiedertopf
Das ist ein hoher schmaler Topf, der speziell für das Kochen von Wasser mit dem Tauchsieder bestimmt ist. Der Deckel hat eine seitliche Aussparung, in die das Elektrogerät genau hineinpaßt, so daß das Wasser besonders schnell kocht. An den Strom angeschlossene Tauchsieder nicht ohne Aufsicht lassen!

Praktische Küchenhelfer
Nicht immer muß es ein elektrisch betriebenes Gerät sein, das bei der schnellen Vor- und Zubereitung von Speisen nützlich ist! Viele manuell zu bedienende „Heinzelmännchen" sind preiswert und praktisch zugleich.

Trommel-Reibemaschine
Es gibt sie mit vier Trommeleinsätzen aus rostfreiem Stahl, die für verschiedene Arbeitsgänge geeignet sind:
Trommel 1 mit kleiner Reibeeinstellung

zum Feinreiben aller Obst- und Gemüsesorten. Gut zu verwenden für die Bereitung von Kindernahrung, Schonkost und Frischkostsalaten. Mit dieser Reibe können auch trockene Brötchen, Käse, Nüsse, Mandeln und Schokolade gerieben werden.
Trommel 2 mit großer Reibeeinstellung zum Schnitzeln von Kraut, Möhren, Kartoffeln, Äpfeln u. ä. für Salate, Suppen und Kuchenbelag.
Trommel 3 eignet sich besonders gut zum Reiben von rohen Kartoffeln für Klöße und Puffer.
Trommel 4 wird zum Schneiden von Scheiben für Gemüse und Obst (z. B. Gurken, Rote Bete, Äpfel) verwendet.
Der für das Gerät erforderliche Kraftaufwand ist verhältnismäßig gering und die Reinigung ist schnell erledigt.

Gemüseschnitzelmaschine
Sie hat drei auswechselbare Scheiben zum Reiben, Schnitzeln und Schneiden. So können rohe oder gekochte Kartoffeln, Gemüse, Mandeln und altbackene Brötchen schnell zerkleinert werden. Nach Gebrauch lassen sich alle Teile mühelos säubern.

Rührmix
Dieses preiswerte Gerät besteht aus einem Behälter sowie einem Deckel, in dem Schneeschläger und Drehkurbel untergebracht sind. Mit dem Rührmix können nicht zu dicke Quarkspeisen, Eischnee, Schlagsahne, Schlagschaum u. ä. bereitet werden. Der Behälter läßt sich außerdem als Meßbecher für Zucker, Mehl und Flüssigkeiten benutzen.

Allesschneider
Gegenüber herkömmlichen Brotschneidemaschinen hat ein Allesschneider höhere Gebrauchswerteigenschaften. So können nicht nur Brot, sondern auch Wurst, Käse und Fleischwaren sowie verschiedene Gemüsesorten geschnitten werden. Die Stärke der gewünschten Scheiben läßt sich stufenlos von 1 mm bis 16 mm einstellen. Als Zusatzteil kann noch ein Aufschnittschlitten gekauft werden.

Welche Elektrogeräte?
Rationelles Arbeiten ist keinesfalls mit einer Ansammlung elektrischer Küchentechnik gleichzusetzen! Solche Geräte müssen besonders gut ausgewählt werden, denn was für Freunde und Nachbarn nützlich ist, kann möglicherweise im eigenen Haushalt gar nicht ausgelastet werden oder ziemlich nutzlos herumstehen. Deshalb ist eine solche Anschaffung kritisch unter den folgenden Gesichtspunkten zu prüfen:

1. Läßt sich das Gerät gut unterbringen?
2. Ist es handlich?
3. Läßt es sich leicht und gut reinigen?
4. Hilft es Kraft und Zeit sparen?
5. Kann es vielseitig verwendet werden?
6. Wird es in seiner Leistung voll ausgenutzt?

Handrühr- und Mixgerät
Auch für den kleinsten Haushalt ist ein Handrühr- und Mixgerät eine zeit- und kräftesparende Hilfe. Zunächst genügt es, die Grundausstattung – bestehend aus Antriebsgerät, 2 Rührwendeln, 1 Mixstab und 2 Schlagbesen – zu besitzen. Später kann das Gerät dem Bedarf entsprechend mit weiteren Teilen komplettiert werden.

Das ist besonders wichtig:
Damit der Motor nicht überlastet wird, darf z. B. das RG 28 bei den verschiedenen Arbeiten auf höchster Schaltstufe nur eine bestimmte Zeit hintereinander betrieben werden:
Schlagen   10 Minuten
(Eischnee, Sahne, Creme)
Rühren   5 Minuten
(leichte Teige, wie Rührkuchen)

Kneten	5 Minuten
(schwere Teige, wie Hefeteig)	
Mixen	5×1 Minute
(Getränke)	
(1 Minute Betrieb, 1 Minute Pause)	

Soll das Gerät nach Erreichen der maximalen Betriebszeit weiter benutzt werden, muß es zuvor erst 20 Minuten abkühlen.

Wozu dient die Grundausstattung?

Die Schlagbesen sind nicht nur zum Schlagen von Eiweiß und Schlagsahne, sondern auch zum Rühren von leichten Teigen, zur Bereitung von Quark- und Cremespeisen geeignet. Die Schüssel sollte nicht zu flach sein. Immer mit der Stufe I beginnen. Das ist besonders beim Teigrühren wichtig, damit das zunächst trockene Mehl nicht stäubt.

Die Rührwendeln sind zum Rühren und Kneten festerer Teige, wie Hefeteige oder Fleischteig bestimmt.

Der Mixstab eignet sich zum Pürieren verschiedener Obst- und Gemüsesorten in gedünstetem oder auch rohem Zustand sowie zum Mixen und Quirlen von Getränken, Soßen und Suppen. Es ist zweckmäßig, dafür möglichst ein hohes Gefäß zu verwenden, in dem sich der Mixstab auf und ab bewegen läßt.

Zusatzteile zur Grundausstattung

Mixbecher
Rührschüssel mit Ständer
Passierstab
Schlagbecher
Rohkostgerät
Gemüseschneidstab
Konsole
Untersatz für Antriebsgerät

Der Mixbecher zum RG 28 eignet sich zur Bereitung von Mixgetränken mit Hilfe des Mixstabes. Außerdem können Eischnee, Sahne und Schlagschaum darin geschlagen werden. Die maximale Füllmenge beträgt ½ Liter. Mit dem Mixstab läßt sich auch Baby- und Krankenkost aus Obst und Gemüse bereiten. Eine kleine Menge lockerer Kartoffelbrei ist ebenfalls schnell hergestellt.

Die Rührschüssel mit Ständer erleichtert das Verarbeiten von Zutaten für leichte und schwere Teige. Das Antriebsgerät braucht dabei nicht in der Hand gehalten zu werden, sondern wird am Ständer festgeschraubt.

Mit dem Passierstab kann alles, was durch ein Haushaltsieb soll – gedünstetes Obst oder Gemüse, Quark u. ä. – schnell und mühelos erledigt werden. Obst und Gemüse möglichst heiß in das Sieb geben. Damit es nicht spritzt, nur Stufe I benutzen und mit ständiger Rührbewegung arbeiten.

Mit dem Schlagbecher können in 15 bis 20 Sekunden etwa 30 Gramm Kaffee geschlagen werden. Das entspricht der Menge, die in den Deckel des Schlagbechers zum RG 28 paßt. Dieser gemahlene Kaffee eignet sich gut zum Überbrühen oder für Kaffeemaschinen mit Drucksystem. Ein gleichmäßig grießfein gemahlener Kaffee (zum normalen Filtern) läßt sich jedoch kaum mit dem Schlagbecher erreichen.

Fehlt es im Haushalt einmal an Puderzucker, läßt er sich aus Kristallzucker auch im Schlagbecher herstellen. Allerdings ist es nicht ratsam, Mohn, Mandeln oder Gewürze im Schlagbecher, der ebenfalls für Kaffee verwendet wird, zu zerkleinern. Es wäre dann zweckmäßig, sich noch einen zweiten Schlagbecher zu kaufen.

Das Rohkostgerät erleichtert das Vorbereiten von Gemüse, festem Obst (Äpfel, Birnen) und Kartoffeln. Durch Auswechseln der verschiedenen Scheiben kann gerieben, geraspelt oder in Scheiben geschnitten werden. Neben der zum RG passenden Schüssel läßt sich das Rohkostgerät auch auf andere Schüsseln oder Töpfe, die den entsprechenden Durchmesser haben (das Gerät muß fest sitzen), setzen. Dann kann das Gemüse oder Obst gleich in das vorgesehene Zubereitungsgefäß fallen. Der Füllschacht sollte nicht bis oben hin gefüllt werden, weil dadurch das Gerät zu lange belastet wird und die Schnittgeschwindigkeit sinkt. Das Rohkostgerät ist zum Reiben für alle nicht zur Rohkost zählenden Produkte (z. B. trockene Brötchen, Käse) ungeeignet.

Der Gemüseschneidstab mit zwei verschiedenen Schneidsegmenten und dazugehörendem Becher ist zur Herstellung kleiner Mengen Frischkost oder Kleinkinderkost gedacht. Außerdem können Nüsse, Mandeln, Zitronat und ähnliches zerkleinert werden. Für Kräuter eignet er sich nicht.
Bei diesem Gemüseschneidstab sind die äußerst kurzen Rüst- und Reinigungszeiten neben einer leichten Bedienung besonders hervorzuheben. So können auch größere Kinder schon gut damit umgehen. Es wird deshalb auch an den Eß- und Lebensgewohnheiten jeder Familie liegen, welches der beiden Rohkostgeräte sie in Betracht zieht.

Die Konsole dient zur griffbereiten Unterbringung der Grundausstattung und kann an der Wand oder an einem Schrank befestigt werden.

Der Untersatz zum RG 28 gibt dem Motorteil festen Stand, wenn der Schlagbecher aufgesetzt wird. Für andere Arbeiten wird er nicht gebraucht.
Alle Handrühr- und Mixgeräte lassen sich leicht reinigen und sauberhalten. Das Antriebsgerät nur mit einem feuchten Tuch abwischen, die Zusatzteile unter fließendem Wasser z. B. in warmer Spülmittellösung säubern. Plastteile dürfen zum Trocknen nicht auf Heizkörper gelegt werden!

Brottoaster
Vom einfachen Gerät, bei dem die Scheiben manuell zu wenden sind, bis zum Automatik-Toaster, bei dem der Röstgrad vorgewählt werden kann, sind verschiedene Systeme im Angebot. Getoastetes Brot ist gut ausgetrocknet und leichter verdaulich, weil es besser gekaut und eingespeichelt wird. Einige Brottoaster lassen sich mit entsprechenden Zusatzgeräten außerdem noch zum Aufbacken von Brötchen benutzen. Nicht nur Weißbrot, auch Mischbrot läßt sich toasten!

Kaffeemühlen
Bei einer Mahlwerkmühle erhält man gleichmäßig gekörnten Kaffee. Er fällt beim Mahlvorgang in einen Behälter. Der gewünschte Feinheitsgrad des Mahlgutes kann vorher bestimmt werden. Schlagwerkmühlen dagegen zerkleinern den Kaffee so lange, wie der Schalter betätigt wird. Die nach dem Entleeren verbliebenen festsitzenden Kaffeereste sind mit einem nur dafür bestimmten Pinsel zu entfernen. Sie werden sonst ranzig und verderben im Laufe der Zeit das Kaffeearoma.

Kaffeemaschinen
Elektrische Kaffeemaschinen arbeiten entweder nach dem Druck- oder nach dem Überlaufprinzip. Das Kaffeepulver wird besser ausgewertet als beim einfachen Filtern oder Brühen. Zur Verhütung von Kesselsteinansatz sind Kaffeemaschinen etwa alle vier Wochen mit Essigwasser oder Wasser, dem ein Teelöffel Weinsteinsäure zugesetzt wurde, durchzubrühen. Danach zwei- bis dreimal klares Wasser auffüllen und durchlaufen lassen. Der Wasserbehälter sollte überhaupt nach jeder Benutzung gründlich durchgespült werden.

Küchengerätschaften und Geschirr für einen 2- bis 3-Personen-Haushalt

Zur Speisenzubereitung:

1 Wasserkessel
3 Töpfe mit Deckel (verschiedene Größen)
1 Stielkasserolle
1 Wasserbadkocher
1 Tiegel
1 Bratpfanne
1 Auflaufform
1 Kastenform (mittelgroß)
1 Springform
1 bis 2 Fettschutzsiebe
3 Küchenmesser mit verschiedenen Klingenlängen
1 Kartoffelschäler
1 Buntmesser
1 Brotmesser
1 Messerschärfer
1 Haushaltschere
1 bis 2 Rührlöffel (verschiedene Größen)
1 Rührlöffel mit Loch
1 bis 2 Schneebesen (verschiedene Größen)
1 Schaumlöffel
1 Bratenwender
1 Fleischmürber oder Fleischklopfer
Rouladennadeln oder -klammern
1 Soßenschöpfkelle
1 Suppenschöpfkelle
1 Salatbesteck
1 Dosenöffner
1 Industrieglasöffner
1 Kronendeckelöffner
1 Korkenzieher
1 Satz Schüsseln (Plast oder Steingut)
2 bis 3 Teller (Plast oder Steingut)
2 kleine Schüsseln (Plast)
1 Anrührtöpfchen
1 Schneidebrett
1 Passiersieb
1 Durchschlag aus Plast
1 bis 2 Haarsiebe
1 Trichter,
einige Flaschenverschlüsse (verschiedene Größen)
1 Eischneider
1 Zitronenpresse
1 Gewürzreibe oder -mühle
1 Teigrolle (Nudelholz)
1 Teigschaber
1 Meßbecher
1 Kurzzeitwecker

Als Ergänzung:

1 kleine Stielpfanne
1 kleiner Topf ($\frac{1}{4}$ l)
1 Gasanzünder (bei Gasherd)
1 bis 3 Flammenschutzsiebe (bei Gasherd)
1 Kaffeefilter
1 Tee-Ei
1 Geflügelschere
1 Tiefkühlkost-Messer
1 Tomatenmesser
1 großes Schneidebrett
1 Küchenwaage
1 Obst- und Gemüsewaschkorb (Plast)
1 Kartoffelpresse oder -stampfer
1 Universalreibe mit 4 verschiedenen Reibeflächen
1 Zwiebelschneider
1 Kirschentsteiner
1 Apfelausstecher
1 Fleischwolf

Für die Vorratshaltung:

1 Brotkasten (sofern kein eingebautes Brotfach vorhanden ist)
Vorratsdosen (für Nahrungsmittel und Kühlschrank)
Gewürzbehälter

Zur Speiseneinnahme:

1 Kaffeeservice für 6 Personen
1 Tortenplatte
1 Speiseservice für 6 Personen
1 Kompottsatz für 6 Personen
1 Teekanne
6 Teegläser bzw. Teetassen
6 Mehrzweckgläser
6 Likörgläser
1 Bestecksatz für 6 Personen (Messer, Gabel, Suppen- und Kaffeelöffel)
6 Kuchengabeln
1 Tortenheber
1 Zuckerzange
2 Vorlegegabeln
1 Soßenschöpfkelle
1 Suppenschöpfkelle
2 bis 3 Löffel für Gemüse, Kartoffeln, Kompott

Grillgeräte

Der Party-Grill ist einfach zu bedienen, leicht an Gewicht und nimmt wenig Platz weg. Auch Einzelpersonen können mit diesem preisgünstigen Gerät ihren Küchenkomfort zweckmäßig vervollständigen. Im Party-Grill kann gegrillt, überbacken und getoastet werden.

Die Reinigung dieses Tischgrills ist denkbar einfach. Alle Teile lassen sich mühelos auseinandernehmen, und durch Lösen nur einer Schraube kann der Heizkörper abgehoben werden. So sind – außer dem Elektroteil – alle Metallteile mit im Spülwasser zu reinigen. Nach gründlichem Trocknen kann alles wieder zusammengesetzt werden.

Bei einem Kontakt-Grill wird – wie der Name schon sagt – vorwiegend Kontaktwärme wirksam. Dadurch schließen sich die Außenporen z. B. von Fleisch und Fisch sehr rasch und der Saft kann nicht so leicht austreten. Das Grillgut bleibt dabei saftig und der Eigengeschmack der Speisen weitgehend erhalten. Eine PTFE-Antihaftbeschichtung ermöglicht es, ganz ohne oder mit wenig Fett zu garen. Weil Ober- und Unterhitze gleichzeitig einwirken, braucht das Grillgut nicht gewendet zu werden.

Ein Kontakt-Grill ist vielseitig verwendbar. Außer dem üblichen Grillen, Überbacken und Toasten können noch Waffeln gebacken, Gebäck aufgebacken, Spiegeleier gebraten und auch Speisen erwärmt werden. Der mitgelieferte Backrahmen ermöglicht es, die Deckplatte dieses Grillgerätes etwas höher zu stellen, z. B. beim Überbacken von Schnitten, Ragout fin usw.

Vor dem Reinigen des Grillgerätes zunächst – wie bei jedem Elektrogerät – den Netzstecker ziehen. Dann die Oberplatte herunterklappen und beide Grillflächen mit einem feuchten Abwaschtuch unter Verwendung von Spülmittel abwischen. Damit die Antihaftbeschichtung nicht beschädigt wird, darf nicht mit scharfkantigen und spitzen Geräten gekratzt werden. Sollte doch einmal etwas durch Unachtsamkeit verbrannt sein, so genügt es, das Festsitzende mit aufgelegten feuchten Tüchern zu lösen. Kontakt-Grill-Geräte dürfen keinesfalls unter fließendem Wasser gereinigt oder ins Spülwasser getaucht werden! Die Außenflächen und Griffe sind nur mit einem weichen, feuchten Tuch abzuwischen.

Motor-Grillgeräte gibt es in verschiedenen Ausführungen, beispielsweise mit selbstreinigenden Flächen, Temperaturregler, Zeitschaltuhr. Als Strahlungsquelle dient jeweils ein Infrarotheizkörper. Der Bratspieß dreht sich automatisch. Die Größe des Grillraumes gestattet das Grillen von gleichzeitig 2 Broilern, von etwa 1 kg Schaschlyk, 2 kg Braten oder 6 Bratwürsten. Geräte, die gleichzeitig zum Backen genutzt werden können, sind zusätzlich mit Unterhitze ausgestattet. Sie sind dann zweckmäßig, falls keine andere Backröhre vorhanden ist.

Alles gut gekühlt

Zu den wichtigsten Anschaffungen eines Haushaltes gehört der Kühlschrank. Er ist aus unseren modernen Küchen nicht mehr wegzudenken. Die Haltbarkeit von Lebensmitteln ist jedoch auch im Kühlschrank unterschiedlich und keinesfalls unbegrenzt. Grundbedingung ist, daß die Waren in frischem, einwandfreiem Zustand eingelagert werden. Für Nahrungsmittel mit starkem Eigengeruch sind gut schließende Gefäße nötig, ebenso für solche, die leicht fremde Gerüche annehmen. Verdunstende Flüssigkeit führt zu schneller Vereisung des Verdampfers, dadurch wird die Kühlwirkung beeinträchtigt, und die erforderliche Temperatur muß durch erhöhten Stromverbrauch ausgeglichen werden. Deshalb sind Flüssigkeiten und wasserreiche Speisen immer zugedeckt aufzubewahren. Um eine gute Luftzirkulation zu gewährleisten, dürfen die Abstellroste nicht lückenlos vollgestellt sein. Auch im großen Kältefach des Kühlschrankes (ohne Sternbezeichnung) sind die Temperaturen nicht überall gleich. Man sollte sich deshalb in der Bedienungsanleitung informieren, wie die Lebensmittel richtig einzuordnen sind. Das Kältefach mit 1- oder 2-Stern-Bezeichnung dient zur kurz- und mittelfristigen Lagerung von industriell hergestellten Gefrierkonserven sowie zur Bereitung von Speiseeis und Eiswürfeln. Zum Selbsteinfrieren von Lebensmitteln eignet sich dieses Fach nicht, da die Temperaturen nur −6 bis −12 °C betragen. Um Lebensmittel jedoch schockartig zu gefrieren, ist eine Temperatur von −25 °C erforderlich.

Die Größe eines Kühlschrankes richtet sich nach der Anzahl der im Haushalt lebenden Personen und deren Eßgewohnheiten. Vor dem Kauf sollte man sich deshalb gründlich überlegen, welcher Kühlschrank der günstigste ist, wobei bereits eine in absehbarer Zeit wachsende Familie mit einzubeziehen ist.

In den Gefriergutlagerschränken (mit 3-Stern-Bezeichnung) können größere Vorräte von industriell hergestellter Gefrierkost über Wochen und Monate gelagert werden. Außerdem lassen sich Gemüse, Obst, Fleisch, Fisch, gare Gerichte, Kompott, Gebäck und Kuchen selbst einfrieren.

TIPS

Vereiste Gefriergutlagerschränke und -truhen sind immer dann abzutauen, wenn die Reifschicht am Verdampfer mehr als 2 mm beträgt.

Alle Lebensmittel mit starkem Eigengeruch (Käse, Fleisch-, Fischwaren) sowie solche, die leicht Fremdgerüche annehmen (Butter, Milch) sind in geschlossenen Behältern im Kühlschrank zu lagern.

Heiße Speisen und Getränke müssen vor Einlagerung in den Kühlschrank auf Raumtemperatur abgekühlt werden.

Butter und Margarine bleiben streichfähig, wenn sie im Butterfach der Innentür aufbewahrt werden.

Unmittelbar unter dem Kühlkörper werden die tiefsten Temperaturen erreicht. An dieser Stelle sollten Fleisch und Fleischwaren aufbewahrt werden.

Zitronen und Apfelsinen können bei +10 °C bis +12 °C im Haushaltkühlschrank gelagert werden. Der günstigste Platz dafür ist das Gemüsefach.

Wasserarme Lebensmittel (Zucker, Mehl, Kaffee, Tee usw.) gehören nicht in den Kühlschrank!

Regelmäßiges Säubern und Belüften ist äußerst wichtig, damit sich keine Mikroorganismen im Kühlschrank halten oder vermehren können. Natürlich sind die Aufbewahrungsgefäße sorgfältig in den Reinigungsprozeß mit einzubeziehen.

Haltbarkeit einiger Lebensmittel im Kühlschrank

Lebensmittel		Haltbarkeit	Hinweise
Fleisch	frisch	2 bis 4 Tage	
	gekocht	3 bis 6 Tage	
	gebraten	3 bis 7 Tage	
Hackfleisch	frisch	½ Tag	
	gebraten	2 bis 4 Tage	
Wurst		2 bis 4 Tage	
Geflügel	frisch	2 bis 4 Tage	
	gebraten	5 bis 6 Tage	
	gekocht	5 bis 6 Tage	
Fisch	frisch	2 bis 3 Tage	
	gekocht	2 bis 4 Tage	
	gebraten	2 bis 5 Tage	
	geräuchert	2 bis 5 Tage	
Marinaden	geschlossen	10 bis 20 Tage	
	geöffnet	4 bis 6 Tage	
Butter		2 bis 8 Tage	im Butterfach
Butter-, Margarinevorrat		6 bis 14 Tage	
Milch, Sahne		3 bis 5 Tage	
Kondensmilch, geöffnet		3 bis 6 Tage	nicht in der Dose lassen
Käse, je nach Sorte		5 bis 14 Tage	in geschlossenen Behältern
Eier		10 bis 14 Tage	stumpfes Ende nach oben
Konditorwaren		2 bis 6 Tage	
Spinat, Erbsen		1 bis 2 Tage	im Gemüsefach
Grüne Bohnen, Schoten		3 bis 7 Tage	im Gemüsefach
Grüner Salat		2 bis 3 Tage	im Gemüsefach

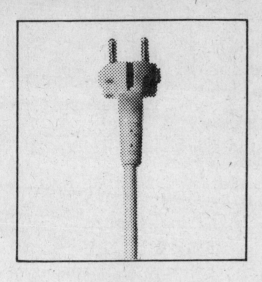

Kochen will gelernt sein

Ob mit Elektrizität, Gas oder Kohle gekocht, gebraten oder gebacken wird, hängt von den Gegebenheiten der jeweiligen Wohnung ab. Wichtig und nützlich ist es in jedem Fall, sich mit dem zur Verfügung stehenden Gerät gründlich vertraut zu machen. Nur so ist es möglich, einerseits die Speisen im Sinne einer gesunderhaltenden Ernährung zu garen und andererseits mit Energie und Zeit ökonomisch umzugehen.

Freude am Elektrokochen

Vor allem in Neubaugebieten werden heute die Küchen mit einem Elektroherd versehen. Elektroenergie zum Kochen ist sparsam, sauber und hygienisch. Durch einfache Schalterstellung wird die entsprechende Gartemperatur erreicht, und bei richtiger Ausnutzung der Energiezufuhr können wesentliche Kosten eingespart werden.
Der Elektroherd wird stets von einem zugelassenen Fachmann angeschlossen. Auch alle Reparaturen an Schaltungen, Sicherungen und Anlagen darf nur der Fachmann vornehmen. Brennbare Stoffe dürfen weder oberhalb des Herdes, noch im Herd aufbewahrt werden. Die Bedienungs- und Brandschutzbestimmungen sind zu beachten.
Vor Benutzung eines neuen Herdes werden alle emaillierten Teile feucht abgewischt und nachgetrocknet. Auch die Back- und Bratröhre, Backbleche und Grillrost säubert man gründlich mit Spülmittelwasser. Anschließend muß gut nachgetrocknet werden.

Kochplatten

Vor Einschalten der Kochplatten wird die Emailleplatte hochgeklappt. Sie schützt vor Verschmutzung der Wand. Dann sind nach und nach die Kochplatten auf Stufe I und die Ober- und Unterhitze der Backröhre bei 200 °C für $\frac{1}{2}$ Stunde einzuschalten und die Funktion des Herdes zu überprüfen.
Elektroherde werden mit 3 oder 4 Kochplatten geliefert, die zwei verschiedene Größen haben: 2 oder 3 Platten mit 145 mm und 1 Platte mit 180 mm Durchmesser. Für jede Platte sind Schaltstufen von 0 bis 3 und je nach Herdtyp noch 1 bis 3 Zwischenstufen vorhanden.

Kochgeschirr

Alle Töpfe müssen einen glatt geschliffenen und festen Boden haben. Nur so ist eine gleichmäßige Wärmeübertragung ohne Wärmeverlust garantiert. Es eignen sich auch Jenaer Glas, Cordoflam- und ähnliches Geschirr. Die für den Elektroherd vorgesehenen Töpfe dürfen nicht auf offener Flamme – wie z. B. beim Camping auf Propangas – verwendet werden. Die Topfböden können sich sonst verziehen oder es können Rillen einbrennen. Solche Töpfe sitzen nicht mehr glatt auf der Platte, ebenso wie alte Töpfe. Wird das nicht beachtet, erhöht sich der Energieverbrauch, weil eine längere Garzeit benötigt wird, die sich außerdem negativ auf Nährstoff- und Geschmackswerte der Speisen auswirkt.

Die Topfböden sollen den gleichen Durchmesser wie die Kochplatten haben, und die Topfhöhe soll höchstens dem Durchmesser entsprechen. Ein Topf, dessen Boden mehr als 20 mm größer ist als die Kochplatte, benötigt beim Ankochen mehr Energie und die Speisen brennen leicht an. Mit zu kleinen Töpfen wird durch zu lange Ankoch- und Fortkochzeit Energie vergeudet, und bei Jenaer Glas und Cordoflam-Geschirr entstehen Spannungen, die zu Bruch führen können. Längliche Gefäße aus dem eben genannten Material dürfen nur in der Röhre verwendet werden.

Kochen

Um wirtschaftlich zu arbeiten, Energie und Zeit einzusparen, das Anbrennen der Speisen zu verhindern sowie Geschmack und Nährwert zu erhalten, ist für die einzelnen Gerichte die notwendige Schaltung der Kochplatten zu beachten.

– Die Schaltstufe 3 wird zum Ankochen, Anbraten, Anrösten und für einige Schnellgerichte genommen. Sie gibt die größte Wärme ab. Bei allen Garprozessen ist anschließend auf eine der niedrigeren Stufen umzuschalten (siehe Tabelle Seite 60). Beim Ausbacken von größeren Mengen im Fettbad ist eventuell ein kurzes Umschalten auf Stufe 3 notwendig.

– Die Zwischenstufe von 3 bis 2 ist die erhöhte Bratstufe, die starke Wärme abgibt und gegebenenfalls auch als Umschaltstufe für Fettgebackenes genommen werden kann sowie nach erneuter Fettzugabe bei Kurzgebratenem.

– Die Stufe 2 ist die Bratstufe zum Anbraten, Schmoren, Bräunen von Zwiebeln, Zubereiten von Eierkuchen, Kartoffelpuffern o. ä.

– Die mäßige Wärme entwickelnde Zwischenstufe von 2 zu 1 wird als Umschaltstufe für die auf Stufe 2 bereiteten Speisen oder zum erforderlichen Umschalten von Stufe 1 benötigt.

– Die Stufe 1 ist die Fortkochstufe, da sie milde Wärme abgibt. Sie wird für viele Garprozesse benötigt, z. B. für Kartoffeln, Gemüse, Soßen u. ä. Diese Stufe dient auch zum Fertiggaren von Schmorgerichten.

– Das rechtzeitige Abschalten auf die Stufe 0 ist bei allen Garprozessen außerordentlich wichtig. Je nach Leistung der Kochplatte läßt sich die aufgespeicherte Wärme noch 10 bis 15 Minuten zum Fertiggaren aller Gerichte nutzen, ohne daß Strom verbraucht wird. Gemüse, Obst, Kartoffeln, Klöße können gar ziehen, Reis, Teigwaren und Gräupchen quellen darauf weiter aus. Die Mehlschwitze zur Soße wird darauf bereitet, Eierkuchen, Quarkkäulchen u. ä. fertig gebraten. Diese gespeicherte Wärme sollte in jedem Falle bei allen Zubereitungen mit eingeplant werden!

Richtlinien für das Garen verschiedener Speisen sind den Tabellen auf den Seiten 60 und 61 zu entnehmen. Diese Angaben sind jedoch als Durchschnittswerte aufzufassen.

Back- und Bratröhre

Für das Gelingen von Backwerk und Braten ist auch hier die richtige Temperatureinstellung notwendig. Die Back- und Bratröhre läßt sich durch Unter- (U) und Oberhitze (O) sowie Temperaturregler auf die gewünschte Wärme einschalten. Die Wärmezufuhr wird durch eine Reglerschaltung zwischen 0 bis 300 °C reguliert. Bei manchen Herden zeigen eine weiße und eine rote Kontrollampe die richtige Temperatur an. Beim Einschalten der Vorwählschalter für Unter- oder Oberhitze leuchtet die rote Kontrollampe auf. Ist die gewählte Temperatur erreicht, schaltet sich automatisch die weiße Lampe ein.

Backen in der Elektroröhre

Teig- bzw. Kuchenart	Vorheizen OH UH	Backen OH UH	Zeit (Minuten)	Reglereinstellung
Hefeteig				
Napfkuchen	OH3 UH3		10	175 bis 200
		OH2 UH3	35 bis 40	
Obst- und Streuselkuchen	OH3 UH3		10	200 bis 225
		OH2 UH3	20 bis 25	
Kranzkuchen, auch gefüllt	OH3 UH3		10	170 bis 200
		OH2 UH3	30	
Stollen	OH3 UH3		10	260
		OH2 UH3	60	
Rührteig				
Marmorkuchen		OH1 UH3	50 bis 65	175 bis 200
Rosinenkuchen		OH1 UH3	65 bis 75	175 bis 200
Sandkuchen		OH1 UH3	20	165 bis 185
		OH1 UH2	40 bis 55	
Backpulverknetteig				
Quarkkuchen	OH3 UH3		10	200 bis 225
		OH2 UH3	25 bis 30	
Obsttorte	OH3 UH3		10	200 bis 225
		OH2 UH3	15 bis 30	
Quarktorte	OH3 UH3		10	200 bis 225
		OH2 UH3	45 bis 80	
Kleingebäck	OH3 UH3		10	175 bis 225
		OH2 UH3	8 bis 10	
2. Blech		OH2 UH2		
Biskuitteig				
Biskuitkuchen		OH1 UH3	30 bis 50	175 bis 200
Biskuitboden	OH3 UH3		10	175 bis 200
		OH2 UH3	20 bis 30	
Biskuitrolle	OH3 UH3		10	200 bis 225
		OH3 UH3	10 bis 15	
Brandteig				
Windbeutel	OH3 UH3		10	200 bis 225
		OH3 UH3	20 bis 25	
Quarkblätter-, Blätterteig	OH3 UH3		10	200 bis 225
		OH3 UH3	etwa 15	
2. Blech		OH2 UH2		
Aufläufe	OH2	UH3	45 bis 50	
		OH0 UH0	10	

Braten in der Elektroröhre

Fleischart	Oberhitze	Unterhitze	Zeit (Minuten)	Reglereinstellung
Roastbeef	OH 3 OH 0	UH 3 UH 0	15 bis 20 10	250
Rinderfilet	OH 3 OH 0	UH 3 UH 0	20 bis 25 10	250
Schweinefilet	OH 3 OH 0	UH 3 UH 0	20 bis 30 10	250
Kaßler	OH 3 OH 0	UH 3 UH 0	50 10	250
Kalbsbraten	OH 3 OH 3 OH 0	UH 3 UH 1 UH 0	45 30 bis 40 10	200
Schweinebraten	OH 3 OH 2 OH 0	UH 3 UH 1 UH 0	45 45 bis 60 10	200
Hammelrücken	OH 3 OH 3 OH 0	UH 3 UH 1 UH 0	45 30 bis 45 10	200
Hase	OH 3 OH 2 OH 0	UH 3 UH 1 UH 0	45 20 bis 30 10	200
Rehrücken	OH 3 OH 1 OH 0	UH 3 UH 1 UH 0	30 ca. 20 10	200
Rehkeule	OH 3 OH 1 OH 0	UH 3 UH 1 UH 0	30 50 bis 90 10	200
Hirschrücken oder -keule	OH 3 OH 1 OH 0	UH 3 UH 1 UH 0	40 100 bis 170 10	250
Geflügel (Gans, Ente, Pute)	OH 3 OH 2 OH 0	UH 3 UH 1 UH 0	60 80 bis 150 10	200 bis 250
Kaninchen	OH 3 OH 1 OH 0	UH 3 UH 1 UH 0	30 20 bis 25 10	200

Garen auf Elektrokochplatten

Schalterstellung	Stufe 3	Stufe 2	Stufe 1	Stufe 0
Gerichte	stärkere Hitze zum Anbraten und Ankochen	mittlere Hitze – Bratstufe	milde Hitze – Fortkochstufe für alle Gerichte	heiße Platte noch 10 bis 15 Minuten zum Fertiggaren nutzen
Soßen – helle – dunkle	Fett erhitzen Knochen anbräunen	Zwiebel, Gemüse bräunen Mehl zugeben	Mehl anschwitzen	ausquellen
Brühen	Knochen zum Kochen bringen, Fleisch in kochende Flüssigkeit geben		Wurzelgemüse zugeben, weiterkochen	fertig kochen
Gemüse zu Suppen	in kochende Flüssigkeit geben	Anschwitzen von Zwiebel	halbe Garzeit	fertig garen, zarte Gemüse sofort auf 0 schalten
Obst dünsten	in wenig kochende, gesüßte Flüssigkeit geben		härtere Obstsorten wenige Minuten	garziehen
Gemüse- und Kartoffeleintöpfe	Fleisch in Brühe aufkochen	Gemüse und Kartoffeln zugeben, 5 bis 15 Minuten	zarte Gemüse 5 Minuten	garziehen
Kartoffeln	in wenig kochendem Wasser zum Kochen bringen			fertig garen
Hülsenfrüchte – Tempo-Hülsenfrüchte		im Einweichwasser zum Kochen bringen in kalter Flüssigkeit ansetzen	weitergaren	fertig garen fertig garen
Teigwaren	in kochende Flüssigkeit geben, aufkochen			ausquellen
Klöße (gekochte Kartoffel-, Thüringer)	in kochendes Salzwasser geben		5 Minuten	garziehen

Reis			
– Brühreis	in kochende Flüssigkeit geben	5 bis 10 Minuten	ausquellen
– Risotto	Zwiebel anbräunen, Reis zugeben, glasig dünsten, kochende Flüssigkeit zugeben		ausquellen
Milchsuppen Milchgetränke	bis eine Haut gebildet ist		dann sofort auf 0 schalten
Gekochte Fleisch- und Geflügelgerichte	in kochendes Wasser geben	weiterkochen, Gemüse zugeben	letzte 10 Minuten fertig garen
Gebratene Fleischstücke (kleine)	Fett erhitzen, eine Seite anbraten	Einlegen neuer Fleischstücke	wenden und fertig braten
Schmorbraten	in heißem Fett Fleisch anbraten, Zwiebel o. ä. anbräunen, Flüssigkeit zugeben und 3mal reduzieren	fertig schmoren	Soße binden
Fischgerichte			
– dünsten	in fertiger Soße		garziehen
– garziehen	in kochender Marinade		garziehen
– braten	anbraten, beim Einlegen neuer Stücke auf Stufe 3 schalten		fertig braten
Ausbacken in Fett	Fett erhitzen, einlegen	bei größeren Mengen nochmals kurz auf Stufe 3 schalten	braun und knusprig backen	heiße Platte für anderes (Wasser o. ä.) nutzen
Eierkuchen u. ä.	Fett erhitzen Teig zugeben		von beiden Seiten backen	die 2 letzten Eierkuchen backen
Spiegel-, Rührreier	Fett erhitzen, Eier zugeben			sofort auf Stufe 0 schalten und stocken lassen

Backen

Grundsätzlich gilt, daß hohe Kuchen und Stollen auf die unterste Schiene, halbhohe Kuchen und Torten auf die zweite Schiene und Flachgebäck auf die mittlere Schiene der Backröhre eingeschoben werden. Die Backdauer ist abhängig von Teigart und Belag. Flüssige Teige benötigen längere Zeit als feste und trockene Teige. Jedoch wird die Backdauer auch durch die Formen und Bleche beeinflußt. Eine dunkle und niedrige Form verkürzt die Backzeit, eine helle und hohe verlängert sie. Quarktorten und Aufläufe benötigen mindestens 55 Minuten, Quarkkuchen können je nach Höhe des Belages bereits in 40 Minuten gut sein. Kleingebäck ist in wenigen Minuten fertig. Genaue Angaben sind aus der Tabelle (Seite 58) zu ersehen.

Bei Obstkuchen u. ä. sollte die Backröhre mit Alufolie ausgelegt werden. Die matte Seite der Folie kommt dabei nach unten und die glänzende nach oben, da sonst die Wärmeübertragung gehemmt würde. So ist auch zu verfahren, wenn Kuchenbleche mit Alufolie ausgelegt oder etwas in Folie gegart werden soll. Die Folie im Backofen hält längere Zeit, da sie beim Reinigen mit gesäubert werden kann.

Braten

Zum Garen von Fleisch in der Röhre wird die Temperatur entsprechend der Fleischart eingestellt (siehe Tabelle Seite 59). Brät man das Fleisch nicht auf der Kochplatte an, so muß mit OH 3 und UH 3 begonnen und – je nach Fleischart – nach 15 bis 60 Minuten auf eine niedrigere Stufe zurückgeschaltet werden, wobei die Unterhitze niedriger sein kann. Die Röhre heizt noch 10 Minuten nach. Diese Zeit ist in den Garprozeß mit einzubeziehen!

Reinigung des Elektroherdes

Zuerst sind alle Schalter auf 0 zu stellen. Platten und Backröhre müssen völlig abkühlen, bevor mit der Reinigung begonnen wird. Die Platten werden trocken mit einer feinen Drahtbürste gereinigt. Auf Scheuersand sollte verzichtet werden, da er die Platten zerkratzen kann. Die Chromringe werden mit einem weichen Lappen und etwas „Klarofix" poliert. Für starke Verschmutzung ist ein Chrompoliermittel angebracht.

Alle emaillierten Flächen werden mit warmem Spülmittelwasser gereinigt und mit einem weichen Lappen abgetrocknet. Auch hier sind scharfe Putzmittel zu meiden. Spuren von Übergekochtem müssen restlos entfernt werden. Sind fruchtsäurehaltige Speisen übergekocht so sollten die Stellen nach dem Säubern mit ein wenig Öl eingerieben werden, da diese Säuren die Emaille angreifen.

Das Reinigen der Backröhre beginnt an den Rändern um die Türen, da der Schmutz auch hier einbrennen kann und sich dann sehr schwer entfernen läßt. Der Innenraum wird nach jedem Gebrauch mit Spülmittelwasser gesäubert. Gegen starke Verschmutzung kann „Backofenreiniger" nach Vorschrift verwendet werden.

Das Leerlaufen von unter Strom stehenden Kochplatten muß unbedingt vermieden werden. Es ist nicht nur unökonomisch, sondern verkürzt auch ihre Lebensdauer!

Da die Gesamtleistung eines Elektroherdes zwischen 4500 Watt und 9000 Watt liegt, ist ein gesonderter Stromkreis mit eigener Sicherung erforderlich.

Der Tauchsieder läßt sich auch zum Kochen von Eiern verwenden.

Zum Erhitzen von Wasser ist ein Tauchsieder mit Tauchsiedertopf oder ein elektrischer Wasserkocher geeigneter als der Elektroherd, weil diese Geräte das Wasser viel schneller und energiesparender zum Kochen bringen.

Wir kochen mit Gas

Viele Küchen sind noch mit Gasgeräten zum Garen der Speisen ausgestattet. Gasgeräte lassen sich leicht und sichtbar regulieren und arbeiten bei einwandfreier Einstellung sowie richtiger Handhabung zeit- und energiesparend.

Gaskocher

In einem kleinen Haushalt wird oft ein Gaskocher benutzt. Er hat zwei Kochstellen – einen Normal- und einen Starkbrenner. Nur diese transportablen Gaskocher dürfen mit einem Spezial-Gasschlauch aus Plast angeschlossen werden. Ein anderer Schlauch (z. B. aus Gummi) ist nicht zulässig. Dasselbe gilt für Propangaskocher.

Gasherd

Alle anderen Gasanlagen – also auch Gasherde – dürfen grundsätzlich nur mit einer starren Rohrleitung und vom zugelassenen Fachmann angeschlossen werden. Reparaturen darf ebenfalls nur ein Fachmann ausführen.
Der Gasherd besteht aus Kochteil, Brat- und Backröhre, Geschirrwagen oder Wärmeteil. Dort darf jedoch nirgends brennbares Material aufbewahrt werden! Die im Handel befindlichen Gasherde sind mit einer emaillierten Deckelplatte versehen, die beim Benutzen der Kochstellen hochgeklappt wird und die Wand vor Fettspritzern schützt. Gasherde haben drei bis vier Kochstellen, von denen eine mit einem Starkbrenner ausgestattet ist. Verschiedene Herdtypen sind mit einem Thermostat (Temperaturregler) oder einem Thermometer an der Backröhre versehen. Bei den modernsten Herden gibt es auch eine elektromagnetische Zündung.

Gasflammen

Die Flammen müssen klar und scharf brennen. Sie sollen einen blauen Kern haben und dürfen beim Umschalten auf Kleinbrand nicht ausgehen. Das wäre eine große Gefahrenquelle!
Schlägt die Flamme beim Anbrennen zurück, so hat das Gasgemisch im Mischrohr entweder zu wenig oder zu viel Luft. Dann das Gas ausdrehen und nach einigen Sekunden neu anzünden.
Weich und verschwommen brennende Flammen deuten auf verschmutzte Brenner. Diese sind dann unbedingt zu reinigen, weil sonst Energie und Zeit verschwendet werden.
Kleine, kraftlose Flammen zeigen verstopfte Zuleitungen an. Hier kann nur der Fachmann helfen.
Die Sicherheitsvorrichtungen, z. B. Bimetallfedern u. ä., dürfen nie funktionsuntüchtig sein.
Der Backofen oder die offenen Gasflammen dürfen nicht zum Beheizen des Raumes benutzt werden. Die Flammen verbrauchen Sauerstoff, es entstehen gesundheitsschädigende Abgase, die Küche wird feucht und die Möbel werden stumpf.
Beim Hantieren mit dem Gasherd ist für gute Belüftung der Küche zu sorgen. Die Absperrhähne müssen fest sitzen. Sie dürfen nicht wackeln und sich auch niemals ohne Widerstand drehen lassen. Wird der Gasherd nicht benutzt, ist der Absperrhahn der Anschlußleitung zu schließen. Bei längerer Abwesenheit sollte der Haupthahn geschlossen werden.

Kochen

Für das Gaskochen ist die richtige Auswahl der Töpfe wichtig. Je größer die Bodenfläche und je geringer die Höhe des Topfes sind, desto schneller – dabei gassparend und nährstoffschonend – wird gekocht. Die Töpfe dürfen beim Benutzen der Normalbrenner nicht kleiner als 100 mm sein. Für den Starkbrenner eignen sich nur große Töpfe. Die Topfböden sollen glatt und eben sein, damit die Töpfe auf den Brennstellen nicht wackeln. Die Flammen sollen beim Kochen nicht über den Topfrand hinausschlagen, sonst wird unnütz Gas verbraucht, und der Kochprozeß verzögert sich. Am effektivsten brennt die Flamme, wenn sie halb so groß wie der Topfdurchmesser ist. Die richtige Einstellung der Gasflamme entsprechend der Zubereitung kann aus der Tabelle „Garen auf der Gasflamme", siehe Seite 67 abgelesen werden. Die Gasmenge und damit die Wärmezufuhr lassen sich immer zwischen Vollbrand- und Kleinbrandeinstellung stufenlos regeln.

Jeder Kochprozeß mit Gas ist zu beaufsichtigen, weil bei überkochender Flüssigkeit oder ungenügender Gaszufuhr die Flamme löschen und dadurch Gas unverbrannt ausströmen kann! Bei Verwendung von feuerfestem Glas, Cordoflam- und ähnlichem Kochgeschirr muß ein Flammenschutzsieb (das ist ein dafür bestimmter Drahtuntersetzer) untergelegt werden. Bei fast allen Garprozessen wird mit voller Flamme angekocht oder angebraten und mit mittlerer oder kleiner Flamme weitergegart.

Richtlinien für das Garen verschiedener Speisen und für die Kurzkochmethode sind den Tabellen auf den Seiten 65 bis 67 zu entnehmen.

Backen

Bei flachen Kuchen, Hefeblechkuchen, Kleingebäck, Blätterteig und Stollen wird die Gasbackröhre 5 Minuten bei großer Flamme vorgeheizt. Alle anderen Kuchen können ohne vorzuheizen in der Röhre gebacken werden. Je höher die Backform ist, desto niedriger wird der Kuchen eingeschoben. Leichte Teige backen schneller, schwere Teige langsamer.

Die in der Tabelle angegebenen Backzeiten können länger oder kürzer sein, das ist auf die Verschiedenartigkeit der Herde zurückzuführen und hängt auch vom Gasdruck ab. Deshalb ist vor Ablauf der angegebenen Backzeit öfter vorsichtig nach dem Gebäck zu sehen.

Back- und Bratröhre

Bei einer Back- und Bratröhre ohne Thermostat wird die Hitzezufuhr wie folgt eingestellt:

leichte Hitze	= perlgroße Flamme
schwache Hitze	= drittelgroße Flamme
gute Mittelhitze	= halbgroße Flamme
starke Hitze	= große bzw. volle Flamme

Bei einem Thermostat sind die Zahlen 0 bis 8 eingraviert.

Die Temperatur entspricht:

Reglereinstellung	Temperatur
1	160°C
2	180°C
3	200°C
4	220°C
5	240°C
6	260°C
7	280°C
8	300°C

Reinigung von Gaskocher und -herd

- Regelmäßig weiß emaillierte äußere Flächen in kaltem Zustand mit warmer Spülmittellauge und weichem Lappen säubern und nachtrocknen
- Schwarz emaillierte Rippenplatte abheben und gründlich abwaschen
- Brennerkopf, Zwischenring und Brennerdeckel der Kochstellen abheben und mit einer Bürste reinigen; die Schlitze in Zwischenring oder Brennerdeckel müssen stets sauber sein
- Emaillierte Back- und Bratröhre nach jeder Benutzung in abgekühltem Zustand feucht reinigen
- Nach 2 bis 3 Monaten den Boden der Backröhre entsprechend der Bedienungsanleitung des Herdes herausnehmen und gründlich säubern.

Kurzkochmethode auf der Gasflamme
(zuletzt in fest verschlossenem Topf gar ziehen lassen)

Gerichte	Volle Flamme	Mittlere Flamme	Ohne Gaszufuhr (Gas abdrehen)
Kartoffeln	(1 kg Kartoffeln, 200 ml Wasser)	12 bis 15 Min.	12 Minuten
Gemüse			
– Blumenkohl	ankochen	10 Minuten	10 Minuten
– grüne Bohnen	ankochen	15 Minuten	15 Minuten
– Grünkohl	ankochen	30 Minuten	10 Minuten
– Kohlrabi	ankochen	15 Minuten	15 Minuten
– Möhren	ankochen	10 Minuten	10 Minuten
– Rosenkohl	ankochen	10 Minuten	10 Minuten
– Schwarzwurzeln	ankochen	10 Minuten	10 Minuten
– Sellerie	ankochen	10 Minuten	5 Minuten
– Spinat	ankochen	5 Minuten	5 Minuten
– Weiß- und Rotkraut	ankochen	10 Minuten	10 Minuten
– Wirsing	ankochen	10 Minuten	10 Minuten

Garen von Teigwaren
100 g Teigwaren in ¼ l siedendes Salzwasser mit 5 g Tafelöl geben.

Teigwaren	halbgroße Flamme	zugedeckt ohne Gaszufuhr
Bandnudeln	2 Minuten	15 Minuten
Muscheln	4 Minuten	15 Minuten
Hörnchen	5 Minuten	15 Minuten
Makkaroni	6 Minuten	15 Minuten
Spirelli	8 Minuten	15 Minuten

Backen in der Gasbackröhre

Backwerk	Temperatur	Zeit	Reglerstellung
Backpulvernapfkuchen	200 bis 220 °C	50 bis 60 Min.	3 bis 4
Hefenapfkuchen	180 bis 200 °C	45 bis 50 Min.	2 bis 3
Stollen	180 bis 210 °C	50 bis 70 Min.	2 bis 3½
Streuselkuchen	200 bis 220 °C	20 bis 30 Min.	3 bis 4
Bienenstich, Hefeteig	200 bis 225 °C	20 bis 30 Min.	3 bis 4½
Obstkuchen	200 bis 225 °C	20 bis 30 Min.	3 bis 4½
Obsttorte, Knetteig	200 bis 220 °C	20 bis 30 Min.	3 bis 4
Mohnkuchen, Knetteig	200 bis 220 °C	25 bis 30 Min.	3 bis 4
Quarkkuchen	200 bis 180 °C	90 Min.	3 bis 2
Biskuit	180 °C	bis 40 Min.	2

Nach dem Backen beachten: **Formkuchen:** 10 Minuten stehen lassen, dann auf einen Kuchenrost stürzen. **Blechkuchen:** Möglichst warm vom Blech nehmen und auf einem Kuchenrost auskühlen lassen, sonst schlägt sich die Feuchtigkeit auf das Backblech und beeinträchtigt den Geschmack.

Braten in der Gasbackröhre

Die Bratdauer von ... bis ... richtet sich nach der Größe und dem Alter der Tiere.

Fleisch	Temperatur	Regler-stellung	Flamme	1. Anbraten 2. Bratdauer
Gans in der Bratpfanne	200 bis 220 °C	8 3 bis 4	groß halbgroß	anbraten 1 bis 3 Std.
Ente auf dem Rost	200 bis 220 °C	8 3 bis 4	groß halbgroß	anbraten 60 bis 90 Min.
Hähnchen, Broiler auf dem Rost	200 bis 220 °C	8 3 bis 4	groß halbgroß	anbraten 30 bis 50 Min.
Broilerbrüstchen, Broilerkeulen auf dem Rost	200 bis 230 °C	8 3 bis 4	groß halbgroß	anbraten 15 bis 20 Min.
Schweinebraten, Hammelbraten auf dem Rost	200 bis 230 °C	8 4	groß halbgroß	anbraten je 1 cm hoch 10 bis 15 Min.
Rinderbraten in der Bratpfanne – Rinderschmorbraten – Rindslende – Roastbeef	200 bis 230 °C	8 3 bis 4	groß halbgroß	anbraten fertigbraten 60 bis 100 Min. 25 bis 35 Min. 25 bis 35 Min.
Kalbskeule	200 bis 230 °C	8 3 bis 4	groß halbgroß	anbraten 30 bis 50 Min.
Fisch auf dem Rost	160 bis 180 °C	1 bis 2	drittel-groß	je nach Stärke 20 bis 30 Min.
Fisch portioniert in der Folie (glänzende Seite nach innen legen)	200 °C	3	halbgroß	20 Min.

Zum Braten in der Röhre eignen sich nur Fleischstücke von etwa 1 kg, kleinere Braten werden energiesparender auf der Gasflamme zubereitet.

Das ist wichtig:
– Die Backröhre wird zum Braten von Fleisch nicht vorgeheizt
– Die Fettpfanne kann mit und ohne Rost zum Braten benutzt werden
– Beim Verwenden des Rostes muß der große Rostzwischenraum vorn liegen, damit der Braten bei Bedarf mühelos mit dem vorhandenen Fett beschöpft werden kann
– Die Fettpfanne ist auf die unterste oder zweite Schiene bis zum hinteren Anschlag in die Röhre zu schieben
– Es ist besonders zeit- und energiesparend, wenn größere Fleischstücke auf der Kochstelle angebraten und in der Röhre fertig gegart werden

Garen auf der Gasflamme

Gerichte	Volle Flamme	Mittlere Flamme	Kleine Flamme bzw. Sparflamme
Helle Soßen	Fett erhitzen	ggf. Zwiebel bräunen, Gemüse zugeben	Mehl zugeben durchschwitzen
Dunkle Soßen	Anbräunen von Knochen	aufkochen	heiße Flüssigkeit zugeben
Brühen	Knochen kalt ansetzen, Kochfleisch in kochendes Wasser geben	weiterkochen, Wurzelgemüse zugeben	fertig garen
Gemüse- und Kartoffeleintöpfe	Fleisch in Brühe aufkochen	Gemüse und Kartoffeln zugeben, aufkochen	fertig garen
Hülsenfruchtgerichte	zum Kochen bringen	weiter garen	
Schmorbraten		in heißem Fett von allen Seiten anbraten, Zwiebel zugeben, mit heißer Flüssigkeit etwa 3mal ablöschen	fertig schmoren
Kleine Fleischstücke braten	in heißem Fett von einer Seite anbraten	zweite Seite braten, neue Fleischstücke anbraten	fertig braten
Fisch – dünsten		in fertige Soße oder kochende Marinade geben	gar ziehen lassen
– braten	Fett erhitzen	Fisch einlegen, von beiden Seiten kurz anbraten	fertig braten
Ausbacken in Fett	Fett erhitzen, Gargut einlegen	neue Stücke einlegen	fertig ausbacken
Eierkuchen	Fett erhitzen, Teig einfüllen	von beiden Seiten braten	Den letzten Eierkuchen fertig braten

Bei uns steht ein Kohleherd

Ein solcher Herd dient nicht nur zum Kochen, sondern vor allem zum Heizen. Soll das Feuer immer flott brennen, muß durch Sauberhalten von Aschebehältern, Rost, Ofenrohr sowie der Züge im Herd für die nötige Sauerstoffzufuhr gesorgt werden. Das heißt, Schlacke, Asche und Ruß müssen regelmäßig entfernt werden; denn sorgfältige Reinigung erspart Brennmaterial.

Zum Anbrennen des Feuers nimmt man Späne und Holz oder Kohlenanzünder, worauf dann die Kohlen gelegt werden. Beim Kohleherd erfolgt eine Temperaturregelung vor allem durch mehr oder weniger Heizmaterial. Sollen Speisen nicht mehr kochen, sondern nur noch gar ziehen, verschiebt man die Töpfe an den Rand des Herdes. So sollte stets in der Mitte des Herdes angekocht und am Rand weitergegart werden. Die frei werdenden Kochstellen lassen sich zum Erhitzen von Wasser nutzen.

Auf dem Kohleherd kann auch das „Turmkochen" angewendet werden. Dafür sind gutpassende Töpfe aufeinanderzustellen. Die bereits angekochten Speisen setzt man auf Töpfe mit kochendem Wasser oder Knochenbrühe u. ä., also auf Kochgut, das einkochen kann. So läßt sich Gemüse weiterdünsten, ohne durch zu starkes Feuer anzubrennen. Auch alle Garzieh- und Kurzkochmethoden lassen sich auf diese Art auf dem Kohleherd durchführen.

Beim Kohleherd ist es notwendig, die Raumbeheizung mit dem Kochprozeß in Einklang zu bringen. Das Anheizen und Warmhalten des Kohleherdes sollte so erfolgen, daß die Heizwärme gleich zum Garen von Speisen genutzt wird. So können alle Schmorbraten, Rouladen, Gulasch u. ä. beim Heizen gegart werden, wenn man sie danach kühl aufbewahrt und vor dem Essen dann nur nochmals kurz erwärmt.

Schnell gekocht – Zeit und Energie gespart

In sehr vielen Haushalten hat sich der Schnellkochtopf einen der ersten Plätze für das Garen der Speisen erobert, denn er hilft nicht nur Zeit und Energie zu sparen, sondern schont auch das Gargut. Er arbeitet bei etwa 0,17 MPa Überdruck, der durch den hermetisch verschlossenen Deckel erreicht wird. Zur Regelung des Betriebsdruckes dienen Sicherheits- und Entlüftungsventile. Infolge der dadurch erhöhten Temperatur garen alle Lebensmittel schneller. Die Garzeitverkürzung ist natürlich abhängig von der Art des Kochgutes. Die Zeitersparnis beträgt bis zu 70 Prozent und die Einsparung der Energiekosten bis zu 50 Prozent. Die kurzen Kochzeiten unter völligem Ausschluß des Luftsauerstoffes garantieren eine schonende Zubereitung, bei der die Vitamine weitgehend erhalten bleiben. Dazu trägt auch die geringe Wasserzugabe bei, die Speisen werden nicht ausgelaugt, sondern kurz gar gedämpft. Duft, Geschmack und die natürlichen Farben bleiben weitgehend erhalten. Der Schnellkochtopf ist für alle Energiearten geeignet (Gas, Elektro, Kohle). Beim Camping gehört er ebenfalls dazu. Die größte Energie- und Zeitersparnis ist natürlich bei Gerichten mit normalerweise langer Garzeit zu verzeichnen. Es gibt vier verschiedene Schnellkochtöpfe bzw. -pfannen:

9-Liter-Topf, geeignet für Haushalte bis 8 Personen
7-Liter-Topf, geeignet für Haushalte bis 6 Personen
5-Liter-Topf, geeignet für Haushalte bis 3 Personen
2,75-Liter-Pfanne, geeignet für Einzelpersonen oder als Zweitgerät

Der 9-Liter-Topf empfiehlt sich für Gartenbesitzer und solche Haushalte, in denen viel eingekocht wird. Der gangbar-

ste ist der 7-Liter-Topf, der sich ebenfalls zum Einkochen und Dampfentsaften eignet.
Die Schnellgarpfanne läßt sich durch die Einsätze des 7-Liter-Topfes ergänzen. Jedem Schnellkochtopf liegt eine ausführliche Gebrauchsanweisung bei, die auch technische Daten enthält. Deshalb wurde hier auf solche Angaben verzichtet.

Das ist besonders wichtig:
Die Gebrauchsanweisung ist sorgfältig zu studieren! Vor Gebrauch Schnellkochtöpfe und -garpfannen mit etwa 1 Liter Wasser unter Zusatz eines milden Spülmittels kurz auskochen. Nach Abkühlen des Topfes mit klarem Wasser nachspülen und den Topf austrocknen. Die Einsätze mit heißem Wasser auswaschen. Der Dichtungsring kann vor dem ersten Gebrauch leicht mit Speiseöl gefettet werden, um Öffnen und Schließen des Deckels zu erleichtern. Die Reinigung nach Gebrauch erfolgt mit heißem Wasser, eventuell unter Zusatz von wenig Spülmittel und Lappen oder weicher Bürste. Kochventil unter dem Wasserstrahl reinigen! Die Ventile werden nur auseinandergebaut, wenn sich die Verschmutzung nicht durch den Reinigungshaken entfernen läßt. Niemals Deckel, Ventile, Topf und Einsätze mit sandhaltigen Scheuermitteln oder harten Putzschwämmen bearbeiten! Kalkrückstände lassen sich mit Essigwasser auskochen. Topfboden mit feuchtem Tuch abwischen. Schnellkochtopf und -garpfannen nicht leer auf die heiße Kochplatte oder die brennende Gasflamme stellen! Speisereste nicht im Schnellkochtopf oder der Schnellgarpfanne aufbewahren! Den Topf mit umgekehrtem Deckel – also nicht verschlossen – in den Schrank stellen!
Alle Zutaten vor Beginn des Kochprozesses fertig vorbereiten und griffbereit halten. Nur beim Menükochen ist während des Vorgarens noch etwas Zeit, Kochgut mit kürzerer Garzeit vorzubereiten. Vorsichtig würzen! Zum Anbraten Tafelöl oder Schweineschmalz verwenden. Zum Angießen (Ablöschen) bei Schmorbraten u. ä. kochende Flüssigkeit nehmen und nur so viel, wie Soße benötigt wird. Anbrennen oder Ansetzen wird durch den Dampfdruck bei richtiger Handhabung des Schnellkochtopfes verhindert. Es passiert nur dann, wenn sich nicht genügend Dampf entwickelt oder bei Fleischgerichten zu wenig Flüssigkeit zugegeben wurde.
Ein Kurzzeitwecker zur Kontrolle der Garzeiten ist unentbehrlich.

Verschließen des Topfes:
Deckel ohne Glocke aufsetzen, Strichmarkierung an Deckel und Topfgriff müssen in einer Richtung stehen. Deckel nach unten drücken und so weit nach links drehen, bis er über dem Topfgriff steht.

Ankochzeit
Immer mit voller Energie bei verschlossenem Deckel ankochen. (Der Topfboden muß immer mit Wasser oder Brühe bedeckt sein!) Sobald aus dem Ventil eine Dampffahne entweicht, die Ventilglocke aufsetzen. Nach kurzer Zeit verriegelt sich der Topf durch die Wirkung des Hebels von selbst.

Garzeit:
Mit dem Schwingen der Glocke beginnt die Garzeit (siehe Tabelle). Beim Menükochen wird das Garen für das Einstellen von Kartoffeln und Gemüse unterbrochen, z. B. bei Rinderschmorbraten, Kartoffeln und grünen Bohnen. Schmorbraten benötigt etwa 30 Minuten, Kartoffeln und grüne Bohnen brauchen etwa 8 Minuten. Nach Verschließen des Topfes mit dem Fleisch und Schwingen der Glocke wird also hier der Zeitwecker auf 22 Minuten eingestellt (1. Kochgang).

Öffnen und weiteres Füllen:
Nach Ende der Garzeit wird der Topf

ohne Abnehmen der Glocke unter fließend kaltes Wasser gestellt und, wenn er drucklos ist, geöffnet. Vorbereitete, gut gesalzene Kartoffeln im gelochten Einsatz werden auf das Gestell gesetzt. Darauf kommen im ungelochten Einsatz die leicht gesalzenen grünen Bohnen mit etwas Margarine und Bohnenkraut. Topf wie angegeben verschließen. Nach abermaligem Schwingen der Glocke 8 Minuten garen (2. Kochgang).

Garen im Schnellkochtopf

Kochen (z. B. Brühe)	Knochen kalt, Fleisch mit kochendem Wasser ansetzen. Nicht mehr als $3/4$ des Topfinhaltes an Flüssigkeit einfüllen.
Dämpfen (z. B. Kartoffeln)	Gargut in gelochtem Einsatz auf Gestell einsetzen, etwa $1/2$ l kochendes Wasser einfüllen. Gargut gut salzen.
Dünsten (z. B. Gemüse, Fleisch für Diät)	Gargut mit wenig oder ohne Fettzugabe und ohne Wasser in ungelochten Einsatz geben, würzen und zuoberst einsetzen.
Schmoren (z. B. Fleisch wie Gulasch u. ä.)	Auf dem Boden des Topfes Fett zerlassen, Zwiebeln anbräunen, Tomatenmark, Wurzelgemüse, Fleischstücke zugeben und unter Wenden bräunen. Wenig heiße Flüssigkeit zugießen, einschmoren lassen und diesen Vorgang 2- bis 3mal wiederholen. Zuletzt Flüssigkeit zugeben. Schmorbraten (Stücke bis 750 g) mit wenig Fett allseitig anbraten, würzen und wie oben weiter behandeln.

Nach diesen Vorbereitungen in allen Fällen wie beschrieben Topf verschließen, Druck aufbauen und garen.

Einkochen im Schnellkochtopf

Dazu benötigt man einen 7-Liter- oder 9-Liter-Topf sowie Industriegläser, also Gläser mit kleinem Durchmesser, von denen 3 Stück in den Topf passen. Keine Rillengläser verwenden, da bei diesen der Gummiring herausgedrückt werden kann! Im Schnellkochtopf entwickeln sich unter Dampfdruck höhere Temperaturen als beim üblichen Einkochen. Aus diesem Grund werden Gemüsekonserven nur einmal eingekocht. Farbe und Geschmack des Einkochgutes bleiben infolge der kurzen Garzeit gut erhalten. Die Energieeinsparung ist erheblich, weil die Einkochzeit im Durchschnitt um $3/4$ geringer ist.

Das ist besonders wichtig:
Nur einwandfreie, saubere Gläser und Ringe nehmen. Obst oder Gemüse in Gläser schichten, Gemüse vorher kurz überbrühen. Obst mit Zuckerwasser oder klarem Wasser bis zu einem Drittel des Glasinhaltes übergießen. Gemüse mit klarem oder leicht gesalzenem Wasser, oder für Essiggemüse mit vorbereiteter Marinade auffüllen. Die Flüssigkeit darf beim Sterilisieren niemals herauskochen, weil die Gläser sonst aufgehen. Gläser sachgemäß verschließen, Bügel aufsetzen. Reichlich $1/2$ Liter Wasser in den Schnellkochtopf füllen, Gläser in den Siebeinsatz setzen, Topf verschließen. Energie einschalten:

Gas = große Flamme
Elektro = Stufen 3 bis $2 1/2$

Wenn Dampf entweicht, Glocke aufsetzen. Vom Schwingen der Glocke an die Einkochzeit rechnen, dann gegebenenfalls die Energie drosseln. Bei Elektrokochplatten Nachheizzeit beachten, so daß bei Obst und zartem Gemüse bereits zu Beginn der Einkochzeit auf 0 geschaltet werden kann. Nach Ende der Einkochzeit den Topf vom Herd nehmen und abkühlen lassen, ohne die Glocke abzunehmen. Erst dann öffnen. Gläser herausnehmen und zum Abkühlen mit einem Tuch bedecken.

Einkochzeiten: für Beerenobst 4 Min., für Apfelstücke 4 bis 10 Min., für Kirschen 4 Min., für Pflaumen 7 Min.

RICHTIGE ERNÄHRUNG GUT AUSGEWOGEN

Jeder weiß, was Lebensmittel sind. Wer denkt jedoch darüber nach, daß sie im eigentlichen Sinne des Wortes Mittel zum Leben sind? Sie sollen uns mit Nährstoffen versorgen, die wir zur Deckung des Energiebedarfes, zum Aufbau und zur Erhaltung der Körpersubstanz sowie zur Regelung unserer Körperfunktionen benötigen. Viele junge Leute haben ein Motorrad. Vielleicht ist auch der Traum, ein Auto zu besitzen, in Erfüllung gegangen. Natürlich wird ganz genau darauf geachtet, wie hoch der Benzinverbrauch sein soll und ist. Von der im Motor freigesetzten Energie werden maximale Leistungen erwartet. Ist das nicht der Fall, wird das gute Stück unter die Lupe genommen. Die Energiebilanz des Fahrzeuges muß also stimmen. Haben Sie schon einmal gefragt, ob Ihre eigene Energiebilanz ausgeglichen ist? Hätten Sie 200 Jahre früher gelebt, könnten Sie diese Frage noch nicht beantworten; denn erst seit Ende des 18. Jahrhunderts weiß man, wie und wozu die verzehrten Lebensmittel vom Organismus umgesetzt werden. Im Laufe der Zeit wurde nicht nur erforscht, wie hoch unter den verschiedensten Bedingungen der tägliche Energiebedarf der Menschen ist, sondern es wurde auch der Energiehaushalt der gebräuchlichsten Lebensmittel festgestellt und in Tabellen zusammengefaßt. Sie sind heute für jedermann zugänglich. Somit verfügen wir über die Ausgangswerte für eine individuelle Energiebilanz.

Die Energiebilanz muß stimmen

Wie ermitteln wir unseren Energiebedarf? Dazu müssen wir vorerst etwas über die Maßeinheiten wissen. Bis 1979 hat man zur Messung des Energiewertes von Lebensmitteln ausschließlich die Kalorie (cal) bzw. den tausendfachen Wert davon, die Kilokalorie (kcal) verwendet. Unter einer Kilokalorie wird die Wärmemenge verstanden, die benötigt wird, wenn man einen Liter Wasser von 14,5 °C auf 15,5 °C erwärmen will.

Heute verwenden wir die internationale Maßeinheit Joule (J) – sprich Dschul. Ein J ist die Energiemenge, die benötigt wird, um Massen von 102 Gramm einen Meter hoch zu heben. Zumeist wird davon das Tausendfache benutzt. Diese Energiemenge wird als Kilojoule (kJ) bezeichnet. Die Energiemengen von einem kJ und einer kcal lassen sich folgendermaßen umrechnen:

1 kcal = 4,184 kJ

1 kJ = 0,239 kcal

Die in den Lebensmitteln enthaltenen Grundnährstoffe sowie der Alkohol liefern folgende Energiemengen:

1 g Eiweiß = 17,1 kJ (4,1 kcal)
1 g Fett = 39 kJ (9,3 kcal)
1 g Kohlenhydrate = 17,1 kJ (4,1 kcal)
1 g Alkohol = 29,7 kJ (7,1 kcal)

Der Energiebedarf wird von nachstehenden Faktoren bestimmt:

Grundbedarf (Grundumsatz)
+ Leistungsbedarf
+ Erhaltungsbedarf

= täglicher Energiebedarf

Betrachten wir diese drei Basiswerte zur Bestimmung des täglichen Energiebedarfes etwas näher.

Grundbedarf

Selbst wenn wir nichts anderes tun, als ruhig zu liegen, benötigt unser Körper unentwegt Energie, und zwar für das Herz, die Leber, die Atmung, die Körperwärme, die Drüsen und die Nerven. Der Grundbedarf wird vom Geschlecht, Lebensalter, Körpergewicht, der Körpergröße und der Drüsentätigkeit (z. B. Schilddrüse) beeinflußt.

Leistungsbedarf

Für jede Art von körperlicher Leistung hat der Mensch ebenfalls Energie nötig. Diese Energiemenge hängt von der Schwere der beruflichen Tätigkeit, der Art der Freizeitbeschäftigung sowie besonderen physiologischen Leistungen während des Wachstums, der Schwangerschaft oder Stillzeit ab.

Erhaltungsbedarf

In ihn geht die Energiemenge ein, die für die Nahrungsaufnahme und die Verdauungsarbeit (einschließlich Resorption) benötigt wird. Auch die täglichen Verrichtungen wie Hinsetzen, Aufstehen, An- und Auskleiden, Körperpflege und ähnliche Tätigkeiten gehören dazu. Schließlich hängt die Höhe des Erhaltungsbedarfs auch vom Klima ab.

Aus der Summe der aufgezeigten Faktoren ergibt sich schließlich der tägliche Energiebedarf. Empfehlungen für die durchschnittliche tägliche Nahrungsenergieaufnahme können der entsprechenden Tabelle entnommen werden. Die Tabelle über die „Zuordnung verschiedener Berufsgruppen..." soll Ihnen die Einordnung in die entsprechende Arbeitsschweregruppe erleichtern. Aus der Tabelle „Mittlerer Energieverbrauch je Stunde" können Sie den Energieverbrauch einiger Tätigkeiten in der Freizeit ersehen.

Kennen Sie Ihren Energiebedarf, bleibt nur noch übrig, ihn mit der Summe der täglich aufgenommenen Nahrungsenergie zu vergleichen. Einen Computer benötigt man dazu nicht. Man muß allerdings lernen, seine Nahrung einigermaßen zutreffend zu beurteilen. Geht die Bilanz nicht auf, wurde entweder zu energiereich gegessen oder die körperliche Belastung war zu gering; denn bei unserer Ernährungsweise ist in den meisten Fällen die Zufuhr größer als der Bedarf. Die Folge ist, daß fast immer das Körpergewicht unweigerlich zunimmt.

Wer also schlank bleiben möchte, muß nicht unbedingt jedes Lebensmittel auf die Briefwaage legen, aber er muß schon unterscheiden lernen, was viel und was wenig an Nahrungsenergie einbringt. Mit der Anwendung dieses Wissens wird schließlich auch die Energiebilanz stimmen. Dabei kann man durchaus satt werden und die Freude am Essen behalten.

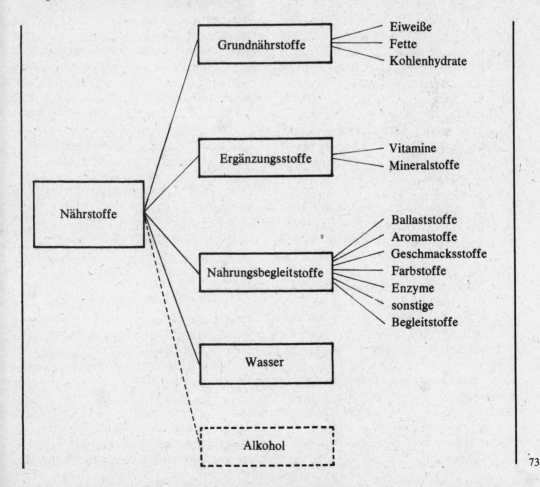

Was wir über die Nährstoffe wissen sollten

Werfen wir zunächst einen Blick auf die Einteilung der Nährstoffe (Seite 73). Würde man diese Nährstoffgruppen weiter unterteilen, müßten etwa 50 Nährstoffe aufgezeigt werden, die für uns lebensnotwendig sind. So genau müssen wir es jedoch auch nicht wissen, denn die meisten Stoffe führen wir uns reichlich durch unsere Ernährung zu.

Die Grundnährstoffe

Wir stellten schon fest, daß die Grundnährstoffe zur Deckung des Energiebedarfes benötigt werden. Wie geschieht das? Bei den Verdauungsvorgängen im Magen und Darm werden die in den Lebensmitteln enthaltenen Grundnährstoffe Eiweiß, Fett und Kohlenhydrate in ihre Bausteine gespalten, durch die Darmwand hindurch vom Körper aufgenommen und z. B. mit dem Blutstrom allen Organen und Geweben zugeführt. Dort erfolgt ein Stoffwechsel, d. h. die Bausteine werden entweder schrittweise und am Ende mit Hilfe des eingeatmeten Sauerstoffs unter Freisetzung von Energie verbrannt, oder sie werden wieder zusammengefügt. Zum Teil dient dies der ständigen Erneuerung der Körpergewebe, zum Teil aber auch dem Anlegen von Reserven, vor allem in Form von Fett.

Die Grundnährstoffe sind jedoch nicht nur Energielieferanten, sondern haben noch eine Reihe anderer Funktionen. In ihrer Gesamtwirkung sind sie miteinander verknüpft. Daher ist es für Gesundheit und Leistungsfähigkeit wichtig, daß dem Körper durch die tägliche Kost diese drei Grundnährstoffe in einem ausgewogenen Mengenverhältnis zugeführt werden. Der tägliche Bedarf wird vom Alter, vom Geschlecht und von der Arbeitsschwere bestimmt. In der Tabelle „Empfehlungen für die durchschnittliche tägliche Aufnahme von Grundnährstoffen ..." sind nach diesen Gesichtspunkten Durchschnittswerte aufgezeigt. Daraus kann auch entnommen werden, wieviel Prozent der erforderlichen Nahrungsenergie-Zufuhr von den einzelnen Grundnährstoffen bestritten werden sollten.

Was sollte man sonst noch über die Grundnährstoffe wissen?

Eiweiß ist der wichtigste Nährstoff. Mit ihm wird unentbehrliches Bau- und Erneuerungsmaterial für alle Körperzellen, das Blut sowie die Wirkstoffe bereitgestellt, welche die Stoffwechselvorgänge regulieren. Überschüssiges Eiweiß wird im Organismus verbrannt und liefert dabei Energie. Im Unterschied zu Fett und Kohlenhydraten kann sich der Körper vom Eiweiß keine Reserven anlegen. Ferner kann er sich einige Eiweißbausteine, die man als lebensnotwendige Aminosäuren bezeichnet, nicht selbst aus anderen Stoffwechselprodukten bilden. Zur Aufrechterhaltung der Lebensvorgänge müssen wir darum täglich eiweißhaltige Lebensmittel essen. Da tierisches Eiweiß meist biologisch günstiger zusammengesetzt ist als pflanzliches, sollte möglichst die Hälfte der täglichen Eiweißmenge tierischer Herkunft sein. Übrigens können sich tierisches und pflanzliches Eiweiß hervorragend ergänzen (z. B. Getreideerzeugnisse mit Milch, Hülsenfrüchte mit Fleisch).

Reich an Eiweiß und arm an Energie sind. z. B. magerer Fisch, mageres Fleisch, magerer Käse und Buttermilch. Pflanzliche Eiweißträger sind z. B. Getreideerzeugnisse, Hülsenfrüchte, Kartoffeln und Gemüse.

Fett ist sehr energiereich und kann vom Körper – auch an unerwünschten Stellen – gespeichert werden. Die Nahrungsfette versorgen uns jedoch auch mit einigen Vitaminen und ungesättigten Fettsäuren. Sie sind vor allem in pflanzlichem Fett (Voll-, Salat- und Speiseöle; Cama und Marella) enthalten. Im Unterschied zu tierischen Fetten schließen pflanzliche Fette jene fettartige Substanz nicht ein, die Cholesterin heißt. Sie ist ein Grundbestandteil wachsähnlicher Ablagerungen, die bei übermäßigem Verzehr tierischer Fette leicht zu Adernverkalkung führen.

Es ist wichtig zu wissen, daß bei uns zur Zeit rund 65 Prozent des gesamten Fettverzehrs auf „verdeckte", also nicht sichtbare Fette, entfällt. Sie verbergen sich z. B. in Schweinefleisch, Wurst, Käse, Eiern, Gebäck und Konfekt. Da es beim Fett besonders auf die Menge ankommt, sollten diese getarnten Fettbestandteile unbedingt beachtet werden; denn Fett ist der Dickmacher Nummer 1. Für eine gesunde Ernährung gilt ferner, daß pflanzliche Fette möglichst 50 Prozent des Fettverzehrs ausmachen.

Kohlenhydrate sind Lieferanten von Energie und können zum Ansatz von Körperspeck führen. In geringen Mengen sind sie auch Körperbausteine und werden noch für einige Aufgaben im Stoffwechsel benötigt. Außerdem sind in Lebensmitteln oft wichtige Ergänzungs- und Nahrungsbegleitstoffe mit ihnen gekoppelt, z. B. in Obst, Gemüse, Kartoffeln und Vollkornerzeugnissen. Bei Zucker, hellen Mehlen, Speisestärken und Weißbrot trifft das nicht zu, weshalb sie deshalb zugunsten der gehaltvolleren Kohlenhydratträger eine Nebenrolle spielen sollten.

Noch einige Bemerkungen zum Zucker; denn er hat begründet einen besonders schlechten Leumund. Nicht weil er unserem Geschmack schmeichelt, sondern weil er nur leere Kohlenhydrate einbringt und dabei zur Übergewichtigkeit beitragen kann; denn Zucker ist schnell dabei, sich im Stoffwechsel in Fett zu verwandeln. Leider hält sich Zucker zu 75 Prozent des Gesamtverbrauches in Süß- und Feinbackwaren, Mehlspeisen, Desserts, Speiseeis, sonstigen Naschereien und Erfrischungsgetränken versteckt. Das ist ein wesentlicher Grund dafür, weshalb heute 15 Prozent des Gesamtverzehrs an Nahrungsenergie auf das Konto von Zucker gehen. Dies ist nicht viel weniger, als Butter und Margarine zusammen einbringen. Zucker ist übrigens keine Nervennahrung, wie das oft behauptet wird.

Die Ergänzungsstoffe

Vitamine sind für einen geregelten Ablauf der Stoffwechselvorgänge unentbehrlich, auch wenn wir sie teilweise nur in Bruchteilen eines Milligramms benötigen. Leider sind manche Vitamine sehr empfindlich. Verschiedene äußere Einflüsse, z. B. das Tageslicht, der in der Luft enthaltene Sauerstoff oder die Wärmeeinwirkung bei der Zubereitung von Lebensmitteln können erhebliche Verluste bewirken, wenn nicht aufgepaßt wird. Wer sich jedoch mit Verstand ernährt, braucht einen Vitaminmangel nicht zu befürchten. Unter unseren Lebensbedingungen sind Vitaminmangel-Erscheinungen selten.

Mineralstoffe sind nicht nur Baumaterial für Knochen und Zähne (z. B. Kalzium, Magnesium und Phosphat), sondern auch in den Körperflüssigkeiten und -zellen enthalten (z. B. Eisen, Natrium, Kalium, Chlorid). Außerdem regulieren sie viele biologische Vorgänge. In dieser Hinsicht sind Mineralstoffe wie die Vitamine gewissermaßen das, was die Schmierstoffe für einen Motor sind. Manche werden in größeren, andere in kleinen, oft sogar in winzigen Mengen gebraucht. Mit einer vielseitigen, abwechslungsreichen, gemischten Kost wird die Mineralstoffversorgung gesichert. Die Nahrung von Schwangeren, Stillenden, Kindern und Jugendlichen sollte ausreichend Kalzium enthalten. Milch und Milcherzeugnisse sind besonders reich an diesem Mineralstoff.

Die Nahrungsbegleitstoffe

Die sogenannten Nahrungsbegleitstoffe sind einmal für das Aussehen, den Geruch und den Geschmack der Lebensmittel von Bedeutung. Zum anderen fördern sie deren Verwertung. Unter ihnen spielen die Ballaststoffe eine besondere Rolle. Sie füllen den Magen und Darm und vermitteln auf diese Weise ein Gefühl der Sättigung. Vor allem wirken die Ballaststoffe verdauungsregulierend. Eine an Ballaststoffen arme Ernährungsweise führt oft zur Verstopfung und begünstigt bestimmte Störungen und Erkrankungen im Bereich des Darms. Ballaststoffreiche Lebensmittel sind Obst, Gemüse und Vollkornerzeugnisse.

Wasser

Wasser hält die eiweißhaltige Körpersubstanz in einem, die Lebensvorgänge erst möglich machenden, Quellungszustand. In Wasser werden die Inhaltsstoffe der Nahrung bei der Verdauung gelöst, damit sie aus dem Darm in den Körper gelangen können. Als Bestandteil des Blutes ist Wasser Transportmittel für lebenswichtige Substanzen. Es ist unentbehrlich für die Umwandlung der Nährstoffe im Stoffwechsel, und über den Vorgang des Schwitzens reguliert es die Körperwärme. Da über die Atemwege, die Haut (Schweiß) und die Nieren (Urin) ständig Wasser abgegeben wird, muß es fortlaufend ersetzt werden. Unter Normalbedingungen benötigt der Mensch 1,5 bis 3 Liter täglich. Knapp die Hälfte davon wird in der Regel mit der Nahrung aufgenommen. Schwer- und Schwerstarbeiter sowie Arbeiter, die unter großer Hitzeeinwirkung tätig sind, haben natürlich einen höheren Wasserbedarf.

Bezogen auf das Körpergewicht ist der Flüssigkeitsbedarf von Kindern im Vergleich zu Erwachsenen größer.

Alkohol

Alkohol ist kein lebensnotwendiger Nährstoff, auch wenn die durch ihn eingebrachte Nahrungsenergie sozusagen doppelt zählt. Zum einen deshalb, weil der Energiegehalt im Alkohol fast so hoch ist wie beim Fett (1 g Fett 39 kJ bzw. 9,3 kcal, 1 g Alkohol 30 kJ bzw. 7,1 kcal), und zum anderen wird er im Unterschied zu den Grundnährstoffen sehr schnell bereits vom Magen aus resorbiert. Sobald er ins Blut eingetreten ist, wird er obendrein auch gleich verbrannt und nicht in Fett umgewandelt und gespeichert. Wer an dieser Stelle glaubt, daß der zusätzliche Genuß alkoholischer Getränke keinen Einfluß auf sein Körpergewicht hat, irrt gewaltig. Alkohol kann sogar ganz beträchtlich zur Übergewichtigkeit beitragen, von den anderen gesundheitlichen Folgen ganz zu schweigen. Wer z. B. zwei doppelte Wodka und zwei kleine Pilsener trinkt, versorgt seinen Organismus gut und gern vier Stunden lang mit Energie. Während dieser Zeit ist die Energie anderer verzehrter Lebensmittel praktisch überflüssig und schlägt natürlich an. Bierbäuche – auch bei vielen jungen Leuten – sind dafür ein augenfälliges Zeugnis! Lassen wir noch einige Zahlen für sich sprechen. 10 Prozent der verzehrten Energie entfällt bei vielen auf den Alkohol. Insgesamt bringt in der DDR der Alkoholgenuß soviel an Nahrungsenergie ein, daß wir alle – ob Kinder oder Greis – 3 Wochen im Jahr daraus unseren lebensnotwendigen Bedarf decken könnten. Allein die mit dem Bier zugeführte Energiemenge entspricht derjenigen aus dem Gesamtverzehr an Obst und Gemüse.

Einige Merksätze zur Ernährung während der Schwangerschaft und Stillzeit

● Eine richtige Ernährung ist während der Schwangerschaft und des Stillens von außerordentlicher Bedeutung, denn sie muß den besonderen Stoffwechselleistungen entsprechen.
● Der Körper hat in dieser Zeit einen höheren Energiebedarf. Er beträgt vom 6. bis 9. Monat 10 500 kJ (2500 kcal) und in der Stillzeit 12 600 kJ (3000 kcal), siehe auch Tabelle Seite 83.
● Stillende sollten ihre Nahrung so zusammenstellen, daß sie zu 15 Prozent aus Eiweiß, zu 30 Prozent aus Fett und zu 55 Prozent aus Kohlenhydraten besteht, siehe ebenfalls Tabelle Seite 84.
● Von Bedeutung ist weiterhin, daß dem erhöhten Bedarf an Vitaminen und Mineralstoffen voll Rechnung getragen wird. Auch diese Nährstoffe kommen nicht nur dem mütterlichen Organismus, sondern dem werdenden Leben und später dem Neugeborenen in gleicher Weise zugute.
● Für Schwangere wird empfohlen, daß täglich unter anderem 1000 mg Kalzium (sonst 600 mg), 1000 mg Phosphor (sonst 800 mg), 20 mg Eisen (sonst 10 bis 15 mg) und 65 mg Vitamin C (sonst 45 mg) mit der Nahrung aufgenommen werden. Bei Stillenden muß die Menge an Kalzium (1100 mg) und Phosphor (1200 mg) noch etwas reichlicher bemessen sein. Die Empfehlungen bei Eisen und Vitamin C sind für Schwangere und Stillende gleich groß.
● Der Nährstoffbedarf sollte bevorzugt durch Milch- und Milchprodukte, mageres Fleisch, Innereien (besonders Leber), Fisch, Vollkornerzeugnisse, Frischobst und Gemüse (bei Verträglichkeit möglichst als Rohkost) gedeckt werden.
● Eine gemischte und abwechslungsreiche Kost erleichtert auch während der Schwangerschaft und Stillzeit die Bemühungen um eine wünschenswerte Ernährung.
● Es ist stets zu beachten, daß die heranwachsende Leibesfrucht alle benötigten Nähr- und Wirkstoffe dem mütterlichen Organismus entnimmt; jedoch werden auch Nikotin und Alkohol über die Blutbahn zugeführt. Deshalb ist es besser, wenn die Schwangere auf Tabakwaren und alkoholische Getränke verzichtet.

Tips zur richtigen Ernährung der Kinder

Die Bedeutung der Ernährung für die körperliche Verfassung und die Erhaltung der Gesundheit der Kinder wird erschreckend häufig falsch ausgelegt. Wer kennt nicht die Sprüche „Iß, damit Du groß und stark wirst und gesund bleibst!" und „Was auf den Tisch kommt, wird gegessen!". Nicht selten lösen Eltern ihre eigenen Gefühlsprobleme, indem sie quengelnden Kindern buchstäblich den Mund stopfen und das, obwohl sie deutlich sagen: „Ich bin aber satt!". Das macht begreiflich, daß sich bei etwa einem Drittel aller übergewichtigen Erwachsenen der Beginn ihrer Wohlleibigkeit bis in das Kindesalter zurückverfolgen läßt.
Die folgenden Tips gehen ausschließlich an die Adresse der Eltern:
● Seien Sie Ihren Kindern im Eßverhalten und in den Eßgewohnheiten ein Vorbild.
● Kinder dürfen essen, sie müssen nicht essen.
● Nehmen Sie die Mahlzeiten nach Möglichkeit mit Ihren Kindern gemeinsam und regelmäßig ein.
● Kinder brauchen zum Essen Zeit und Ruhe. Begrenzen Sie die Eßdauer nur bei extrem langsamer Esseneinnahme.

- Verhindern Sie, daß sich Ihr Kind während der Mahlzeit dem Fernsehen oder anderen Nebenbeschäftigungen widmet.
- Besprechen Sie mit Ihren Kindern während der Mahlzeiten keine Probleme.
- Eine gute Familienatmosphäre bei Tisch ist gerade für Kinder von größter Bedeutung.
- Teilen Sie für eine reichliche Nahrungsaufnahme kein Lob, für Nahrungsverweigerung oder für zu geringen Verzehr niemals Tadel aus.
- Jedes Kind sollte möglichst fünf Mahlzeiten einnehmen. Alles, was zwischendurch verzehrt wird, kann den Appetit beeinträchtigen.
- Setzen Sie in der Erziehung nicht so oft Süßigkeiten als Belohnung oder Trost ein.
- Geben Sie Ihren Kindern ein ansprechendes zweites Fühstück in den Kindergarten und in die Schule mit.
- Achten Sie darauf, daß sie an der Schülerspeisung und Trinkmilchversorgung regelmäßig teilnehmen.
- Kinder dürfen häufiger trinken als Erwachsene. Milch, Obstsaft und Most sind besser als Cola und Limonade.
- Sorgen Sie für eine schmackhafte, eiweiß- und abwechslungsreiche Gemischtkost und beherzigen Sie dabei die im Abschnitt „Grundregeln für eine vernünftige Kost" aufgezeigten Empfehlungen.

Grundregeln für eine vernünftige Kost

„Die Tiere fressen; der Mensch ißt. Allein der gebildete Mensch ißt mit Bewußtsein." Vor mehr als 150 Jahren hat dies der Franzose G. Anthelme Brillat-Savarin niedergeschrieben. Diese Einsicht gilt nach wie vor. Lebensmittel, die alle benötigten Nährstoffe in einem dem menschlichen Bedarf entsprechenden Mengenverhältnis enthalten, gibt es nicht. Die einzige Ausnahme ist die Muttermilch. Alle Lebensmittel können jedoch einer vernünftigen Ernährung dienen, wenn sie sinnvoll kombiniert und vor allem maßvoll verzehrt werden. Es ist auch besser, regelmäßig fünf kleinere Mahlzeiten als drei große einzunehmen. Nahrungsenergie und Nährstoffzufuhr werden auf diese Weise sinnvoll über den Tag verteilt. Ein richtiges und in Ruhe eingenommenes erstes Frühstück ist ein guter Start für den Tag. Regelmäßige Imbisse am Vormittag (2. Frühstück) und am Nachmittag (Vesper) können nicht nur dazu beitragen, Müdigkeit und Leistungsabfall zu verhindern, sondern erleichtern auch das Maßhalten. Nachstehende Anteile des täglichen Energiebedarfes werden für die einzelnen Mahlzeiten der Erwachsenen und Kinder empfohlen:

1. Frühstück	25 Prozent
2. Frühstück	10 Prozent
Mittagessen	30 Prozent
Nachmittagsimbiß	10 Prozent
Abendbrot	25 Prozent

Folgende Grundregeln einer vernünftigen Kost sollten weiterhin befolgt werden:
- Nicht mehr an Energie und Nährstoffen mit der Nahrung zuführen als man für die Arbeit, Bewegung und den Stoffwechsel benötigt. Das Gleichgewicht von Zufuhr und Verbrauch wöchentlich am Körpergewicht kontrollieren.
- Die tägliche Kost vielfältig und abwechslungsreich gestalten. Dabei darauf achten, daß jeweils etwa die Hälfte des täglichen Eiweiß- und Fettbedarfes durch tierische und pflanzliche Lebensmittel gedeckt wird.
- Obst, Gemüse, Kartoffeln, Hülsenfrüchte, Vollkornerzeugnisse, Milch und Milcherzeugnisse, mageres Fleisch und Fisch dienen besonders einer ausgeglichenen Nährstoffversorgung und sollten deshalb einen bevorzugten Platz in der Kostgestaltung einnehmen.

● Fettreiche Fleischerzeugnisse, Konditoreiwaren, Schlagsahne, Schokolade, Süßwaren, Speiseeis, Zucker und nicht zuletzt alkoholische Getränke sollten in möglichst geringen Mengen verzehrt werden.
● Appetitanregende Vorsuppen müssen nicht sein. Rohkostsalate sind auf jeden Fall besser. Sie sollten eine Hauptmahlzeit stets einleiten.
● Wenn überhaupt, dann anstelle von sahne-, stärke- und zuckerhaltigen Nachspeisen (Puddings, Creme- und Schaumspeisen) lieber Desserts z. B. auf der Basis von Quark bevorzugen.
● Obst und Südfrüchte sind möglichst als Frischkost zu verzehren.
● Erzeugnisse mit dem Warenzeichen „ON®-energiereduziert" oder „ON®-fettreduziert" erleichtern die Bemühungen um eine ausgewogene Ernährung.
● Bei Brotschnitten mit fettreichem Belag (z. B. Wurst) kann auf das Bestreichen mit Streichfetten verzichtet werden. Fällt der Verzicht zu schwer, ist Cama oder Frische Rahmbutter zu bevorzugen.
● Abwechslungsreiches und überlegtes Würzen – vor allem mit frischen Küchenkräutern – macht die Speisen schmackhafter und leichter verdaulich. Kochsalz ist in jedem Fall sparsam zu verwenden. Insgesamt darf die Tageskost nicht mehr als 10 Gramm enthalten. Davon entfällt etwa die Hälfte auf den Salzgehalt der eingesetzten Lebensmittel.

Lebensmittel-Inhaltsstoffe schonend behandeln

Zahlreiche Nahrungsgüter werden erst durch Be- oder Verarbeitung zu Lebensmitteln und viele davon nur durch eine Vor- und Zubereitung genießbar und wohlschmeckend. Die wahre Kunst des Kochens besteht darin, Speisen mit dem höchsten Nährwert, dem besten Aroma, der angenehmsten Bißfestigkeit und der freundlichsten Farbe auf den Tisch zu bringen. Mancherlei Unerwünschtes passiert, wenn man da nicht aufpaßt! Vor allem werden Vitamine zerstört und Mineralstoffe ausgelaugt. Worauf es ankommt, sind

● die richtige Entscheidung über die Garungsart,
● die Einhaltung der angebrachten Garzeit und
● die Regulierung der erforderlichen Temperatur.

Um wertvolle Inhaltsstoffe zu schonen, bieten sich folgende Ratschläge an:

● Frischobst und Frischgemüse kühl und nicht länger lagern, als unbedingt notwendig.
● Geriebene Frischkost, frisch gepreßte Obst- und Gemüsesäfte sowie Rohkostspeisen erst kurz vor der Mahlzeit zubereiten.
● Obst, Gemüse und Kartoffeln nicht im Wasser liegen lassen, schon gar nicht in Stücke oder kleingeschnitten, sondern kurz und gründlich waschen.
● Wenn überhaupt notwendig, Obst und Gemüse möglichst sparsam schälen.
● Das Zerkleinern nach der Säuberung nur so weit vornehmen, wie es für die gewünschte Speise erforderlich ist.
● Gemüse für Rohkost möglichst nicht überbrühen.
● Unmittelbar nach der Zerkleinerung Gemüse für Rohkost mit Zitronensaft, Essig oder Fruchtsäften versetzen. Andere Zutaten erst nach dem Vermischen mit Säure hinzugeben.
● Rohkostsalate grundsätzlich ohne Wasser zubereiten.
● Frische Küchenkräuter erst unmittelbar vor dem Anrichten zerkleinern und den Speisen zugeben.
● Nur das kochen, was anders nicht gar wird (z. B. Hülsenfrüchte, Blumenkohl und Kochfleisch). Garziehen, Dämpfen und Dünsten sind die schonendsten Garmethoden.

● Gemüse in nur wenig Wasser garen, sparsam mit Fett umgehen und möglichst nicht mit Mehlschwitzen dicken. Garwasser weitgehend für Soßen und Suppen verwenden.

● Garnierung großzügig verwenden. Farbenfrohe Paprikastreifen, Salatblätter, Petersilie, Tomatenviertel, Zitronenscheiben sowie die vielen Dekorationsformen aus Gurken und Radieschen tragen nicht nur zur Nährstoffversorgung bei, sondern erfreuen auch das Auge.

Gewogen und zu schwer befunden

Hinsichtlich des Körpergewichtes sollte das normal sein, was ideal ist, und ideal das, was einem die beste Gesundheit und ein langes Leben verspricht. Aus Tabelle Seite 86 läßt sich ersehen, was für das Geschlecht, den jeweiligen Körperbautyp und die Körperhöhe als Idealgewicht gelten kann. Schlanke Typen sind Personen mit wenig aktiver Masse (Muskelmasse), Mitteltypen haben eine mittlere Körperstruktur und mäßig Gedrungene mit viel aktiver Masse zählen zu den untersetzten Typen. Sie werden sich einordnen, Ihr Idealgewicht aus der Tabelle ablesen und mit dem auf der Waage effektiv ermittelten Gewicht vergleichen. Wenn Sie sich auf die Waage stellen, sollte das möglichst unbekleidet und morgens erfolgen. Weicht der Tabellenwert vom Körpergewicht bis zu 10 Prozent darüber oder darunter ab, sind Sie noch normalgewichtig. Sind es jedoch mehr als 10 Prozent, ist man bereits übergewichtig, und sind es mehr als 20 Prozent, gilt man schon als fettsüchtig.

Ob Idealgewicht, Normalgewicht oder Übergewicht, Sie sind gut beraten, wenn Sie Ihr Körpergewicht unter Kontrolle nehmen. Wenn Sie Übergewicht abbauen wollen, werden Sie es ohnehin. Die Gewichtskontrolle sollte wöchentlich, auf ein und derselben Waage und immer zur gleichen Zeit erfolgen. Man muß allerdings wissen, daß infolge der wechselnden Wasserspeicherung im Körpergewebe innerhalb von 24 Stunden Gewichtsschwankungen bis zu einem Kilogramm vorkommen können.

Wer fettsüchtig ist und sich selbst hinter der Begründung „schuld sind die Drüsen" versteckt, sucht meistens nur nach einer bequemen Ausrede; denn in mindestens 95 Prozent der Fälle ist nur der zu dick, der mehr ißt und trinkt, als er Energie verausgabt hat.

Vielfach steht auch die Frage im Raum, weshalb manche Menschen bereits bei einer geringfügig über dem Bedarf liegenden Energiezufuhr Fettpolster ansetzen.

Es kann heute noch nicht mit Sicherheit entschieden werden, ob und warum es Unterschiede in der Effektivität der Nahrungsenergie-Verwertung gibt. Auszuschließen sind sie jedoch nicht. Auf jeden Fall bleibt am Ende ein ganz simpler Sachverhalt: Nahrungsenergie, die nicht verbraucht wird, verursacht Körpergewichtszunahme. An der bekannten Feststellung „Wer dick ist, ißt zu viel und ißt er noch so wenig" hat sich nichts geändert.

Besser schlank als krank

Körpergewicht, Gesundheitszustand und Leistungsfähigkeit stehen eindeutig im Zusammenhang. Wir wissen heute, daß viele Zeiterkrankungen durch Übergewicht gefördert, oder, wenn sie schon vorhanden sind, in ihrem Verlauf ungünstig beeinflußt werden. Unter diesen Krankheiten befinden sich solche wie der Bluthochdruck, die Herzkranzgefäßleiden und auch die Adernverkalkung, die zum Herzinfarkt oder zum Schlaganfall führen können. Dazu gehören ferner die Zuckerkrankheit, die Fettleber, Gallen- und Nierensteine, Gicht, Gelenkleiden und Atmungsstörungen. Besonders dramatisch ist die Beeinträchtigung des Herz-Kreislauf-Systems. Etwa 50 Prozent aller Todesfälle sind in der DDR auf Herz-Kreislauf-Leiden zurückzuführen. Wenngleich sie nicht immer und unmittelbar durch Überernährung und Fettsucht verursacht sind, so werden sie doch entscheidend dadurch gefördert oder beschleunigt. Das Übergewichtsrisiko wird vollends erkennbar, wenn wir uns vor Augen halten, daß man sich bei Unfällen und Operationen in um so größerer Gefahr befindet, je mehr Fett man am Leibe trägt.

Übergewichtigkeit und Fettsucht sind nicht zuletzt auch ein gesellschaftliches Problem. Sie bedingen Produktionsausfall, erfordern Krankengeld, ärztliche Behandlungen und Kuren. Dadurch entstehen volkswirtschaftliche Verluste, die unsere Republik jährlich in Milliardenhöhe belasten.

Man kann natürlich sagen, es sei besser, alles das nicht so genau zu wissen, um das Leben ungestört genießen zu können. Diese Einstellung ist einfältig; denn die Freude am Leben ist unvergleichbar größer, wenn man von ernährungsbedingten Krankheiten verschont bleibt.

Ohne Dickmacher geht es auch

Wird weniger Nahrungsenergie aufgenommen, als benötigt wird, arbeitet der Körper funktionsgerecht weiter und greift dabei auf seine Energiereserven, daß heißt auf seine Fettablagerungen zurück. Mit der bekannten Devise „Iß die Hälfte" ist es jedoch nicht getan. Eine gut durchdachte Reduktionskost muß zugleich ein Konzept für mehr Gesundheit sein. Die Einsparung an Nahrungsenergie sollte bei gleichzeitiger ausreichender körperlicher Belastung vor allem durch Einschränkung des Verzehrs von fetten und zuckerreichen Lebensmitteln herbeigeführt werden.

Deshalb braucht man keine Sorgen zu haben, daß nicht genug übrig bleibt, was schmeckt, satt macht und die Versorgung mit lebensnotwendigen Nährstoffen absichert. Man kann auch z. B. aus magerem Fleisch, Fisch, Magerquark, fettarmem Käse, magerem Joghurt, Buttermilch, Obst, Gemüse, Pflanzenöl, Süßstoffen und Würzmitteln schmackhafte und ausreichende Speisen bereiten. Worauf es also ankommt, ist eine grundsätzliche Veränderung des Eßverhaltens. „Sparsamkeit ist die Seele der Kochkunst" hat bereits 1833 der französische Kochkünstler und Schriftsteller Marie Antoine Carême bekundet.

Die folgende Empfehlungen mögen Ihnen bei der Zusammenstellung der Reduktionskost helfen.

● Verzichten Sie bei der Zubereitung von Beilagen, Eintöpfen und Soßen auf Bindemittel wie Mehl. Greifen Sie lieber auf Gemüsepürees, Kartoffelpüreeflocken, Magermilchpulver, Magerjoghurt und Magerquark zurück.

● Auch bei Nach- und Süßspeisen sollten Sie auf stärkehaltige Bindesubstanzen (Grieß, Puddingpulver, Sago, Speisestärke) verzichten. Süßen Sie ganz oder teilweise mit Süßstoff. Steifgeschlagenes Eiweiß können Sie bedenkenlos unterziehen.

● Entfernen Sie die sichtbaren Fettbestandteile von Fleisch und Fleischerzeugnissen. In beschränktem Maße lassen sie sich als Anbratfett verwenden.

● Das Spicken von Wild muß nicht sein. Umwickeln Sie das Fleisch besser mit dünnen Speckscheiben. Entfernen Sie jedoch den Speck vor dem Servieren und gießen Sie das ausgelassene Fett möglichst ab.

● Entfetten Sie Fisch- und Fleischbrühen, indem Sie sie abgedeckt im Kühlschrank recht kalt werden lassen und die Fettschicht einfach abheben.

● Vermeiden Sie das Panieren und be-

reiten Sie Fisch und Fleisch „naturell" zu.
- Energieärmere Beilagen als die oft üblichen fetten und dicken Soßen sind in jedem Fall erfrischende Salate.
- Bevorzugen Sie fettsparende Garungsarten. Die Antihaftpfanne ist ein Helfer dabei.
- Verzichten Sie auf das Legieren mit Eigelb und Sahne. Gleiches trifft für das Überbacken mit fettem Käse zu.
- Auf Zucker können Sie leicht verzichten, wenn Sie statt dessen Süßstoffe verwenden. Zückli ist sogar gefrier- und hitzebeständig. Es ist jedoch für Schwangere, Stillende und Kinder nicht zu verwenden. Diabetikerzucker (Sorbit) ist übrigens zum Energiesparen nicht geeignet.
- Brause, Limonade und Cola sind durch Zucker energiereich; Selters, Mineralwasser und Tee mit Süßstoff liefern keine Energie.
- Unterschätzen Sie nicht die „Fernsehjoule". Aus der Tabelle Seite 85 können Sie einige Beispiele des nötigen Energieausgleiches von nebenher Gegessenem entnehmen.
- Hüten Sie sich bei Reduktionskost vor herkömmlicher Mayonnaise. Zum Beispiel können energiearme Salate damit zu Dickmachern werden. Verwenden Sie lieber aus der Palette der ON®-energiereduzierten Erzeugnisse Salatmayonnaise (24 Prozent Pflanzenölgehalt). Ihr Energiegehalt ist um 61 Prozent geringer als der von Mayonnaise mit 83 Prozent Öl.
- Energiereduzierte Butter (z. B. Frische Rahmbutter), Magarine (Cama) und Wurstwaren (Konserven) können auch herkömmliche Lebensmittel dieser Art ersetzen. Der Fettgehalt bei Frischer Rahmbutter ist beispielsweise um mehr als ein Drittel geringer als bei Markenbutter.
- Für Rohkostsalate bieten sich Sauermilch, Magerjoghurt oder Marinaden aus Zitronensaft und etwas Salatöl an.

13 Sünden der Ernährung

- Wir wissen zu wenig über die gesunde Ernährung.
- Wir ernähren uns wider besseres Wissen.
- Wir essen nicht unserem Alter und unserer körperlichen Belastung entsprechend.
- Wir essen zu eintönig.
- Wir nehmen die Mahlzeiten unregelmäßig und zu hastig ein.
- Wir essen zu viel.
- Wir essen zu fett.
- Wir essen und trinken zu süß.
- Wir bereiten die Speisen nicht richtig zu.
- Wir verwenden zu viel Kochsalz und würzen überhaupt die Speisen zu stark.
- Wir essen zu wenig Obst, Gemüse, Vollkornerzeugnisse, Milchprodukte und trinken zu wenig Milch.
- Wir trinken zu viel alkoholische Getränke.
- Wir knabbern, kosten und naschen zu viel.

Zuordnung verschiedener Berufsgruppen zu unterschiedlichen Graden der Arbeitsschwere

Leichte körperliche Arbeit	Programmierer, Facharbeiter für Datenverarbeitung, Fließbandmontiererin, Gütekontrolleur, Laborant, Lehrer, medizinisch-technische Assistentin, Näherin, Optiker, PKW-Fahrer, Sachbearbeiter, Sekretärin, Uhrmacher (Industrie), Wirtschafts- und Finanzkaufmann, Wissenschaftler und ähnliche Berufe
Mittelschwere körperliche Arbeit	Automateneinrichter, Betriebsingenieur, Blumenbinderin, Chemiefacharbeiter, Dreher, Facharbeiter für Anlagentechnik, Fräser, Schleifer, Friseur, Glaser, Hausfrau, Installateur, Instandhaltungsmechaniker, Kellner, Kranfahrer, Krankenschwester, Krippenerzieherin, Monteur, Raumpflegerin, Textilfacharbeiter, Traktorist, Zahnarzt und ähnliche Berufe
Schwere körperliche Arbeit	Baufacharbeiter, Maurer, Tischler, Dachdecker, Binnenfischer, Fleischer, Forstfacharbeiter mit mechanisierter Technik, Gärtner, Gebäudereiniger, Genossenschaftsbauer, Heizer, Installateur für Gas, Heizung, Lüftung und Wasser; Koch, Krankenpfleger, Schornsteinfeger, Stahlwerker, Walzwerker, Steinsetzer und ähnliche Berufe
Sehr schwere körperliche Arbeit	Bergarbeiter, Schmied, Kesselbauer, Stahlbieger, Tief- und Hochbauarbeiter, Betonfacharbeiter, Hüttenwerker, Forstfacharbeiter mit wenig mechanisierter Technik, Kontakträumer, Rohrleger, Hochseefischer und ähnliche Berufe

Empfehlungen für die durchschnittliche tägliche Nahrungsenergie-Aufnahme in Abhängigkeit vom Alter, vom Geschlecht und von der Arbeitsschwere*

Arbeitsschwere	Altersgruppe Jahre	Männer kJ	kcal	Frauen kJ	kcal
leichte Arbeit	18 ... 35	11 300	2 700	9 200	2 200
	35 ... 50	10 500	2 500	8 800	2 100
	50 ... 65	9 600	2 300	7 900	1 900
	über 65	8 400	2 000	7 100	1 700
mittelschwere Arbeit	18 ... 35	12 600	3 000	10 000	2 400
	35 ... 50	11 700	2 800	9 600	2 300
	50 ... 65	10 900	2 600	8 800	2 100
	über 65	9 200	2 200	7 500	1 800
schwere Arbeit	18 ... 35	15 100	3 600	11 700	2 800
	35 ... 50	14 200	3 400	10 900	2 600
	50 ... 65	13 000	3 100	10 000	2 400
sehr schwere Arbeit	18 ... 35	17 600	4 200		
	35 ... 50	16 700	4 000		
	50 ... 65	15 100	3 600		
Schwangere (6.–9. Monat)				10 500	2 500
Stillende				12 600	3 000

* Durchschnittswerte des physiologischen Energie- und Nährstoffbedarfs für die Bevölkerung der DDR. Herausgegeben vom Zentralinstitut für Ernährung und der Gesellschaft für Ernährung in der DDR, 2. Auflage, 1980.

Empfehlungen für die durchschnittliche tägliche Aufnahme an Grundnährstoffen in Abhängigkeit vom Alter, vom Geschlecht und von der Arbeitsschwere*

Arbeits-schwere	Geschlecht	Altersgruppe Jahre	Eiweiß g	Nahrungs-energie %	Fett g	Nahrungs-energie %	Kohlenhydrate g	Nahrungs-energie %
leichte Arbeit	Männer	18 ... 35	80	12	95	33	360	55
		35 ... 50	75	12	90	33	340	55
		50 ... 65	70	13	80	33	310	54
		über 65	65	13	65	30	280	57
	Frauen	18 ... 35	70	13	80	33	290	54
		35 ... 50	70	13	75	33	280	54
		50 ... 65	65	14	65	33	250	53
		über 65	60	14	55	30	230	56
mittel-schwere Arbeit	Männer	18 ... 35	85	12	105	33	400	55
		35 ... 50	80	12	100	33	380	55
		50 ... 65	75	12	90	33	350	55
		über 65	70	13	70	30	310	57
	Frauen	18 ... 35	75	13	85	33	320	54
		35 ... 50	70	13	80	33	310	54
		50 ... 65	70	13	75	33	280	54
		über 65	60	14	60	30	250	56
schwere Arbeit	Männer	18 ... 35	105	12	135	35	470	53
		35 ... 50	100	12	125	35	440	53
		50 ... 65	90	12	115	35	400	53
	Frauen	18 ... 35	80	12	100	33	380	55
		35 ... 50	75	12	90	33	350	55
		50 ... 65	75	13	85	33	320	54
sehr schwere Arbeit	Männer	18 ... 35	125	12	160	35	540	53
		35 ... 50	115	12	150	35	520	53
		50 ... 65	105	12	135	35	470	53
Schwangere (6.–9. Monat)	–		85	14	80	30	340	56
Stillende	–		110	15	95	30	400	55

* Empfehlungen für die tägliche Energie- und Nährstoffaufnahme in der Ernährungspraxis der Bevölkerung der DDR mit Hinweisen für die Gemeinschaftsverpflegung. Herausgegeben vom Zentralinstitut für Ernährung und der Gesellschaft für Ernährung in der DDR. 2. Auflage, 1980.

Mittlerer Energieverbrauch je Stunde

Tätigkeit	kJ
Autofahren, PKW, Landstraße	250
Spazierengehen, 4 km, Ebene	585
Haushaltsarbeiten	840
Kegeln	1 050
Tischtennisspielen	1 250
Gartenarbeit (ohne Umgraben)	1 250
Paddeln	1 250

Sportlicher Gegenwert von „nebenher Gegessenem"

Energiewert	Lebensmittel	Sportlicher Aufwand
418 kJ (100 kcal)	5 Karamelbonbons	45 Min. Spazierengehen
	1 Kännchen Kaffee, komplett	12 Min. angestrengte Gymnastik
	1 Glas Weinbrand (40 ml)	17 Min. Holzhacken
	1 kleines Glas Vollbier, hell (250 ml)	24 Min. Kegeln
840 kJ (200 kcal)	1 Pfannkuchen	60 Min. Hausarbeit
	2 Glas Sekt, süß	40 Min. Tischtennisspielen
	45 g Pralinen	35 Min. Brustschwimmen
	1 Portion Schlagsahne	35 Min. Walzer tanzen
1675 kJ (400 kcal)	1 Portion Halbgefrorenes	60 Min. Radfahren (17 km)
	100 g Fruchtbonbons	40 Min. Dauerlauf (6 km)
	1 Stück Obstkuchen mit Sahne	50 Min. Garten umgraben
	2 kleine Flaschen Bier, Pilsener (je 0,3 l) und 1 Glas Wodka (40 ml)	30 Min. Skilaufen (4 km)
2930 kJ (700 kcal)	100 g Haselnüsse	135 Min. Gartenarbeit
	1 l Rotwein leichter Qualität	65 Min. Fußballspielen
	5 kleine Glas Pilsener und 1 doppelter Korn	90 Min. Holzsägen mit der Handsäge
	1 Portion Kartoffelsalat mit Würstchen und gemischtem Salat	90 Min. Rudern
4180 kJ (1000 kcal)	1 Kasten Pralinen (200 g)	75 Min. Langlauf (12,5 km)
	150 g Walnüsse (Kerne)	65 Min. Bergsteigen (Hochgebirge)

Tätigkeit	kJ	Tätigkeit	kJ
Schwimmen, Brust, 25 m/min	1 420	Gymnastik, angestrengt	2 100
Tanzen	1 465	Radfahren, angestrengt	2 300
Tennisspielen	1 465	Dauerlauf, 9 km	2 510
Holzhacken	1 465	Fußballspielen	2 720
Radfahren, 17 km, Ebene	1 675	Schwimmen, Brust, 50 m/min	2 720
Holzsägen (mit der Handsäge)	1 880	Laufen, 15 km	3 350
Schaufeln oder Umgraben	2 100	Skilaufen, 8 km	3 350

Anhaltswerte für das Idealgewicht* — Männer —

Körperhöhe in Zentimetern	schlanker Typ	Körpergewicht in Kilogramm Mitteltyp	untersetzter Typ
150	48,4	50,4	52,9
151	49,2	51,2	53,8
152	49,9	52,0	54,6
153	50,7	52,8	55,4
154	51,5	53,6	56,3
155	52,2	54,4	57,1
156	53,0	55,2	58,0
157	53,8	56,0	58,8
158	54,5	56,8	59,6
159	55,3	57,6	60,5
160	56,1	58,4	61,3
161	56,8	59,2	62,2
162	57,6	60,0	63,0
163	58,4	60,8	63,8
164	59,1	61,6	64,7
165	59,9	62,4	65,5
166	60,7	63,2	66,4
167	61,4	64,0	67,2
168	62,2	64,8	68,0
169	63,0	65,6	68,9
170	63,7	66,4	69,7
171	64,5	67,2	70,6
172	65,3	68,0	71,4
173	66,0	68,8	72,2
174	66,8	69,6	73,1
175	67,6	70,4	73,9
176	68,4	71,2	74,8
177	69,1	72,0	75,6
178	69,9	72,8	76,4
179	70,7	73,6	77,3
180	71,4	74,4	78,1
181	72,2	75,2	79,0
182	73,0	76,0	79,8
183	73,7	76,8	80,6
184	74,5	77,6	81,5
185	75,3	78,4	82,3
186	76,0	79,2	83,2
187	76,8	80,0	84,0
188	77,6	80,8	84,8
189	78,3	81,6	85,7
190	79,1	82,4	86,5
191	79,9	83,2	87,4
192	80,6	84,0	88,2

* Durchschnittswerte des physiologischen Energie- und Nährstoffbedarfs für die Bevölkerung der DDR. Herausgegeben vom Zentralinstitut für Ernährung und der Gesellschaft für Ernährung in der DDR, 2. Auflage, 1980.

Anhaltswerte für das Idealgewicht* – Frauen –

Körperhöhe in Zentimetern	schlanker Typ	Körpergewicht in Kilogramm Mitteltyp	untersetzter Typ
145	45,9	47,8	50,2
146	46,5	48,4	50,8
147	47,0	49,0	51,5
148	47,6	49,6	52,1
149	48,2	50,2	52,7
150	48,8	50,8	53,3
151	49,3	51,4	54,0
152	49,8	52,0	54,6
153	50,5	52,6	55,2
154	51,1	53,2	55,9
155	51,6	53,8	56,5
156	52,2	54,4	57,1
157	52,8	55,0	57,8
158	53,4	55,6	58,4
159	54,0	56,2	59,0
160	54,5	56,8	59,6
161	55,1	57,4	60,3
162	55,7	58,0	60,9
163	56,3	58,6	61,5
164	56,8	59,2	62,2
165	57,4	59,8	62,8
166	58,0	60,4	63,4
167	58,6	61,0	64,1
168	59,1	61,6	64,7
169	59,7	62,2	65,3
170	60,3	62,8	65,9
171	60,9	63,4	66,6
172	61,4	64,0	67,2
173	62,0	64,6	67,8
174	62,6	65,2	68,5
175	63,2	65,8	69,1
176	63,7	66,4	69,7
177	64,3	67,0	70,4
178	64,9	67,6	71,0
179	65,5	68,2	71,6
180	66,0	68,8	72,2
181	66,6	69,4	72,9
182	67,2	70,0	73,5
183	67,8	70,6	74,1
184	68,4	71,2	74,8
185	68,9	71,8	75,4
186	69,5	72,4	76,0
187	70,1	73,0	76,7

* Durchschnittswerte des physiologischen Energie- und Nährstoffbedarfs für die Bevölkerung der DDR. Herausgegeben vom Zentralinstitut für Ernährung und der Gesellschaft in der DDR, 2. Auflage, 1980.

Und was bekommt unser Baby?

Die Ernährung des Säuglings ist im 1. Jahr die Grundlage einer gesunden körperlichen und geistigen Entwicklung. Wir stellen absichtlich kein Schema voran, sondern erst an den Schluß der Betrachtungen, denn Tabellen können stets nur Hilfsmittel sein. Kein Kind entwickelt sich nach einem Schema. Das eine ißt schneller, das andere langsamer. Das eine beginnt eine Woche früher mit Brei, das andere später. Doch beide entwickeln sich normal. Die individuelle Ernährung legt der betreuende Kinderarzt in der Mütterberatung fest. Eines werden Sie aber feststellen, die Ernährung des Säuglings ist für die Mutter einfacher geworden.

Wir unterscheiden die natürliche und die künstliche Nahrung des Säuglings.

Ist Stillen zeitgemäß?

Manch einer glaubt, Stillen sei altmodisch, der Trend sei die Flasche mit Fertignahrung. Das stimmt nicht. Nach wie vor ist und bleibt die Muttermilch die günstigste Nahrung. Wir können nur hoffen und wünschen, daß die junge Mutter in ihrer geburtshilflichen Einrichtung, in der Klinik, zum Stillen des Kindes angeregt wurde. Wir nehmen auch an, daß sie sich schon vor dem Weg zur Klinik auf das Stillen orientiert hat. Wir wollen das Nähren an der Brust keineswegs mystifizieren. Dennoch bleibt es einer der schönsten Augenblicke enger Verbundenheit zwischen Mutter und Kind.

Muttermilch kann bis zum 6. Monat die Hauptnahrung bleiben. Sie deckt den gesamten Bedarf an Eiweiß, Fett, Salzen, Vitaminen, Kohlenhydraten, sie besitzt die notwendigen Antikörper (Abwehrstoffe). Lediglich die Menge an Vitamin D reicht nicht völlig aus. Sie wird in der Mütterberatung durch mehrere Dekristol-Gaben ausgeglichen. Mehr als dieser Zusatz darf nicht gegeben werden, da ein Überangebot an Vitamin D gegenteilige Folgen, wie z. B. unerwünschte Kalkablagerungen in den kindlichen Nieren, auslösen kann. Höhensonne, die die Bildung des Vitamin D anregt, sollte aus gleichem Grund nicht unkontrolliert, ohne Rücksprache mit dem Arzt, über die tägliche Minutenzahl angewandt werden.

Das Abstillen darf nicht abrupt erfolgen, sondern nur mahlzeitweise von Tag zu Tag. Die Einzelheiten sind unbedingt mit dem Beratungsarzt zu besprechen, da jetzt eine Mischernährung von Muttermilch und Flaschennahrung einsetzt. Wir möchten alle jungen Mütter jedoch noch einmal zum Stillen anregen und wiederholt auf das entscheidende Mittel zur Milchbildung hinweisen: auf den eigenen Willen zum Stillen, der vieles, wenn auch nicht alles, bewirken kann.

Milch nach Maß

Die Brust ist zum Zeitpunkt der Geburt auf die Milchsekretion eingestellt. Der Milchfluß ist jedoch von Anfang an nicht sofort so stark; er muß erst in Gang kommen. Die natürlichen Reize sind das kräftige Saugen des Kindes und die konsequente Entleerung. Es ist ein

Vorteil für die Mutter, wenn sie 6 bis 7 Tage in der Klinik bleiben kann, weil in dieser Erholungspause etwa am 3. oder 4. Tag die Milch kräftig zu fließen beginnt und sich dann von Tag zu Tag der Menge anpaßt, die das Kind benötigt. Den Stillwillen sollte jede geburtshilfliche Einrichtung unterstützen, im Interesse des Neugeborenen.

Eine besondere Stillkost gibt es im Grunde nicht. Die Ernährung ähnelt der der Schwangeren. Sogenannte Stillsuppen und auch Karamelbier regen die Milchbildung nicht an. Es setzt sich nur Fett an, das später nur mit Mühe wieder verschwindet. Das Trinkbedürfnis sollte die Mutter nicht unterdrücken, ohne jedoch übermäßige Mengen Flüssigkeit aufzunehmen. Ein Liter Milch muß jedoch täglich getrunken werden. Wenn Milch „pur" abgelehnt wird, kann sie auch als Mixgetränk, z.B. mit Fruchtsäften, verzehrt werden. Während der Stillzeit sind Alkohol und Nikotin zu meiden, das Einnehmen von Medikamenten ist mit dem Arzt zu besprechen. Vor allem Ruhe gönnen!

Die künstliche Nahrung

Der Begriff „künstlich" hat sich eingebürgert, obgleich die Flaschennahrung auf einer natürlichen Grundlage, der Kuhmilch, beruht. Sie hat im Vergleich zur Muttermilch eine andere Zusammensetzung, was ihre Anteile an Eiweiß, Kohlenhydraten und vor allem die Struktur der Fettsäuren betrifft.

Pulverisierte Flaschenmilch

Für den jungen Säugling ist deshalb bei ausbleibender Muttermilch eine der handelsüblichen pulverisierten Fertigmilchsorten anzuraten. Sie sind in der Zusammensetzung an die Muttermilch angepaßt, ihr also nicht völlig gleich. Kuhmilch enthält z.B. mehr als dreimal soviel Eiweiß und Mineralstoffe, jedoch nur etwa die Hälfte des Milchzuckers der Muttermilch. Sie hat auch ein anders zusammengesetztes Fett. Es bleiben also Unterschiede zwischen beiden Milchnahrungen, der Muttermilch und der industriell hergestellten Säuglingsnahrung auf Kuhmilchbasis. Alle Anstrengungen sollten deshalb auf eine möglichst lange Stillperiode gerichtet sein.

Bei der Flaschennahrung fällt auch der direkte Weg Brust–Mund weg. Zwischen dem Kauf der Nahrung und dem Füttern liegen viele Stationen, die sehr viel Sorgfalt, Gewissenhaftigkeit und Sauberkeit bei der Zubereitung erfordern. Jede Nachlässigkeit in der Hygiene kann Krankheiten, und Großzügigkeit beim Abmessen der Nahrung Gedeih- und Ernährungsstörungen hervorrufen, was für die Entwicklung des Säuglings gefährlich ist.

Das erforderliche Geschirr

Zur Herstellung und zum Verabreichen der Nahrung werden gebraucht:
5 Weithalsflaschen oder
Saaleglas-Flaschen mit Sauger,
1 Flaschenbürste,
1 Plasttrichter,
1 glatter, möglichst neuer
Emailletopf (1 bis 1½ Liter),
1 Schneebesen oder Quirl
sowie verschließbare Glas- oder
Plastgefäße zum Aufbewahren
der Sauger und Flaschen.

Das gesamte Milchgeschirr, vor allem Töpfe, Trichter und Flaschenbürste, sollen keinem anderen Zweck im Haushalt dienen. Vor jeder Mahlzeit werden die Flaschen heiß ausgespült und auf das Einfüllen der Nahrung vorbereitet. Saaleglas-Flaschen sind hitzebeständig, dabei sind die Weithalsflaschen den schmalen Flaschen vorzuziehen.

Nach der Mahlzeit werden die Flaschen mit einem Spülmittel und der Flaschenbürste gründlich gereinigt, danach mit heißem Wasser gespült und anschließend verschlossen aufbewahrt. Wird dies nicht sogleich nach der Mahlzeit erledigt, trocknen die Nahrungsreste an und lassen sich nur schwer und meist nicht gründlich beseitigen. Die Sauger und Flaschen müssen täglich einmal 3 bis 4 Minuten lang ausgekocht werden. Beim Aufstülpen des Saugers auf die Flasche wird der Trinkansatz nicht mit den Fingern berührt. Er läßt sich am besten angefeuchtet über den Flaschenhals ziehen. Das Loch im Sauger wird mit einer glühenden Nadel eingebrannt. Es darf nur so groß sein, daß die Nahrung sehr langsam tropft. Sonst verschluckt sich das Kind, weil es so viel Nahrung auf einmal nicht aufnehmen kann. Für Tee ist ein anderer Sauger mit einer noch feineren Öffnung zu verwenden.

Daumen im Mund

Das Loch im Sauger muß auch aus dem Grund maßgerecht sein, damit das Saugbedürfnis befriedigt werden kann. Wenn es immer zu leicht geht, kann sich das Baby das Daumenlutschen als häufige und bleibende Angewohnheit erwerben. Vor allem kann das Lutschen am Daumen eine Kieferverbildung zur Folge haben. Wie soll man sich gegenüber Lutschen verhalten? Meist bleibt als einzige Alternative gegenüber dem Daumen der Nuckel. Er ist gaumenfreundlich und abwaschbar. Wir sollten aber versuchen, das Nuckeln auf das Einschlafen zu beschränken.

Auf jeden Fall ist es nicht richtig, einen gesuchten Kontakt des Kindes zu den Eltern mit dem Nuckel zu ersetzen, damit es seine „Beschäftigung" hat.

KiNa oder Milasan

Für die künstliche Ernährung stehen die Fertignahrungen KiNa neu oder Milasan neu zur Verfügung.

KiNa neu, Hersteller dieta Werk, Halle (Saale), ist eine mit Vitaminen und Eisen angereicherte Nahrung. Die Zusammensetzung ihres Fettes wurde durch Einsatz von Pflanzenölen weitgehend dem Frauenmilchfett angeglichen. Die Kohlenhydrate bestehen aus Milchzucker und Maisstärke, so daß eine sehr gute Verträglichkeit gewährleistet ist.

Milasan neu, Hersteller VEB Dauermilchwerk Stendal, ist ähnlich zusammengesetzt wie KiNa neu. Es enthält Milchzucker, Maisstärke, Fettsäure sowie eine optimierte Vitamin-, Mineralstoff- und Spurenelement-Zusammensetzung. KiNa und Milasan sind eine seit langem bewährte Flaschennahrung. Sie wurde entsprechend den wissenschaftlichen Erkenntnissen der letzten Jahre und nach umfangreichen Tests in Kinderkliniken der DDR auf eine für die Ernährung des Säuglings noch günstigere Zusammensetzung umgestellt und ist nunmehr als „KiNa neu" und „Milasan neu" im Handel.

Nicht überfüttern!

Es hat sich aber die Fehlvorstellung erhalten, Säuglingsnahrung muß sämig und recht süß sein. Diese Ansicht birgt für den Säugling gesundheitliche Risiken in sich. In erster Linie die Gefahr der Überfütterung. Sie ist die Folge des nicht peinlich genauen Abmessens der jeweiligen Menge an Fertignahrung. Jede Mutter sollte bei der Herstellung der äußerst praktischen, auf das gesunde Gedeihen des Kindes abgestimmten Fertignahrung peinlich genau sein. Diese Genauigkeit ist schon eine Gewähr dafür, daß eine Überfütterung vermieden wird. Man soll sich also genau an die Zubereitungsvorschrift halten. Beim Kauf und beim Verwenden der Fertignahrung ist auf das Verfalldatum unbedingt zu achten.

Zubereitung mit dem Meßbecher

Es sei deshalb ausdrücklich darauf hingewiesen, daß die Fertignahrung nur nach der Vorschrift herzustellen ist. Dabei ist zu beachten, daß für KiNa und für Milasan unterschiedliche Meßbecher bzw. -löffel zu verwenden sind.

Diese erhält die Mutter in der Mütterberatung.

Durch Auflösen von 28 g KiNa-Pulver (= 4 KiNa-Meßlöffel) in 185 ml lauwarmem Wasser erhält man 200 g Nahrung. 200 ml Milasan-Nahrung erhält man durch Auflösen von 30 g Milasan-Pulver (= 3 Milasan-Meßbecher) in 180 ml Wasser.

Die Meßbecher werden bei der Nahrungsherstellung nur locker gefüllt und abgestrichen, das Pulver wird nicht geschüttelt oder angedrückt – dies führt zu höheren Mengen und damit zur Überkonzentration der Nahrung. Das Pulver wird in handwarmem Wasser unter Quirlen oder Schlagen mit dem Schneebesen aufgelöst und die Nahrung unter ständigem Rühren auf kleiner Flamme aufgekocht. Damit ist das Fläschchen nach entsprechender Abkühlung trinkfertig. Die Temperatur der Flasche wird in der Armbeuge oder am Augenlid desjenigen, der füttert, geprüft. Ist sie angenehm, kann gefüttert werden. Eine zu heiße Nahrung kann dem Säugling gefährlich werden.

Die Zubereitung der künstlichen Nahrung ist heute so einfach, daß eine flaschenweise Herstellung trotz Kühlschrank zu empfehlen ist. Im Milchpulver können sich keine Bakterien vermehren. In aufbewahrten Lösungen sind die Möglichkeiten nicht auszuschließen und damit Ursachen für Darmerkrankungen gegeben.

Eine Faustregel der Säuglingsernährung lautet: Das Kind braucht ein Sechstel und nach der 8. Lebenswoche ein Fünftel seines jeweiligen Körpergewichts an Nahrungsflüssigkeit, ohne Tee und Saft. Die gesamte Nahrungsmenge soll 900 ml bis maximal 1 Liter pro Tag, die Einzelmahlzeit maximal 200 ml nicht überschreiten.

Das Fläschchen begleitet den Säugling bis etwa zum 8. Monat, bis das Baby aus der Tasse trinkt. Beim Füttern wird die Flasche schräg gehalten, und es wird stets darauf geachtet, daß der Flaschenhals mit Nahrung gefüllt ist, damit keine Luft geschluckt wird. Die Hand gibt der Saugbewegung des Kindes nach.

Obst- und Gemüsesäfte

Schon von der 6. Lebenswoche an können Obst- oder Gemüsesäfte zusätzlich gefüttert werden, damit das Baby die notwendigen Vitamine und Mineralstoffe erhält. Weitgehend können die im Handel angebotenen Fertigprodukte „Fürs Kind" Verwendung finden. Es gibt Früchte-C, Möhren-Bananen-Mischung usw. Man kann Säfte auch selbst aus Mohrrüben oder in Kombination mit frischen Äpfeln und schwarzen Johannisbeeren herstellen, sei es mit einer Reibe oder Zentrifuge. Der gewonnene Saft muß stets noch durch ein Haarsieb gegeben werden. Anfangs genügen 1 bis 6 Teelöffel je Tag. Am Ende des 3. Lebensmonats dürfen es täglich insgesamt 50 ml, am Ende des 6. Monats etwa 100 ml sein. Die Steigerung der Saftmenge hängt auch von der individuellen Verträglichkeit ab. Man gibt den Saft vom Löffel, anfangs mit etwas Geduld und gutem Zureden, vor der Mahlzeit. So werden die Vitamine am besten vom Körper aufgenommen und wird der Appetit des Kindes angeregt. Die Obstsäfte fördern auch die Darmtätigkeit. Einige Kinder reagieren auf manche Obstsäfte mit Hautrötungen.

Von der 8. Lebenswoche an können ein auf der Reibe zerkleinerter Apfel und auch schaumig geschlagene Banane zusätzlich gefüttert werden. Sind weder fertige Säfte noch frisches Obst vorhanden, so wird auf Muttersäfte aus dem Diät-Angebot ausgewichen. Süßmoste sind jedoch keinesfalls geeignet. Da die meisten Kinder die Säfte gern nehmen, lassen sich die Eltern leicht dazu verführen, zuviel Flüssigkeit zu geben. Es ist aber nicht ratsam, über die von uns empfohlenen Mengen hinauszugehen.

Nur an sehr heißen Tagen und in zentralbeheizten Wohnungen sind wir etwas großzügiger. Doch zum Durststillen ist dann lauwarmer Tee mit Traubenzucker und einer Prise Salz wesentlich geeigneter. Die Zukost wird im allgemeinen zur 14-Uhr-Mahlzeit gegeben. Wir möchten noch einmal ausdrücklich betonen, daß sie nicht die Milchmenge beeinflußt, weil der Flüssigkeitsbedarf von unterschiedlichen Umweltfaktoren abhängt und somit starken Schwankungen unterworfen ist.

Begegnung mit dem Löffel
Mit der Zukost wird das Baby langsam auf das Essen mit dem Löffel vorbereitet. Das Obst ist sehr sorgfältig so zu zerkleinern, daß sich ein wäßriger Schaum bildet. Diese Zukost bleibt zunächst die einzige „feste" Nahrung. Von den kinderärztlichen Fachgremien wird zu Recht empfohlen, daß Brei nicht vor Anfang des 4. Lebensmonats gegeben wird, weil sowohl die Gefahr des Verschluckens fester Bestandteile als auch der Überfütterung besteht. Dies sei vorausgeschickt, ehe wir uns mit dem Füttern beschäftigen. Anfangs ist es ein Geduldsspiel. Das Kind muß erst daran gewöhnt werden, daß ein harter Gegenstand in seinen Mund geschoben wird. Dies fordert oft Abwehr heraus. Außerdem wird eine ganz andere Technik des Essens verlangt. Je beherzter die Mutter beim Füttern ist, um so eher wird das Baby diese neue Eßgewohnheit erlernen. Den Löffel nicht zu tief hineinstecken!

Zum erstenmal Brei
Sie werden staunen, mit welcher Meisterschaft das kleine Wesen das bißchen Brei wieder mit der Zunge herausbefördert. Allerdings dürfen Sie nicht ungeduldig werden, sondern müssen Ihrem Kind beim Lernen helfen. Nicht nur die Technik des Essens ist neu, auch der Geschmack der Nahrung, die jetzt verarbeitet wird. Frühestens in der 12. Woche wird zum erstenmal Brei gegeben, Gemüsebrei. Er schmeckt nicht mehr süß. Wenn das Kind aus vielen Gründen, denen wir nicht nachgehen können, die neue Nahrung immer wieder ablehnt, greifen wir zum Trick. Das Füttern beginnen wir mit 2 bis 3 Teelöffeln Gemüsebrei, danach wird noch etwas Flaschennahrung gegeben. Dieser Übergang sollte aber nur ein paar Tage dauern und die 14-Uhr-Mahlzeit schließlich eine volle Gemüsemahlzeit sein. Damit fällt eine Flasche weg. Als Gemüsesorten kommen Mohrrüben, Blumenkohl (aber kein Rot-, Weiß-, Wirsing- oder Rosenkohl), Kohlrabi, Spinat in Frage. Wenn das Kind den Gemüsebrei zunächst trotz aller Tricks, es daran zu gewöhnen, weiter ablehnt, geben wir eine Prise Zucker hinein, und schon wird es besser gehen.

Praktische Fertignahrung
Allgemein hat sich aber die Verwendung von Fertignahrungen durchgesetzt. Wir möchten sie Ihnen ebenfalls empfehlen, nicht nur, weil sie zeitsparend sind, sondern eine abwechslungsreiche, gesunde, nach modernen ernährungswissenschaftlichen Erkenntnissen aufgebaute Kost garantieren. Wenn Sie die Nahrung selbst herstellen, vor allem für einen kleinen Säugling, müßten Sie stets zu große Mengen zubereiten, die im Haushalt selten Verwendung finden. Aufbewahren läßt sich die Gemüsenahrung auch nicht, weil sie durch langes Stehen an Vitaminen verliert und bakteriell verunreinigt wird. Die Zubereitung der Fertignahrung ist deshalb praktisch, weil sie portionsweise angeboten wird und auch die notwendigen Nährstoffe in jedem Falle beigefügt sind. Die Fertignahrungen sind auf den Packungen für die einzelnen Lebensmonate gekennzeichnet. Die Portionen, die in einem Glas abgepackt sind, werden im Wasserbad nur warm gemacht; sie brauchen

nicht gekocht zu werden. Es wird empfohlen, den Deckel vor dem Warmmachen der Nahrung einzustechen und abzunehmen. Vor allem ist beim Erwärmen des Glases darauf zu achten, daß das Gefäß nicht springt.

Zwieback mit Obst

Das Sortiment „Fürs Kind" vom 4. Lebensmont an enthält u. a. Möhrenkost, Spinatkost, Gemüseallerlei mit Kartoffeln oder mit Reis. Für Kinder vom 5. Lebensmonat an gibt es löffelfertige Gemüsebreie mit püriertem Fleisch. Beim Kauf ist auf das Verfalldatum zu achten. Nicht verzehrte Reste sind anderweitig im Haushalt zu verwenden. Sie dürfen keinesfalls für den folgenden Tag aufbewahrt werden. Ab 8. Monat gibt es Fertignahrung mit etwas gröberen Bestandteilen, so daß das Kind zum Kauen angeregt wird.

Neben den Gemüsebreien wird ab 5. Monat, also etwa ab 16. Lebenswoche, Zwieback-Obst-Halbmilchbrei gefüttert. Es fällt also ein weiteres Fläschchen weg. Dieser Brei ist ein Nahrungsgemisch aus 2 bis 3 Zwiebäcken oder Keksen (keine Fettkekse, sondern möglichst Vollkornerzeugnisse), das mit Halbmilch (halb Milch, halb Wasser) überbrüht und mit geriebenen Äpfeln, geschlagener Banane oder anderem Obst vermischt wird. Bei der Halbmilch bitte genau abmessen. Gesüßt wird der Brei mit 1 bis 2 Teelöffel Kochzucker. Das verwendete Obst muß unbedingt reif sein, Steinobst (Pflaumen) ist nicht geeignet. Anstelle des Halbmilchbreies können auch milchfreie Obstbreie gegeben werden. Sie sind als Fertignahrung in den Portionsgläsern als Bestandteil des Sortiments „Fürs Kind" erhältlich. Sie sind wie alle Fertignahrungen mit den Vitaminen C und B angereichert. Unsere LPG und VEG liefern für diese Säuglingsnahrung nach besonderen Verträgen frisches Obst und Gemüse. Die Rohstoffe unterliegen einer ständigen strengen Kontrolle der Lebensmittelhygiene. Es ist auch in dieser Beziehung eine Nahrung nach Maß, deren gleichbleibend optimale Zusammensetzung im Haushalt nicht erreicht werden kann.

Man nehme für Babykost

Die milchfreien Obstbreie, ebenfalls als Fertignahrung erhältlich, wird der Beratungsarzt besonders Kindern empfehlen, die zu Übergewichtigkeit – und das ist leider keine geringe Zahl – neigen. Auch ist es möglich, milchfreie Obstbreie als Mahlzeit zu geben, und nachdem der Säugling sich an diesen wohlschmeckenden Breien satt gegessen hat, kann ihm zusätzlich noch eine geringe Menge Tee aus der Flasche gegeben werden, um sein Flüssigkeitsbedürfnis voll zu befriedigen. Vitamine, Wirkstoffe und auch Kohlenhydrate erhält er auch in den milchfreien Obstbreien in genügendem Maße.

Nachfolgend einige Rezepte zur Herstellung von Gemüsebrei, falls keine Fertignahrung zur Hand ist, oder wenn frisches Gemüse aus dem eigenen Garten zur Verfügung steht:

Möhrenbrei: 200 g Möhren, 1 kleine Kartoffel, 1 gestrichener Teelöffel Butter, 1 bis 2 Eßlöffel roher Möhrensaft. – Möhren und Kartoffeln zerkleinern, mit etwa ½ Tasse Wasser dünsten, pürieren und dann Butter und Möhrensaft unterziehen.

Kohlrabibrei: 200 g Kohlrabi, 1 kleine Kartoffel, 1 gestrichener Teelöffel Butter, 1 bis 2 Teelöffel roher Obst- und Gemüsesaft. – Kochvorschrift wie bei Möhrenbrei.

Nur noch vier Mahlzeiten

Im 7. Monat kommt ein Vollmilchbrei, zweckmäßigerweise am Abend verabreicht, hinzu. Bei einem gut essenden, kräftigen Säugling kann jetzt auf vier Mahlzeiten übergegangen werden. Nur noch am Morgen wird 1 Flasche mit Kina oder Milasan verabreicht, die im

8. Monat durch eine Flasche mit Vollmilch, die stets abgekocht sein muß, ersetzt wird. Der Vollmilchbrei bietet weitere Möglichkeiten der Abwechslung. Als Nährmittel finden die bereits bewährten Wurzener Instant-Erzeugnisse wie Mekorna, Hafermehl und Grieß Verwendung, auch Knäckemehl bzw. in Milch aufgekochtes Knäckebrot.

Übergang zur Kleinkindkost

Im 8. Monat erfolgt dann der Übergang zur Kleinkindkost. Zum Frühstück gibt es bereits 1 kleine Scheibe Brot mit Marmelade oder Honig und am Abend ebenfalls 1 Scheibe Brot mit Weichkäse, halbfettem Käse, Leberwurst oder anderer Kochwurst. Marinaden, Dauerwurst und fetter Speck sind noch ungeeignet. Der Organismus hat sich auf festere Nahrung umgestellt, Zähne sind vorhanden, auch der Verdauungsapparat ist entsprechend ausgebildet. Wird das Kind nicht zum Kauen angeregt, zieht man sich einen schlechten Esser heran. Als Getränk wird Tee, Milchkaffee, Milch, Combo oder Trinkfix gereicht. Sobald das Kind frei sitzen kann, wird ihm keine Flasche mehr gegeben. Es wird jetzt grundsätzlich aus der Tasse getrunken. Anfangs wird sich das Baby noch sehr unbeholfen anstellen und viel danebenlaufen lassen. Übung macht den Meister. Lob unterstützt sein Mühen. Seit einiger Zeit gibt es wieder Baby-Becher. Sie sind aus Plaste, die Tasse ist abgedeckt und hat einen bequemen Trinkansatz, der in der ersten Zeit dem Säugling das Schlucken aus dem Gefäß erleichtert.

Wenig süße Sachen

Das 1. Lebensjahr ist fast vollendet, und das Kind hat, was die Ernährung betrifft, auch Riesenschritte gemacht. Nach 12 Monaten kann es im Grunde alles essen, was leicht verdaulich und nährstoffreich ist: Fleisch, Geflügel (gekocht), Gemüse, Wurst (magere Sorten), Käse, Marmelade, Eier und selbstverständlich Brot sowie sämtliche Nährmittel. Kekse braucht das Kind nicht im Übermaß. Am besten ist, Schokolade und anderes Zuckerwerk nur ausnahmsweise und an besonderen Tagen zu geben.

In diesem Zusammenhang noch ein abschließendes Wort zur Überfütterung.

Ein zu dicker Säugling ist keineswegs der gesündeste. Untersuchungen haben ergeben, daß Babys, die in den ersten 3 Lebensmonaten mehr als 2 500 bis 3 000 g zunehmen, stets die Neigung zur Übergewichtigkeit haben. Ein überfüttertes Kind ist erfahrungsgemäß wesentlich anfälliger als ein normal genährtes. Sein Stoffwechsel wird schon frühzeitig überlastet, und die Ansätze zur Fettleibigkeit werden gelegt. Übergewichtigkeit wird durch Genauigkeit beim Bemessen der künstlichen Ernährung verhindert. In diesem Lebensalter muß zu Obst und Gemüse in den vorgeschriebenen Mengen übergegangen werden, denn Milch allein reicht nun als Nahrung nicht mehr aus. Eine einseitige Milchernährung nach dem 3. Monat würde zu Gedeihstörungen führen.

Die Tabelle (s. S. 95) über die künstliche Säuglingsernährung in den ersten 12 Monaten kann nur als Hilfsmittel, als Gedankenstütze betrachtet werden. Bitte beachten Sie den vorausgegangenen Text genau! Bei Ernährungsstörungen des Säuglings müssen Sie den Arzt aufsuchen!

Auszug aus: „Wir haben ein Baby" von Dr. med. K. Mann und H. Uslar, Verlag für die Frau, Leipzig

Ernährungsschema für Säuglinge

Alter	Anzahl der Flaschen	Tagestrinkmenge in ml	Flascheninhalt	Brei	Zusatzkost
2. Tag	5 bis 6	bis 70	KiNa, Milasan		
3. Tag	5 bis 6	bis 140	dgl.		
4. Tag	5 bis 6	bis 210	dgl.		
5. Tag	5 bis 6	bis 280	dgl.		
6. Tag	5 bis 6	bis 350	dgl.		
7. Tag	5 bis 6	bis 420	dgl.		
2. bis 4. Woche	5	allmählich auf max. 700 ml steigern	dgl.		ab 6. Woche Obst- und Gemüsesaft 1 bis 6 Teelöffel täglich.
im 2. Monat	5	bis max. 900 ml	dgl.		ab 8. Woche geschlagene Banane, geriebener Apfel
im 3. Monat	5	bis max. 900 ml	dgl.		bis 50 ml Obst- und Gemüsesaft
im 4. Monat	4	bis max. 800 ml	dgl.	1 Gemüsebrei	dgl.
im 5. Monat	3	bis max. 600 ml	dgl.	1 Gemüsebrei, 1 Zwieback-Obst-Halbmilchbrei oder ein anderer Fertigbrei der Altersstufe	bis 70 ml Obst- und Gemüsesaft Frischobst zerkleinert
im 6. Monat	2 bis 3	bis max. 600 ml	dgl.	1 Gemüsebrei 1 Zwieback-Obst-Halbmilchbrei	bis 100 ml Obst- und Gemüsesaft, dgl. Frischobst zerkleinert
im 7. Monat	1	bis 200 ml	dgl.	3 Breie: Gemüse, Zwieback-, Obst- und Vollmilchbrei	dgl.
im 8. Monat	1, evtl. Tasse	bis 200 ml	Vollmilch	langsamer Beginn mit Kleinkindkost	dgl.
9. bis 12. Monat	Tasse	bis 200 ml	dgl.	Kleinkindkost	

Lebensmitteltabellen

Die Angaben beziehen sich auf jeweils 100 Gramm eßbaren Anteil der Lebensmittel. Vitaminverluste beim Garen sind nicht berücksichtigt. Sie betragen z. B. bei Vitamin A etwa 20%, B_1 etwa 25%, C etwa 60%.
Alkoholhaltige Getränke haben keinen Fettgehalt, dafür wurde der Alkoholgehalt in Gramm angegeben.

Zeichenerklärung:
% F.i.T. = prozentualer Fettgehalt in der Trockenmasse
● = energiereduzierte Lebensmittel
o = fett- und kochsalzarme Lebensmittel
− = Zahlenangaben liegen nicht vor
O = nichts Meßbares vorhanden

Nach H. Haenel, Energie- und Nährstoffgehalt von Lebensmitteln, 1. Auflage 1979, und M. Möhr und F. Pankraths, Kleine Lebensmitteltabelle, 1. Auflage 1980, beides VEB Verlag Volk und Gesundheit, Berlin

100 Gramm Lebensmittel enthalten:	Energie kJ	kcal	Ei- weiß g	Fett g	Kohlen- hydrate g	Vitamine A mg	B_1 mg	B_2 mg	C mg	D mg
MILCH										
Trinkvollmilch (2,2% Fett)	220	50	3,2	2,5	4,7	0,020	0,04	0,18	1,7	Sp
Buttermilch	170	40	3,5	0,7	4,0	0,008	0,03	0,16	0,6	−
Kakaotrunk (fettfrei)	290	70	3,2	2,5	8,7	0,020	0,04	0,18	Sp	Sp
Kakaotrunk, fettfrei	210	50	3,3	Sp	8,7	Sp	0,04	0,17	Sp	−
Milchtrunk (1,0% Fett)	210	50	3,2	1,0	6,7	Sp	0,04	0,17	Sp	−
Joghurt (1,0% Fett) Trinkjoghurt	170	40	3,3	1,0	4,5	0,013	0,04	0,17	Sp	Sp
Joghurt (2,5% Fett) mit Fruchtsirup bzw. -aroma	290	70	3,1	2,5	8,3	0,020	0,04	0,18	Sp	Sp
Kondensmilch, gezuckert	1 400	330	8,0	8,5	53,0	0,060	0,09	0,39	−	Sp
Kaffeesahne (10% Fett)	500	120	3,1	10,0	4,1	0,063	0,03	0,16	Sp	0,001

100 Gramm Lebensmittel enthalten:	Energie kJ	kcal	Ei-weiß g	Fett g	Kohlen-hydrate g	Vitamine A mg	B₁ mg	B₂ mg	C mg	D mg
Schlagsahne	1 300	300	2,2	30,0	2,9	0,190	0,03	0,17	Sp	0,001
Vollmilchpulver	2 000	480	25,0	25,0	38,0	0,17	0,27	1,30	–	0,004

KÄSE

100 Gramm Lebensmittel enthalten:	Energie kJ	kcal	Ei-weiß g	Fett g	Kohlen-hydrate g	Vitamine A mg	B₁ mg	B₂ mg	C mg	D mg
Gouda, Edamer (30% F.i.T.)	1 200	280	30,0	15,0	3,6	0,130	0,06	0,35	Sp	–
Tollenser (40% F.i.T.)	1 300	320	26,0	22,0	3,6	0,180	0,05	0,28	Sp	0,002
Tiefländer, Chester (45% F.i.T.)	1 600	380	28,0	28,0	2,6	0,410	0,05	0,38	Sp	Sp
Limburger (20% F.i.T.)	840	200	30,0	8,0	1,1	0,040	0,04	–	Sp	–
Edelpilzkäse (50% F.i.T.)	1 500	350	19,0	28,0	1,6	0,440	0,04	0,55	Sp	–
Butterkäse (60% F.i.T.)	1 800	430	21,0	36,0	1,6	–	–	–	–	–
Camembert (30% F.i.T.)	960	230	27,0	13,0	1,8	0,29	0,05	0,48	Sp	–
Camembert, Brie (60% F.i.T.)	1 700	400	19,0	33,0	2,0	0,76	0,04	0,37	Sp	–
Ziegenkäse, Altenb. (30% F.i.T.)	960	230	25,0	13,0	1,8	–	–	–	–	–
Doppelrahmfrischkäse (60% F.i.T.)	1 100	270	12,0	23,0	1,9	0,32	0,04	0,28	Sp	–
Speisequark, mager (10% F.i.T.)	380	90	11,0	2,0	5,8	0,01	0,04	0,31	Sp	–
Speisequark (20% F.i.T.) Buttermilchquark	460	110	10,0	4,5	6,0	–	0,05	0,30	Sp	–
Speisequark (40% F.i.T.)	670	160	8,4	11,0	6,1	–	–	–	Sp	–
Speisequark-zubereitung, süß (10% F.i.T.)	460	110	12,0	2,5	10,0	0,009	0,04	0,28	Sp	–
Speisequark-zubereitung, süß (40% F.i.T.)	790	190	9,1	12,0	8,5	–	–	–	Sp	–

100 Gramm Lebensmittel enthalten:	Energie kJ	kcal	Ei-weiß g	Fett g	Kohlen-hydrate g	Vitamine A mg	B$_1$ mg	B$_2$ mg	C mg	D mg
Harzer Käse, Gelbkäse (10% F.i.T.)	540	130	20,0	3,0	4,8	0,044	0,03	0,36	–	–
Schmelzkäse (45% F.i.T.)	1 200	290	18,0	21,0	5,2	0,300	0,03	0,38	–	0,003
Schmelzkäse (70% F.i.T.)	1 600	380	8,0	35,0	5,6	–	–	–	–	–

EIER

Hühnerei (2 Stück ohne Schale)	710	170	13,0	11,0	0,7	0,220	0,10	0,31	–	0,005

FETTE

Markenbutter (79% Fett)	3 100	740	0,6	79,0	0,5	0,56	0,01	0,03	0,2	0,001
Tafelbutter (74% Fett)	2 900	700	1,2	74,0	0,5	0,53	0,01	0,03	0,3	0,001
Frische Rahmbutter (45% Fett)	1 800	440	3,3	45,0	1,4	0,28	0,02	0,13	0,8	0,001
Schweineschmalz	4 000	950	0,1	100,0	0	–	–	–	–	–
Tafel-, Haushaltmargarine (Marina)	3 000	710	–	76,0	0,4	–	–	–	–	0,002
Delikateßmargarine (Goldina)	3 000	710	0,4	76,0	0,5	0,70	–	–	Sp	0,003
Delikateßmargarine (Cama)	1 500	370	–	40,0	–	0,42	–	–	–	0,01
Sonnenblumen-Tafelöl	3 900	930	100	–	–	–	–	–	–	–
Speck, fett	3 300	790	2,1	82,0	–	–	0,09	0,02	–	–
Mayonnaise	3 400	810	1,3	85,0	3,1	0,076	0,02	0,03	Sp	0,004
Salatmayonnaise	1 300	320	1,1	24,0	23,0	0,067	0,017	0,024	0	3,42

FLEISCH

Hammel-, Kalbfleisch Hammelfleisch, mittelfett	1 300	320	16,0	26,0	–	–	0,13	0,16	–	–
Kalbfleisch, Kotelett	670	160	20,0	9,0	–	Sp	0,14	0,26	Sp	–

100 Gramm Lebensmittel enthalten:	Energie		Ei-weiß	Fett	Kohlen-hydrate	Vitamine				
	kJ	kcal	g	g	g	A mg	B$_1$ mg	B$_2$ mg	C mg	D mg
Rindfleisch Brust, Rippe, Rostbeef	920	220	15,0	17,0	–	0,01	0,07	0,13	Sp	–
Filet, Kamm, Roulade	500	120	18,0	5,3	–	0,01	0,08	0,15	Sp	–
Schweinefleisch Kamm, Kotelett, Schinken	1 300	300	12,0	26,0	–	Sp	0,68	0,15	Sp	–
Filet, Schnitzel	750	180	20,0	8,9	–	Sp	0,92	0,23	Sp	–
Eisbein	1 100	270	12,0	23,0	–	–	0,25	0,15	–	–
Kaßler	1 100	270	15,0	22,0	–	Sp	–	–	–	–
Schinken, roh, geräuchert	1 700	400	18,0	33,0	–	Sp	0,55	0,21	0	–
Schinken, gekocht, mager	1 200	280	20,0	21,0	–	0	0,54	0,26	0	–
Innereien Herz von Rind und Schwein	460	110	14,0	4,4	0,4	0,01	0,39	0,80	4,4	–
Leber von Rind und Schwein	590	140	19,0	4,1	3,3	5,60	0,29	2,90	25,0	Sp
Niere von Rind und Schwein	500	120	14,0	4,5	0,7	0,21	0,28	1,80	12,0	–
Zunge von Rind und Schwein	750	180	12,0	14,0	0,3	Sp	0,26	0,32	3,7	–
Hackfleisch, Rind und Schwein	1 300	320	19,0	25,0	–	–	0,09	0,15	–	–
Schabefleisch (Rind)	540	130	21,0	3,7	–	0,003	0,11	0,20	Sp	–
Hackepeter (Schwein)	1 500	370	15,0	32,0	–	–	0,92	0,18	Sp	–
Geflügel, Wild Ente, Gans	880	210	12,0	17,0	–	0,04	0,16	0,16	6,0	–
Huhn, Broiler	460	110	15,0	4,1	–	0,07	0,06	0,12	1,9	–
Hühnerleber	590	140	20,0	3,7	2,9	3,60	0,40	2,50	35	0,001
Pute	1 200	280	20,0	20,0	0,4	Sp	0,13	0,14	0	–
Hase, Reh	460	110	16,0	3,6	–	Sp	0,14	0,09	–	–
Kaninchen	710	170	21,0	7,6	0,6	Sp	0,11	0,07	3,0	–

100 Gramm Lebensmittel enthalten:	Energie kJ	Energie kcal	Ei-weiß g	Fett g	Kohlen-hydrate g	Vitamine A mg	B₁ mg	B₂ mg	C mg	D mg
Fleischkonserven										
Kraftfleisch (Corned beef)	920	220	25,0	12,0	–	–	0,02	0,20	0	–
Rindfleisch im eigenen Saft	880	210	19,0	14,0	–	0,022	0,02	0,15	0	–
Schmalzfleisch	2 300	540	11,0	51,0	–	0	0,06	0,16	0	–
Schweinefleisch im eigenen Saft	1 500	370	16,0	32,0	–	0	0,16	0,19	0	–
Leberpastete	1 400	340	15,0	31,0	–	–	–	–	–	–
Rindfleischpastete	920	220	15,0	17,0	–	–	–	–	–	–
WURST										
Salami, Zervelatwurst Schlackwurst										
– schnittfest	1 800	420	16,0	39,0	–	Sp	0,33	0,11	Sp	–
– ausgereift	2 100	490	18,0	45,0	–	Sp	0,37	0,12	Sp	–
Bauernsalami, Katenwurst										
– schnittfest	2 000	470	14,0	44,0	–	Sp	0,34	0,13	Sp	–
– ausgereift	2 600	610	16,0	59,0	–	0,01	0,30	0,13	Sp	–
Teewurst	1 900	460	12,0	44,0	–	Sp	0,34	0,11	Sp	–
Knacker, Knackwurst	2 000	480	13,0	47,0	–	Sp	0,49	0,14	Sp	–
Bierschinken	920	220	14,0	18,0	0,5	Sp	0,56	0,18	Sp	–
Jagdwurst, Mortadella	1 300	310	12,0	28,0	1,0	Sp	0,42	0,21	Sp	–
Jagdwurst	920	220	18,0	16,0	–	Sp	0,37	0,17	–	–
Würstchen, Bockwurst	1 300	320	10,0	30,0	1,3	Sp	0,24	0,18	Sp	–
Rostbratwurst	1 300	320	10,0	30,0	1,6	Sp	0,48	0,21	Sp	–
Gutsleberwurst	1 600	380	13,0	37,0	0,3	1,0	0,40	0,94	Sp	Sp
○ Gutsleberwurst, ○ Kalbsleberwurst	920	220	18,0	15,0	0,3	0,89	0,56	0,95	Sp	0,68
Landleberwurst, Hausmacherleberwurst	1 800	430	12,0	42,0	1,3	0,52	0,30	0,76	Sp	Sp
Leberwurst fein, Delikateßleberwurst	1 700	400	12,0	40,0	0,8	0,79	0,39	0,86	Sp	Sp

100 Gramm Lebensmittel enthalten:	Energie kJ	kcal	Ei-weiß g	Fett g	Kohlen-hydrate g	Vitamine A mg	B_1 mg	B_2 mg	C mg	D mg
● Leberwurst mittelfein, ● Kalbsleberwurst	1 300	300	17,0	25,0	0,2	0,62	0,47	0,68	–	0,50
Gutsfleischwurst	1 200	290	14,0	25,0	Sp	0,11	0,50	0,21	Sp	Sp
Zungenwurst, Filetwurst	2 000	480	12,0	46,0	Sp	Sp	0,29	0,14	Sp	–
Fleischblutwurst, Thüringer Rotwurst	1 700	400	10,0	39,0	Sp	0,01	0,28	0,12	Sp	–
Speckblutwurst, Touristenblutwurst	3 000	720	6,4	74,0	Sp	0,01	0,10	0,02	Sp	–
Sülzwurst, Sülze	1 100	270	13,0	24,0	–	Sp	0,50	0,13	Sp	–
● Sülzfleischwurst	880	210	15,0	15,0	–	–	0,66	0,14	–	–
o Sülzfleischwurst	710	170	16,0	11,0	–	–	0,57	0,13	–	–

FISCH

Heilbutt	460	110	20,0	2,3	–	0,032	0,078	0,070	–	0,00
Hering	920	220	18,0	15,0	–	0,038	0,040	0,22	0,5	0,031
Makrele	800	180	19,0	12,0	–	Sp	0,14	0,35	0	Sp
Ölsardinen	1 000	240	24,0	14,0	1,3	0,058	0,040	0,30	0	0,30
Forelle	460	110	20,0	2,7	–	0,045	0,084	0,076	–	–
Karpfen	540	130	18,0	4,8	–	0,044	0,068	0,053	1,0	–
Bückling	960	230	22,0	14,0	–	0,015	0,040	0,29	–	0,33
Salzhering	960	230	20,0	15,0	–	0,048	0,035	0,29	0	0,05
Hering mariniert, in Mayonnaise	2 100	500	8,5	50,0	3,0	0,046	–	0,08	–	–
Bratfischfilet in Soße	670	160	11,0	10,0	5,6	0,12	0,08	0,20	Sp	–
Heringsfilet in Tomatensoße	920	220	15,0	15,0	2,4	0,01	0,06	0,18	0,8	–

GETREIDEERZEUGNISSE

Naturreis	1 500	370	7,5	2,2	75,0	–	0,38	0,06	–	–
Weißreis poliert	1 500	370	7,6	0,6	79,0	–	0,07	0,02	–	–

100 Gramm Lebensmittel enthalten:	Energie		Ei-weiß g	Fett g	Kohlen-hydrate g	Vitamine A mg	B_1 mg	B_2 mg	C mg	D mg
	kJ	kcal								
Haferflocken	1 700	410	14,0	7,0	66,0	–	0,60	0,15	–	–
Eierteigwaren	1 600	390	13,0	2,9	73,0	0,06	0,20	0,08	–	–
Weizenauszugsmehl	1 500	370	11,0	0,9	74,0	–	0,05	0,03	–	–
Stärkemehl, Puddingpulver	1 500	360	0,5	0,1	85,0	0	0	0	0	–
Bohnen, weiße	1 500	350	21,0	1,6	58,0	0	0,46	0,16	Sp	–
Linsen	1 500	350	24,0	1,4	56,0	0	0,43	0,26	Sp	0
Maisknusperflocken (Cornflakes)	1 600	390	7,7	0,6	83,0	–	0,10	0,05	–	–
Erdnußflips	2 300	550	–	35,0	55,0	–	0,08	–	–	–
Vollkornbrot	1 000	240	7,4	1,1	46,0	0,06	0,20	0,12	0	–
Mischbrot	1 000	250	6,4	1,0	51,0	–	0,14	0,08	0	–
Weißbrot, Brötchen	1 100	260	7,5	1,0	54,0	Sp	0,07	0,04	0	–
Pumpernickel	1 000	250	6,8	0,9	49,0	–	0,01	–	–	–
Knäckebrot	1 600	380	11,0	1,8	78,0	–	0,28	0,23	0	–
Obstkuchen	710	170	2,0	4,0	28,0	–	0,05	0,07	3,0	–
Bienenstich, Streuselkuchen	1 500	350	7,0	8,0	55,0	–	0,05	0,09	0,1	–
Quarkkuchen	920	220	12,0	6,0	31,0	–	0,04	0,25	Sp	–
Rührkuchen	1 800	440	8,0	19,0	48,0	–	0,15	0,06	0	–
Biskuitgebäck	1 800	420	7,0	5,0	74,0	0,14	0,04	0,12	0	–
Mürbe-, Blätterteiggebäck	2 300	540	7,0	30,0	55,0	–	0,04	0,08	0	–
Kremtorten	1 800	420	6,0	25,0	55,0	–	0,04	0,08	0	–
Zwieback, Röstbiskuit	1 700	400	9,9	4,3	76,0	–	0,18	–	–	–

GEMÜSE

Blumenkohl	130	30	2,5	0,3	3,9	0	0,11	0,10	100	Sp
Bohnen, grüne	150	35	2,2	0,3	5,0	0	0,073	0,14	15	–

100 Gramm Lebensmittel enthalten:	Energie kJ	kcal	Ei-weiß g	Fett g	Kohlen-hydrate g	Vitamine A mg	B$_1$ mg	B$_2$ mg	C mg	D mg
Bohnen, grüne Sterilkonserve	110	25	1,3	0,1	4,2	0	0,07	0,04	4	–
Chicorée	65	15	1,3	0,2	2,3	0	0,05	0,033	10	–
Erbsen, grüne	360	85	6,6	0,5	13,0	0	0,30	0,16	25	0
Gefrierkonserve	230	55	3,6	0,4	9,4	0	0,10	0,06	10	0
Sterilkonserve	360	85	6,7	0,4	13,0	0	0,32	0,10	18	0
Gemüsepaprika	130	30	1,2	0,3	4,7	0	0,06	0,5	140	–
Gurke, grüne	40	10	0,6	0,2	1,3	0	0,02	0,03	7	–
Kartoffeln	360	85	2,1	0,11	19,0	0	0,11	0,047	14	0
Kohlrabi	110	25	1,9	0,1	4,5	0	0,05	0,05	90	Sp
Kopfsalat	65	15	1,3	0,22	2,2	0	0,06	0,08	13	0
Mischgemüse, Sterilkonserve	250	60	2,2	0,3	12,0	0	0,06	0,05	1	–
Möhren	150	35	1,0	0,2	7,3	0	0,07	0,06	5	–
Porree	170	40	2,2	0,3	6,3	0	0,10	0,06	30	–
Radieschen	85	20	1,1	0,1	3,5	0	0,03	0,03	20	–
Rosenkohl	210	50	4,5	0,6	7,1	0	0,11	0,16	125	Sp
Rotkohl	110	25	1,5	0,2	4,8	0	0,068	0,050	60	Sp
Sauerkraut	110	25	1,5	0,3	4,0	0	0,03	0,05	14	0
Schwarzwurzeln	310	75	1,4	0,4	16,0	0	0,11	0,035	4,0	–
Sellerie (Knolle)	170	40	1,6	0,3	7,4	0	0,036	0,07	10	–
Spinat	110	25	2,5	0,3	3,4	0	0,11	0,23	70	Sp
Tomaten	85	20	1,0	0,2	3,3	0	0,05	0,04	24	Sp
Zwiebeln	190	45	1,3	0,3	9,6	0	0,033	0,028	15	–
Petersilie (Blatt)	250	60	4,4	0,4	9,8	0	0,14	0,30	170	Sp
Schnittlauch	230	55	3,6	0,7	8,4	0	0,14	0,15	47	–

OBST – NÜSSE

100 Gramm Lebensmittel enthalten:	Energie kJ	kcal	Ei-weiß g	Fett g	Kohlen-hydrate g	Vitamine A mg	B$_1$ mg	B$_2$ mg	C mg	D mg
Äpfel	230	55	0,3	0,4	13,0	0	0,04	0,03	12	–
Äpfel, getrocknete	1 200	280	1,4	1,6	65,0	0	0,10	0,10	0	–

100 Gramm Lebensmittel enthalten:	Energie kJ	kcal	Ei-weiß g	Fett g	Kohlen-hydrate g	Vitamine A mg	B_1 mg	B_2 mg	C mg	D mg
Apfelmus	340	80	0,22	0,1	19,0	0	0,01	0,02	2	–
Birnen	230	55	0,5	0,3	13,0	0	0,033	0,038	7	0
Kirschen, süße	270	65	0,9	0,4	15,0	0	0,039	0,042	15	–
Pfirsiche	190	45	0,8	0,1	11,0	0	0,027	0,051	15	–
Pflaumen	250	60	0,6	0,17	15,0	0	0,072	0,043	6	0
Erdbeeren	150	35	0,8	0,4	7,5	0	0,03	0,05	60	–
Heidelbeeren	250	60	0,6	0,6	14,0	0	0,02	0,02	20	–
Himbeeren	170	40	1,3	0,3	8,1	0	0,02	0,05	25	0
Johannisbeeren, schwarze	230	55	1,3	0,22	12,0	0	0,051	0,044	180	–
rote	190	45	1,1	0,2	9,7	0	0,04	0,03	55	0
Stachelbeeren	190	45	0,8	0,2	8,8	0	0,02	0,02	45	–
Weintrauben	290	70	0,7	0,28	17,0	0	0,046	0,025	5	0
Apfelsine	230	55	1,0	0,2	12,0	0	0,08	0,04	50	–
Banane	420	100	1,2	0,15	23,0	0	0,044	0,057	12	–
Pampelmuse	130	30	0,7	0,2	9,8	0	0,05	0,03	45	–
Zitrone	130	30	0,7	0,6	7,1	0	0,05	0,02	53	–
Rosinen	1 100	270	2,3	0,5	64,0	0	0,12	0,06	0	–
Erdnüsse	2 600	630	26,0	48,0	16,0	0	0,90	0,15	–	–
Haselnüsse	2 900	690	14,0	62,0	14,0	0	0,39	0,21	3,0	–
Walnüsse	3 000	710	14,0	63,0	14,0	0	0,34	0,12	2,6	–
Mandeln, süße	2 700	650	18,0	54,0	16,0	0	0,22	0,62	0,8	–
Kokosraspel	2 800	660	7,2	65,0	23,0	0	0,06	0,04	0	–
Marmelade, Mehrfrucht	960	230	0,6	–	59,0	0	–	–	–	–
Konfitüre, Erdbeer-	1 100	260	0,4	–	65,0	0	–	–	9	0
Gelee, Apfel-	1 100	260	1,0	–	64,0	0	–	–	–	–
Pflaumenmus	1 000	240	1,5	–	55,0	0	0,03	0,02	0	–

100 Gramm Lebensmittel enthalten:	Energie kJ	kcal	Eiweiß g	Fett g	Kohlenhydrate g	Vitamine A mg	B$_1$ mg	B$_2$ mg	C mg	D mg
ZUCKERWAREN										
Zucker	1 600	390	0	0	100	0	0	0	0	0
Bienenhonig	1 300	310	0,4	–	81,0	0	0,003	0,05	2,4	–
Kunsthonig	1 300	300	0,15	–	80,0	0	0	0	0	0
Bonbons, Frucht-	1 700	400	0,3	0,1	97,0	0	–	–	–	–
Sahnekaramellen	1 800	440	3,0	13,0	78,0	–	–	–	–	–
Gelatine-Zuckerwaren	1 500	350	8,3	0,1	77,0	–	–	–	–	–
Marzipan	1 900	460	8,0	18,0	64,0	–	–	–	–	–
Nougat	2 400	580	9,0	35,0	55,0	–	–	–	–	–
SPEISEEIS										
Streicheis, einfach	590	140	4,9	3,5	22,0	–	–	–	–	–
Eiskrem, 3 % Fett	590	140	4,3	3,0	22,0	–	–	–	–	–
Eiskrem, 10 % Fett	840	200	4,3	10,0	20,0	0,13	0,04	0,25	–	–
Halbgefrorenes	1 100	270	3,5	18,0	20,0	0,13	0,05	0,02	–	–
KAKAOERZEUGNISSE										
Kakaopulver, stark entölt	1 600	390	25,0	12,0	45,0	–	–	–	–	–
schwach entölt	2 000	470	20,0	25,0	38,0	0,008	0,09	0,11	0	–
Pralinen	1 900	460	5,0	20,0	63,0	–	–	–	–	–
Schokolade, bitter	2 300	550	2,0	32,0	62,0	0,009	0,07	0,07	0	–
Vollmilchschokolade	2 300	560	9,1	33,0	55,0	0,018	0,09	0,39	0	–
Kinderschokolade	2 400	570	11,0	35,0	49,0	0,11	0,12	0,51	0	–
GETRÄNKE										
alkoholfreie										
Apfel-Orange-Getränk	150	35	0,1	0	8,3	0	0,015	0,02	38	0
Bitter Lemon	170	40	–	0	9,8	0	–	–	3	–
Brause-Limonade mit Frucht- oder Kräutergeschmack	65	15	–	0	3,5	0	–	–	–	0

100 Gramm Lebensmittel enthalten:	Energie kJ	kcal	Ei-weiß g	Fett g	Kohlen-hydrate g	Vitamine A mg	B_1 mg	B_2 mg	C mg	D mg
Limonade	130	30	–	0	8,0	–	–	–	–	0
Cola-Limonade	190	45	–	0	11,0	0	–	–	–	0
Apfelsaft	190	45	0,1	0	11,0	0	0,02	0,03	1	0
Johannisbeersaft, rot	150	35	0,3	–	6,0	0	0,002	0,002	14	–
schwarz	230	55	0,4	Sp	13,0	0	0,005	0,002	60	–
Traubensaft	310	75	0,2	–	14,0	0	0,03	0,02	2	0
Tomatensaft	85	20	0,9	0,2	3,9	0	0,05	0,09	6	–
Möhrensaft	110	25	0,6	0	6,0	0	–	–	3	–
Himbeersirup	1 100	270	Sp	–	69,0	0	0,06	0,003	0	0
Johannisbeersüßmost, rot	210	50	0,1	–	12,0	0	–	–	5	–
schwarz	250	60	0,2	–	15,0	0	–	–	25	–
alkoholhaltige				Alkohol g						
Doppelkaramel	190	45	0,5	1,2	–	0	–	–	0	0
Malzbier	230	55	0,5	1,3	8,6	T	–	–	0	0
Starkbier, Bockbier	250	60	0,5	4,3	7,0	0	–	–	0	0
Vollbier, hell	170	40	0,5	3,1	4,9	–	0,004	0,03	0	0
Vollbier, Pilsner	210	50	0,05	3,4	5,0	–	–	–	0	0
Weißwein	290	70	0,15	8,4	1,6	0	Sp	0,01	–	0
Rotwein, leicht	270	65	0,22	7,9	0,11	0	Sp	Sp	–	0
schwer	340	80	0,22	9,5	0,26	0	0	0,02	–	0
Sekt	360	85	0,1	8,7	6,0	0	–	–	–	0
Weinbrand, Whisky	1 000	240	–	34	0,2	–	–	–	–	0
Doppelkorn, Wodka	920	220	–	31	Sp	–	–	–	–	0
Kräuterlikör	1 500	350	–	32	30	0	–	–	–	–
Kirschlikör	1 400	330	–	41	31,0	–	–	–	–	–

WÜRZMITTEL GEKANNT UND ANGEWANDT

Schal und kahl wäre unsere Kost, fehlte ihr die Würze. Niemand würde auf die Dauer von einer Nahrung leben wollen, die nach nichts schmeckt und nach nichts riecht, sei sie auch noch so nahrhaft. Lediglich im Hunger ist der Drang nach Eßbarem wahllos. Wirklich hungrig sind wir heutzutage jedoch selten. Wenn wir essen, suchen wir zumeist die lustvolle Befriedigung eines anderen Triebes: des Appetits. Uns macht das Essen Spaß. Lebensmittel werden für uns erst Mittel zum Leben, wenn sie genießbar und genüßlich sind. Die Freude am Essen wird dadurch legitim. Sie hält gesund und leistungsfähig, sie macht verträglich und liebenswürdig, sie belebt und regt an.

Würzen ist mehr als die Krönung des Geschmacks

Der Griff zu Gewürzen ist nicht mehr wie ehemals das Vorrecht Reicher und Mächtiger. Jeder kann bei uns essen und trinken, was er will. Zudem sind wir weltoffen geworden, und viele Möglichkeiten der Kostzusammenstellung und Kostzubereitung haben sich uns erschlossen. Von den Gewürzregalen der Kaufhallen und eigens eingerichteter Geschäfte aus suchen Gewürze, Gewürzmischungen, Gewürzzubereitungen und Würzsoßen Eingang in die Haushalte. Ein bunter Reigen erschwinglicher Würzmittel macht uns die vielfältige Abwandlung von Ober-, Unter- und Zwischentönen den ganzen Empfindungsspielraum zwischen sauer und süß, bitter und salzig, mild und scharf, lieblich und herb zugänglich. Das Würzen soll indessen mehr bezwecken als den Reiz der Geruchs- und Geschmacksnerven. Wer Hausmannskost zu aufregenden Mahlzeiten erhebt, hat selten auch die Absonderung der Verdauungssäfte (Speichel, Magen-, Gallensaft), die Bewegung der Magen- und Darmwände, die Funktion der Nieren und die Durchblutung im Sinn. Dies alles anzuregen ist jedoch ein wesentlicher Bestimmungszweck des Würzens, und heimische Kräuter stehen da ausländischen Gewürzen keineswegs nach. Ihre würzenden Inhaltsstoffe (ätherische Öle, scharfe Geschmacks- sowie Bitter- und Gerbstoffe) wirken nicht nur geschmacksverbessernd und appetitanregend, sondern sie fördern auch den Kreislauf und die Verdauung und sie machen dadurch das Essen bekömmlich.

Ausgekannt und zurechtgefunden
Würzmittel sind letzten Endes alle Lebensmittel, die man der Kost zusetzt, um angenehme Geschmacks- und Geruchsempfindungen auszulösen. Als Gewürze bezeichnet man vor allem naturbelassene Teile einer Pflanzenart, gleichgültig, woher sie kommen und ob sie frisch, getrocknet oder mechanisch bearbeitet sind. An Hand der nachfolgenden Tabellen kann man sich über die gebräuchlichsten in- und ausländischen Gewürze einen Überblick verschaffen. Dort ist ferner angegeben, um was für Pflanzenteile es sich jeweils handelt. Des weiteren findet der Neuling Hinweise auf die wichtigsten Verwendungs- und Kombinationsmöglichkeiten.

Im weiteren Sinne rechnet man zu den Gewürzen auch streufertige Mischungen. Die bekannteste, aus Indien stammende und sehr pikant schmeckende Gewürzmischung ist Curry. Ihre Zusammensetzung ist unterschiedlich. Die wichtigsten Bestandteile sind Gewürznelken, Ingwer, Kardamom, Koriander, Kurkuma, Muskatblüte, Paprika, Pfeffer und Zimt. Curry gehört zu den von nationalen oder landschaftlichen Traditionen geprägten Gewürzkombinationen. Zusammenstellungen von Knoblauch, Kümmel, Majoran und Paprika, wie sie die ungarische Küche auszeichnen, oder von Dill, Estragon, Kardamom und Zucker, wie sie die Skandinavier lieben, sind solcher Art.

Die Zahl der im Handel angebotenen Gewürzmischungen ist inzwischen beachtlich: die in der DDR hergestellten (Konsum-Gewürzmühle Schönbrunn) sind ebenfalls in einer der nachfolgenden Tabellen zusammengefaßt. Bezeichnet werden Gewürzmischungen entweder nach ihrer Art oder nach ihrem Verwendungszweck. Anfängern, Bequemen und zum Kochen Verdammten sind Gewürzmischungen Ausweg und rettender Anker. Experimentierfreudige, erfahrene und berufsmäßige Köche benutzen sie gelegentlich, und zwar meist zur Abrundung oder Abtönung des Geschmacks. Wegen ihres unterschiedlichen Speisesalzgehaltes sind die DDR-Erzeugnisse mit verschiedenfarbigen Etiketten gekennzeichnet (rot: speisesalzfrei; gelb: bis 25% Speisesalz; violett: über 25% Speisesalz). Das ist nicht nur für Diätbedürftige wichtig! Gewürzmischungen überstehen im allgemeinen einen 20 bis 30 Minuten währenden Kochprozeß. Dauert das Garen länger, dürfen sie erst gegen Ende zugesetzt werden. Kalte Speisen läßt man nach Gewürzzugabe 20 Minuten ziehen.

Mit den Gewürzen und Gewürzmischungen ist die Zahl der landläufigen Würzstoffe bei weitem nicht erschöpft. Gang und gäbe ist die Verwendung von Speisesalz, Zucker, Genußsäuren und Würzzubereitungen. Für viele ist überdies der Gebrauch von Speisewürzen, Brüherzeugnissen, Geschmacksverstärkern und Würzsoßen eine liebe Gewohnheit.

Genußsäuren werden den Speisen entweder in reiner Form (z. B. Essigsäure als Speiseessig) oder als Inhaltsstoff von Lebensmitteln beigefügt (z. B. Milchsäure mit Joghurt, Sauermilch oder saurer Sahne und Zitronensäure bzw. andere Fruchtsäuren mit Zitronensaft, Mosten und Weinen). Genußsäuren sind oftmals auch tragender Bestandteil von Gewürzzubereitungen. Am bekanntesten sind Marinaden (saure Aufgüsse mit verschiedenen Kräutern und Gewürzen), Kapern, Tafelmeerrettich und Speisesenf; letzterer ist eine Zubereitung aus Senfmehl, Essig, Wein oder Most, Speisesalz, Zucker, Gewürzen und Wasser. Die Ansäuerung bezweckt unter anderem eine längere Bewahrung der Würzkraft. Als Gewürze enthält handelsüblicher Speisesenf ganz unterschiedliche Mischungen, Speisesenf sollte kühl gelagert werden (bis 8 °C). Lichteinwirkung und Austrocknung bewirken eine Zersetzung.

Speisewürzen sind Fleisch- und Hefeextrakte oder speisesalzhaltige Abbauprodukte von Eiweißen, denen Pilz-, Gemüse- und Kräuterauszüge beigemengt sein können (DDR-Erzeugnisse: Erwa-, Wawi-, Weizenin-Würze). Zur Geschmacksanhebung von Suppen und Soßen sind sie sehr beliebt. Ihre gewohnheitsmäßige Verwendung führt allerdings leicht zu einer flachen, von nicht wenigen als „Einheitsgeschmack" abgelehnten Note. Nicht anders ist es um Brüherzeugnisse bestellt. Dies sind gekörnte, pastöse oder pulverförmige Produkte aus Speisewürzen, Gemüse- und Würzkräutern sowie Gewürzen und Nahrungsfetten, denen häufig noch Hefeextrakt, gelegentlich auch Fleisch oder Fleischextrakt sowie Glutamat zugesetzt sind.

Glutamat (DDR-Erzeugnis Glutal) ist der gebräuchlichste Geschmacksverstärker. Es gehört zu den wenigen Stoffen, die keinen eigenen Aromawert besitzen, die den Geschmack mancher Speisen (Fleisch, Fisch, Gemüse) jedoch um so deutlicher hervortreten lassen.

Essenzen, Extrakte und Konzentrate aus Gewürzen und anderen aromaintensiven Grundstoffen verfügen im Vergleich zu den üblichen Würzmitteln über ein Vielfaches an Würzkraft. Zu ihnen rechnen in gewisser Weise auch Flüssig-Gewürze; diese werden in der DDR als Kombination von Speisewürze, Speisesalz, Aromen und Essenzen in den Geschmacksrichtungen Champignon, Curry, Dill, Kräuter, Kümmel, Madeira, Paprika, Muskat, Pfeffer, Pilz, Sellerie, Zitrone und Zwiebel hergestellt. Sie dürfen auf keinen Fall mitkochen. Bei vorsichtiger Dosierung eignen sie sich ausgezeichnet zum Abschmecken. Kühl und lichtgeschützt aufbewahrt, halten sie sich 12 Monate.

Immer größeren Gefallen und Zuspruch finden gebrauchsfertige Gewürzsoßen, sei es wegen ihres exotischen Charakters, sei es, weil sie manchen Speisen mit ihrer pikanten Geschmacksnote wirklich erst zum Pfiff verhelfen. Die mehr oder weniger dickflüssigen, aus vielerlei aromawirksamen Bestandteilen bestehenden Mischungen werden ebenfalls nicht mitgekocht, sondern den fertigen heißen oder kalten Speisen tropfenweise zugesetzt. Die geläufigsten Gewürzsoßen sind Ketchup und die Worcestersoße. Mit ihnen werden gern Grillgerichte bzw. Pasteten (z. B. das bekannte Würzfleisch oder Ragout fin) gewürzt. Andere aufgekommene Gewürzsoßen sind Barbecue-, Bearnaise-, Chilli-, Cocktail-, Cumberland-, Picnic-, Pepper-, Soja-, Steak-, Tabasco- und Teufelssoße. Findige Köpfe bereiten sich die beißendsten Stippen selbst zu. Durch Speisesenf, der mit Curry, Dill oder Schnittlauch, gehackten Kapern, Paprika und herbem Weißwein verrührt wird, macht man z. B. auf einfache Weise Grilladen zu einer fruchtigfeurigen Köstlichkeit. Würzsoßenflaschen müssen dicht verschlossen werden, um den Luftzutritt zu verwehren. Außerdem sind sie vor Sonnenlicht zu schützen.

Neuerdings häufig als Dressings bezeichnete tischfertige Würzsoßen, mit denen man Salate anrichtet, sind cremeartige Zubereitungen aus Mayonnaise, Buttermilch und Joghurt, Würz- und Dickungsmitteln sowie unterschiedlichen Pflanzenölanteilen. Früher war die Remoulade die bekannteste von ihnen. Bei manchen dieser Würzsoßen muß man aufpassen; denn sie können im Energiegehalt mächtig aufgeputscht sein und vor lauter Joule geradezu strotzen. Wer der schlanken Linie ständig Opfer bringen muß, greift besser zu energiereduzierten Erzeugnissen, die auf dem Etikett das grüne ON®-Zeichen tragen.

Über den Geschmack läßt sich nicht streiten

Geschmacksempfindungen nehmen wir mit Geschmacksknospen auf; diese sind hauptsächlich in die Oberfläche der Zunge, in geringer Anzahl auch in die Mundschleimhaut der Rachenwand und des weichen Gaumens eingebettet. Sie bilden den Eingang mikroskopisch kleiner hohler Knollen, vor deren Grund aus Nervenfasern den Geschmacksreiz zum Gehirn tragen. Die Geschmacksknospen lauern nicht auf der Oberfläche der Zunge, sondern sie halten sich in den Wänden zahlloser kleiner Falten versteckt, die diese Oberfläche zerklüften. Damit Reizstoffe geschmeckt werden können, müssen sie folglich gelöst sein und frei herumschwimmen, um in die Falten zu gelangen. Dafür sorgen beim Kauen die Speicheldrüsen. Der Speichelfluß hängt jedoch außer von der Kauintensität auch von der Art und der Stärke der Geschmacksreize ab. Saure Stoffe locken viel, bittere wenig Speichel. Wer große Bissen herunterschlingt oder bei vollem Mund trinkt, kostet den Geschmack der Speise nicht aus; denn die Geschmacksstoffe können sich entweder nicht genügend lösen, um in die Schleimhautfalten einzudringen, oder sie werden stark verdünnt und ohne große Wirksamkeit abgeschluckt.

Wirkt ein Geschmacksreiz über längere Zeit, so nimmt die Intensität seiner Empfindung ab. Es tritt eine Reizanpassung ein, die für dieselbe Empfindungsstärke einen größeren Reiz, d. h. mehr Geschmacksstoff (Würzmittel) erfordert. Der erste Bissen schmeckt daher immer am besten. Lieblingsspeisen verzehrt man schnell. Das schnelle Essen verhindert eine Ermüdung der Geschmacksorgane. Gleiches erreicht man, indem man zwischendurch etwas Neutrales ißt (Brot, Reis, Kartoffeln). Man kann auch zwischen den Bissen trinken, um die Geschmacksknospen freizuspülen. Nicht zuletzt bestimmt jedoch die Vielfalt der Zusammensetzung und der Würzung, ob ein Gericht anregt, belebt und beschwingt. Steigerung des Geschmacks ist das Erfolgsgeheimnis wahrer Kochkunst.

Mit zunehmendem Alter nimmt die Zahl der Geschmacksknospen ab. Junge Leute empfinden demzufolge Geschmacksreize stärker als alte. Um denselben Genußwert zu erzielen, brauchen sie weniger stark zu würzen. Wem Würzmittel sehr leicht zur Hand gehen, der gewöhnt sich an große Mengen. Er hebt seinen Empfindungsspiegel an; dieses spielt sich freilich nicht an den Geschmacksknospen, sondern im Gehirn ab. Will er dann noch Schattierungen des Geschmacks voll genießen, muß er die Würzung seiner Speisen viel mehr abstufen und tönen als früher oder als jemand, der mit Würzmitteln sparsam umzugehen gewohnt ist.

Die Intensität der Geschmacksempfindungen schwankt mit der Temperatur. Nicht ohne Grund genießt man manche Speisen und Getränke warm, andere kalt. Ein süßes Getränk (z. B Tee) schmeckt heiß weniger süß als abgekühlt. Gefrorenes kommt uns steifgefroren weniger süß vor als zerlaufen. Bittere Arznei läßt sich in eisgekühltem Wasser besser einnehmen als in lauwarmem. Auf solche Temperaturabhängigkeiten muß man sich beim Würzen einstellen. Was heiß gewürzt wird, muß kalt nicht schmecken. Genauso kann es umgekehrt sein. Kurzum, abgeschmeckt wird bei der Temperatur, mit der ein Gericht auf den Tisch kommt.

Manche Geschmacksqualitäten heben sich gegenseitig auf. Krachsaures wird durch Süßes angenehm fruchtig. Wo immer beim Kochen mit Essig, Zitronensaft, Joghurt, saurer Sahne, Sauermilch oder Wein umgegangen wird, darf deshalb Zucker oder Zücklisol (joulefreies Süßungsmittel) nicht fehlen. Auch geringe Bitterstoffmengen können durch reichliche Süße eingebettet und überdeckt werden. Andere Geschmacksqualitäten verstärken sich gegenseitig. Am bekanntesten ist die Steigerung des Salzgeschmacks durch Saures. Salzheringe erhalten durch Marinaden einen besonderen Wohlgeschmack. Wirksamer Bestandteil des als Katerfrühstück begehrten sauren Herings ist nicht der Essig, sondern das Salz. Wenn man kräftig bechert, schwemmt man aus seinem Körperbestand Kochsalz und mit ihm Wasser aus. Die Folge davon ist der alsbald einsetzende „Brand". Durstlöschung tritt jedoch erst ein, wenn der Kochsalzverlust ausgeglichen ist. Kluge Gastgeber bieten darum Salziges (Heringssalat, Salzgebäck, gesalzenen Rettich u. ä.) vorher an, d. h. ehe Fässer und Flaschen geleert sind.

Nur wenigen ist bekannt, daß man die Geschmacksempfindung „salzig" durch geringe Mengen eines Süßungsmittels ebenfalls anheben kann. Das ist ganz besonders für diejenigen wichtig zu wissen, die auf eine salzarme Kost angewiesen sind. Umgekehrt schwächt ein Speisesalzzusatz die Süße konzentrierter Zuckerlösungen. Die Kontrastwirkung von Würzmitteln spielt in der Kochkunst und Diätetik eine bedeutsame Rolle.

Noch eins sollte man sich beim Würzen vor Augen halten: Die Empfindlichkeit gegen Geschmacksreize gleicher Art und Intensität ist individuell ganz verschieden. Was dem einen schmeckt, muß dem anderen noch lange nicht munden. Menschen mit hoher Bitterempfindlichkeit haben oft eine Vorliebe für milde Kost, und umgekehrt bevorzugen für Bitterempfindungen schwer zugängliche Personen meist stark gewürzte Speisen. Schärfe ist eine lustvolle Schmerzempfindung. Nur die Schmerzgrenze liegt für verschiedene Gaumen unterschiedlich hoch, und aus dem Lusterleben kann ganz leicht der reine Schmerz werden.

Letztlich muß jeder selbst probieren und sondieren, testen und tasten, riskieren und jonglieren, ehe er herausgefunden hat, was gut schmeckt. Würzen will gelernt sein. Gesetze gibt es da nicht und kann es auch nicht geben. Was hier und anderswo an Regeln vermittelt wird, sind allenfalls aus der Erfahrung weitergegebene Empfehlungen. Gewöhnlich sind es nur Anstöße, die Phantasie walten und es auf einen Versuch ankommen zu lassen.

Vorratshaltung
von Kräutern und Gewürzen

Die bei uns gedeihenden Würzkräuter werden nur noch zum Teil im frischen Zustand gehandelt und verbraucht. Dazu gehören Bohnenkraut, Boretsch, Dill, Estragon, Kerbel, Kresse, Liebstökkel, Melisse, Petersilie, Pimpinelle, Sellerie und Schnittlauch. Sie verlieren beim Trocknen und vor allem beim Zerkleinern so viel an Würzkraft, daß man sie möglichst frisch verwenden sollte. Vielleicht entschließen Sie sich, wenigstens einige von ihnen auf dem Balkon, in der Veranda oder auf der Fensterbank in Blumenkästen und Blumentöpfen zu ziehen. Wer einen Garten sein eigen nennt, für den ist das Anlegen eines Kräuterbeetes ohnehin kein Problem. In Eiswürfeln oder in Alufolie kann man zerkleinerte frische Kräuter gut einfrieren. So werden sie wesentlich besser bevorratet. Zum Trocknen geeignet sind Basilikum, Beifuß, Majoran, Rosmarin, Salbei und Thymian. Sie kommen dementsprechend auch getrocknet in den Handel. Für sie gilt beim Bevorraten jedoch das, was für die nichtheimischen Gewürze ebenfalls zutrifft, von denen im Haushalt unzerkleinert meist nur noch Gewürznelken, Lorbeerblätter, Muskatnüsse, Pfeffer, Piment, Senfkörner und Wacholderbeeren Verwendung finden. Gewürzmühlen liefern heute die gebräuchlichsten Gewürze in einer für den Haushalt bequemen Zerkleinerung. Die Herstellung von Gewürzpulvern im Mühlenbetrieb hat jedoch den Nachteil, daß hierbei infolge der auftretenden Erwärmung und des Zutritts von Luftsauerstoff beträchtliche Mengen an Geruchs- und Geschmacksstoffen verlorengehen. Wenn möglich, sollte man daher nur unzerkleinerte bzw. grob zerkleinerte Gewürze kaufen und lagern.

Eigentlich sollte man annehmen, daß heute niemand mehr Gewürze Tüte an Tüte in vollgestopften Gläsern oder Schubladen aufbewahrt. Leider wird auf diese Weise trotz der in Mode gekommenen küchenfreundlichen Gewürzborde noch immer Würzkraft vergeudet und Kostbares wertlos gemacht. Nachstehend sind darum Richtlinien der Bevorratung aufgezeigt, die man nicht außer acht lassen darf.

– Gewürzkräuter und Gewürze sollten einzeln und möglichst kühl (unter 20°C) sowie lichtgeschützt und trocken (relative Luftfeuchtigkeit unter 70%), d. h. in licht- und luftdichten, möglichst verschraubten Behältern aufbewahrt werden. Nur so bleiben sie aromatisch, farbbeständig und trocken.

– Als Verpackungsmaterial sind Aluminium, Weißblech, Porzellan, gefärbtes Glas und bestimmte Kunststoffe geeignet.

– Die Entnahme der Gewürze darf lediglich mittels eines trockenen Gegenstandes (Löffel, Messerspitze) erfolgen.

– Bei allen Gewürzkräutern und Gewürzen führt man tunlichst von Zeit zu Zeit einen „Nasen- oder Zungentest" durch und frischt bei Qualitätsminderung die Vorräte auf. Das Anschaffungsdatum vermerkt man sich auf dem Etikett.

– Anis und getrocknete Würzkräuter sollte man nicht länger als ein Jahr, Gewürznelken, Koriander und Kümmel bestenfalls zwei Jahre aufbewahren. Ingwer, Kardamom, Muskatnüsse, Pfeffer, Piment und Zimt können sich bei guter Ausgangsqualität und vorschriftsmäßiger Lagerung länger halten. Paprika fällt in der Qualität bereits nach 3 Monaten ab; stärkere Einbußen treten nach einem halben Jahr ein.

Menge und Zeitpunkt für das Würzen
Wieviel von einem Gewürz verwendet wird, hängt von dessen Würzkraft ab. Wichtig ist auch, ob es sich um ein Haupt- oder ein Nebengewürz handelt und welche Mengen davon verträglich sind. Oberster Grundsatz ist jedoch, mit Gewürzen sparsam umzugehen. Wann immer möglich, sollen sie den Eigengeschmack einer Speise zur rechten Geltung bringen und ihn nicht unterdrücken. Ein Gurkensalat z. B. soll schließlich kein Boretsch- oder Dillsalat sein. Einen speziellen Würzgeschmack will man in den seltensten Fällen erzielen.
Der billigste, am meisten verwendete Würzstoff ist Speisesalz. Es ist das erste und letzte Mittel, um eine eintönige und reizlose Kost genießbar zu machen. Kaum eine Speise kommt ungesalzen auf den Tisch. In den gewürzarmen Kriegs- und Nachkriegsjahren waren Verzehrmengen von 30 bis 40 Gramm Speisesalz pro Tag keine Seltenheit. Flotte Salzstreuer bringen es auch jetzt noch auf 25 Gramm. Zur Erneuerung und Auffüllung seiner Körpervorräte benötigt der erwachsene Mensch jedoch nicht mehr als 5 bis 8 Gramm! Darum ist heute der gewohnheitsmäßige Schüttelgriff zum Salzfaß eigentlich ein Armutszeugnis in bezug auf Phantasie und Ernährungswissen. Eher als beim Speisesalz merkt man bei scharfen Gewürzen, wenn man sich Schaden zufügt. Schleimhautreizungen des Mundes, des Magens und des Darms, die durch übermäßigen Verzehr von Chillies, Curry, Pfeffer, Senf und dergleichen verursacht werden können, kehren den Genuß in eine Schmerzempfindung um.
Was die Würzkraft betrifft, so kann man mit milden Gewürzkräutern großzügig und mit einigen sogar verschwenderisch umgehen. Boretsch, Dill, Fenchel, Kerbel, Melisse, Minze, Petersilie, Pimpinelle und Schnittlauch ermuntern dazu. Anders ist es um Basilikum, Beifuß, Bohnenkraut, Estragon, Liebstöckel, Majoran, Rosmarin, Salbei und Thymian bestellt. Das sind kräftig würzende Kräuter, die sparsam gehandhabt werden sollen. Anfänger sind gut beraten, wenn sie die Würzwirkung der einzelnen Kräuter getrennt und in Kombination erst einmal an Eier- oder Quarkspeisen durchprobieren. An Salat- und Kräutersoßen kann man gleichgut experimentieren.
Sieht ein Kochrezept frische Kräuter vor und man hat lediglich trockene zur Verfügung, dann nimmt man im allgemeinen nur die Hälfte der angegebenen Menge. Von starken Gewürzen wie Gewürznelken, Lorbeerlaub, Muskat, Pfeffer, Piment oder Zimt genügt ohnehin meist eine Prise. Will man mehrere Gewürze einsetzen, muß man sich fragen, welche Würzkraft sie im einzelnen besitzen. Immer heißt es aufpassen, daß man mit dem einen Gewürz nicht ein anderes unterdrückt oder überdeckt. Dillkraut z. B. hat ein kräftiges Eigenaroma. Ist es Hauptgewürz, muß es allein, ist es ein Nebengewürz, darf es nur sparsam verwendet werden.
Wer verzehrfertige Gerichte einfrieren und gefroren aufbewahren will, hat zu bedenken, daß sich die Wirkung einiger Gewürze dabei verändert.

– Wie gewohnt können Gewürznelken, Ingwer, Kapern, Kümmel, Meerrettich, Vanille, Zimt, Zitronenschale und Zucker dosiert werden.
– Eine Minderung der Würzkraft erlei-

den und leicht überdosiert werden müssen Anis, Bohnenkraut, Majoran, Muskat, Paprika und Senf.
– Größere Dosen als sonst braucht man von Pfeffer.
– Würzintensiver werden und schwächer zu dosieren sind Basilikum, Dill, Estragon, Salbei und Thymian.
– Zum Einfrieren ungeeignet sind Knoblauch, Wein, Zitronensaft und Zwiebeln.
– Das Aufwärmen von Speisen ändert gleichfalls den Gewürzeindruck und erfordert unter Umständen ein Nachwürzen.
Allgemeingültige Regeln für den Zeitpunkt der Gewürzzugabe gibt es nicht. Manche Speisen werden bereits mit Würzmitteln vorbereitet, ehe man sie durch Erhitzen gar macht. Das Einlegen von Geflügel, Schlachtfleisch oder Wild in Beizen (saure Würzmittelaufgüsse) ist dafür ein geläufiges Beispiel. Wirklich hitzestabil ist strenggenommen nur Pfeffer. Alle anderen Gewürze verlieren beim Erhitzen mehr oder weniger an Wirksamkeit oder verändern ihre Geschmacksnoten. Deshalb wird die Gewürzzugabe von Gericht zu Gericht, von Koch zu Koch und von Gegend zu Gegend unterschiedlich gehandhabt. Es gibt allenfalls einige Richtlinien, an die man sich halten kann, vor allem, wenn einem die Erfahrung noch fehlt.

– Frische, mild würzende Kräuter werden erst unmittelbar vor dem Servieren gehackt und den fast fertigen Speisen hinzugegeben, um ihre Inhaltsstoffe zu schonen. Ausnahmen sind Marinaden und Kochsude sowie Salat- und Kräutersoßen, bei denen man sie eine halbe Stunde in Pflanzenöl-Säure-Mischungen ziehen läßt.
– Frisch, kräftig würzende Kräuter wie Majoran und Thymian kann man einige Minuten mit garen lassen.
– Getrocknete Kräuter werden im allgemeinen 15 bis 20 Minuten vor Beendigung der Garzeit zugesetzt, nachdem man sie fein zerrieben hat.
– Ganze und grobe Gewürze wie Chillies, Lorbeerlaub, Paprika, Pfeffer-, Piment- und Senfkörner sowie leicht zerquetschte Wacholderbeeren werden den Speisen zu Beginn und, wenn sie fein gemahlen sind, gegen Ende der Kochzeit beigefügt, wobei eine Viertelstunde Garzeit garantiert sein sollte. Senfzubereitungen sollten allerdings möglichst nicht kochen (Senfsoße!), und Paprika darf nicht in siedendes Fett gegeben werden (Bitterstoffentwicklung).
– Gegrilltes und Gebratenes wird vor der Hitzeeinwirkung mit Gewürzen eingerieben oder bestrichen.
– Hackfleischmassen und Füllungen sowie Kuchen und Pasteten erhalten ihre Würze beim Mengen, Mischen und Kneten.
– Gemüse, Schmorfleisch, Soßen und Suppen werden während des Garens gewürzt.
– Rohkostsalaten fügt man die Würzmittel in leichtem Überguß zu und läßt sie 20 bis 30 Minuten einwirken, ehe man endgültig abschmeckt.

Grundwürzung und Verfeinerung
Ob man nun Brühen, Suppen, Eintöpfe oder Fisch im eigenen Saft vorbereitet, wann immer man Fisch und Fleisch kocht, braucht man zur Grundwürzung Suppengrün. Mancherorts bezeichnet man es auch als Wurzelwerk. Gemeint ist eine Zusammenstellung von Lauch (Porree), Möhren, Petersilienwurzel oder Petersiliengrün und Sellerieknollenstücken bzw. Selleriegrün. Ergänzt wird sie durch 1 halbierte, an den Schnittflächen geröstete Zwiebel. Im Sommer gibt man gern noch Kohlrabiknollen und Blumenkohlröschen hinzu. Mit 1 bis 2 Tomaten wird eine Brühe überdies verlockend rotgelb. Man setzt das Suppengrün nicht gleich mit dem Fleisch an, sondern kocht es lediglich die letzte Dreiviertelstunde oder Stunde

mit. Was sonst man dem Kochsud an getrockneten Gewürzen wie Lorbeerlaub, Piment- oder Pfefferkörner sowie Gewürznelken beifügen will, kann von Anfang an mitkochen. In gleicher Weise kann man mit Beifuß, Dillkraut und Salbei verfahren.

Welche Gewürze miteinander harmonieren, welche Zutaten außer gewohnten zu einer Speise passen, das sind Fragen, deren Beantwortung Erfahrung, Einbildungskraft und Fingerspitzengefühl erfordern. Mehr noch als anderswo ist beim Würzen das Ganze mehr als die Summe der Teile. Man ist darum stets gut beraten, wenn man nicht zu viele Gewürze verwendet. „Ein Gewürz in eine Speise" ist eine wohlgemeinte Regel für den Anfänger. Die in den Tabellen aufgezählten Einsatz- und Kombinationsmöglichkeiten sind nicht mehr als Fingerzeige auf das, was alles denkbar und schon versucht worden ist. Gewöhnlich wird man von den Zusammenstellungen ausgehen, die in den angewandten Kochrezepten empfohlen werden. Durch Ersatz oder Hinzufügen des einen oder anderen Gewürzes tastet man sich nach und nach in neue Erlebnisbereiche vor.

Manche Gewürze gehören einfach zusammen. So gilt Thymian als der Bruder des Majorans, und den einfachsten Kräuterstrauß gewinnt man mit der Zugabe von Schnittlauch und Dill zu Petersilie. Zur vollendeten Komposition wird er jedoch erst mit Basilikum, Estragon, Kerbel und Salbei. Darum probieren Sie ruhig! Es macht Spaß, Neues zu entdecken. Oft ist es nur ein einziges Gewürz, das eine Speise mit einem unerwartet schmackhaften Reiz ausstattet: eine Prise Muskat etwa am Obstsalat, ein bißchen Stangenzimt an Obstsuppen, etwas Ingwer, Vanille oder Zitronenschale am Kompott, eine bittere Mandel an süßen Soßen, eine Messerspitze Thymian außer Bohnenkraut an grünen Bohnen, ein wenig Rosmarin neben Majoran und Thymian an Bratkartoffeln, ein paar Wacholderbeeren oder Knoblauchzehen an Kaninchenbraten, eine Messerspitze Bohnenkraut an Kartoffelpuffer oder ein Teelöffel Ingwer an Mürbeteigplätzchen.

Freilich, es gibt Gewürze, die passen zusammen wie zwei linke Schuhe. Vanille wird man nicht mit Majoran oder Paprika, Muskat besser nicht mit Thymian paaren. Andere, wie Beifuß und Salbei, wird man kaum kombinieren, weil sie kräftig in derselben Geschmacksrichtung würzen. Lorbeerlaub wirkt schon allein durchdringend, und von einer Muskatnuß wird man am Schluß ohnehin selten mehr als einen Hauch ans Essen reiben. Wer das nicht weiß, wird es beim Experimentieren alsbald herausfinden.

Bestimmte Würzrichtungen, die sich eingebürgert haben, sollte man als Anfänger nicht ohne Grund umlenken wollen. Dazu gehören z. B. das Kochen von Rotkohl mit Gewürznelken, Essig und Zucker, das Auslassen von Schmalz mit Äpfeln und Zwiebeln oder die Zugabe von Beifuß zum Gänsebraten und die von Kümmel zum Sauerkraut. Traditionen lassen sich nur schwer durchbrechen, und weil „jedes Kind gesehnet, wie's der Mutter hat gewöhnet", und weil „die Liebe durch den Magen geht", wird man an übernommenen Würzgewohnheiten und Speisenzubereitungen in jungen Ehen besser nur langsam und vorsichtig etwas ändern.

Was womit?

Bei der nachfolgenden Zuordnung von Gewürzen zu bestimmten Speisen und Gerichten sind Speisesalz und Suppengrün generell nicht angegeben, und auf Fruchtsäuren, Glutal und Zucker ist nur gelegentlich hingewiesen worden. Die zuerst angeführten Gewürze sind stets die favorisierten. Was schräggestellt folgt, verlockt zum Probieren. Eine Wertung stellen Reihenfolge und Zuordnung ebensowenig dar, wie die Zusammenstellung Anspruch auf Vollständigkeit erhebt.

Eier- und Käsespeisen

Eiergerichte Eier gekocht, pochiert	Muskat Pfeffer Schnittlauch *(Chillies Curry Dill Estragon Glutal Kapern Knoblauch Kresse Liebstöckel Paprika Petersilie Senf Thymian)*
Omeletts	Muskat Petersilie Pfeffer *(Boretsch Chillies Curry Dill Kerbel Liebstöckel Majoran Salbei)*
Rühreier	Glutal Schnittlauch *(Basilikum Dill Kerbel Liebstöckel Muskat Paprika Petersilie)*
Käsespeisen	Kümmel Paprika Pfeffer Muskat *(Basilikum Chillies Glutal Ingwer Salbei Zwiebel)*
Kräuterquark	Basilikum Dill Estragon Kerbel Petersilie Salbei Schnittlauch *(Boretsch Kresse Majoran Melisse Pimpinelle Thymian)*
Quarkgerichte pikant	Kümmel Paprika Pfeffer Schnittlauch Zwiebel *(Basilikum Beifuß Bohnenkraut Boretsch Chillies Dill Kerbel Muskat*

Fischgerichte

Fisch gebraten	Basilikum Estragon Ingwer

	Kerbel		Piment
	Majoran		Senfkörner
	Muskatblüte		Wacholderbeeren
	Paprika		Zwiebel
	Petersilie		*(Brühsuppengewürz*
	Pfeffer		*Fischgewürz)*
	Rosmarin		
	Thymian		**Fleischgerichte**
	(Anis		
	Beifuß	Brathähnchen	Basilikum
	Bohnenkraut		Knoblauch
	Chillies		Muskatnuß
	Curry		Paprika
	Gewürznelken		Pfeffer
	Knoblauch		Thymian
	Melisse		*(Chillies*
	Selleriesalz		*Petersilie*
	Zimt)		*Zwiebelsalz)*
Fisch	Curry	Enten-,	*Beifuß*
gedünstet	Dill	Gänsebraten	Knoblauch
	Gewürznelken		Petersilie
	Kapern		Pfeffer
	Kerbel		*(Chillies*
	Knoblauch		*Kümmel*
	Liebstöckel		*Majoran*
	Lorbeerlaub		*Muskat*
	Meerrettich		*Lorbeerlaub*
	Petersilie		*Paprika*
	Rosmarin		*Salbei*
	Salbei		*Thymian*
	Schnittlauch		*Zwiebel)*
	(Basilikum	Geflügelfüllungen	Dost
	Bohnenkraut		Ingwer bei Füllungen
	Boretsch		mit Äpfeln
	Ingwer		Knoblauch
	Paprika		Koriander
	Pfeffer		Majoran
	Piment)		Pfeffer
Fischmarinaden	Estragon		Petersilie
-soßen	Lorbeerlaub		Rosmarin
	Ingwer		Salbei
	Piment		Sellerie
	Pfeffer		Zwiebel
	Senfkörner		*(Estragon*
	Wacholderbeeren		*Orangen-*
	Zwiebel		*Zitronenschale*
	(Basilikum		*Thymian*
	Dill		*Wacholderbeeren)*
	Fenchel	Geflügel	Lorbeerlaub
	Gewürznelken	gekocht	Petersilie
	Koriander		Majoran
	Melisse		Pfeffer
	Petersilie		Rosmarin
	Rosmarin		Salbei
	Salbei		*(Gewürznelken*
	Schnittlauch)		*Melisse*
Fischsud	Lorbeerlaub		*Sellerie*
	Gewürznelken		*Thymian)*
	Pfeffer	Geflügelragout	Beifuß

	Bohnenkraut		*Kardamom*
	Liebstöckel		*Koriander*
	Majoran		*Lorbeerlaub*
	Muskat		*Minzsoße:*
	Petersilie		*aus Minze, Wasser,*
	Rosmarin		*Essig und Zucker*
	Salbei		*Piment*
	(Estragon		*Pimpinelle*
	Gewürznelken		*Salbei*
	Kapern		*Schnittlauch*
	Lorbeerlaub		*Thymian)*
	Pfeffer	Hühnerfrikassee	Basilikum
	Sellerie		Kapern
	Senfkörner)		Muskat
Gulasch	Knoblauch		Pfeffer
	Majoran		Zitronensaft
	Paprika		*(Estragon*
	Pfeffer		*Kardamom*
	Zwiebel		*Petersilie*
	(Dost		*Rosmarin*
	Kümmel		*Salbei*
	Piment		*Zwiebel)*
	Thymian	Innereien	Dill
	Wacholderbeeren)		Dost
Hackfleischgerichte	Knoblauch		Estragon
	Kümmel		Majoran
	Majoran		Petersilie
	Muskat		*(Gewürznelken*
	Pfeffer		*Melisse*
	Thymian		*Knoblauch*
	Zwiebel		*Piment*
	(Basilikum		*Pilzpulver)*
	Beifuß	Kalbfleisch	Basilikum
	Bohnenkraut		Curry
	Boretsch		Estragon
	Chillies		Knoblauch
	Dill		Majoran
	Ingwer		Muskatblüte
	Kapern		Paprika
	Koriander		Pfeffer
	Paprika		Rosmarin
	Lorbeerlaub		*(Dill*
	Petersilie		*Gewürznelken*
	Schnittlauch)		*Kerbel*
Hammel-,	Beifuß		*Liebstöckel*
Lammfleisch	Kerbel		*Lorbeerlaub*
	Knoblauch		*Melisse*
	Kümmel		*Petersilie*
	Majoran		*Piment*
	Pfeffer		*Pimpinelle)*
	Rosmarin	Rinderbraten	Curry
	Zwiebel		Liebstöckel
	(Basilikum		Pfeffer
	Bohnenkraut		Rosmarin
	Curry		Thymian
	Dill		Wacholderbeeren
	Estragon		Zwiebel
	Gewürznelken		*(Basilikum*
	Ingwer		*Chillies*

	Gewürznelken		Rosmarin
	Majoran		Salbei
	Piment		*(Bohnenkraut*
	Pimpinelle)		*Chillies*
Rindfleisch gekocht	Dill		*Curry*
	Gewürznelken		*Gewürznelken*
	Majoran		*Kardamom*
	Liebstöckel		*Koriander*
	Lorbeerlaub		*Liebstöckel*
	Petersilie		*Majoran*
	Pfeffer		*Paprika*
	Piment		*Pfeffer*
	(Soßen:		*Piment*
	Boretsch		*Thymian*
	Estragon		*Zimt)*
	Kerbel	Steaks	Chillies
	Kresse		Paprika
	Meerrettich		Pfeffer
	Melisse		Rosmarin
	Petersilie)		Selleriesalz
Rindfleisch geschmort	Gewürznelken		Zwiebel
	Liebstöckel		*(Fenchel*
	Lorbeerlaub		*Ingwer*
	Majoran		*Petersilie*
	Muskat		*Salbei)*
	Pfeffer	Wildgerichte	Gewürznelken
	Rosmarin		Knoblauch
	Zwiebel		Lorbeerlaub
	(Anis		Majoran
	Bohnenkraut		Paprika
	Kümmel		Petersilie
	Paprika		Pfeffer
	Piment		Piment
	Sellerie		Rosmarin
	Wacholderbeeren		Thymian
	Zimt		Wacholderbeeren
	Zitronenschale)		Zwiebel
Sauerbraten	Essig		*(Basilikum*
	Estragon		*Beifuß*
	Gewürznelken		*Bohnenkraut*
	Lorbeerlaub		*Chillies*
	Pfeffer		*Dill*
	Piment		*Dost*
	Wacholderbeeren		*Estragon*
	Zwiebel		*Kerbel*
	(Kümmel)		*Koriander*
Schweinefleisch gekocht	Lorbeerlaub		*Kümmel*
	Pfeffer		*Orangenschale*
	Piment		*Salbei*
	Zwiebel		*Senfkörner*
	(Gewürznelken		*Zitrone)*
	Knoblauch		
	Petersilie	**Gemüse / Kartoffeln**	
	Meerrettich)		
Schweinefleisch gebraten	Basilikum	Bayrisch Kraut	Kümmel
	Beifuß		Piment
	Ingwer		Wacholderbeeren
	Knoblauch		Zwiebel
	Kümmel		*(Basilikum*
			Gewürznelken

	Koriander	Gurkengemüse	Boretsch
	Lorbeerlaub		Dill
	Muskat		Glutal
	Rosmarin		Kerbel
	Senfkörner)		Paprika
Blumenkohl	Muskat		Pfeffer
	Petersilie		*(Bohnenkraut*
	(Basilikum		*Estragon*
	Dill		*Kräuteressig*
	Estragon		*Petersilie*
	Koriander		*Rosmarin*
	Melisse		*Thymian*
	Pimpinelle)		*Zimt*
Bohnen, grüne	Bohnenkraut		*Zitronensaft*
	Knoblauch		*Zucker*
	Majoran		*Zwiebel)*
	Muskat	Grünkohl	Muskat
	Pfeffer		Zwiebel
	Zwiebel		*(Kümmel*
	(Basilikum		*Piment)*
	Chillies	Kartoffelaufläufe	geriebener Käse
	Dill		Muskat
	Dost		Petersilie
	Estragon		Pfeffer
	Piment		Selleriesalz
	Thymian		Zwiebel
	Salbei)		*(Fenchel*
Bohnen, weiße	Basilikum		*Ingwer*
	Muskat		*Kerbel*
	Petersilie		*Paprika*
	Pfeffer		*Piment)*
	(Curry	Kohlgemüse	Beifuß
	Ingwer		Kümmel
	Majoran		Muskat
	Salbei		Pfeffer
	Thymian)		Zwiebel
Bratkartoffeln	Kümmel		*(Basilikum*
	Majoran		*Bohnenkraut*
	Pfeffer		*Boretsch*
	Rosmarin		*Chillies*
	Zwiebel		*Koriander*
	(Bohnenkraut		*Piment*
	Dill		*Salbei*
	Paprika		*Sellerie*
	Thymian)		*Senfkörner*
Chicorée	Muskat		*Wacholderbeeren)*
	Petersilie	Linsen	Lorbeerlaub
	Zitronensaft		Majoran
Erbsen, gelbe	Majoran		Pfeffer
	Pfeffer		Thymian
	Rosmarin		Zwiebel
	Thymian		*(Basilikum*
	(Salbei)		*Bohnenkraut*
Erbsen, grüne	Basilikum		*Chillies*
	Dill		*Curry*
	Kerbel		*Essig*
	Muskat		*Muskat*
	Petersilie		*Petersilie*
			Salbei

	Sellerie		*Kerbel*
	Zucker)		*Liebstöckel*
Rosenkohl	Muskat		*Lorbeerlaub*
	Petersilie		*Melisse*
	(Zitronensaft)		*Rosmarin*
			Salbei
Rote Bete	Gewürznelken		*Sellerie*
	Kümmel		*Thymian)*
	Lorbeerlaub		
	Pfeffer		**Salate**
	Piment	Geflügelsalat	Pfeffer
	(Anis		Sellerie
	Koriander		Worcestersauce
	Meerrettich		Zitronensaft
	Thymian		Zucker
	Wacholderbeeren)		*(Basilikum*
Rotkohl	Essig		*Geflügelgewürz*
	Gewürznelken		*Petersilie*
	Kümmel		*Salbei*
	Pfeffer		*Senf)*
	Piment	Grüner Salat	Basilikum
	Wacholderbeeren		Bohnenkraut
	Zucker		Boretsch
	(Anis		Dill
	Basilikum		Petersilie
	Koriander		Salbei
	Lorbeerlaub		Schnittlauch
	Zwiebel)		Zitronensaft
Sauerkraut	Kümmel		Zucker
	Paprika		*(Beifuß*
	Pfeffer		*Estragon*
	Wacholderbeeren		*Fenchel*
	Zucker		*Gewürzsalz*
	(Lorbeerlaub		*Glutal*
	Senfkörner		*Kerbel*
	Zwiebel)		*Knoblauchsalz*
Spinat	Basilikum		*Kresse*
	Glutal		*Liebstöckel*
	Muskat		*Pfeffer*
	Pfeffer		*Selleriesalz)*
	Piment	Gurkensalat	Boretsch
	Zwiebel		Dill
	(Kerbel		Petersilie
	Knoblauch		Pfeffer
	Liebstöckel		Schnittlauch
	Zucker)		Zitronensaft
Tomatengerichte	Knoblauch		Zucker
	Muskat		*(Basilikum*
	Paprika		*Beifuß*
	Petersilie		*Bohnenkraut*
	Pfeffer		*Dost*
	Zwiebel		*Estragon*
	(Basilikum		*Pimpinelle*
	Dill		*Selleriesalz*
	Dost		*Senfkörner*
	Estragon		*Zwiebel)*
	Gewürznelken	Heringssalat	Essig
	Fenchel		Petersilie
	Ingwer		Pfeffer

	Sellerie		Bohnenkraut
	Senf		Dost
	Zucker		Kerbel
	Zwiebel		Liebstöckel
	(Kapern		Paprika
	Kresse)		Piment
Kartoffelsalat	Essig		Rosmarin
	Estragon		Rotwein
	Petersilie		Zucker)
	Pfeffer	Grüne Soße	Dill
	Sellerie	(Kräutersoße)	Estragon
	Schnittlauch		Kerbel
	Zucker		Petersilie
	Zwiebel		Pfeffer
	(Dill		Schnittlauch
	Kerbel		(Beifuß
	Knoblauchsalz		Bohnenkraut
	Kresse		Boretsch
	Majoran		Ingwer
	Paprika		Kapern
	Pimpinelle		Pimpinelle
	Senf)		Rosmarin
Obstsalat	Anis		Sellerie)
	Ingwer	Helle Soßen	Glutal
	Piment		Muskat
	Vanille		Pfeffer
	Zitronensaft		Petersilie
	Zucker		Zitronensaft
	(Gewürznelken		Zwiebel
	Muskat		Zucker
	Zimt)		(Chillies
Pikante	Curry		Lorbeerlaub
Salate	Knoblauch		Thymian)
	Paprika	Scharfe Soßen	Chillies
	Petersilie		Curry
	Pfeffer		Gulaschsuppengewürz
	Zwiebel		Paprika
	(Basilikum		Pfeffer
	Glutamat		Thymian
	Liebstöckel		(Lorbeerlaub
	Sellerie)		Petersilie
			Piment
			Salbei
			Wacholderbeeren)

Soßen

Dillsoße	Dill	Senfsoße	Helle Soße mit
	Pfeffer		Senf und Weißwein
	Zitronensaft		Weinessig oder
	Zucker		Zitronensaft
	(Essig)		Zucker
Dunkle Soßen	Knoblauch	Süße Soßen	Gewürznelken
	Lorbeerlaub		Muskatblüte
	Petersilie		Vanille
	Pfeffer		Zimt
	Pilzpulver		Zitronenschale
	Sellerie		(Anis
	Thymian		Fenchel
	Zwiebel		bittere Mandel)
	(Basilikum	Tomatensoße	Dost
	Beifuß		

	Knoblauch		Knoblauch
	Majoran		Majoran
	Rosmarin		Pfeffer
	Thymian		Zwiebel
	Zitronensaft		*(Glutal*
	Zucker		*Paprika)*
	Zwiebel	Saure Milch	Ingwer
	(Basilikum		Zimt
	Estragon		Zucker
	Liebstöckel		
	Lorbeerlaub		
	Pimpinelle)		

Spezialitäten

Süßspeisen und Gebäcke

Ausgelassenes Schmalz	Apfel Beifuß Thymian Zwiebel *(Lorbeerlaub Majoran Salbei)*	Aufläufe, süße	Anis Gewürznelken Ingwer Zimt Zitronenschale *(Piment)*
Butterbrot	Kerbel Kresse Schnittlauch *(Kräuterbutter Tomatenmark)*	Gewürzgebäck	Gewürznelken Ingwer Muskat Vanille Zimt Zitronenschale *(Anis Fenchel Koriander Piment Salbei)*
Gewürzessig *(Kräuteressig)*	Dill Estragon Gewürznelken Lorbeerlaub Meerrettich Wacholderbeeren Wurzelpetersilie *(Basilikum Bohnenkraut Boretsch Melisse Liebstöckel Pfefferminze Pimpinelle Senfkörner Thymian Zwiebel)*	Kompotte	Gewürznelken Ingwer Orangen-Zitronenschale *(Anis Kardamom Muskat Vanille Zimt)*
Glühwein	Gewürznelken Zimt Zitrone Zucker	Lebkuchen (Pfefferkuchen)	Anis Gewürznelken Kardamom Koriander Pfeffer Piment Zimt *(Muskat Zitronenschale)*
Pampelmusen	Ingwer Zucker	Milchspeisen	Anis Vanille Zimt Zitronenschale
Pflaumenmus	Gewürznelken Zimt Zitronenschale *(Anis Ingwer Muskatblüte Piment Salbei)*	Puddings	Anis Vanille Orangen-, Zitronenschale
		Quarkspeisen	Obst Vanille Zimt Zucker
Pizza	Basilikum		

Spekulatius	(Ingwer Orangen- Zitronenschale) Gewürznelken Kardamom Muskatblüte Zimt (Anis Ingwer Piment)	Fischsuppe	Zwiebel (Bohnenkraut Gewürznelken Rosmarin Thymian) Basilikum Dill Paprika Petersilie Pfeffer Piment Salbei Zwiebel (Curry Dost Fischgewürz Kerbel Rosmarin)

Suppen

Blumenkohlsuppe	Dill Liebstöckel Muskat Petersilie Pfeffer Sellerie (Beifuß Paprika Pimpinelle Zwiebel)	Fleischsuppe	Estragon Liebstöckel Muskatblüte Petersilie Pfeffer Zwiebel (Basilikum Dost Fenchel Ingwer Kresse Lorbeerlaub Meerrettich Melisse Piment Pimpinelle Selleriesalz)
Bohnensuppe	Bohnenkraut Dill Majoran Muskat Petersilie Pfeffer (Basilikum Dost Ingwer Koriander Paprika Schnittlauch Thymian)		
Brotsuppe	Knoblauch Kümmel Petersilie Pfeffer (Anis Fenchel)	Gemüsesuppe	Beifuß Bohnenkraut Kerbel Petersilie Pfeffer Zwiebel (Basilikum Curry Dill Liebstöckel Paprika Pimpinelle Rosmarin Sellerie)
Eintopfgerichte	Glutal Kräuterstrauß Liebstöckel Lorbeerlaub Muskat Petersilie Pfeffer Sellerie (Beifuß Gemüseeintopfgewürz Kerbel Koriander Kümmel)		
		Gulaschsuppe	Glutal Knoblauch Kümmel Majoran Muskat Paprika Petersilie Pfeffer Zitrone Zwiebel
Erbsensuppe	Basilikum Majoran Petersilie Pfeffer		

Kartoffelsuppe	(Gulaschsuppengewürz Kräuterstrauß Thymian) Bohnenkraut Estragon Kerbel Kümmel Liebstöckel Majoran Petersilie Pfeffer (Basilikum Beifuß Boretsch Brühsuppengewürz Dill Rosmarin Schnittlauch Sellerie Thymian)	Tomatensuppe	Basilikum Kresse Majoran Paprika Petersilie Pfeffer Sellerie Schnittlauch Zwiebel (Beifuß Boretsch Chillies Dost Estragon Knoblauch Liebstöckel Muskat Pimpinelle Rosmarin Salbei)

Gewürzmischungen

(Hersteller: Konsum-Gewürzmühle Schönbrunn)

Gewürzmischung	Verwendungsmöglichkeiten
Bratensoßengewürz	Soßen für Kurz- und Langgebratenes
Brühsuppengewürz	Brühen, Brühnudeln, Brühreis, Eintöpfe, Kartoffelsuppe
Fischgewürz	Fischgerichte, -hackmassen, -salate
Fischmariniergewürz	marinierter Fisch, Aspikspeisen
Geflügelgewürz	Geflügelgerichte
Gemüseeintopfgewürz	Gemüseeintöpfe, -beilagen, Suppen
Gewürzsalz	Gerichte vieler Art, Rohkostsalate
Gulaschsuppengewürz	Fleischgerichte, Soßen, Suppen
Hackepetergewürzsalz	Gehacktes, Hackepeter, Schabefleisch
Hackfleischgewürz	Hackfleischmassen (Buletten, Klopse, Füllungen)
Hammelbratengewürz	Hammelfleisch gekocht und gedünstet
Knoblauchsalz	Gulasch- und Hammelgerichte, zum Nachwürzen
Kräuterquarkgewürz	Speisequarkzubereitungen
Kräutersalz	zum Nachwürzen
Ochsenschwanzsuppengew.	Ochsenschwanzragout, -suppe
Rinderbratengewürz	Rinderbraten
Salatmarinadengewürz	Salate
Schaschlykgewürz	Schaschlyk, -soße, gegrilltes Fleisch
Schonkostgewürze	leicht verdauliche Speisen
Schweinebratengewürz	Schweinebraten
Selleriesalz	Brühen, Eintöpfe, Gegrilltes, Tomatensaft
Soljankagewürz	Soljanka, pikante Suppen
Steakgewürzsalz	kurz gebratenes Fleisch
Universalgewürz „Delikat"	Gerichte vieler Art, zum Nachwürzen
Zwiebelsalz	Fleischspeisen, Salate, Soßen, Suppen

Heimische Gewürze – Verwendung und Kombination

Gewürz	Pflanzenteile	Speisen und Gerichte	Kombinierbar mit
Basilikum (Basilienkraut)	alle oberirdischen Teile	Bratensoßen Fischgerichte Fleischgerichte Geflügelgerichte Tomatengerichte Wildgerichte Gemüse Rohkost Salate	Bohnenkraut Dill Knoblauch Kümmel Majoran Petersilie Pfeffer Rosmarin Thymian Zwiebel
Beifuß (wilder Wermut)	aufblühende Zweigspitzen	fetter Braten Fischspeisen Gemüsesuppen Rohkost Gänseschmalz	Knoblauch Kümmel Majoran Petersilie Pfeffer Salbei Thymian
Bohnenkraut (Pfefferkraut)	alle oberirdischen Teile	Bohnengerichte Fischgerichte Fleischgerichte Pilzgerichte gemischte Salate Hülsenfrüchte Kräutersoßen	Basilikum Kerbel Knoblauch Majoran Petersilie Pfeffer Rosmarin Zwiebel
Boretsch (Gurkenkraut)	Blätter und Triebe	Grüne Soßen Gurken eingelegt Gurken geschmort Gurkensalat Hackfleisch Kräuterquark Kräutersuppe	Basilikum Bohnenkraut Dill Estragon Petersilie Pfeffer Schnittlauch Sellerie Zwiebel
Dill (Garten-, Gurkenkraut)	Kraut, Früchte (Spitzen = junge Blätter)	Dillsoße Kräutersoße Fischgerichte Fleischgerichte Gemüsesuppen Gurken eingelegt Gurkengemüse Gurkensalat Quark Rührei	Basilikum Boretsch Dost Estragon Kerbel Kümmel Melisse Petersilie Pfeffer Pimpinelle
Dost (Oreganum, wilder Majoran)	Kraut, Stengel	Füllungen Gabelbissen gedünstetes Fleisch Tomatengerichte jeder Art	Dill Estragon Majoran Paprika Petersilie

Gewürz	Pflanzenteile	Speisen und Gerichte	Kombinierbar mit
			Pfeffer
			Zwiebel
Estragon	Blätter, Zweigspitzen	Fischgerichte	Basilikum
		Fleischgerichte	Bohnenkraut
		Wildgerichte	Boretsch
		Salate	Dill
		Soßen	Dost
		Suppen	Kerbel
			Kresse
			Melisse
			Majoran
			Petersilie
			Pimpinelle
			Pfeffer
			Schnittlauch
			Thymian
Fenchel	Früchte	Backwerk	Gewürznelken
		Fischmarinaden	Knoblauch
		Mixed Pickles	Kümmel
		Rohkostsalate	Paprika
		Tomatengerichte	Piment
			Vanille
			Zitronenschale
Kerbel	Kraut und Blätter	Butterbrot	Bohnenkraut
		Fischspeisen	Dill
		Gemüse	Estragon
		Gemüsesuppen	Kresse
		Kartoffelsuppen	Melisse
		grüne Soße	Petersilie
		Kalbfleisch	Pfeffer
		Hammelfleisch	Pimpinelle
		Rohkostsalate	Schnittlauch
			Sellerie
Knoblauch	Zwiebel	dunkle Soßen	Basilikum
		fettes Fleisch	Majoran
		Fischgerichte	Muskat
		grüne Bohnen	Paprika
		Hackfleischgerichte	Petersilie
		Tomatengerichte	Pfeffer
		Wild	Salbei
			Thymian
			Zwiebel
Koriander (Wanzendill)	Früchte	Hackbraten	Knoblauch
		Hammelbraten	Muskat
		Kohlgerichte	Pfeffer
		Marinaden	Piment
		Rote Bete	Zimt
		Weihnachtsgebäck	Zwiebel
		Wild	

Gewürz	Pflanzenteile	Speisen und Gerichte	Kombinierbar mit
Kresse (Brunnen-, Garten-, Kapuzinerkresse)	Kraut	Butterbrot Eiergerichte Kräuterquark Kräutersoße Kräutersuppe Rohkostsalate	Boretsch Dill Fenchel Kerbel Melisse Petersilie Pimpinelle Schnittlauch
Kümmel	Früchte	Bratkartoffeln Brotsuppe Gulaschsuppe Kartoffelsuppe Hammelfleisch Schweinefleisch Kohlgemüse Quark Sauerkraut	Basilikum Bohnenkraut Dill Knoblauch Koriander Lorbeerlaub Majoran Paprika Petersilie Zwiebel
Liebstöckel (Maggikraut)	Blätter	Brühen dunkle Soßen Fischgerichte Fleischgerichte Gemüsesuppen Schonkostgerichte	Beifuß Bohnenkraut Estragon Majoran Muskat Petersilie Pfeffer Rosmarin Sellerie Thymian
Majoran (Wurstkraut)	Blätter Blüten	Bratkartoffeln Eintöpfe Geflügel Hackfleisch Hammelfleisch Wildfleisch Gemüse Kartoffelgerichte	Basilikum Gewürznelken Knoblauch Kümmel Lorbeerlaub Muskat Petersilie Pfeffer Rosmarin Salbei Thymian Wacholder Zwiebel
Meerrettich	Wurzel	gekochtes Rindfleisch gekochtes Schweinefleisch Meerrettichsoße Salatsoßen Schinken	Basilikum Dill Estragon Melisse Zitronensaft -schale
Melisse (Zitronenmelisse)	Blätter	Fischgerichte Fleischgerichte Pilzgerichte Kräutersoße Obstsuppen	Boretsch Dill Estragon Kerbel Liebstöckel

Gewürz	Pflanzenteile	Speisen und Gerichte	Kombinierbar mit
		Quark Salate	Minze Petersilie Pimpinelle
Minze (Pfeffer-, Krauseminze)	Blätter Stengel	Gemüse Minzsoße zu Hammelbraten Pilze Tomatengerichte	Boretsch Dill Fenchel Kerbel Melisse Pimpinelle Zwiebel
Petersilie	Blätter Wurzel	Eintöpfe Eierspeisen Fisch Füllungen Gemüse Kartoffeln Kochfleisch Schmorfleisch Salate Soßen	allen milden Kräutern und Gewürzen
Pimpinelle (Bibernell)	Blätter	Gemüsesuppen Kräutersuppen grüne Soße Kalbfleisch Rindfleisch Salate zartes Gemüse	Boretsch Dill Fenchel Kerbel Melisse Minze Petersilie Schnittlauch
Rosmarin	Blätter Blüten Triebspitzen	Braten Schmorfleisch dunkle Soßen Fisch Füllungen Gemüse Gemüsesuppen Marinaden	Bohnenkraut Knoblauch Majoran Paprika Wacholderbeeren Zwiebel
Salbei	Blätter	fettes Fleisch Fettfische Füllungen Kräuterquark Leber Schaschlyk Tomatengemüse Zwiebelgemüse	Basilikum Beifuß Bohnenkraut Estragon Knoblauch Majoran Melisse Muskat Petersilie Pfeffer Piment Thymian Wacholderbeeren

Gewürz	Pflanzenteile	Speisen und Gerichte	Kombinierbar mit
Schnittlauch	Blätter	Butterbrot Eiergerichte grüne Soße Kartoffelsalate Rohkostsalate Remouladen Rührei Tomatensuppe	Boretsch Dill Kerbel Kümmel Majoran Paprika Petersilie Pfeffer
Sellerie (Eppich)	Blätter Knolle	Kochfisch Kochfleisch Salate Soßen Suppen	Lauch Möhren Petersilie Zwiebel
Senf	Samen	Beizen Essigfrüchte Kartoffelsalat Kürbis Marinaden Senfgurken	Gewürznelken Lorbeerlaub Meerrettich Muskatnuß Pfeffer Piment
Thymian	Blätter Blüten	Fischspeisen Fleischspeisen dunkle Soßen Gemüse Hülsenfrüchte	Basilikum Knoblauch Majoran Paprika Pfeffer Rosmarin
Wacholder	Beerenzapfen	Beizen Gewürzessig Gulasch Sauerbraten Schweinebraten Sauerkraut Wildgerichte	Gewürznelken Knoblauch Lorbeerlaub Pfeffer Piment Rosmarin Thymian
Zwiebel (Küchenzwiebel)	Sproß	alle gesalzenen Speisen und Gerichte	nahezu allen Gewürzen für salzige Speisen und Gerichte

Ausländische Gewürze – Verwendung und Kombination

Gewürz	Pflanzenteile	Speisen und Gerichte	Kombinierbar mit
Anis	Früchte	Milchsuppe Kompotte Möhrensalat Obstsalate Obstsuppen Pflaumenmus süße Aufläufe Weihnachtsgebäck	Gewürznelken Ingwer Muskat Pfeffer Piment Vanille Zimt Zitrone

Gewürz	Pflanzenteile	Speisen und Gerichte	Kombinierbar mit
Chillies (Cayennepfeffer)	Früchte	Bratfisch Eiergerichte Geflügel Schweinebraten Käsegerichte scharfe Soßen	Beifuß Curry Paprika Petersilie Pfeffer Rosmarin
Curry	Würzmischung	Bohnengemüse Linsengemüse Kartoffelgerichte Fisch Hammelfleisch Reis	Knoblauch Koriander Minze Pfeffer Zwiebel
Gewürznelken (Nelken)	Blütenknospen	Backwerk Braten Glühwein Marinaden Pflaumenmus Rote Bete Rotkohl Süßspeisen	Curry Lorbeer Pfeffer Piment Thymian Zimt Zitronenschale Zwiebel
Ingwer	Wurzelstock	Aufläufe Desserts Essigfrüche Kompotte Obst Sauermilch	Anis Gewürznelken Muskat Paprika Piment Zimt
Kapern	Blütenknospen (eingelegt)	Frikassee Gabelbissen gekochte Eier Heringssalat Klopse	Basilikum Essig Muskat Pfeffer Zitronensaft
Kardamom	Samen	Frikassee Obstspeisen Pastetenfüllungen Weihnachtsgebäck	Gewürznelken Koriander Muskat Piment
Lorbeerlaub	Blätter	Eintöpfe Gewürzessig Kochfisch Kochfleisch Schmorfleisch Marinaden Sülzen Wild	Beifuß Knoblauch Liebstöckel Majoran Muskat Pfeffer Rosmarin Salbei
Muskat	Samen (Nuß) Samenmantel (Blüte = Macis)	Backwerk Blumenkohl Brühen Rosenkohl Spinat	Basilikum Knoblauch Paprika Zimt Zitronenschale

Gewürz	Pflanzenteile	Speisen und Gerichte	Kombinierbar mit
Orange (Apfelsine)	Fruchtschale	Geflügel Füllungen Kompotte Puddings Quarkspeisen	Anis Fenchel Gewürznelken Ingwer Vanille
Paprika (Spanischer Pfeffer)	Früchte	Fischspeisen Fleischspeisen (besonders Gulasch) pikante Salate Quarkgerichte	Knoblauch Kümmel Lorbeerlaub Majoran Senf
Pfeffer (schwarz schärfer als weiß)	Früchte	Universalgewürz für herzhafte Speisen	allen Gewürzen für gesalzene Speisen
Piment (Nelkenpfeffer, Gewürzkörner)	Früchte	Beizen Brühen dunkle Ragouts und Soßen Fischmarinaden Kohlgemüse Lebkuchen	Gewürznelken Lorbeerlaub Majoran Orangenschale Salbei Thymian Zimt
Safran	Narbenschenkel	Backwerk Brühen Fisch helle Soßen	Gewürzkräuter Majoran Muskat Pfeffer
Vanille	Kapselfrüchte	Eiscreme Feingebäck Kompotte Puddings Quarkspeisen Tortencremes	Anis Gewürznelken Piment Zimt Zitronenschale
Zimt	Baumrinde	Apfelmus Grießbrei Kompotte Milchreis süße Aufläufe Weihnachtsgebäck	Gewürznelken Ingwer Muskat Orangen-Zitronenschale Piment Vanille
Zitrone	Fruchtschale	Aufläufe Cremes Füllungen Fruchtsoßen Grießspeisen Obstsalate Puddings Weihnachtsgebäck	Gewürznelken Vanille Zimt

DAS ABC DER KÜCHE

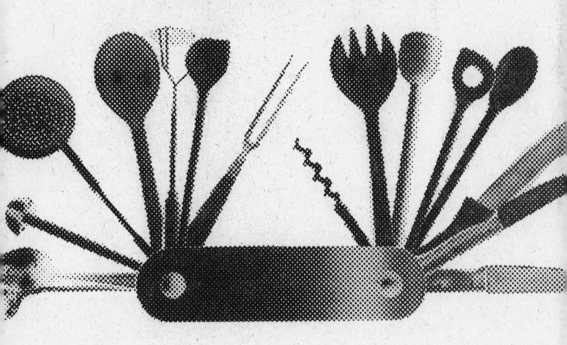

Gut kochen können setzt das Wissen um viele „Küchengeheimnisse" voraus! Ein Gericht soll jedoch nicht nur gut „schmecken", sondern unseren Körper in physiologischer Hinsicht auch „nützen", das heißt, die wertvollen Nähr- und Wirkstoffe müssen bei der Speisevor- und -zubereitung weitestgehend erhalten bleiben. Wie alles fachgerecht zu machen ist – und vieles andere mehr – wird auf den nächsten Seiten vermittelt. Und auch das sollte man wissen: Angaben über die Mengen von Bindemitteln, Zucker oder Flüssigkeit können in keinem Kochbuch ganz verbindlich sein, denn Mehlsorten zum Beispiel haben eine verschiedene starke Quellfähigkeit, Eier sind nicht gleich groß, und Obst hat nicht immer dieselbe Süße. Deshalb muß manchmal etwas ausgeglichen werden.

Garmachungsarten

Backen
Garen in trockener Luft in der Backröhre. Wird nicht nur bei Kuchen und Gebäck aller Art angewendet. Schweinebratenstücke, Rehrücken u. ä. können auf diese Art ebenfalls gegart werden.

Braten
Dazu wird Fett, Öl oder Schmalz verwendet. Butter und verschiedene Margarinesorten sind ungeeignet, weil sie zu schnell verbrennen. Bei Temperaturen von 180 bis 200 °C werden mürbes Fleisch wie Roastbeef, Lende, Schweinesteaks, Bratwurst, Schaschlyk, junges Wild, Geflügel, kleine Fische, Fischfilet, Eier, Kartoffel- oder Gemüsescheiben von allen Seiten angebraten und bei abfallender Hitze fertig gegart.

Dämpfen
Hierfür ist ein Siebeinsatz erforderlich, damit das Gargut nicht vom Wasser berührt, sondern nur vom Wasserdampf umgeben wird. Gedämpft werden Hefeklöße, Kochwurst, Gemüse, zarte Fleischstücke und Fisch.

Dünsten
Garen im eigenen Saft (wasserhaltige Nahrungsmittel) oder unter Zugabe von wenig siedender Flüssigkeit und Fett bei etwa 100 °C. So werden zarte Fleischstücke, Leber, Fisch, Gemüse, Pilze und Obst zubereitet.

Fritieren
Garen im Fettbad bei gleichbleibender Temperatur von etwa 110 bis 200 °C, je nach Fettart. Auch „Ausbacken" genannt. Bei dieser Zubereitungsart bildet sich beim Einlegen des Gargutes in das heiße Fett eine Kruste, die das Austrocknen des Fritiergutes verhindert bzw. bei der sich besondere Geschmacksstoffe im Inneren entwickeln. Kleine Fleisch- und Fischstücke, Kartoffeln, Gemüse- und Teiggerichte wie Krusteln, Fisch in Bierteig, Apfelbeignets, Pfannkuchen, Krapfen und anderes werden im Fettbad schwimmend zubereitet.

Garziehen
Garen in mehr oder weniger Flüssigkeit bei Temperaturen unter dem Siedepunkt. Wird angewendet bei der Zubereitung von Fleischpasteten, Fleischklößchen, jungem Geflügel, Fisch, Eiern (pochierte Eier), Früchten, Gemüse und Kartoffeln. Beim Garziehen geht je nach Zubereitungsart ein Kochen, Dünsten aber auch Schmoren voraus.

Grillen
Garen auf einem Grillrost im Backofen, auf dem Holzkohlengrill oder am Drehspieß eines speziellen Haushaltgrills. Die Nahrungsmittel werden mit Öl eingepinselt und gewürzt. Neben Steaks, Broilern und Bratwürsten eignen sich auch kleine Fische, Fischschnitten, Gemüse und Kartoffeln zum Grillen.

Kochen
Garen in so viel siedender Flüssigkeit, daß das Gargut bedeckt ist. Grundsätzlich werden nur Knochen und ganze Hülsenfrüchte noch kalt angesetzt. Alle anderen Nahrungsmittel kommen in die kochende Flüssigkeit. Gekocht werden z. B. Eier, Fleisch, Suppenhühner, Eintöpfe, Frikassee u. ä. Gerichte.

Rösten
Dabei ist der Wärmeübergang unmittelbar. Angewendet wird diese Methode beim Rösten von Brot und Brötchen sowie beim Rösten von Mehl, Grieß und Kaffee.

Schmoren
Zunächst wird das Gargut von allen Seiten in starker Hitze unter Zusatz von Fett angebraten. Nach Zugabe der ver-

schiedenen Würzmittel entsprechend der Rezeptur und wenig siedender Flüssigkeit erfolgt der eigentliche Schmorvorgang und damit die gute Bräunung von Gargut und Saft durch wiederholte Zugabe und Reduzierung siedender Flüssigkeit. Geschmort werden größere Fleischstücke, Nieren, Herz, Rouladen, Gulasch, Wild, ganze Fische und gefülltes Gemüse. Vor allem bei Fleisch muß zuletzt etwa so viel Flüssigkeit aufgefüllt werden, daß sich das Gargut zur Hälfte darin befindet und auf kleiner Flamme garen kann.

Fachbegriffe

Abbacken, abbrennen
Zubereitungsweise vor allem bei Brandteig oder besonderen Kloßteigmassen. Fett, Flüssigkeit und Gewürze zusammen aufkochen. Mehl oder Grieß zugeben und so lange auf kleiner Flamme rühren, bis die Masse zu einem Kloß abbäckt. Nach einiger Abkühlung nacheinander die Eier zugeben.

Abdämpfen
Wird am häufigsten bei Kartoffeln angewendet. Nach dem Abgießen die Kartoffeln ohne Topfdeckel noch einmal kurz auf kleine Flamme stellen. Dabei leicht schütteln, so dämpfen sie schneller ab und werden auch noch etwas mehliger.

Abhängen
Mehrtägiger Reifeprozeß des Schlacht- oder Wildfleisches, der die Verdaulichkeit und den Genußwert erhöht. Wildfleisch muß länger abhängen als Schlachtfleisch.

Ablöschen
Mehlschwitze (Einbrenne) allmählich mit wenig Flüssigkeit aufgießen. Gut mit dem Schneebesen schlagen, damit keine Klümpchen entstehen.

Abschäumen
Beim Kochen entstehenden Schaum z.B bei Brühe, Obstsaft oder Marmelade vorsichtig mit dem Schaumlöffel abheben.

Abschmecken
Eine bereits gewürzte Speise kurz vor dem Auftragen mit Gewürzen, frischen Kräutern und Würzmitteln geschmacklich abrunden.

Abschrecken
Eier, Zunge, Pellkartoffeln und Teigwaren unmittelbar nach dem Kochen kurz mit kaltem Wasser überbrausen, damit sich die Schale oder Haut leicht löst bzw. die Teigwaren nicht zusammenkleben.

Abschuppen
Fisch mit dem Messerrücken vom Schwanzende in Richtung Kopf von den Schuppen befreien.

Absengen
Gerupftes Geflügel rasch über der Flamme des Gasbrenners oder einer Spiritusflamme hin und her bewegen, so daß alle kleinen Haare abgesengt werden. Dann erst waschen und ausnehmen.

Abziehen
Suppen und Soßen mit Ei abziehen (legieren) und dadurch verfeinern. Das ganze Ei oder – noch besser – nur das verschlagene Eigelb mit etwa 5 Eßlöffel heißer Flüssigkeit verquirlen und dann erst unter flottem Rühren tropfenweise zu der vom Feuer genommenen Soße oder Suppe geben. Da das Ei leicht gerinnt, darf die Flüssigkeit nach dem Abziehen keinesfalls mehr kochen!

Alufolie
Aluminium-Haushaltsfolie ist zum Einhüllen und Aufbewahren von Lebensmitteln (z. B. im Kühlschrank) sowie für

spezielle Zubereitungsarten (z. B. Fisch in Folie) sehr gut geeignet. Alufolie zum Grillen (z. B. für Geflügel) ist etwas stärker. Sie sollte innen leicht eingeölt und so zugekniffen werden, daß der sich bildende Saft nicht herauslaufen kann. Die glänzende Seite der Alufolie stets nach außen legen, damit eine gute Wärmeübertragung gewährleistet ist.

Aprikotieren
Möglichst noch warmes Backwerk mit glattgerührter und erwärter Aprikosen- oder anderer kernloser Marmelade bestreichen. Danach mit beliebiger Zucker- bzw. Schokoladenglasur überziehen, die nun besonders schön glänzend wird und auch bleibt.

Auslösen
Fisch, Schlachtfleisch, Wild oder Geflügel mit einem scharfen Messer von den Gräten bzw. Knochen trennen.

Bardieren
Umhüllen von Fleisch mit dünnen großflächigen Speckscheiben, z. B. Wild, Wildgeflügel, fettarmes Geflügel und Hecht. Das Fleisch bleibt dadurch schön saftig und trocknet beim Garen nicht aus. Die Speckscheiben können anschließend wieder entfernt werden.

Beizen
Einlegen von Schlachtfleisch (Rind), Wild oder Geflügel in Beize. Das Fleisch wird dadurch mürbe und bekommt einen würzigen Geschmack. Beize ist eine pikante Einlegeflüssigkeit, zu der Butter-, Sauermilch, Essigwasser oder Wein sowie Kräuter und andere Würzmittel verwendet werden.

Binden
Weizen- oder Stärkemehl mit wenig kaltem Wasser anquirlen und unter Rühren in einer Speise (Suppe, Soße, Gemüse, Eintopf) aufkochen lassen. Es kann eine Schwitze (Einbrenne) bereitet werden, zu der Mehl in heißer Margarine gerührt und langsam mit siedender Flüssigkeit aufgefüllt wird. Mitunter (z. B. bei Gulasch oder einem nur in Fett gedünsteten Gemüse) genügt es, ein wenig Mehl überzustäuben und aufkochen zu lassen.

Blanchieren
Überbrühen oder kurzes Aufkochen von Nahrungsmitteln. Gemüse wird heute nur noch für die Gefrierkonservierung blanchiert.

Blauen
Süßwasserfische (Karpfen, Forelle) vor dem Kochen mit heißem Essigwasser übergießen. Sie bekommen dann eine blaue Farbe. Wichtig ist allerdings, daß die der Fischhaut anhaftende Schleimschicht unverletzt geblieben ist. Bei ganz frisch geschlachteten Fischen kann auch das Essigwasser weggelassen werden.

Bombage
Darunter versteht man eine Konservendose, deren Deckel sich nach außen gewölbt hat. Eine solche Konserve ist verdorben und darf nicht mehr verwendet werden! Durch die Zersetzung des Inhaltes haben sich Gase gebildet, die das Aufblähen des Deckels bewirken.

Bouquet garni
Französische Gewürzmischung. Besteht aus 3 Stengeln Dill, 1 Petersilienwurzel, 1 Blatt Petersilie, 4 Lorbeerblättern, 2 Blättern Kerbel, 2 Stengeln Bohnenkraut, 4 Knoblauchzehen, 5 schwarzen Pfefferkörnern und – wenn möglich – 1 Safranfaden. Die frischen oder getrockneten (nicht gemahlenen) Gewürze in einem Mullbeutel 5 Minuten, bevor das Gericht (meist Suppe) fertig ist, hineinhängen und vor dem Auftragen wieder herausnehmen. Je nach Verwendungszweck sind verschiedene Gewürzmischungen üblich.

Dressieren
Geflügel zum Grillen oder Braten vor dem Zubereiten in eine gefällige, vorteilhafte Form bringen (Flügel auf den Rücken drehen, Keulenenden in Hauteinschnitt stecken oder die abstehenden Teile mit einem Faden festwickeln).

Einfrieren
Konservierungsart. Im Haushalt nur im Gefriergutlagerschrank, nicht im Kältefach des Kühlschrankes (mit 1- oder 2-Stern-Bezeichnung) möglich! An- oder aufgetaute Lebensmittel dürfen nicht wieder eingefroren werden.

Entfetten
Überschüssiges Fett von erkalteter Brühe oder Bratensoße abheben. Von heißer Brühe das Fett vorsichtig abschöpfen.

Entsehnen
Entfernen der Sehnen (z. B. bei Lende, Roastbeef) mit einem scharfen Messer. Die sieben Sehnen der Putenkeule am untersten Gelenkknochen freilegen, mit einer stumpfen Zange fassen und herausziehen. Entsehntes Fleisch zieht sich beim Braten nicht zusammen, sondern bleibt ansehnlich und ist zarter.

Farcieren
Mit einer Fülle (Farce) versehen (z. B. Schweinebauch, Fisch, Kohlrabi, Kartoffeln).

Filetieren
Schneiden von Fischschnitten (Filets) entlang der Hauptgräte und Entfernen der Haut des ausgenommenen Fisches.

Filtern
Neben dem Filtern von Kaffee, sind mitunter Unreinheiten aus Flüssigkeiten zu entfernen. Dafür Filterpapier oder ein gebrühtes Leinentüchlein in ein Sieb legen und die Flüssigkeit durchlaufen lassen. Fettige Flüssigkeiten noch heiß filtern. Vorsicht jedoch bei Dederonsieben, sie vertragen nur Temperaturen bis 100 °C.

Flambieren
Ein heißes Gericht mit angewärmtem hochprozentigem Alkohol „abbrennen", z. B. mit Weinbrand, Gin, Rum. Welcher Alkohol zu verwenden ist, richtet sich nach der Speise. Flambiertes hat einen besonders feinen, speziellen Geschmack.

Fond
Saft, der sich beim Garen von Fleisch, Fisch und Gemüse bildet. Er ist die Grundlage für wohlschmeckende Soßen, sollte jedoch nicht zu sehr verdünnt werden.

Garnieren
Appetitliches Anrichten von Eßportionen, Fleisch- und Fischplatten usw. mit Hilfe von Garniturbestandteilen wie Petersilie, Tomatenscheiben und -achteln, Zitronenecken, Blumenkohlröschen, Radieschen, geteilten Eiern, Salatblättern u. ä. Diese Zutaten gegebenenfalls garen und leicht würzen. Süßspeisen mit Schlagsahne, Eiweißtupfen, gerösteten Mandelsplittern, Haferflockenkrokant o. ä. garnieren.

Gewürzdosis
Besteht aus 1 kleinen oder ½ Lorbeerblatt, je 2 Pfeffer- und Pimentkörnern, nach Belieben auch noch 1 Nelke. Wird hauptsächlich zu Fleisch- oder Knochenbrühe verwendet.

Glasieren
Um der Oberfläche Glanz zu geben, können Gerichte und Backwerke mit einer Glasur überzogen werden. Fleisch, Fisch und Geflügel noch warm mit der eingekochten und mit Stärkemehl gebundenen Soße bestreichen. Backwaren vor dem Backen mit Milch, verquirltem Ei, Zucker- und Salzwasser (je nach Re-

zept) bestreichen oder nach dem Bakken mit einer Zuckerglasur überziehen.

Gratinieren
Die Oberfläche bestimmter Speisen im Backofen oder unter dem Grill goldgelb überbacken. Sie sehen dadurch besonders appetitlich aus und werden noch feiner im Geschmack, z. B. Karlsbader Schnitte, Ragout fin, warme Käseschnitten u. ä.

Häuten
Abziehen der Haut bzw. Entfernen der Oberflächensehnen, z. B. bei Lende, Hirn, Leber, Wild, Fisch, Pfirsichen, Aprikosen, Tomaten usw.

Joule, Kalorie
Bis 1979 wurde zur Messung des Energiewertes von Lebensmitteln ausschließlich die Kalorie (cal) bzw. der tausendfache Wert davon, die Kilokalorie (kcal) verwendet. Unter einer Kilokalorie wird die Wärmemenge verstanden, die benötigt wird, um 1 Liter Wasser von 14,5 °C auf 15,5 °C zu erwärmen. Heute wird die Internationale Maßeinheit Joule (J) – sprich: Dschul – verwendet. Ein Joule ist die Energiemenge, die benötigt wird, um Massen von 102 Gramm einen Meter hoch zu heben. Meist wird davon ebenfalls das Tausendfache benützt. Die Energiemenge wird als Kilojoule (kJ) bezeichnet. Die Energiemengen von einem kJ und einer kcal lassen sich so umrechnen:

1 kcal = 4,184 kJ
1 kJ = 0,239 kcal

Klären
Trübe Fleischbrühe wird oftmals klarer gewünscht. Dafür in die heiße entfettete Brühe zu leichtem Schaum geschlagenes Eiweiß geben (1 Eiweiß je Liter Brühe). Unter weiterem Schlagen langsam erhitzen. Nach dem Aufkochen zweimal durch ein gebrühtes Tuch gießen.

Läutern
Zucker in kaltem Wasser auflösen (2 Teile Zucker, 3 Teile Wasser) und darin langsam zum Kochen bringen. Den sich dabei bildenden Schaum mit unreinen Beimischungen entfernen. Solche Zuckerlösung wird z. B. zum Einkochen von Obst und zum Süßen von Bowlen verwendet.

Legieren
Siehe „Abziehen". Suppen und Soßen mit Eigelb verfeinern. Sie dürfen dann jedoch keinesfalls mehr kochen, weil das Ei sonst gerinnen würde!

Panieren
Dazu bestimmte garfertig vorbereitete Lebensmittel würzen und nacheinander in Mehl wenden, durch gründlich verrührtes Ei ziehen und in geriebener Semmel wälzen oder nur Paniermehl verwenden. Die Panade mit der Handfläche fest anklopfen. Erst kurz vor der Zubereitung panieren, weil die Panade sonst durchweicht. Paniertes auch nicht übereinanderlegen.

Passieren
Suppen und Soßen mit leichter Klümpchenbildung oder Quark vor der weiteren Verarbeitung durch ein Haarsieb streichen. Gekochtes Gemüse oder Obst, das zu Brei verarbeitet werden soll, durch die Passiermaschine (Flotte Lotte) treiben. Mit der elektrischen Haushaltmaschine (Pürierstab, Mixaufsatz) wird mit geringerem Zeitaufwand der gleiche Effekt erreicht, sofern nicht Rückstände wie Schalen und Kerne ausgeschieden werden sollen.

Reduzieren
Langsames Einkochen einer Flüssigkeit, damit diese gehaltvoller und kräftiger wird, z. B. bei Schmorbraten, Gulasch.

Säubern – Säuern – Salzen (3-S-System)
Siehe Seite 214.

Schneiden
Fleisch wird immer quer zur Faser geschnitten. Braten sollte jedoch zuvor etwa 10 Minuten abkühlen, damit der Fleischsaft nicht herausläuft.
Frisches Backwerk (Brot, Torte) schneidet sich am besten mit einem Sägemesser oder wenn ein scharfes Messer nach jedem Schnitt in ein Gefäß mit heißem Wasser getaucht wird.

Spicken
Durch rohes Fisch-, Schlachtfleisch oder Wild mit Hilfe einer Spicknadel Speckstreifen ziehen, damit das Fleisch beim Garen nicht so sehr austrocknet. Die Speckstreifen längs der Fleischfaser durchziehen und folgendermaßen vorbereiten: Den Speck gut kühlen und mit einem Messer, das öfters in heißes Wasser getaucht wird, in gleich lange und gleich starke Streifen schneiden. Diese vor dem Befestigen an der Spicknadel nochmals durchkühlen.

Stürzen
Pudding läßt sich unbeschädigt stürzen, wenn er am Rande vorsichtig mit einem Messer gelockert wird. Gefüllte Sülzformen zuvor noch in heißes Wasser halten. Platten oder Teller vorher kalt abspülen, damit die Speise gegebenenfalls noch in die Mitte gerückt werden kann.

Tranchieren
Sachgemäßes Zerlegen von garem Schlachtfleisch, Wild, Geflügel oder Fisch. Dazu wird ein scharfes Messer und eine zweizinkige Gabel benötigt (Tranchierbesteck). Geflügel läßt sich am besten mit einer Geflügelschere tranchieren.

Wasserbad
Cremes, Eierstich o. ä. werden im Wasserbad gegart. Dafür in einen größeren Topf etwas Wasser füllen, einen kleineren (z. B. mit den Zutaten für die Creme) hineinstellen und auf der Kochstelle erhitzen. Der kleinere Topf darf dabei nur etwa bis zu zwei Dritteln im Wasser stehen, das bei kleiner Flamme kurz vor dem Kochen gehalten werden muß. Je nach Rezeptangabe ist das Gargut dabei laufend zu rühren, zu schlagen oder man läßt es nur gar ziehen (z. B. Eierstich). Wer einen Wasserbadkocher (doppelwandiger Topf) hat, kann ihn dazu verwenden.

Wurzelwerk
Auch Suppengrün genannt. Besteht aus 1 kleinen Möhre, $\frac{1}{8}$ Knolle Sellerie, $\frac{1}{2}$ Stange Porree und 1 Petersilienwurzel. Da letztere oft nicht vorhanden ist, können auch einige dicke Petersilienstiele genommen werden. Wird hauptsächlich für Brühen und Suppen verwendet. Da die empfindlichen Aromastoffe und Vitamine des Gemüses bei längerer Garzeit zerstört werden, sollte das Wurzelwerk erst 30 Minuten vor Beendigung des Kochprozesses zugegeben werden. Kleingeschnitten kann es dann noch als Suppeneinlage dienen.

Würzen
Im Gegensatz zum Abschmecken erfolgt das Würzen zu Beginn oder während des Garens, z. B. das 3-S-System bei Fisch.

Obst

Ananas
Südfrucht. Rohe Ananas entweder ringsherum abschälen und in Scheiben schneiden oder die Krone abschneiden, die Frucht mit einem Eßlöffel aushöhlen und beispielsweise mit einem Fruchtsalat füllen. Die Krone als Deckel wieder aufsetzen. Das gelbliche Fruchtfleisch ist sehr saftig und appetitanre-

gend. Das Aroma konservierter Früchte ist noch besser.

Apfel
Kernobst. Der Rohverzehr von Äpfeln, möglichst mit Schale und Kernhaus, ist unbedingt zu empfehlen. Geschälte Äpfel werden schnell braun und sollten mit Zitronensaft beträufelt oder bis zur Verwendung unter ein mit Essigwasser getränktes Tuch gelegt werden. Apfelschalen bei gelinder Wärme trocknen und später für die Teebereitung verwenden. Dafür 1 Tasse getrocknete Apfelschalen mit 1 Liter Wasser kalt ansetzen und 10 bis 15 Minuten leise kochen lassen.

Apfelsine
Südfrucht. Wesentlicher Vitamin-C-Träger. Die Schalen chemisch gespritzter Früchte dürfen nicht verwendet werden. Kubanische Früchte in einem Sieb kurz in kaltes Wasser halten, damit sie sich leichter schälen lassen. Sonst auspressen, sehr saftreich.

Aprikose
Steinobst. Nur vollreife Früchte haben das ganze Aroma. Sollen Aprikosen gehäutet werden, ist es ratsam, die Früchte in einem Sieb ganz kurz in kochendes Wasser zu halten.

Backobst
An der Luft oder mit künstlicher Wärme getrocknetes, haltbar gemachtes Obst, gegebenenfalls zerkleinert und von Kernen oder Steinen befreit (Äpfel, Birnen, Pflaumen, Aprikosen, Preiselbeeren). Backobst am Abend zuvor in kaltem Wasser einweichen. Im gleichen Wasser mit Gewürz garen.

Banane
Südfrucht. Leicht verdaulich. Vor dem Verzehr richtig reifen lassen, damit sich das feine Aroma bildet. Bananen nicht im Kühlschrank lagern, sie vertragen keine Kälte.

Birne
Kernobst. Je nach Sorte zum Rohverzehr oder zum Konservieren geeignet. Geschälte Früchte unter ein mit Essigwasser getränktes Tuch legen, damit sie sich nicht verfärben. Das Aufbewahren in Essigwasser würde den Früchten Aroma und Wirkstoffe entziehen. Die Garzeit ist je nach Sorte sehr unterschiedlich, deshalb zum Garen nicht verschiedene Sorten mischen!

Brombeere
Beerenobst. Aromatisch, mit hohem Vitamin-A- und Mineralstoffgehalt. Getrocknete Blätter ergeben einen beruhigenden Haustee.

Dattel
Frucht der Dattelpalme. Getrocknet sehr stark zuckerhaltig.

Dunstobst
Sterilisierte Früchte ohne Zuckerzugabe. Diese Konserven sind auch für Diabetiker und zur Gewichtsverminderung geeignet.

Erdbeere
Beerenobst. Hoher Vitamin-C- und Mineralstoffgehalt. Die Früchte sollten möglichst roh gegessen werden. Bei reichlicher Ernte einkochen oder einfrieren, auch zu Saft oder Konfitüre verarbeiten. Erdbeeren sind sehr empfindlich und vertragen keine lange Lagerung. Beeren vorsichtig und rasch waschen, Kelchblätter erst dann abzupfen, damit kein Saft verlorengeht.

Erdnuß
Ölhaltige Hülsenfrucht. Entkernte Nüsse durch Schwenken in einem Sieb über offener Flamme von den feinen Häutchen befreien.

Feige
Birnenförmige Baum- oder Strauchfrucht.

Gefrierobst
Zum Rohverzehr bei +18 °C völlig auftauen und sofort verbrauchen. Pfirsiche und Aprikosen in Zuckerlösung auftauen, damit sie sich nicht verfärben. Ungezuckertes Obst vor dem Auftauen mit Zucker bestreuen. Zum Dünsten bestimmtes Gefrierobst in Zuckerwasser unaufgetaut garen.

Hagebutte
Wildfrucht. Hoher Vitamin-C- und reichlicher Mineralstoffgehalt. Getrocknete Früchte eignen sich für Tees und Suppen. Kalt eingeweicht mehrere Stunden stehenlassen und langsam erhitzen. Für Tee nicht aufkochen!

Haselnuß, Walnuß
Schalenobst. Zum Entfernen der braunen Häutchen die Nußkerne in einem Metallsieb über offener Flamme schütteln.

Heidelbeere
Wildfrucht. Auch unter der Bezeichnung Blaubeere bekannt. Die kleinen dunkelblauen Früchte sind eisenhaltig, tragen zur Blutbildung bei und wirken stopfend bei Durchfallerkrankungen. Die Beeren verlesen, auf einem Sieb im Wasser kurz hin und her schwenken und abtropfen lassen. Bei Lagerung oder langem Transport verlieren die Beeren viel Saft und können bitter werden!

Himbeere
Beerenobst. Die Früchte haben ein vorzügliches Aroma. Möglichst gleich nach der Ernte auslesen, die Beeren auf einem Sieb ins Wasser halten und kurz durchschwenken.

Holunderbeere
Wildbeere. Die reifen Beeren enthalten reichlich Vitamin C. Die reifen Dolden nach der Ernte gründlich abspülen und abtropfen lassen. Die Beeren mit einer Gabel abstreifen. Rohverzehr kann zu Verdauungsstörungen führen. Heiße Holunderbeergetränke oder -suppen haben sich bei Erkältungskrankheiten bewährt. Getrocknete Blätter und Blüten ergeben einen schweißtreibenden Tee.

Johannisbeere
Schwarzes, weißes und rotes Beerenobst. Reichlicher Vitamin- und Mineralstoffgehalt. Schwarze Johannisbeeren enthalten sechsmal mehr Vitamin C als rote. Die Früchte stets vor dem Entstielen gründlich waschen und abtropfen lassen. Die Beeren mit einer Gabel abstreifen. Durch den hohen Pektingehalt (Gelierfähigkeit) eigenen sich Johannisbeeren sehr gut für die Marmeladen- und Geleebereitung.

Kirsche
Steinobst. Dazu gehören helle und dunkle, frühe sowie späte Süßkirschen und verschiedene Sauerkirscharten. Sie fördern Kreislauf und Nierentätigkeit, beeinflussen positiv Knochen- und Blutbildung. Sauerkirschen enthalten mehr Vitamin C als Süßkirschen. Alle Kirschen erst nach dem Waschen entstielen.

Kokosnuß
Schalenobst. Die Frucht anbohren, die Kokosmilch ausgießen. Dann mit einer feinblättrigen Säge in der Mitte teilen. Das Nußfleisch mit Hilfe eines Löffels herauslösen. Die halben Schalen sind zum Anrichten von Salaten geeignet.

Mandel
Schalenobst mit süßen oder bitteren Kernen. Mandeln vor der Verarbeitung mit kochendem Wasser brühen, kurz darin ziehen lassen. Danach auf ein Sieb schütten, abziehen und auf einem sauberen Tuch breitgeschüttet trocknen lassen. Größere Mengen mit der Mandelmühle zerkleinern. Zum Mandelhakken auf das Holzbrett etwas Zucker streuen, damit die Mandeln nicht weg-

springen. Der Genuß von mehreren bitteren Mandeln kann – vor allem bei Kindern – zu Blausäurevergiftungen führen! Aus dem gleichen Grund keine geschälten Aprikosen-, Pfirsich- oder Pflaumenkerne als Mandelersatz verwenden.

Melone
Siehe Seite 146.

Mirabelle
Wachspflaume. Kleine, sehr süß schmeckende, runde bis rundliche Frucht. Mirabellen werden vorwiegend zu Sterilkonserven verarbeitet, sind aber auch für Frischverzehr geeignet.

Obst
Ebenso wie Gemüse ist Obst eine der wichtigsten Vitaminquellen. Die meisten Vitamine bleiben erhalten, wenn das Obst roh mit Schale verzehrt wird. Es soll erst nach dem Waschen zerkleinert werden und nicht längere Zeit im Wasser liegen bleiben. Obst ist stets bei milder Hitze und in geschlossenem Topf zu garen.

Pampelmuse, Grapefruit
Südfrucht. Hoher Wirkstoffgehalt. Das Aroma und die unterschiedlich vorhandenen Bitterstoffe wirken appetitanregend. Gründlich gewaschene Früchte mit einem rostfreien Messer quer halbieren und Saft oder Fruchtfleisch – nach Belieben mit Zucker bestreut – auslöffeln.

Pfirsich
Steinobst. Mittelspäte Sorten sind besonders saftig und haben ein feines Aroma. Diese Sorten sollten hauptsächlich roh gegessen werden. Zeitige und späte Sorten dagegen gewinnen an Aroma, wenn sie mit Zucker weiter verarbeitet werden (zu Kompott, Konfitüre, Obstspeisen). Pfirsiche stets gründlich waschen. Sollen sie abgezogen werden, dann mit einem Sieb ganz kurz in kochendes Wasser halten und mit spitzem Messer die Haut lösen. Pfirsichkerne nicht als Ersatz für bittere Mandeln verwenden, denn sie enthalten reichlich Blausäure!

Pflaume
Steinobst. Darunter fallen Spillinge, Mirabellen, Renekloden und Zwetschen. Spillinge eignen sich hauptsächlich zum Entsaften und für die Marmeladenzubereitung. Pflaumen wie Pfirsiche schälen. Pflaumenkerne nicht verwenden, weil sie Blausäure enthalten!

Preiselbeere
Wildfrucht. Die gepflückten Beeren auslesen, gründlich waschen und abtropfen lassen. Durch den hohen Gerbsäuregehalt sind sie in einem zugebundenen Tontopf lange haltbar, wenn sie mit Zucker gedünstet werden. So kann jederzeit die gewünschte Menge entnommen werden. Trotz Zuckerzugabe (sie schmecken herb) ergänzen dick gekochte Preiselbeeren Wildgerichte. Mit Milch verrührt sind Preiselbeeren besonders schmackhaft.

Quitte
Kernobst. Voll ausgereifte Früchte duften sehr stark und haben einen herbsüßen Geschmack. Der hohe Pektingehalt verleiht den Quitten eine ausgezeichnete Gelierfähigkeit. Die geernteten Früchte (Apfel- und Birnenquitten) entfalten ein viel stärkeres Aroma, wenn sie vor der Verwendung einige Wochen liegen. Zum Rohverzehr eignen sich die Früchte nicht. Quitten im allgemeinen nicht waschen, sondern mit einem trockenen Tuch abreiben, damit sich der Pelz auf der Schale löst. Quittenschalen können bei milder Hitze getrocknet und für die Teezubereitung verwendet werden.

Reneklode
Pflaumenart. Runde oder rundliche mit-

telgroße, süß und aromatisch schmeckende Frucht. Für Frischverzehr und Verarbeitung geeignet.

Rosine
Getrocknete Weinbeere (vorwiegend aus dem Mittelmeerraum stammend). Sultaninen sind hellgelblich und kernlos. Korinthen sind kleinbeerig, mit oder ohne Kerne.

Rhabarber
Siehe Seite 147.

Schalenobst
Walnüsse, Erdnüsse, Haselnüsse, Kokosnüsse- und Paranüsse sowie Mandeln enthalten einen hohen Anteil pflanzlicher Fette. Sie sind daher wesentliche Kalorienträger, haben aber gleichzeitig eine gesundheitsfördernde Wirkung und üben auf das Nervensystem einen günstigen Einfluß aus. Nüsse möglichst luftig und trocken lagern, weil sie zum Ranzigwerden neigen.

Stachelbeere
Auch im unreifen Zustand für Kompott, Kuchenbelag und zum Einkochen geeignet. Ausgereifte Früchte sind Vitamin-C-haltig und sollten möglichst roh gegessen werden. Vor dem Waschen Blüten und Stielansätze mit einer kleinen Schere abschneiden. Stachelbeeren können auch zu Most und Marmelade verarbeitet werden.

Walderdbeere
Sehr kleine Beerenart mit ganz ausgezeichnetem Aroma und Geschmack. Nicht zum Einkochen geeignet, weil die Beeren dann einen bitteren Geschmack bekommen. Roh gepreßt oder passiert ergeben sie jedoch einen aromatischen Saft oder eine feine Marmelade.

Weintraube
Die grünen und blauroten Früchte sind sehr saftig, aber unterschiedlich süß. Dattelwein ist eine spätere, zum Rohverzehr vorzüglich geeignete Sorte. Der gesundheitsfördernde Wert ist sehr groß. Bei Unverträglichkeit sollten die Beeren ausgepreßt und der Saft getrunken werden. Weintrauben müssen vor dem Genuß sehr gründlich gewaschen werden. Frisch gepflückte Weintrauben halten sich einige Zeit, wenn sie in einem kühlen Raum aufgehängt werden. Die Stielansätze möglichst mit Wachs oder Siegellack abdichten.

Zitrone
Südfrucht. Reich an Vitamin C und Mineralstoffen. Die Früchte vor der Verwendung stets gründlich waschen und trockenreiben. Die Schale chemisch behandelter Früchte darf nicht verwendet werden. Zitronen, die ausgepreßt werden sollen, mit leichtem Druck auf der Tischplatte hin und her rollen, danach halbieren. Zitronen zum Garnieren in Scheiben oder Spalten schneiden und die Kerne möglichst entfernen. Limetten sind kleine, dünnschalige und saftreiche Zitrusfrüchte, die wie Zitronen zu verwenden sind.

Zwetsche
Späte, wohlschmeckende Pflaumenart. Sie läßt sich vielseitig verwenden, z. B. zu Pflaumenmus, Kompott, Blechkuchen. Frisch gepflückte, einwandfreie Zwetschen halten sich einige Tage, wenn sie breitgeschüttet werden.

Gemüse

Artischocke
Distelart, edles Gemüse. Verzehrt werden die Blattansätze und die Böden des Blütenkopfes. Konservierte Artischockenböden können verschiedenartig gefüllt als Beilage für warme und kalte Speisen und zu wohlschmeckenden Salaten verwendet werden.

Aubergine
Violette oder gelblich-rote Eierfrucht. Kann in Öl gebraten und zu Ragouts oder Suppen verarbeitet werden. Auberginen lassen sich im eigenen Garten anbauen. Auberginen-Konserven eignen sich für Vorspeisen, Salate, als Beilage und für Füllungen.

Blumenkohl
Hochwertiges Blütengemüse, leicht verdaulich. Möglichst gründlich unter fließendem Wasser abspülen. Längeres Liegenlassen in Salzwasser schadet dem Wirkstoffgehalt. Nur Blumenkohlköpfe, die im ganzen gegart werden sollen, dürfen für etwa 10 Minuten in kaltes Salz- oder Essigwasser gelegt werden, damit die darin festsitzenden Insekten und Raupen herauskommen. Besonders weiß wird das Gemüse, wenn dem Dünstwasser etwas Milch und 1 Prise Zucker zugesetzt werden.

Bohne
Alle Bohnensorten enthalten im rohen Zustand die giftig wirkenden Phasine. Daher dieses Gemüse nur im gekochten Zustand verzehren. Bohnenkonserven sorgfältig prüfen, nur ganz einwandfreie verwenden und vor dem Verzehr aufkochen. Gefrorene Bohnen sind den eingekochten stets vorzuziehen. Fadenlose Bohnen vereinfachen die Vorbereitung. Das Gemüse stets unzerkleinert waschen, abtropfen lassen, von Fäden und Stiel befreien, brechen oder schnippeln. Junge, zarte Bohnen auch im ganzen dünsten. Frisches oder getrocknetes Bohnenkraut (Pfefferkraut) zufügen.

Brennessel
Wildgemüse. Zarte Blätter vor der Blüte wie Spinat oder Salat zubereiten.

Brokkoli
Spargelkohl, Sprossenkohl. Eine dem Blumenkohl ähnliche Gemüseart mit dunkel- bis violettgrünen kleinen, lockeren Köpfen.

Chicorée
Wintergemüse. Enthält Vitamin C. Leicht bitterlicher Geschmack. Von den Stauden nur die äußeren unansehnlichen Blätter entfernen. Auf keinen Fall den unteren Teil am Blattansatz aushöhlen. Er enthält wertvolle Bitterstoffe. Das Gemüse gründlich unter fließendem Wasser waschen, damit Sand und Staub zwischen den Blattlagen entfernt werden.

Chinakohl
Kohlgemüse. Enthält reichlich Vitamin C. Chinakohl hat einen feinen neutralen Geschmack und eignet sich daher zum Kombinieren mit anderen Gemüsesorten. Nur die äußeren beschädigten Blätter entfernen, das Gemüse gründlich waschen und entsprechend dem Rezept weiterverarbeiten. Die Blattrippen können wie Spargel zubereitet werden.

Endivie
Blattgemüse mit hohem Anteil an Vitamin C und Mineralstoffen. Die sorgfältig gewaschenen Blätter in schmale Streifen schneiden, in einer Marinade anrichten.

Erbsen
Auch als Gemüseerbsen bezeichnet. Fruchtgemüse. Reich an Eiweißstoffen, Mineralsalzen und Vitaminen des B-Komplexes. Junge Erbsen eignen sich besonders gut als Gemüsebeilage und für Eintöpfe. Beim Einkauf von Schoten ist die doppelte Menge des gewünschten Gemüsegerichtes erforderlich. Gefrorene Erbsen unaufgetaut garen.

Fenchel
Knollengemüse mit stark ausgeprägtem Aroma. Die gründlich gesäuberten Knollen werden in Brühe gegart und in

einer hellen, gebundenen Soße aufgetragen.

Gefriergemüse
Dieses Gemüse vor dem Garen nicht auftauen. Gefroren in wenig kochendes, leicht gesalzenes Wasser geben und mit oder ohne Fettigkeit mehr gar ziehen als kochen lassen. Püriertes Gemüse (Spinat, Grünkohl)) antauen In Scheiben geschnitten kann dieser Vorgang beschleunigt werden.

Gemüsebeilagen
Sie ergänzen Eier-, Fleisch- und Fischgerichte und sollten bei keiner Mahlzeit fehlen. Die schonendste Zubereitungsart für Gemüse ist das Dünsten.

Grünkohl
Wintergemüse. Auch unter der Bezeichnung Braun- oder Krauskohl bekannt. Nach dem ersten Frost hat dieses Gemüse einen besonderen Wohlgeschmack und wird gern zusammen mit Schweinefleisch aufgetragen. Die Blätter vom Strunk abstreifen, gründlich waschen oder kurz mit heißem Wasser überbrühen. Anschließend grob hacken oder durch den Fleischwolf drehen und je nach Rezept zubereiten.

Gurke
Erfrischendes und appetitanregendes wasser- und mineralstoffreiches, aber vitaminarmes Gemüse. Zarte grüne Gurken für den Rohverzehr gründlich waschen, auf Bitterstoffe überprüfen und mit der Schale zubereiten. Es ist ratsam, die Gurken stets von der Blüte zum Stiel hin zu schälen, damit der bittere Saft nicht über die Gurke verteilt wird.

Karotte
Kleine rundliche Mohrrübenart, die geputzt und unzerkleinert in Butter oder Margarine gedünstet als Beilage gegeben wird.

Kartoffel
Wichtiger Kohlenhydratträger, der in der warmen Verpflegung eine Vorrangstellung einnimmt. Die Kartoffel ist in der vitaminarmen Zeit einer der bedeutendsten Vitamin-C-Lieferanten. Schnelle Verarbeitung, d. h. kein langes Wässern geschälter Kartoffeln, Garen in der Schale (Pellkartoffeln), dünnes Schälen, Dämpfen oder Garen in wenig Wasser sind für die Vollwertigkeit eines Gerichtes entscheidend.

Kohlrabi
Wohlschmeckendes Gemüse mit hohem Kalziumgehalt. Junge Kohlrabi möglichst roh verzehren oder zusammen mit den gehackten Herzblättern dünsten. Holzige Kohlrabi in dünne Scheiben schneiden und frisch oder getrocknet als Wurzelwerk verwenden.

Kohlrübe
Dieses kräftig schmeckende Gemüse ist unberechtigterweise ein Stiefkind auf dem Küchenzettel! Nicht zu große, gelb-fleischige Rüben sollten bevorzugt werden und ergeben wohlschmeckende Suppen, Eintöpfe und Gemüsebeilagen. Mit Schweinefleisch auftragen. Die Rüben gründlich waschen, schälen und entsprechend dem Rezept verarbeiten. Die Zugabe von Kümmel erhöht die Bekömmlichkeit. Für Herzkranke und Schonkostformen sind Kohlrüben nicht geeignet.

Kopfsalat
Salatgemüse. Die grünen Blätter sind reich an Vitaminen, Mineralstoffen und Spurenelementen. Das Innere des Kopfsalates – das sogenannte Herz – ist der vom Kenner bevorzugte zartere Teil des Salates. Die ausgesuchten Blätter schnell, aber gründlich mehrere Male in reichlich Wasser waschen, erst dann zerpflücken, marinieren und mit reichlich frischen Kräutern bestreuen. Knackfrische Salatblätter eignen sich zum Gar-

nieren für Platten. Angerichtet soll Kopfsalat nicht lange stehen, da er sonst zusammenfällt und unansehnlich wird.

Kraut, Kohl
Rotkraut, Weißkraut und Wirsing lassen sich vielseitig verwenden. Verwelkte oder beschädigte Außenblätter entfernen. Den Kohlkopf abspülen, halbieren und vierteln, den Strunk ausschneiden. Für Rohkost das Kraut in feine Streifen schneiden, raspeln oder mit der Küchenmaschine zerkleinern, anschließend mürbestampfen. Für Eintöpfe oder gegarte Beilagen feine Streifen schneiden.

Kürbis
Fruchtgemüse. Nach Entfernen der äußeren harten Schale und des weichen Kernfleisches das saftige Kürbisfleisch den Gerichten entsprechend zerkleinern.

Mais
Kolben mit goldgelben erbsengroßen Körnern. Auf Grund seines hohen Nährstoffgehaltes hat Mais großen Sättigungswert. Unreife, geschälte Maiskolben (Zuckermais) wie Mixed pickles oder gedünstet mit flüssiger Butter servieren.

Mangold
Spinatgemüse. Schnittmangold und Rippenmangold sind hochwertiges Gemüse, denn es enthält reichlich Karotin. Das ausgelesene Gemüse vor der Zubereitung mehrere Male waschen. Die Blätter wie Spinat, die Blattrippen wie Spargel zubereiten.

Melone
Kürbisähnliches Gewächs mit unterschiedlichem Zuckergehalt. Bei uns werden Wassermelonen mit dunkelgrüner Schale und rötlichem Fruchtfleisch bevorzugt. Die Melone vor dem Verarbeiten gründlich abspülen, erst dann die Frucht in Spalten zerlegen. Oder die Oberfläche zackenartig einschneiden, mit einem Eßlöffel aushöhlen, erfrischende Obstsalate oder Bowlen in der ausgehöhlten Frucht anrichten. Den Melonendeckel nach Belieben auflegen.

Mixed Pickles
Sauer eingelegtes, junges, zartes Gemüse wie Bohnen, Gurken, Möhren, Zwiebeln, Blumenkohl, Paprika und Erbsen. Geeignet als pikante Beilage für kalte Speisen und zur Bereitung von Salaten.

Möhre
Wurzelgemüse. Sollte bevorzugt roh verzehrt werden. Junge Möhren unter fließendem Wasser abbürsten und die zarte Schale mit einem Küchenmesser abschaben. Ältere Möhren nach dem Waschen mit dem Kartoffelschäler dünn schälen, in Würfel oder Scheiben schneiden und mit einer Prise Zucker (nebst anderen Gewürzen) gar dünsten.

Paprikafrucht
Auch Gemüsepaprika. Eine rohe Paprikafrucht deckt den Tagesbedarf eines Menschen an Vitamin C und enthält wichtige Mineralstoffe. Den Stengelansatz herausschneiden und den Samenstand mit einem Teelöffel herauslösen. Die Früchte außen und innen kurz, aber gründlich unter fließendem Wasser abspülen.

Pastinake
Rübenartige Wuzel. Der Geschmack ist sehr würzig, möhren- und sellerieartig. Wie Möhren putzen als Wurzelwerk oder Mischgemüse verwenden.

Pilze
Wohlschmeckende, aber sehr schwer verdauliche Gemüseart. Nur eßbare Arten sammeln. Informationen durch Pilzberatung oder gute Fachbücher. Die Pilze frisch verarbeiten. Den Hut abzie-

hen, die Stiele ganz dünn schälen, wurmige Teile entfernen. Vor dem Zerkleinern mehrere Male in reichlich Wasser schnell waschen. Gegarte Pilze können – falls unbedingt erforderlich – im Kühlschrank bis zum nächsten Tag aufbewahrt werden. Es ist jedoch darauf zu achten, daß sich im Pilzgericht weder Kartoffeln noch Petersilie befinden und kein Metallgefäß genommen werden darf!

Porree, Lauch
Kräftiges, wohlschmeckendes und wirkstoffhaltiges Gemüse. Bei der Vorbereitung beschädigte Blattspitzen, äußere Blätter und Wurzeln entfernen. Die zarten grünen Blätter mit verwenden, denn sie enthalten wichtige Stoffe. Porree besonders gründlich, auch zwischen den einzelnen Blattlagen waschen, erst dann zerkleinern. Das Gemüse nicht abwellen oder überbrühen!

Radieschen
Von den verschiedenen Sorten sind besonders die halbroten-halbweißen sehr schmackhaft und zart. Radieschen stets gründlich unter fließendem Wasser waschen. Wurzeln und derbe Blätter entfernen. Die zarten Innenblätter wirken dekorativ und sind vitaminreich.

Rapünzchen
Blattsalat. Wurzeln und nicht einwandfreie Außenblätter abschneiden, die geputzten Rapünzchen mehrmals in reichlich Wasser waschen. Dieser vitaminreiche Blattsalat läßt sich gut zum Garnieren verwenden.

Rettich
Die verschiedenen Rettichsorten enthalten reichlich Senföle. Als Rohkost zubereitet wirkt Rettich appetitanregend und beeinflußt auch den Stoffwechsel günstig. Rettichsaft ist bekömmlicher als Rohkost, Rettichspiralen sind eine Spezialität zu Bier und herzhaften Schnitten.

Rhabarber
Stengelgemüse. Jungen, zarten Rhabarber nicht abziehen. Das obere und untere Ende abschneiden. Die Stengel gründlich waschen und in gleichgroße Stücke von 1 bis 2 cm schneiden. Rhabarbergerichte möglichst mit Milch oder Quark ergänzen, weil das Gemüse reichlich kalziumbindende Oxalsäure enthält. Rhabarber schmeckt süßer, wenn der vorgesehene Zucker nicht dem Dünstwasser, sondern dem vom Feuer genommenen Kompott zugefügt wird. Rhabarber ist außerdem als Kuchenbelag sowie für die Saft- und Weinbereitung geeignet.

Rosenkohl
Rosenkohl ist leicht verdaulich, nicht blähend und auch für Kleinkinder geeignet. Beträchtlicher Vitamin- und Mineralstoffgehalt. Die abgeschnittenen oder abgebrochenen Rosen äußerst sparsam putzen und dann mehrere Male – wenn nötig auch warm – waschen. Die oberen Blätter am Strunk können wie Grünkohl verwendet werden.

Rote Bete, rote Rübe
Wintergemüse mit beachtlichem Karotin- und Vitamin-C-Gehalt. Die Rüben mit der Schale kochen. Für Salat in kleine Scheiben schneiden oder grob raspeln. Mit Meerrettich oder gehacktem Kümmel besonders wohlschmeckend.

Rotkraut
Die blaue Farbe des Krautes schlägt beim Abschmecken mit Essig in ein kräftiges Rot um. Gewürze für Rotkraut: Nelke, Zwiebel, Pfeffer, Zimt, Zucker, Essig, Rotwein. Apfelscheiben, zum Schluß mitgedünstet, verfeinern den Geschmack, auch etwas Apfelmus, das am Schluß zugefügt wird. Rotkrautroh-

kost kann gehobelt und mit Meerrettich abgeschmeckt werden.

Salat
Im engeren Sinn Kopfsalat. Mehrere Male in reichlich Wasser waschen, abtropfen lassen und zerpflücken. Kurz vor dem Servieren marinieren.
Im weiteren Sinn versteht man unter Salat pikante oder süß angemachte Zutaten, die meist zerkleinert sind. Salate eignen sich gut für die Gästebewirtung. Ihr guter Geschmack erhöht sich, wenn sie kalt gestellt kurze Zeit durchziehen. Bratenreste, Wurstenden, frisches, weniger ansehnliches Obst u. ä. lassen sich geschickt zu Salaten verarbeiten.

Sauerkraut
Konserviertes Weißkraut. Es wird mit Salz vermischt, in Fässern eingestampft und der Milchsäuregärung unterzogen. Sauerkraut läßt sich gegebenenfalls auch im Haushalt in Steintöpfen bereiten. Ernährungsphysiologisch ist es sehr wertvoll, enthält Vitamin C sowie Milchsäure und wirkt verdauungsfördernd. Sauerkraut auch roh essen, Salate daraus bereiten und den Saft trinken. Das Kraut vor dem Garen niemals unter fließendem Wasser abspülen!

Schalotte
Milde, wohlschmeckende, kleine Zwiebel, die gebündelt (mit Lauch) zum Verkauf gelangt. Den Lauch wie Schnittlauch verwenden.

Schoten
Siehe „Erbsen".

Schwarzwurzel
Auch „Winterspargel" genannt. Leichtes und bekömmliches Gemüse. Die Wurzeln gründlich abbürsten, mit dem Küchenmesser abschaben und ganz dünn mit dem Kartoffelschäler schälen. Kurz in Essigwasser abspülen und dann in ein essiggetränktes Tuch legen, damit sich die Schwarzwurzeln nicht verfärben. Gleich weiterverarbeiten. Wie Spargel bündeln oder in gleichlange Stückchen schneiden und je nach Rezept garen.

Sellerie
Wurzelgemüse. Vor dem Schälen gründlich bürsten. Schalen und nicht so zarte Teile trocknen und in dicht schließendem Glasgefäß als Suppenwürze aufbewahren. Für Salate den geschälten Sellerie in Scheiben schneiden und in leicht gesalzenem Wasser dünsten. Die Dünstflüssigkeit für die Marinade mit verwenden, weil sie wertvolle Bestandteile enthält.

Spargel
Stengelgemüse, das möglichst frisch zubereitet oder gegebenenfalls in feuchten Tüchern aufbewahrt werden sollte. Die gewaschenen Stangen vom Kopf zur Schnittfläche hin schälen. Gebündelt oder in Stücke geschnitten je nach Rezept garen. Spargelschalen sind kein Abfall, sondern können für Suppen und Soßen ausgekocht oder als Wurzelwerk getrocknet werden.

Spinat
Blattgemüse. Enthält außer den Vitaminen A und C auch Eisen und Kalium. Der Oxalsäuregehalt sollte durch Zugabe von etwas Milch ausgeglichen werden. Spinat ist leicht verdaulich. Er sollte jedoch von Nierenkranken (mit Oxalat-Steinen) gemieden werden. Vor dem Waschen des Spinates Wurzeln, schlechte Blätter und vor allem Blüten (sie machen das Gericht bitter!) entfernen. Den durch das Garen beeinträchtigten Vitamingehalt durch Zugabe von gehacktem rohem Spinat (etwa $1/5$ der Gesamtmenge) ausgleichen.

Tomate
Fruchtgemüse mit hohem Vitamingehalt, Mineralstoffen und Spurenelementen. Als Rohkost, zum Garnieren, für

Suppen und Tomatenpüree geeignet. Für Schonkostgerichte die Tomaten abziehen.

Trockenpilze
Sie sind 12 bis 24 Stunden vor der Weiterverwendung in kaltem Wasser einzuweichen, das dann mit genommen wird. Getrocknete Pilze unbedingt trocken lagern, weil sie leicht wieder Feuchtigkeit anziehen. Leinensäckchen und Papiertüten sind deshalb ungeeignet. Gläser mit festsitzenden Schraub- oder Plastdeckeln sollten bevorzugt werden. Trokkenpilze sind nach Möglichkeit während des Winterhalbjahres mit zu verbrauchen.

Weißkraut
Blattgemüse. Kann zu vielen wohlschmeckenden Gerichten verarbeitet werden. Für Schonkost und Herzkranke ist es nicht geeignet. Die äußeren beschädigten Blätter entfernen, den einwandfreien Krautkopf abspülen und zerkleinern.

Zwiebel
Die Zwiebel ist Gemüse und Gewürz zugleich. Ihr wird eine heilende, blutdrucksenkende Wirkung zugeschrieben. Zwiebeln vor dem Schälen waschen, damit sich die Schale leichter löst, nach dem Schälen nochmals kurz abspülen. Zwiebelgeruch von Holzbrettern und anderen Gebrauchsgegenständen wird durch Abreiben mit trockenem Salz entfernt.

Fleisch

Backhähnchen
Portionierter Broiler, paniert und im Fettbad schwimmend ausgebacken.

Bries
Auch Brieschen oder Bröschen genannt. Thymusdrüse des Kalbes, gehört zu den Innereien. Vor der Zubereitung die Haut abziehen. Wird gekocht und z. B. für Frikassee mit verwendet oder gedünstet und in Weißweinsoße serviert.

Broiler
Zartes Hähnchen, das nach einer verhältnismäßig kurzen Mastzeit ab 1000 Gramm schlachtreif ist. Broiler eignen sich sehr gut zum Grillen, Braten sowie für Backhähnchen.

Eisbein
Oberer Teil der Schweinshaxe, eignet sich gut zum Pökeln, Kochen und Braten. Die Knochen möglichst vor dem Servieren auslösen.

Ente
Hausgeflügel. Das Fleisch ist zarter als das der Gans und enthält weniger Fett. Trotzdem tritt beim Braten ein erheblicher Masseverlust ein (etwa 45 Prozent), was schon beim Kauf bedacht werden muß. Je nach Alter und Gewicht Bratzeit von 1 bis 2 Stunden. Bratvorgang wie bei der Gans. Den Bratsatz ebenso entfetten. Enten können vor dem Braten mit Hackfleischmasse gefüllt werden. Das ist besonders dann empfehlenswert, wenn mehr als 4 Portionen benötigt werden. Zu Ente kräftige Gemüsearten (Rotkraut, Grünkohl, Rosenkohl) servieren.

Fasan
Wildgeflügel. Zum Braten keine alten Fasane, die am grauen Schnabel zu erkennen sind, verwenden. Fasane seitlich anbraten, weil Brust und Rücken sehr zart im Fleisch sind. Diese Teile bardieren (mit Speck umwickeln). Bratzeit etwa 1 Stunde.

Flecke
Rindermagen. Auch als Pansen, Kuddeln oder Kaldaunen bezeichnet. Flecke werden zu Eintöpfen oder Ragouts verarbeitet und süßsauer abgeschmeckt. Kochzeit 4 bis 5 Stunden.

Fleisch
Teile von warmblütigen Tieren wie Rind, Hammel, Kalb, Schwein, Ziege, Kaninchen und Geflügel. Es ist ein sehr wertvolles eiweißhaltiges Nahrungsmittel mit unterschiedlichem Fettgehalt, Vitaminen, Mineralstoffen und Spurenelementen. Die Zubereitung sollte sehr sorgfältig geschehen. Abgelagertes Fleisch wird beim Garen mürber als neuschlachtenes, das noch ein festes Gewebe hat. Bis zur Zubereitung kühl in einem geeigneten Gefäß aufbewahren. Das Klopfen bei großen Braten und bei Fleischscheiben vor dem Würzen und Garen ist sehr wichtig. Häute und Sehnen entfernen, auskochen und die Brühe für das spätere Zugießen mit verwenden. Feste Ränder bei Fleischscheiben ab- oder einschneiden, damit sie sich beim Braten nicht wölben. Nach dem Waschen das Fleisch abtrocknen, würzen und gleich garen, damit das Salz nicht erst den Fleischsaft lösen kann. Der durchschnittliche Garverlust beträgt bei Fleisch 15 bis 30 Prozent.

Fleisch, angebranntes
Die schwarze Kruste abschneiden und das noch brauchbare Stück in einem anderen Gefäß mit neuem Bratfett noch einmal anbraten. Verschiedene dazu passende Gewürze sowie Wurzelwerk können den brenzligen Geschmack etwas überdecken.

Fleischfondue
Rinds- oder Schweinelendchen u. ä., in Würfel geschnitten, von den Gästen auf Fonduegabeln gespießt und in heißem Öl auf dem Rechaud gegart. Anschließend würzt jeder Gast selbst und kann sich mit bereitgestellten Würzsoßen, Pommes frites, Weißbrot und Salaten bedienen.

Fleischgarpunkt
Fleisch ist gar, wenn es sich fest anfühlt, dem Druck mit einem Löffel nicht mehr nachgibt oder wenn sich die Knochen leicht lösen. Am Rand probieren, niemals mit einer Gabel anstechen, sonst läuft der Fleischsaft heraus und das Fleisch wird trocken!

Gans
Hausgeflügel. Schlachtreif ab 6. Monat. Das Fleisch ist besonders in den Herbst- und Wintermonaten wohlschmeckend.

Geflügel
Das Fleisch von jungem Geflügel ist zarter als das älterer Tiere. Junges Geflügel ist an folgenden Merkmalen zu erkennen: Es hat helle Füße mit scharfen Krallen bzw. mit zarten Schwimmhäuten. Die Brustknochen lassen sich leicht eindrücken, der Schnabel hat eine leuchtende Farbe. Geflügelfleisch soll immer einwandfrei riechen und sich durch eine hellrosa-gelbliche Farbe auszeichnen.

Geflügel ausnehmen und vorbereiten
Das recht kalt gelagerte, am Vortag gerupfte Geflügel absengen. Den Kopf und die Flügel im ersten Gelenk vom Rumpf aus abhacken. Durch einen kleinen Einschnitt am unteren Hals die Luft- und Speiseröhre abtrennen und zusammen mit dem Kropf herausziehen, danach den Hals abhacken. Zum Ausnehmen das gut gekühlte Geflügel an der unteren Bauchseite, oberhalb der Darmöffnung, 6 bis 8 cm längs aufschneiden, in der Bauchhöhle alle Eingeweide vorsichtig lösen und herausholen. Vorsicht, damit die an der Leber hängende Gallenblase nicht verletzt wird! Dann erst den Darm an der Öffnung herausschneiden. Den Magen aufschneiden, die aneinanderhängenden Hälften umstülpen, dabei den Magen entleeren, abspülen und die mehr oder weniger feste Innenhaut des Magens abziehen. Zuletzt die beiden unter dem Bürzel liegenden Drüsen herausschnei-

den und das Geflügel innen und außen kurz, aber gründlich waschen. Ist viel Darmfett vorhanden, dann das ganze Darmpaket in kaltes Wasser legen und vorsichtig, mit dem Messer nachhelfend, das Fett lösen.

Geflügelklein
Dazu gehören Hals, Flügel, Herz und Magen. Wird vorwiegend gekocht und für Eintopf oder Ragout verwendet. Die ebenfalls zum Klein gehörende Leber kann gebraten oder mit für die Geflügelfülle genommen werden.

Geflügelportionen

Pute	10 bis 12 Portionen
Gans	7 bis 10 Portionen
Ente	4 bis 6 Portionen
Hähnchen	2 bis 4 Portionen
Taube	1 bis 2 Portionen

Hackfleisch
Fein zerkleinertes Schlachtfleisch, das grundsätzlich nur unmittelbar nach dem Kauf roh verzehrt werden darf. Zur Weiterverarbeitung bestimmtes Hackfleisch darf auch im Kühlschrank nur höchstens $\frac{1}{2}$ Tag gelagert werden. Da Hackfleisch durch die Zerkleinerung mit viel Sauerstoff in Verbindung gekommen ist, sollte es keinesfalls eingefroren werden!

Hammel (Schaf)
Schlachtfleisch zwei- bis dreijähriger Tiere. Es hat einen ausgeprägten charakteristischen Eigengeschmack. Beliebte Gewürze sind Knoblauch, Zwiebel, Zitronensaft oder Curry. Hammelfleischgerichte ganz heiß und auf vorgewärmten Tellern oder Platten aufgetragen, weil das Fett sehr schnell gerinnt.

Hase
Haarwild. Sehr zart sind 8 Monate alte Tiere. Jagdzeit Oktober bis Januar. Zum Braten sind besonders Keulen und Rücken geeignet. Kopf, Brust, Läufchen, Bauchlappen, Herz, Lunge und Leber werden als Hasenpfeffer zubereitet.

Hasenpfeffer
Ragout aus Hasenklein.

Hasenrücken
Wird gespickt oder mit Speck umwickelt (bardiert) gebraten. Die Filets können auch ausgelöst und wie Steaks aufgeschnitten gegrillt oder gebraten werden.

Herz
Dieses wohlschmeckende magere Fleisch fällt mit den Innereien der Schlachttiere an. Im Haushalt wird es als selbständiges Gericht oder zusammen mit Lunge bereitet, auch als Ragout oder wie Gulasch oder Schmorbraten. Gekochtes Herz ergibt einen wohlschmeckenden Fleischsalat. Das rohe Herz vor der Verarbeitung aufschneiden und von Blutgerinnseln befreien.

Hirn
Auch als Gehirn bezeichnet. Innerei der Schlachttiere und vom Wild. Das Hirn vor dem Garen waschen, von Blutgerinnseln befreien und häuten, dann in Mehl oder geriebener Semmel wenden und braten oder in Würzbrühe gar ziehen lassen. Vorsicht beim Essen, es können noch Knochensplitter enthalten sein.

Hirsch
Sehr schmackhaftes, zartes und mageres Fleisch. Die Bratenstücke klopfen und spicken. Das Fleisch älterer Tiere zuvor in Beize legen. Zum Braten Gemüsewürfelchen, Gewürze und Zitronenscheiben zugeben. Die fertige Soße nach Belieben mit Rotwein abschmecken.

Huhn
Das Fleisch jüngerer Tiere ist rosa bis rosarot und von weißgelblicher Haut

umgeben. Ältere Hühner sind unterschiedlich fett und geben eine sehr wohlschmeckende Fleischbrühe ab. Das Fleisch wird bevorzugt für Eintöpfe und Frikassee.

Innereien
Dazu zählen Zunge, Hirn, Leber, Herz, Nieren, Lunge, Bries, Flecke. Näheres siehe jeweils dort.

Kaninchen
Das Fleisch ist feinfaserig und erinnert geschmacklich an Hühnerfleisch. Wildkaninchen sind im Geschmack kräftiger als zahme Tiere. Bei jungen Tieren, die wesentlich zarter sind, lassen sich die Ohrenränder und das Fell an der Innenseite der Keulen leicht einreißen. Bei alten oder älteren Tieren ist das nur schwer möglich. Ältere Tiere in Milchbeize legen. Das Fleisch vor dem Braten mit Salz und Pfeffer einreiben, spicken und Wacholderbeeren zugeben. Die Soße kann mit saurer Sahne verfeinert werden. Kopf, Bauchlappen, Herz, Lunge und Leber als Kaninchenklein weiterverarbeiten. Rücken, Keulen und Läufchen braten.

Kaßler
Eigentlich Kaßeler Rippenspeer. Gepökelter und geräucherter Schweinerücken oder Schweinekamm. Wird im ganzen gegart oder auch als Kaßler Kotelett.

Knochenmark
In den Röhrenknochen (Rind) enthaltene talgige bis gallertartige Substanz. Das Mark zusammen mit den Knochen kochen und in Scheiben geschnitten in die kochendheiße Brühe legen.

Kotelett
Mit Knochen geschnittene Scheibe aus dem Kotelettstück (Rücken) vom Schwein, Kalb, Hammel, Hirsch oder Reh. Kann paniert oder unpaniert gebraten oder gegrillt werden.

Kuheuter
Wird hauptsächlich gekocht verarbeitet, dann in Scheiben geschnitten, paniert und gebraten als „Berliner Schnitzel" serviert.

Lamm
Junges Schaf, nicht älter als 1 Jahr. Wird meist im Alter von 4 bis 6 Monaten geschlachtet. Zartes, helles und leicht verdauliches Fleisch. Mit Salz, Pfeffer und Senf würzen.

Leber
Gehört zu den Innereien der Schlachttiere (auch Geflügel) und des Wildes. Leber, wenn erforderlich, abziehen und die Röhren entfernen. In Scheiben geschnitten kurz braten. Erst nachträglich salzen, weil sonst die Leber hart wird. Geflügelleber gilt als besondere Delikatesse.

Lende
Im Rücken beiderseits der Wirbelsäule liegende Fleischteile der Schlachttiere. Das Fleisch ist sehr zart und wohlschmeckend. Es eignet sich besonders zum Grillen, Kurzbraten und Dünsten. Ganze Lende vor dem Braten spicken oder bardieren.

Lunge
Gehört zu den Innereien. Wie Fleisch kochen. Wird zu Lungenhaschee oder – meist zusammen mit Herz – für saure Kartoffelstückchen (Eintopf) verwendet.

Mixed Grill
Verschiedene kleine gegrillte Steaks (von Kalb, Schwein und Rind), Leber, Grillwürstchen und Speck. Dazu Kräuterbutter, Würzsoßen, Pommes frites.

Niere
Teil der Innereien von Kalb, Schwein, Rind und Hammel. Die Nieren vor der Zubereitung der Länge nach aufschneiden, die Röhren entfernen und das

Fleisch etwas wässern. Halbiert, in Würfel oder Streifen geschnitten, zubereiten.

Pökelfleisch
Mit Pökelsalz haltbar gemachtes rohes Schlachtfleisch. Gepökeltes Fleisch ohne Salz kochen oder zuvor wässern.

Poularde
Junge, gemästete Henne mit besonders zartem und wohlschmeckendem Fleisch. Zum Grillen und Braten geeignet.

Pute
Fleischiges, mageres Geflügel von feinem Geschmack, das sich zum Schmoren, Kochen, Dünsten, für gefüllten oder ungefüllten Braten eignet. Der Bratvorgang ist der gleiche wie bei Ente oder Gans. Da das Fleisch jedoch sehr mager ist, wird beim Braten etwas Margarine zugefügt. Das zarte Brustfleisch beim Braten mit Speckscheiben vor dem Austrocknen schützen.

Rauchfleisch, Schwarzfleisch
Gepökeltes und geräuchertes Schweinefleisch, mit Fett durchwachsen. Gekocht wird es für Hülsenfruchteintöpfe verwendet oder als Brotbelag mit Senf und Meerrettich aufgetragen.

Rebhuhn
Wildgeflügel. Rebhühner wie Geflügel vorbereiten. Das zarte Fleisch junger Tiere vor dem Braten bardieren; es ist in 20 bis 30 Minuten gar. Ältere Rebhühner schmoren oder dünsten.

Reh
Rotwild. Rehrücken und Rehkeule sind besonders zart und zum Braten geeignet. Das gut abgehangene Fleisch vor der Zubereitung unbedingt häuten, das Fleisch älterer Tiere in Beize legen. Spicken oder bardieren ist zu empfehlen, damit das magere Fleisch nicht so sehr austrocknet.

Rollbraten, Wickelbraten
Flache Fleischstücke eignen sich besonders gut dafür. Ausgebeinte Kalbsbrust, Schweinebauch, auch ausgeschnittene Schweinekeule oder -kamm auslegen, würzen, mit einer Fülle versehen. Die Kanten einschlagen, das Fleisch gleichmäßig zusammenrollen, mit Zwirn oder Naturbindfaden ganz fest wickeln. Mit Wild ebenso verfahren.

Rostbraten (Rostbrätel)
Aus dem Rippenstück oder Roastbeef stark flach geklopfte Scheibe ohne Knochen.

Rumpsteak
Scheibe aus dem Rippenstück des Rindes (ohne Knochen). Das Fleisch soll gut abgehangen sein und gehäutet werden. Leicht klopfen, würzen, die derbe Außenhaut einschneiden und entsprechend zubereiten.

Sauerbraten
Geschmortes Rindfleisch, das zuvor in eine Beize eingelegt wurde. Das Fleisch wird dadurch mürbe und erhält einen vollmundigen angenehm säuerlichen Geschmack.

Schabefleisch
Rohes, fein zerkleinertes Fleisch vom Rind, das vielfach roh als Tatar verwendet (dazu Eigelb, Zwiebel und Gewürze), aber auch mit Hackfleisch gemischt gebraten wird. Besonders ist Schabefleisch bei energie- und fettarmer Ernährung zu empfehlen. Roh nur unmittelbar nach dem Kauf verzehren!

Schmalzfleisch
Aus Schweinefleisch hergestellter sehr fetthaltiger Brotaufstrich, der auch für Eintöpfe (Kraut, Porree) verwendet werden kann.

Schnepfe
Wildgeflügel. Sumpfschnepfen sind zarter als große Waldschnepfen. Die Vögel vor dem Braten bardieren. Bratzeit etwa 20 Minuten. Ältere Tiere schmoren oder kochen.

Schnitzel
Aus der Keule geschnittene Fleischscheibe ohne Knochen von Schlachttieren oder von Wild. Paniert oder unpaniert als Pfannengericht gebraten.

Steak
Naturell gebratene Scheibe vom ausgelösten Schweinekamm, der Schweins-, Kalbs-, Hammel-, Wildschwein-, Hirsch- oder Rehkeule. Steaks können ebenso aus Filet oder ausgelöstem Rückenstück geschnitten werden. Das Fleisch enthäuten, leicht klopfen und würzen. Vor dem Braten nach Belieben in Mehl wenden. Gegrillte Steaks sind besonders saftig.

Sülze
Sie wird besonders gut, wenn Schweinskopf und Eisbein dazu verwendet werden. Das Mitkochen von einigen Spitzbeinen fördert das Gelieren.

Taube
Das hell- bis dunkelrote Fleisch ist sehr zart, mager und besonders gut bekömmlich. Junge Tauben wie Geflügel vor- und wie Broiler zubereiten. Ältere Tiere schmoren, dünsten oder kochen. Garzeit je nach Alter 20 bis 50 Minuten. Taubenbrühe ist besonders als Krankenkost geeignet.

Wachtel
Federwild. Ist dem Rebhuhn ähnlich und kann ebenso zubereitet werden.

Wildbret
Bezeichnung für das Fleisch von Haarwild (Hirsch, Reh, Wildschwein, Hase und Wildkaninchen) und Federwild (Rebhuhn, Fasan, Schnepfe und Wildente).

Wildente, Wildgans
Junge Tiere wie zahmes Geflügel zubereiten. Ältere Tiere vor der Zubereitung in Beize legen, die Haut vorher abziehen.

Wildgeflügel
Federwild. Dazu gehören Fasan, Rebhuhn, Schnepfe, Wachtel und Wildente. Wildgeflügel hat mageres Fleisch, das vor dem Braten bardiert werden muß, damit es nicht austrocknet. Das Fleisch jüngerer Tiere braten, das älterer Tiere schmoren.

Wildschwein
Schwarzwild, Haarwild, Wildschweine wiegen bis zu 200 kg. Das Fleisch ist unterschiedlich fett und sollte gut gewürzt werden. Junge Tiere (Frischlinge) wiegen bis 45 kg und liefern zartes, wohlschmeckendes Fleisch.

Zunge
Gehört zu den Innereien der Schlachttiere (Rind, Kalb, Schwein). Wird frisch, gepökelt oder geräuchert angeboten. Pökelzunge vor dem Kochen wässern und kein Salz zufügen. Die gare Zunge kurz in kaltes Wasser legen, damit sich die Haut abziehen läßt. Mit zerlassener Butter, Rotwein- oder Rosinensoße anrichten.

Molkereiwaren

Butter
Milchfett, leicht verdaulich. Markenbutter hat 79%, Tafelbutter 74% Fettgehalt. Da Butter nur einen geringen Anteil an essentiellen Fettsäuren aufweist, sollte im Sinne einer gesunderhaltenden Ernährung dem Körper sowohl Butter als auch pflanzliches Fett (Margarine,

Pflanzenöl) angeboten werden. Butter nicht zum Braten verwenden, weil sie bei hohen Temperaturen sehr schnell verbrennt. Nach Belieben kann Kurzgebratenes vor dem Servieren noch in etwas Butter geschwenkt werden. Frische Landbutter mit 60% Fettgehalt und Frische Rahmbutter mit 45 % Fettgehalt sind energiereduzierte Erzeugnisse. Sie haben einen hohen Wasseranteil und sind deshalb auch nicht zum Braten geeignet.

Buttermilch
Sauermilcherzeugnis. Zeichnet sich durch hohen Eiweiß- und geringen Fettgehalt aus. Leichter verdaulich als Frischmilch. Gut geeignet für Übergewichtige und bei Verdauungsstörungen. Zu verwenden für Mixgetränke und Kaltschalen, als Beize für Braten und bei der Zubereitung von Bratensoße (Rinder-, Sauerbraten, Gulasch).

Butterschmalz
Reines Fett, durch Ausschmelzen von Butter hergestellt. Als Brat- und Backfett zu verwenden.

Ei
Im Handel sind Hühnereier, die nach Gewicht in 4 Klassen eingeteilt werden:

AA	= 60 Gramm und darüber
BB	= 55 bis 60 Gramm
CC	= 45 bis 55 Gramm
klein	= unter 45 Gramm

Hochwertiges, vielseitig verwendbares Nahrungsmittel. Wegen des hohen Cholesteringehaltes sollte jedoch der Eierverbrauch niedrig gehalten werden.

Entenei
In der DDR dürfen Enteneier entsprechend dem Lebensmittelgesetz nicht in den Verkehr gebracht werden, weil sie oft Träger von Salmonellen (Enteritisbakterien) sind, die zu Vergiftungen führen können.

Gänseschmalz
Gewässertes Darmfett, kleingeschnittenes Fett aus der Bauchhöhle der Gans sowie das abgeschöpfte Bratenfett nach Belieben mit einem Zweig Beifuß und einigen Apfelspalten braten. Zum Steifen möglichst Schweineschmalz (etwa die Hälfte oder ein Drittel der Geflügelfettmenge) zufügen. Zuletzt das Fett durch ein Metallsieb gießen. (Plast verträgt nur 100 °C!)

H-Milch
Industriell behandelte Trinkmilch, die sich in der Originalpackung auch ohne Kühllagerung 6 Wochen und länger frisch hält. Die Vitamine sind noch weitgehend erhalten.

Joghurt
Sauermilcherzeugnis. Leicht verdaulich und verdauungsfördernd. Wird auch unter Zusatz von Obst, Obsterzeugnissen oder Fruchtaromen gehandelt. Ohne Zusätze anstelle von Mayonnaise oder Sahne – auch zum Strecken von beiden – ausgezeichnet für Rohkost und Salate verwendbar.

Kefir
Sauermilcherzeugnis. Mit Kefirpilzen versetzte Voll- oder Magermilch. Das Getränk ist leicht schäumend, schmeckt angenehm und wirkt verdauungsfördernd.

Kondensmilch
Dauermilcherzeugnis. Eingedampfte Vollmilch, gesüßt oder ungesüßt. Wird vorwiegend zum Weißen von Kaffee, aber auch zum Abschmecken und Verfeinern verschiedener Speisen und zur Salatbereitung genommen.

Leinöl
Leinvollöl, im Handel als Pur-Lin-Lein-Vollöl. Durch schonende Behandlung bei der Gewinnung sind fast alle Inhaltsstoffe noch enthalten. Für pikant angerührten Quark oder Kartoffelpfannengerichte verwenden.

Margarine
Hochwertiges Fett, vorwiegend pflanzlicher Herkunft, reich an essentiellen Fettsäuren, teilweise mit Vitaminen angereichert. Delikateßmargarine („Marella", „Sahna", „Cama") ist als Brotaufstrich gedacht. „Cama" ist energiereduziert und hat einen Wassergehalt von über 50%, deshalb zum Braten ungeeignet! Tafelmargarine („Marina") ist zur Speisenbereitung und Haushaltmargarine („Sonja") zum Braten und Backen geeignet. „Bacma" ist eine energiereduzierte Backmargarine, die speziell für Hefeteig verwendet werden sollte.

Mayonnaise
Dickliche Grundsoße aus Eigelb, Würzessig und Öl. Der Handel bietet Mayonnaise mit 83%, 65% und energiereduzierte Mayonnaise (ON® Salatmayonnaise) mit 24% Pflanzenölgehalt an. Sofern es sich um sehr fetthaltige Mayonnaise handelt, sollte sie im Haushalt zur besseren Verdaulichkeit mit Quark, Sauermilch oder Joghurt vermischt werden. Wird Mayonnaise selbst bereitet, ist darauf zu achten, daß alle Zutaten die gleiche Temperatur haben und das Öl nur tropfenweise zugefügt wird, weil sonst die Mayonnaise gerinnt. Siehe auch unter „Salatsoße, energiereduzierte" auf Seite 157.

Milch
Im Handel wird ausschließlich Kuhmilch angeboten. Vollwertiges Nahrungsmittel mit hochwertigem Eiweiß, Fett, Milchzucker, Mineralsalzen und Vitaminen. Trinkmilch ist pasteurisiert und hat einen Fettgehalt von 2,5% oder 3,2%. Für Erwachsene wird ein Tagesverbrauch von ½ Liter Milch empfohlen.

Milchpulver
Trockenmilch. Im Sprüh- oder Walzverfahren aus Vollmilch oder entrahmter Frischmilch hergestellt. Kühl und trocken lagern, weil das Milchpulver sonst klumpig wird. Nach Vorschrift auf der Verpackung mit Wasser auflösen.

Pflanzenöl
Flüssiges pflanzliches Fett. Aus den fetthaltigen Samen bestimmter Pflanzen (z. B. Lein, Raps, Sonnenblumen) gewonnen, hoher Anteil an essentiellen (lebenswichtigen) Fettsäuren. Tafelöl, teilweise naturtrüb, zum Kochen, Braten und Backen geeignet. Salatöl, durch industrielle Aufbereitung klar. Bleibt auch bei Aufbewahrung im Kühlschrank klar. Zur Salatbereitung zu verwenden. Siehe auch unter „Leinöl".

Quark
Preiswertes eiweißhaltiges Nahrungsmittel, gut bekömmlich und vielseitig verwendbar. Frischkäse hat 50% und 60% Fett i. T. Speisequark wird mit 10%, 20%, 30%, 40% und 50% Fett i. T. hergestellt. Buttermilchquark gibt es mit 10% und 20% Fett i. T. Außerdem bietet der Handel noch Speisequarkzubereitungen (süß oder herzhaft) als tischfertige Erzeugnisse an.
Quark gärt sehr rasch und sollte deshalb im Kühlschrank aufbewahrt und frisch verwendet werden. Vor der Verarbeitung zu Gerichten ist er möglichst geschmeidig zu rühren (mit dem elektrischen Rührgerät schlagen oder durch ein Sieb passieren). Beim Backen kann Quark mit niedrigem Fettanteil bis zu 50% Fettigkeit ersetzen. Für einen Teil des Fettes nimmt man die doppelte Quarkmenge.

Rindertalg
Geschmolzenes Rinderfett ohne Grie-

ben. Hat einen hohen Schmelzpunkt und eignet sich zum Anbraten von Fleisch. Außerdem wird es gern gerieben als Zutat für Stollenteig genommen. Kalt gestellte Bratensoßen, Fleischbrühen u. ä. vom Rinderfett befreien; es ist schwer verdaulich. Teller vorwärmen und Gerichte, die Rinderfett enthalten, ganz heiß servieren.

Sahne
Milchrahm. Durch Zentrifugieren von Vollmilch gewonnen. Fettgehalt bei Kaffee- und saurer Sahne 10 %, bei Schlagsahne 28 bis 30 %. Kaffeesahne wird vorwiegend zum Weißen von Kaffee genommen, läßt sich jedoch auch schnell – z. B. mit einigen Tropfen Zitronensaft gesäuert – zur Salatbereitung oder Vollendung einer Bratensoße verwenden. Saure Sahne kann für Bratensoßen, Suppen und zur Salatbereitung genommen werden. Schlagsahne wird in der Regel steif geschlagen. Frisch läßt sie sich mitunter nicht schlagen. Deshalb sollte sie zuvor 24 bis 48 Stunden zum „Reifen" im Kühlschrank stehen. Nach Belieben kann beim Schlagen auch Sahnestabilisator (siehe Seite 164) zugefügt werden.

Salatöl
Siehe unter „Pflanzenöl".

Salatsoße, energiereduzierte
Der Handel bietet mehrere energiereduzierte Salatsoßen und -cremes an („Salatsauce", „Sauce Tatar", „Meerrettichcreme"), die anstelle von Mayonnaise zur Bereitung von Salaten verschiedener Art bestimmt sind. Diese Soßen bzw. Cremes sind bereits gewürzt, lassen sich jedoch durch Hinzufügen zerkleinerter pikanter Zutaten individuell verändern oder durch Verrühren mit Flüssigkeiten dem Zweck entsprechend verdünnen.

Sauermilch
Durch Milchsäurebakterien gesäuerte Milch. Die dick gewordene Milch hat eine erfrischende und verdauungsfördernde Wirkung. Sie ist für Kaltschalen und Mixgetränke geeignet. Stark angesäuerte Milch kann zur Quarkzubereitung genommen werden. Auch zum Backen – anstelle von frischer Milch – ist Sauermilch verwendbar.

Schmalz
Durch Auslassen fetter Fleischteile gewonnenes Fett. Am bekanntesten sind Schweine- und Gänseschmalz.

Schmer
Rohes Fettgewebe aus der Bauchhöhle des Schweines. Vor dem Auslassen durch die grobe Scheibe des Fleischwolfes drehen oder in Würfel schneiden. Mit oder ohne Grieben aufbewahren. Das ausgelassene, noch flüssige Fett kann durch ein Sieb gegossen und von den Grieben getrennt werden.
(Vorsicht, Plastsiebe vertragen nur Temperaturen bis 100 °C, kein heißes Fett durchgießen!)

Schweineschmalz
Reines Schweinefett. Als Brotaufstrich (mit Zwiebeln und Äpfeln oder Beifuß ausgelassen), zum Kochen, Braten und Backen zu verwenden. Da Schweineschmalz einen hohen Cholesteringehalt aufweist, der die Arterienverkalkung begünstigt, ist im Alter ein sparsamer Verbrauch zu empfehlen.

Speck
Gesalzenes und geräuchertes Fettgewebe vom Schwein. Wird zum Spicken und Bardieren genommen, auch in ausgelassenem Zustand zum Anbraten von Fleisch, Krautwickeln usw. Paprikaspeck ist oberflächlich mit Paprika eingerieben. Bauchspeck ist durchwachsen, während Rückenspeck besonders fett ist.

Tafelöl
Siehe unter „Pflanzenöl".

Wachtelei
Ei der japanischen Zwergwachtel. Wachteleier werden in der DDR industriell produziert. Konzentrierter Gehalt an Mineralstoffen und Vitaminen des B-Komplexes, jedoch auch höherer Gehalt an Cholesterin als im Hühnerei. Wachteleier sollten nur in gekochtem Zustand gegessen werden.

Nährmittel und anderes

Aspik
Geklärtes Gelee (Gallert), hergestellt aus gelierstoffreichen Fleischteilen und Schwarten (Kalbsfüße, Schweineschwarten, Spitzbeine, Schweinekopf) oder Gelatine. Mit Aspik werden auch Gelees aller Art bezeichnet wie Fisch-, Gemüse-, Obst- und Weinaspik. Siehe auch unter „Gelatine".

Backaroma
Flüssiger Aromastoff (z. B. Bittermandel-, Vanille-, Rumaroma). Nur tropfenweise für Gebäck, Süßspeisen und Speiseeis verwenden.

Backpulver
Chemisches Triebmittel. Besonders für fett- und zuckerhaltiges Gebäck geeignet. 1 Beutel Backpulver ist ausreichend für 500 Gramm Mehl. Backpulver stets zusammen mit dem letzten Teil des Mehles sieben. Haltbarkeit bei trockener Lagerung etwa 9 Monate, deshalb stets auf das Herstellungsdatum achten!

Bienenhonig
Natürliches, von den Bienen erzeugtes Produkt. Hoher Gehalt an leicht resorbierbaren Kohlenhydraten und Mineralstoffen, appetitanregend. Als Brotaufstrich und zum Süßen von Getränken, Obstsalaten u. ä. verwendbar. Kristallisierter Bienenhonig kann im Wasserbad bei 35 °C bis 40 °C wieder flüssig gemacht werden.

Brötchen
Weizengebäck, vorwiegend mit Hefe hergestellt. Im Handel sind – territoral unterschiedlich – mehrere Brötchensorten wie Fett-, Mund-, Mohn-, Kümmel-, Kurbrötchen. Letztere sind besonders nahrhaft, weil sie Weizenschrot enthalten. Sie bleiben länger frisch und lassen sich auch nach mehreren Tagen noch aufbacken. Einfache, altbacken gewordene Brötchen können gerieben als Semmelmehl oder eingeweicht zum Strecken von Hackfleisch- und Fischhackmassen verwendet werden.

Brot
Je nach Sorte aus Mehl oder Schrotmehl, Wasser, Salz usw. mit Hilfe von Sauerteig oder Hefegärung hergestellt. Neben den üblichen Brotsorten Roggenvollkornbrot, Roggenmischbrot, Weizenvollkornbrot und Weizenbrot kommen Spezialbrote wie Graham-, Nafa-, Buttermilch-, Leinsaat-, Weizenkeim- und Früchtebrot sowie Pumpernickel und Flachbrote in den Handel.

Chutney
Scharfe Würzpaste aus Früchten, Gemüse und vielerlei Gewürzen. Als Beilage zu warmen Fleisch- und Fischgerichten, Aufschnitt u. ä. beliebt. Chutney kann im Haushalt selbst bereitet werden (z. B. Tomaten-, Stachelbeer-, Apfel-Aprikosen-Chutney).

Diabetiker-Lebensmittel
Diätetische Lebensmittel, die speziell für Diabetiker bestimmt sind und mit dem Warenzeichen „ON®-Sucrosin" mit einem roten Punkt versehen sind. Sie enthalten unter anderem für Diabetiker verträgliche Zuckeraustauschstoffe und haben einen geringeren Gehalt an verdaulichen Kohlenhydraten. Alle Produkte müssen in die tägliche Bedarfsbe-

rechnung aufgenommen werden. Im Handel befinden sich – territorial jedoch unterschiedlich – Dauerbackwaren, Marmeladen, Puddingpulver, Obst- und Gemüsekonserven, Süßwaren und Kakaoerzeugnisse sowie Getränke (Bier, Wein, Sekt).

Eierkuchenmehl
Ein Fertigmehl, das neben Mehl Milch- und Eipulver, Zucker, Salz, Backpulver und Gewürze enthält. Mit Wasser angerührt, ergibt es eine fertige Eierkuchenmasse.

Eierteigwaren
Teigwaren in verschiedenen Ausführungen (z. B. Makkaroni, Spaghetti, Bandnudeln, Hörnchen, Spirelli, Muscheln) mit einem Gehalt von $2\frac{1}{4}$ oder $4\frac{1}{2}$ Eiern je kg Fertigware. Garen von Teigwaren siehe Seite 65.

Essig
Speise-, Wein-, Sprit- und Kräuteressig enthalten je 10 % Essigsäure. Essigessenz mit 40 % Essigsäure darf nur in der auf der Flasche angegebenen Verdünnung verwendet werden. (Vor Kindern geschützt aufbewahren!)

Flüssig-Gewürz
Siehe Seite 109.

Gefrierkonserve
Kältekonserviertes Lebensmittel. Haltbarkeitsdauer ist abhängig vom Produkt und der Lagertemperatur, beträgt jedoch bei einer Lagertemperatur von −18 °C und darunter gewöhnlich mehr als $\frac{1}{2}$ Jahr. Wichtig ist, daß die Kühlkette (vom Hersteller bis zum Verbraucher) nicht unterbrochen wird. Angetaute Ware darf nicht wieder eingefroren werden, sondern ist sofort zu verbrauchen! In der warmen Jahreszeit ist beim Einkauf von gefrierkonservierten Lebensmitteln eine Campingkühltasche sehr zweckmäßig.

Gelatine
Industriell aus Knochen gewonnene Leimsubstanz, pulverisiert. Sofern auf der Packung nicht anders vermerkt, Gelatine immer erst in wenig kaltem Wasser vorweichen und dann in heißer, jedoch nicht kochender Flüssigkeit auflösen. Soll Gelatine zum Steifen von Milchspeisen verwendet werden, ist sie nach dem Vorweichen zunächst in wenig heißem Wasser aufzulösen und darf dann erst zur Milch kommen, weil diese sonst gerinnen würde. Beim Einkauf ist darauf zu achten, daß es nicht nur Tortenguß und Gelatine ohne Geschmacksträger gibt, sondern auch Gelatine, die für herzhafte Speisen (Fleisch-, Fischaspik) gedacht und dementsprechend schon etwas gewürzt ist. Siehe auch unter „Tortenguß" und „Aspik".

Gelee
Mit Zucker bis zur Gelierprobe eingekochter Fruchtsaft. Im Haushalt wird ein besseres Steifen durch Hinzufügen von käuflichem Geliermittel wie „Pektina" oder „Gelapekt" erreicht. Vorwiegend als Brotaufstrich.

Gewürz
Siehe Seite 108.

Götterspeise
Speisegelatinepulver mit Geschmacksstoffen, Säuren und Lebensmittelfarben gemischt. Ergibt mit Wasser und Zucker erhitzt eine schnittfeste, durchsichtige Süßspeise. Gut gekühlt mit Vanillesoße auftragen. Kann auch mit entsprechenden Früchten zu Obstgelee verarbeitet werden.

Graupen
Geschliffene stärke- und eiweißhaltige Gersten- oder Weizenkörner. Graupen werden für Eintöpfe verwendet.

Grieß
Feinkörniges, schalenfreies Weizenpro-

dukt. Weichgrieß wird für Milchbrei genommen. Grober harter Grieß wird vor allem für Klöße verwendet. Feinster Grieß eignet sich sehr gut zum Backen.

Grütze
Geschälte, grobkörnig zerkleinerte Gersten- oder Haferkörner. Grütze wird hauptsächlich für Breigerichte verwendet.

Haferflocken
Vollwertige, leicht verdauliche und verdauungsregulierende Vollkornnahrung, die einen festen Platz auf jedem Küchenzettel haben sollte. Für Müsli, Suppen, Backwaren (z. B. Makronen), Aufläufe u. ä. zu verwenden.

Haferschneeflocken
Haferflocken, die industriell vorbehandelt sind, so daß sie nur noch eine Kochzeit von 2 Minuten benötigen. Vorwiegend als Frühstückskost gedacht.

Hefe
Biologisches Triebmittel. Frische Hefe darf nicht rissig sein und keine dunklen Stellen haben. Es ist noch genügend Triebkraft vorhanden, wenn ein in warmes Wasser geworfenes Stückchen nach oben steigt. In Verbindung mit Zucker beginnt Hefe schneller zu treiben, während Salz den Lockerungsvorgang behindert und deshalb nicht direkt zur Hefe gegeben werden darf.

Hirschhornsalz
Chemisches Triebmittel. Muß vor Zugabe an den Teig in wenig kaltem Wasser oder Alkohol aufgelöst werden. Sind in einem Rezept Hirschhornsalz und Pottasche angegeben, dann getrennt auflösen und nacheinander unter den Teig arbeiten. Hirschhornsalz eignet sich nur als Triebmittel für kleines, flaches Gebäck, weil sich in hohen Kuchen der Ammoniakgehalt nicht genügend verflüchtigen kann und dadurch den Geschmack des Gebäcks beeinträchtigt.

Hülsenfrucht
Linsen, weiße und farbige Bohnenkerne sowie grüne und gelbe Erbsen (geschält und ungeschält) haben einen hohen Mineralstoff- und Eiweißgehalt. Verlesene und gewaschene Hülsenfrüchte 12 bis 24 Stunden mit kaltem Wasser – gerade bedeckt – einweichen. Das Einweichwasser mit zum Kochen verwenden. Kochzeit 40 bis 70 Minuten. In hartem, kalkhaltigem Wasser werden Hülsenfrüchte schwer weich. Solches Wasser durch Abkochen zuvor enthärten. Industriell vorbehandelte „Tempo-Hülsenfrüchte" benötigen ohne Einweichen nur 10 Minuten Kochzeit und 5 Minuten zum Garziehen. Salz und Essig immer erst nach dem Garen zufügen.

Instant-Erzeugnis
Sammelbegriff für industriell hergestellte Erzeugnisse (Pulver oder Granulate), die nach Zugabe von Flüssigkeit (Wasser, Milch, Saft) verzehrfähig sind. Als Instant-Produkte gibt es z. B. Kindernährmittel, Reismehl, Kartoffelpüreeflocken, Kremspeisepulver, Brühe, Erfrischungsgetränke, Kaffee, Malzkaffee. Instant-Erzeugnisse ersparen im Haushalt viel Zubereitungszeit.

Kartoffelkloßmehl
Industriell hergestelltes Produkt aus Kartoffeln und Salz. Ergibt, mit Wasser angerührt, eine küchenfertige Masse, aus der sich Klöße, Knödel, Kartoffelplätzchen sowie Kartoffelpuffer bereiten lassen. Nach Belieben können unter die Kartoffelmasse noch Eier, geröstete Brotwürfel, Muskat oder gehackte Kräuter gemischt werden. Kartoffelkloßmehl eignet sich auch zum Binden von Suppen und Gemüse, zum Panieren von Fleisch und Fisch sowie zum Strecken von Hackfleischmasse. Es gibt auch aus rohen Kartoffeln hergestellte Erzeug-

nisse für die Zubereitung von rohen Klößen und Kartoffelpuffern.

Kartoffelpüreeflocken
Instant-Flocken aus Kartoffeln zur Bereitung von Kartoffelbrei. Mit heißem Wasser und Milch verrührt in wenigen Minuten tischfertig. Unmittelbar nach der Zubereitung auftragen, weil sich sonst Farbe und Konsistenz verändern. Zur Verfeinerung evtl. 1 Eigelb zufügen. Kartoffelpüreeflocken eignen sich auch zur Bereitung von Kartoffelsuppe sowie zum Andicken von Eintöpfen und Gemüse.

Kartoffelstärke
Reinweiße Speisestärke, die aus stärkehaltigen Kartoffelsorten gewonnen wird.

Kindernahrung, löffelfertige
Enthält alle für das Kleinkind notwendigen Nähr- und Mineralstoffe sowie Vitamine. Angaben, für welche Altersgruppe die verschiedenen Produkte gedacht sind, befinden sich auf jedem Etikett.

Knäckebrot
Flachbrot aus Roggenvollkornmehl mit hohem Vitamin- und Mineralstoffgehalt, leicht verdaulich.

Knusperflocken
Aus Weizen, Reis, Hirse, Hafer, Gerste oder Mais hergestellte Flocken. Maisflocken werden als Cornflakes bezeichnet. Hoher Gehalt an Vitamin B_1. Tischfertiges Erzeugnis, vorwiegend als Frühstückskost zum Bestreuen der Milch (auf dem Suppenteller) gedacht. Kann auch Obstsuppen und Joghurt ergänzen oder nur so geknuspert werden.

Konfitüre
Wie Marmelade hergestellt, doch mit einem Anteil an Obststücken oder ganzen Früchten.

Konserve
Voll- bzw. Sterilkonserve. Durch Hitzekonservierung in Gläsern oder Dosen haltbar gemacht. Für industriell hergestellte Konserven gelten folgende Umlauffristen (also von der Herstellung bis zum Verbrauch):

Obstkonserven	18 Monate
Gemüsekonserven	12 Monate
Tischfertige Gerichte und Fleisch	9 bis 12 Monate

Fleisch- und Gemüsekonserven, die älter als 1 Jahr sind, sollten nicht mehr verwendet werden. Obstkonserven können evtl. auch über einen längeren Zeitraum noch genießbar sein (hängt mit der Obstsäure zusammen). Je länger jedoch etwas gelagert wird, um so geringer ist der ernährungsphysiologische Wert. Wärme-, Licht- und Temperatureinflüsse spielen bei der Lagerung eine große Rolle. Licht- und Sonneneinfall beeinflussen negativ. Deshalb Konserven dunkel aufbewahren. Die Lagertemperatur sollte zwischen 5 °C und 18 °C liegen.

Kräuter
Siehe Seite 126.

Kremspeisepulver
Instant-Puddingpulver. Mit Milch oder Wasser angerührt „ohne Kochen" sofort verzehrfertig. Ergibt eine cremige Süßspeise, nicht stürzfähig.

Kuchenmehl, backfertiges
Mehlmischung zur Bereitung verschiedener Kuchenarten. Enthält Mehl (auch Stärkemehl oder Grieß), Zucker, Triebmittel, Ei-, Milchpulver, Gewürze, Aromen und sonstige Zutaten. Nach Zugabe von Flüssigkeit und Fett, teilweise auch von Fett und Eiern, in kurzer Zeit backfertig.

Kunsthonig
Industriell aus Zuckerlösung hergestelltes, dem Bienenhonig ähnliches Erzeugnis. Teilweise mit Bienenhonig versetzt. Als Brotaufstrich und zum Backen geeignet (Bienenstich, Lebkuchen).

Kurzkochreis
Kuko-Reis. Industriell aufbereiteter Reis im Kochbeutel, der nur 7 bis 10 Minuten zum Garen benötigt. Entsprechend der Kochanleitung zubereiten. Nach Belieben kann jedoch der Beutel einmal entfernt und der Reis für Risotto oder für kleinere zu bereitende Mengen genommen werden.

Lebensmittel, energiereduzierte
Siehe unter „ON®".

Maisstärke
Aus Mais hergestellte Speisestärke. Unter der Bezeichnung „Maisan" im Handel.

Marmelade
Aus Obstbrei (von einer oder mehreren Obstsorten) unter Hinzufügen von Zucker, Pektin (Geliermittel) usw. hergestellt. Diabetikermarmelade ist jeweils nur aus einer Obstart mit Sorbit anstelle von Zucker hergestellt. Siehe auch unter „Sorbit".

Mehl
Fein gemahlene Getreidekörner mit unterschiedlichem Ausmahlungsgrad. Dunklere Mehlsorten enthalten mehr Wirkstoffe aus den wertvollen Randschichten des Korns und sollten dem ganz weißen Mehl vorgezogen werden. Roggenmehl wird bei der Brotherstellung oft mit Weizenmehl gemischt. Weizen-Auszugsmehl (W 405) ist für feine Torten, Sandkuchen und Teegebäck gedacht. Für Napf-, Blech- und Obstkuchen sowie zum Kochen sollte einfaches Weizenmehl (W 630) genommen werden. Mehl vor dem Backen stets durchsieben. Beim Anrühren mit Flüssigkeit das Mehl in die kalte Flüssigkeit einrühren, sonst entstehen Klümpchen. Mehl für dunkle Schwitzen unter ständigem Rühren vorsichtig in der Fettigkeit bräunen.
Verbranntes Mehl macht ein Gericht bitter!

Mohn
Samen einer Ölfrucht. Wird vorwiegend zum Backen verwendet. Mohn nicht in Kaffeemühlen zerkleinern, weil später das Kaffeearoma leiden würde. In Schlagmühlen anschließend Zucker zur Reinigung des Behälters mahlen und gleich mit zur Bereitung der Mohnmasse verwenden. Oder den Mohn zweimal durch den Fleischwolf drehen.

Oblate
Dünnes, flaches „Eßpapier" aus Getreidemehl. Dient als Unterlage für Lebkuchen und Makronen. Als „Backoblaten" im Handel.

ON®
Warenzeichen für optimierte Nahrung in der DDR. Es handelt sich dabei um Lebensmittel, die im Sinne einer diätetischen und gesunderhaltenden Ernährung ausgewählt werden. Sie unterliegen einer ständigen Kontrolle. Die den verschiedenen Verbrauchergruppen zugedachten Lebensmittel sind mit einem farbigen Punkt im Buchstaben O des Warenzeichens folgendermaßen gekennzeichnet.

ON mit rotem Punkt	= Sucrosin (für Diabetiker)
ON mit gelbem Punkt	= Fürs Kind
ON mit grünem Punkt	= Energiereduziert
ON mit blauem Punkt	= Salzarm

Orangeat
Kandierte Pomeranzen- und Orangenschalen. Wird ähnlich wie Zitronat verwendet.

Paniermehl
Semmelmehl mit Eipulver und Gewürzen vermischt. Deshalb kann beim Panieren das Wenden in Mehl und verschlagenem Ei entfallen.

Pektina, Gelapekt
Geliermittel zum besseren Steifen von Gelees und Marmeladen aus pektinarmen Früchten. Nach Vorschrift auf der Verpackung verwenden.

Pflaumenmus
Mit Zucker und Gewürzen eingekochter Pflaumenbrei. Bei der Bereitung im Haushalt empfiehlt es sich, eine Pfanne mit dem Pflaumenbrei in die Herdröhre zu stellen und die Herdtür einen Spalt offen zu lassen. Dann braucht nur hin und wieder einmal umgerührt zu werden und das Pflaumenmus kann nicht anbrennen.

Pottasche
Chemisches Triebmittel. Ebenso wie Hirschhornsalz dem Teig in aufgelöstem Zustand zufügen. Im Gegensatz zu Hirschhornsalz kann Pottasche auch für höhere Gebäckarten verwendet werden.

Präserve
Halbkonserve. Im Gegensatz zur Konserve nur kurze Zeit (bis zu einigen Wochen) haltbar und zum alsbaldigen Verbrauch bestimmt. Auch im Kühlschrank nicht länger haltbar. Herstellungsdatum bzw. Verbrauchsfrist beachten! Zu Präserven gehören z. B. Bockwürste im Glas, Fischmarinaden in Gläsern, Aspikspeisen (Fleisch, Wurst und Fisch in Aspik), Mayonnaise.

Pritamin
Konserviertes eingedicktes Paprikamark. Hoher Gehalt an Vitamin C. Zum Würzen von Fleisch- und Fischgerichten. Kann auch auf Butterbrot gestrichen werden.

Puddingpulver
Mit Geschmacks- und Farbstoffen vermischtes Stärkemehl. Mit Milch und Zucker – wie auf der Verpackung angegeben – zubereiten. Die exakte Bezeichnung für einen solchen Pudding ist eigentlich „Flammeri". Im Haushalt läßt sich Puddingpulver auch durch Stärkemehl ersetzen, dem Geschmacksträger wie abgeriebene Zitronenschale, Vanillinzucker, Vanilleschote, gehackte oder geriebene süße oder bittere Mandeln oder Kakaopulver zugefügt werden. Für die Schnell- und Campingküche gibt es Puddingpulver, die nicht zu kochen brauchen, sondern nur kalt anzurühren sind. Siehe unter „Kremspeisepulver".

Puderzucker
Gemahlene und gesiebte Raffinade (siehe auch unter „Zucker"). Klumpig gewordenen Puderzucker mit dem Nudelholz unter Papier zerdrücken oder in der Schlagmühle der elektrischen Küchenmaschine zerkleinern.

Puffmais
Reife Maiskörner, die auf industriellem Wege vergrößert und aufgeschlossen sind. Sie lassen sich mit Butter und Zucker rösten, eignen sich aber auch so zum Knabbern oder zum Bestreuen von Milchsuppen, Kaltschalen oder Obstspeisen. Puffreis wird aus Reiskörnern ebenso hergestellt.

Reis
Industriell entspelztes und von den Silberhäutchen befreites Getreide. Reis ist stärkehaltig und leicht verdaulich. Wegen seines neutralen Geschmacks paßt er zu vielen Gerichten. Reis vor der Zubereitung stets gründlich waschen und

auf einem Sieb abtropfen lassen. Reis für Eintöpfe oder Salat nach dem Kochen (nur in Wasser) unter fließendem Wasser im Sieb abspülen, damit die Brühe klar bleibt bzw. der Salat nicht zusammenklebt. Für dicken Reis als Beilage auf 1 Teil Reis 2 Teile Fleischbrühe, für Milchreis auf 1 Teil Reis 3 Teile Milch rechnen. Kurzkochreis (Kuko-Reis) ist besonders für die Schnellküche zu empfehlen. Siehe auch unter „Kurzkochreis".

Reismehl
Wird meistenteils in der Säuglingsernährung zur Bereitung von Reisschleim verwendet.

Saccharin
Synthetischer Süßstoff, dessen Süßkraft das 300- bis 500fache des Zuckers beträgt. Zur Gewichtsverminderung und für Diabetiker gut geeignet. Möglichst aufgelöst den fertigen Speisen zufügen. Zuviel Saccharin kann einen bitteren Nachgeschmack hervorrufen.

Sago
Erzeugnis aus Kartoffelstärke. Kochzeit bis zum Glasigwerden 25 Minuten. Für Rote Grütze und als Einlage für Obst- und Brühsuppen geeignet.

Sahnestabilisator
Pulver zum Steifen von Schlagsahne. Nach Vorschrift auf der Verpackung verwenden.

Sirup
Hergestellt aus Zuckerrübenschnitzeln (Zuckerrübensirup). Als Brotaufstrich und zum Backen von Pfefferkuchen geeignet.

Sojamehl
Auch Vollsoja genannt. Aus der Sojabohne gewonnenes fett- und eiweißreiches Mehl. Es kann in kleinen Mengen als Eiaustauschmittel verwendet oder Speisen sowie Backwaren zum Aufwerten zugefügt werden. In wenig kaltem Wasser anrühren und den noch ungegarten Speisen (auch Hackfleisch- und Fischhackmassen) unterarbeiten.

Sorbit
Zuckeraustauschmittel für Diabetiker. Ohne ärztliche Anweisung dürfen Diabetiker jedoch nicht mehr als 30 Gramm Sorbit über den Tag verteilt essen. Außerdem hat Sorbit eine abführende Wirkung. Es enthält auch Joule (Kalorien) und ist deshalb für Übergewichtige nicht geeignet!

Soßenkuchen
Lebkuchen, auch als Speisekuchen bezeichnet. Zum Dunkelfärben, Andicken und zur geschmacklichen Verfeinerung von Sauerbraten-, Wildbret- oder Fischsoßen (Karpfen polnisch). Entweder etwas Soßenkuchen in der Flüssigkeit aufweichen oder trocken reiben und dann mit aufkochen lassen.

Soßenpulver
Kochfertiges Pulver zur Bereitung einer süßen Soße (z. B. Vanille-, Schokoladensoße). Außerdem gibt es noch Instant-Soßenpulver (Sofix), das „ohne Kochen" eine tischfertige Soße ergibt. Sie sollte sofort nach der Zubereitung, mindestens jedoch am gleichen Tag verbraucht werden.

Speisewürze
Siehe Seite 109.

Stärkemehl
Aus Kartoffeln, Mais oder Weizen gewonnen. In den meisten Fällen wird Maisstärke (Maisan) verwendet, wenn von Stärkemehl die Rede ist.

Suppe, exotische
Suppendosenkonserve. Nach Erwärmung verzehrfertig. Schildkröten-, Trepang- (Seegurken), Haifischflossen- und

Känguruhschwanzsuppe. Diese Suppen werden in kleinen Tassen (Mokkatassen) mit Toastbrot gereicht. Falsche Schildkrötensuppe – mit Mockturtlesuppe bezeichnet – wird aus Kalbskopf und diversen Zutaten hergestellt.

Suppe, kochfertige
Trockenkonserve als Pulver oder Würfel (gebundene herzhafte oder süße Suppen, klare Suppen mit Einlagen). Kochdauer zwischen 10 und 20 Minuten. Je nach Geschmacksrichtung individuell verändern und aufwerten durch Eigelb, Kondensmilch, etwas Butter, Braten-, Wurst- oder Gemüsereste, frische Kräuter, frisches oder Kompottobst. Zur Ergänzung einer kochfertigen Suppe sollte immer etwas Rohkost gereicht werden.

Suppe, tafelfertige
Suppendosenkonserve (Fleisch-, Fisch-, Gemüse-, exotische Suppen). Nach Erwärmen verzehrfertig. Nach Belieben individuelle Veränderungen wie bei kochfertigen Suppen möglich.

Toastbrot
Weißbrot, speziell zum Toasten bestimmt, kann jedoch auch ungeröstet verzehrt werden. Rehbrücker Spezialtoast wird in mehreren Sorten hergestellt (z. B. mit Käse- oder Vitaminzusatz). Toastbrot schmeckt frisch geröstet und noch warm am besten. Es ist auch zum Überbacken (z. B. Karlsbader Schnitten) gut geeignet.

Tomatenketchup
Würzsoße aus reifen Tomaten und Gewürzen. Zum Würzen von kalten und warmen Fleisch- und Fischgerichten sowie zu Salatsoßen geeignet.

Tomatenmark
Konserviertes, eingedicktes Tomatenpüree. Angebrochenes Tomatenmark läßt sich einige Tage im Kühlschrank aufheben und schimmelt nicht, wenn eine dünne Ölschicht aufgegossen wird.

Tortenguß
Gelierpulver (ungefärbt oder gefärbt), das einen mehr oder weniger durchsichtigen Geleeguß für Obsttorten ergibt. Erst auf der Torte verteilen, wenn die Masse zu gelieren beginnt. Zu schnell fest gewordener Guß läßt sich durch Erwärmen wieder flüssig machen.

Traubenzucker
Wird vom Körper gut resorbiert, deshalb als Kräftigungsmittel für Kranke, Genesende, Kinder und Sportler besonders geeignet.

Vanillinzucker
Mit Vanillin (künstlich hergestelltes Vanillearoma) gemischter Kristallzucker zum Aromatisieren von Süßspeisen, Gebäck usw. 1 Päckchen Vanillinzucker ist normalerweise ausreichend für 500 Gramm Mehl oder $1/2$ Liter Süßspeise.

Vollreis, Naturreis
Industriell entspelzter, aber nicht von den Silberhäutchen befreiter Reis. Er enthält reichlich Vitamine des B-Komplexes und ist besonders zu empfehlen.

Weißbrot
Ungesüßtes Hefegebäck. Leicht verdaulich, mit stopfender Wirkung, arm an Wirkstoffen. Verwendung von altbackenem Weißbrot siehe unter „Brötchen".

Weizenstärke
Aus Weizen gewonnene Speisestärke. Sie wird hauptsächlich mit Mehl gemischt zum Backen verwendet. Unter der Bezeichnung „Weizenin" im Handel.

Zitronat
Kandierte Schale unreifer Zedratzitronen. Frisches Zitronat sieht hellgrün, älteres bräunlich aus. Möglichst unzer-

kleinert zwischen Rosinen aufbewahren, damit es nicht austrocknet. In Würfel schneiden oder mit der Rohkostraffel zerkleinern. Vorwiegend für Stollen, englischen Kuchen und Weihnachtsgebäck zu verwenden.

Zucker
Es gibt Rohr- und Rübenzucker. Handelsüblich als Raffinade, Weißzucker, Puderzucker, Würfelzucker, Zuckerhut. Reiner Energiespender, gehört zu den Kohlenhydratträgern, enthält keine Mineralstoffe und Vitamine. Ein reichlicher Zuckerverbrauch führt nicht nur zu Übergewicht, sondern hat außerdem eine kariesfördernde Wirkung.

Zuckerhut
Zuckerraffinade in fester Kegelform. Für die Feuerzangenbowle wird hochprozentiger Alkohol (Rum) darübergegossen und angezündet.

Zückli
Süßungsmittel in flüssiger (Zückli-sol) oder Tablettenform (auch für Diabetiker). Für Schwangere, Säuglinge und Kleinkinder ist Zückli nicht geeignet! Koch-, gefrier- und backbeständig, d. h. die Süßkraft bleibt auch bei diesen Vorgängen erhalten.

Zwieback
Ein durch Backen und anschließendes Rösten (in Scheiben geschnitten) getrocknetes, leicht verdauliches Gebäck. Zwieback kann aus Weizenmehl, Weizenvollkornmehl und auch mit bestimmten Zusätzen (z. B. Eier, Butter, Milch) gebacken werden.

Getränke

Aperitif
Appetitanregender und verdauungsfördernder Wein, der in kleinen Gläsern vor dem Essen gereicht werden kann (z. B. Wermut-, Dessertwein).

Bier
Alkoholgehalt von Einfachbier bis 1,5 Vol.-%, von Vollbier etwa 3,5 Vol.-% und von Starkbier etwa 5 Vol.-%. Trinktemperatur etwa 8 °C. Bier ist ein wesentlicher Energieträger und kann deshalb zur Gewichtserhöhung führen! In der Küche findet Bier für Suppen und Warmgetränke Verwendung.

Dessertwein
Wein mit hohem Zucker- und Alkoholgehalt (zwischen 15 Vol.-% und 22 Vol.-%). Leicht gekühlt (etwa 15 °C) aus Dessert- oder Rotweingläsern trinken. Nicht als Tischwein geeignet, kann jedoch vor dem Essen als Aperitif getrunken werden.

Diabetiker-Getränke
Der Handel bietet Bier, Wein und Sekt an.

Edelbrand
Destillat aus Wein (z. B. Weinbrand, Whisky, Rum, Arrak). Alkoholgehalt mindestens 38 Vol.-%. Ungekühlt in kleinen Gläsern servieren. – Cognac ist die gesetzlich geschützte Bezeichnung für französischen Weinbrand aus dem Gebiet nördlich von Bordeaux. Alkoholgehalt etwa 40 Vol.-%. Zimmerwarm in Schwenkern servieren.

Fruchtsaft
Muttersaft, naturtrüb oder klar (geklärt), z. B. aus Äpfeln, Beeren oder Rhabarber hergestellt. Enthält unter anderem reichlich Vitamine und ist deshalb von großem gesundheitlichen Wert.

Fruchtsirup
Durch reichlichen Zuckerzusatz konservierter Fruchtsaft (z. B. Erdbeer-, Himbeer-, Kirschsirup). Für Mixgetränke und Süßspeisen zu verwenden.

Fruchtsüßmost
Aus Fruchtrohsäften unter Zusatz von Zucker und Wasser hergestelltes alkoholfreies Getränk. Auch als Grundlage für Mixgetränke mit Milch, alkoholfreie Bowlen und Heißgetränke zu verwenden.

Instant-Kaffee
Warm und kalt löslicher, speziell aufbereiteter Röstkaffee.

Kaffee
Bohnenkaffee. Anregendes Aufgußgetränk aus geröstetem Samen des Kaffeestrauches oder -baumes. Zählt infolge seines Koffeingehaltes zu den Genußmitteln.

Kaffee, koffeinfreier
Spezialkaffee, dessen Koffeingehalt durch industrielles Verfahren bis auf Spuren entfernt wurde.

Kaffee-Ersatz
Kaffeeähnliches Getränk, vorwiegend aus Getreide hergestellt, koffeinfrei (Malzkaffee, Kaffee-Ersatz-Mischung). Kaffee-Ersatz gibt es auch als Instant-Extraktpulver (Im Nu).

Kräuter-, Früchte-, Schalentee
Erfrischendes Getränk aus Kräutern, Früchten (z. B. Hagebutten), Schalen (z. B. Kakaoschalen), Rinden oder Wurzeln; von einer Pflanzenart (z. B. Pfefferminze) oder verschiedene Pflanzen gemischt (z. B. Haustee, Frühstückstee). Je nach Anweisung auf der Verpackung nur überbrühen oder einige Minuten kochen lassen und dann durchseihen. Solche Tees eignen sich gut als Frühstücks- und Abendbrotgetränk oder zwischendurch als Durstlöscher.

Likör
Süße Spirituose mit einem Alkoholgehalt von 20 bis 40 Vol.-%. Hergestellt unter Verwendung von Fruchtsäften, Kräuterauszügen, Essenzen oder Extrakten (z. B. Cherry-Brandy, Pfefferminz-, Kakaolikör). Gut gekühlt servieren.

Limonade
Alkoholfreies Erfrischungsgetränk. Mit verschiedenen geschmackgebenden Stoffen (Fruchtsäfte, Essenzen u. ä.), Zucker oder Süßungsmittel und Kohlensäure versehen. Limonaden mit Koffeingehalt (Kola-Getränke) sind nicht für Kinder geeignet!

Mineralwasser
Kohlensäure- und mineralstoffhaltiges Wasser. Wird auf natürliche Weise gewonnen (Quelle oder Brunnen) oder aus Trinkwasser, das künstlich mit Mineralsalzen und Kohlensäure angereichert wird (Tafelbrunnen, Tafelwasser, Selterswasser). Kann pur getrunken, zum Mischen mit Fruchtsaft, -most oder -sirup, Weinbrand oder Whisky sowie zum Auffüllen von Bowle genommen werden. Mineralwasser wird jedoch auch gesüßt und mit aromawirksamen Zusätzen (z. B. Zitrusgeschmack) angeboten. Gekühlt servieren.

Obstwein
Alkoholgehalt zwischen 9 Vol.-% und 12 Vol.-%. Aus Steinobst (z. B. Kirschen), Kernobst (z. B. Äpfel) oder Beerenobst (z. B. Johannisbeeren, Stachelbeeren) hergestellt.

Rotwein
Alkoholgehalt etwa 10 Vol.-%. Rotwein nicht kühlen. Die Trinktemperatur sollte etwa 18 °C (Zimmerwärme) betragen. Während des Lagerns kann sich

Bodensatz bilden. Es handelt sich dabei um ausgeschiedene Gerbstoffe, die ein Zeichen für gute Weinqualität sind. Leichter Rotwein paßt zu Fisch- und leichten Fleischspeisen, schwerer Rotwein zu Rinderbraten, Wild oder Geflügel.

Schaumwein
Moussierender Wein, dessen Kohlensäure nicht durch natürliche Gärung entsteht, sondern nachträglich zugeführt wird. Schaumwein wird auch aus Fruchttischweinen hergestellt (Fruchtschaumwein). Kann gut gekühlt pur (etwa 6 °C) oder mit Zugabe von Früchten gereicht werden. Eignet sich auch zum Auffüllen von Bowle.

Selterswasser
Siehe unter „Mineralwasser".

Sekt
Moussierender Wein, dessen Kohlensäure durch natürliche Gärung entsteht. Alkoholgehalt etwa 12 Vol.-%. Die Trinktemperatur soll etwa 6 °C betragen. Für Sekt sind spitz zulaufende Kelchgläser oder flache Schalen üblich. Beim Einschenken jedes Glas in die Hand nehmen. Sekt paßt zu einem festlichen Frühstück, zu Cocktailhappen u. ä. sowie zu Nachtisch aus Eis oder Früchten. – Champagner ist die gesetzlich geschützte Bezeichnung für französischen Sekt aus der Champagne.

Tee
Aromatisches Aufgußgetränk aus den Blättern des Teestrauches. Es gibt schwarzen Tee (fermentiert) und grünen Tee (nicht fermentiert). Soll Tee anregen, dann 2 bis 3 Minuten ziehen lassen; soll er dagegen beruhigen, muß er 4 bis 5 Minuten ziehen.

Trinkbranntwein
Spirituose aus alkoholhaltigen Rohstoffen und Wasser, teilweise mit Geschmackszusätzen. Ohne Geschmackszusätze sind z. B. Wodka, Klarer; mit Geschmackszusätzen sind z. B. Kümmel, Wacholder, Himbeergeist, Steinhäger. Trinkbranntweine haben je nach Sorte einen Alkoholgehalt von 32 bis 50 Vol.-%. Gut gekühlt in kleinen Gläsern servieren.

Wein
Alle Weine sollten nach dem Einkaufen mindestens 2 Wochen ruhen. Weiß-, Rotwein und Sekt liegend, Dessertwein stehend aufbewahren. Jeder Wein – auch Sekt – verliert an Aroma durch langes Aufbewahren im Kühlschrank oder schnelles Herunterkühlen (z. B. im Kältefach des Kühlschrankes). Er sollte deshalb nur so lange in den Kühlschrank kommen, bis er die zum Ausschenken nötige Temperatur hat. Ausgenommen davon ist Rotwein, der mit Zimmertemperatur serviert wird und nicht in den Kühlschrank gestellt werden darf. Weinflaschen 1 Stunde vor dem Trinken entkorken, damit der Wein „atmen" kann.

Weißwein
Alkoholgehalt etwa 10 Vol.-%. Kühl (10 bis 12 °C) servieren. Leichter Weißwein paßt zu Vorspeisen, Fisch- und Käsegerichten, schwerer Weißwein zu gebratenem Fleisch.

FRISCH GEWAGT IST HALB GEKOCHT

In diesem Kapitel kann man sich systematisch mit der Zubereitung von Gerichten und Backwerk „bekanntmachen". Für vieles gibt es Grundrezepte. Wer sie sich nach und nach einprägt, hat bald einen guten Fundus zum Variieren und wird merken, daß Kochen eigentlich „kinderleicht" sein kann! Die Rezepte sind – sofern nichts anderes angegeben ist – für 4 Personen gedacht. Vorschläge für Zusammenstellungen verschiedener Mahlzeiten und zur Verwertung von Resten bieten dem Kochanfänger manche Hilfestellung. Und wie man alles ein bißchen hübsch garnieren kann oder was es zu bedenken gibt, wenn Gäste kommen, wird ebenfalls gesagt. Da bleibt eigentlich nur noch, allen recht gutes Gelingen zu wünschen!

Jeder Anfang ist nicht schwer

Auch mit einfachen Zutaten und wenig Aufwand sollte auf unserem Tisch stets Abwechslung sein. Das kann schon durch unterschiedliche Brotsorten, verschiedenen Aufstrich oder Belag erreicht werden. Wichtig: Vitamine in Form von Kräutern, Gurkenscheiben, Radieschen o. ä. – je nach Jahreszeit – nicht vergessen!

Brot und Belag

Butteraufstriche •
Jeweils die Butter (auch energiereduziertes Aufstrichfett) – am besten in einer erwärmten Schüssel – sahnig rühren. Die übrigen feinzerkleinerten Zutaten zufügen, zuletzt abschmecken und kalt stellen. Verschiedene Aufstriche (Kräuter-, Tomatenbutter) können zur Rolle geformt und in Alufolie gewickelt im Kältefach des Kühlschrankes durchgekühlt werden. Bei Bedarf lassen sich dann Scheiben abschneiden und z. B. beim Anrichten auf ein gegrilltes oder gebratenes Steak, Schnitzel o. a. legen oder auf kalter Platte anrichten.

Kräuterbutter
100 g Butter, 3 Eßl. gehackte frische Kräuter (Petersilie, Estragon, Dill, Basilikum oder Majoran), 1 kleine Zwiebel, Salz, einige Spritzer Zitronensaft.
Tomatenbutter
100 g Butter, 2 Eßl. Tomatenketchup, einige Spritzer Worcestersauce.
Senfbutter
100 g Butter, 2 Eßl. Senf, Pfeffer, Salz, einige Spritzer Zitronensaft.
Eieraufstrich
100 g Butter, 2 feingehackte hartgekochte Eier, Paprika, Salz, feingeschnittener Schnittlauch.
Käseaufstrich
100 g Butter, 50 g Briekäse, einige Spritzer Worcestersauce, Paprika.
Fischaufstrich
50 g Butter, 100 g entgräteter und feingehackter Räucherfisch, 1 Eßl. Senf, Paprika.

Schmalz •
500 g Schweineschmalz, 1 Stengel Beifuß, 2 Äpfel, 1 Zwiebel, Salz.
Schweineschmalz erhitzen, dabei Beifuß, Apfel-, Zwiebelwürfelchen und etwas Salz zugeben. Wenn die Zwiebel hellbraun ist, das Schmalz durch ein Sieb in eine Schüssel gießen.

Gänsefett •
600 g Gänsefett, 250 g Schweineschmalz, 1 Stengel Beifuß.
Gänsebratenfett und ausgebratenes Darmfett der Gans mit dem Schweineschmalz und Beifuß erhitzen. Durch ein Sieb in eine Schüssel gießen. Kühl gestellt aufbewahren.

Belegte Brote •
Brotbelag sollte stets abwechslungsreich sein. Das läßt sich schon mit wenigen Zutaten und etwas Überlegung erreichen. So sollte z. B. schon verschiedenes Brot wie Mischbrot, Vollkornbrot, Weißbrot oder Pumpernickel verwendet werden. Darauf kommt nach Wunsch Butter oder anderes Aufstrichfett oder gemischter Aufstrich und Belag.

Happenspießchen ●
Sie werden gern für die Gästebewirtung zurechtgemacht, weil sie nicht nur hübsch aussehen, sondern auch so klein sind, daß man dafür nicht extra Teller und Besteck benötigt.

Am besten Weiß- oder Mischbrot verwenden, das jedoch nicht zu frisch sein darf, damit es sich gut schneiden läßt. Die Scheiben können in kleine beliebige Formen geschnitten oder mit Förmchen für Kleingebäck ausgestochen werden. Dann mit Butter oder Aufstrich versehen, verschieden belegen und garnieren. Kleine Spießchen halten das Ganze zusammen.

Hier einige Vorschläge:
- Weißbrot, Butter, Gurkenscheibe, Röllchen von gekochtem Schinken
- Weißbrot, Butter, Tomatenscheibe, Eischeibe, Kaper
- Weißbrot, Kräuterbutter, Würfel von gebratenem Geflügel, Zitronenecke
- Mischbrot, Kräuterbutter, Schnittkäse, Tomatenscheibe
- Weißbrot, Butter, grüner Salat, Schnittkäse, Apfelsinenspalte
- Mischbrot, Butter, Salami, Stück Gewürzgurke oder Paprikafrucht
- Mischbrot, Butter, grüner Salat, Eischeibe, Radieschen
- Weißbrot, Butter, Schnittkäse, Weinbeere
- Mischbrot, Butter, Kaßlerscheibe, wenig Fleischsalat
- Mischbrot, Butter, Tomatenscheibe, Rührei, Petersilie
- Weißbrot, Butter, grüner Salat, Röllchen von rohem Schinken oder Salami mit Meerrettich

Eier

Gekochte Eier ●
Damit Eier beim Kochen nicht platzen, jedes vorsichtig am stumpfen Ende mit dem Eierpick oder einer Nadel anstechen und mit einem Eßlöffel vorsichtig in siedendes Salzwasser legen.
Vom Zeitpunkt des Aufkochens an für weiche Eier 2 bis 4 Minuten, für halbweiche Eier 4 bis 6 Minuten und für harte Eier 8 bis 10 Minuten rechnen. Die Eier sofort herausnehmen und abschrecken, damit sich die Schale löst.

Gefüllte Eier ●
4 bis 6 hartgekochte Eier schälen und längs halbieren. Die Eigelb herauslösen, zerdrücken (evtl. auch durch ein Sieb drücken) und mit den übrigen Zutaten verrühren. Die Füllmasse, für die es vielerlei Abwandlungsmöglichkeiten gibt, mit einem Teelöffel oder dem Spritzbeutel in die Eihälften füllen. Die Eier auf Salatblättern anrichten, nach Belieben mit Tomatenscheiben, Petersilie u. ä. garnieren.

Anschovisfülle
4 bis 6 hartgekochte Eigelb, 1 Eßl. Mayonnaise, 2 gewiegte Anschovis.

Heringsfülle
4 bis 6 hartgekochte Eigelb, 1 Eßl. durch ein Sieb gedrückte Heringsmilch, 1 geraffelter Apfel, 1 Eßl. Öl.

Schinkenfülle
4 bis 6 hartgekochte Eigelb, 50 g gewiegter gekochter Schinken (mager), 1 feingehackte kleine Gewürzgurke, 1 Prise Salz, 1 Eßl. Mayonnaise.

Kräuterfülle
4 bis 6 hartgekochte Eigelb, 1 Eßl. Öl, 1 Teel. Zitronensaft, 1 Eßl. gewiegte frische Kräuter, 1 Prise Salz.

Soleier ●
4 Eier, 1 l Wasser, 80 g Salz.
Die Eier in dem starken Salzwasser 8 Minuten kochen lassen. Dann herausnehmen, abschrecken, die Schalen leicht einknicken und die Eier in ein Glas oder ein Tontöpfchen legen. Das Salzwasser darübergießen und alles kühl stellen. Höchstens 2 Wochen aufbewahren.

Marinierte Eier ●
4 Eier, ⅜ l Wasser, ⅜ l Essig, 1 Teel. Salz,

½ Teel. Zucker, 1 kleines Lorbeerblatt, 3 Wacholderbeeren, 3 Gewürzkörner, 1 kleine Zwiebel, 1 bis 2 Paprikafrüchte.
Die Eier hart kochen. Alle übrigen Zutaten zu einer recht kräftig schmeckenden Marinade verkochen und ausgekühlt über die geschälten Eier gießen. Einige Tage mit einem Tuch bedeckt durchziehen lassen.

Rühreier •
4 Eier, 2 Eßl. Milch, Salz, Bratfett, Schnittlauch.
Die Eier nacheinander einzeln in eine Tasse schlagen, zusammen mit Milch und Salz verquirlen, in das heiße Bratfett gießen, und bei gelindem Feuer stocken lassen. Dabei mit einem Holzlöffel vom Boden lösen, damit die Masse großflockig wird. Mit gehacktem Schnittlauch bestreuen. – Durch die Zugabe von Käse oder Kräutern läßt sich das Rührei verändern.

Rühreier mit Einlage •
Die Rühreimasse vor dem Braten mit feingeschnittenem Schinken, Wurst- oder Tomatenwürfelchen, gedünsteten, zerkleinerten Pilzen oder zerpflücktem Räucherfisch vermischen.

Bauernfrühstück •
500 g gare Pellkartoffeln, 250 g Schinkenspeck oder 300 g Knackwurst, 2 Zwiebeln, 50 g Margarine oder Öl, Kümmel, Salz, 8 Eier, Schnittlauch.
Die Pellkartoffeln schälen und würfeln. Schinkenspeck oder Knackwurst und Zwiebeln in kleine Würfel schneiden. Die Margarine erhitzen. Zuerst den Schinkenspeck darin anrösten, dann Kartoffeln und Zwiebeln zufügen. Alles unter Rühren goldbraun braten, mit Kümmel und Salz würzen. Die einzeln aufgeschlagenen Eier gut miteinander verrühren, über das Gebratene gießen und ohne weiteres Umrühren stocken lassen. Mit Schnittlauch bestreuen.

Spiegeleier •
Im Tiegel wenig Margarine schwach erhitzen. Die einzeln aufgeschlagenen Eier vorsichtig hineingleiten und das Eiweiß auf kleiner Flamme stocken lassen. Die Dotter sollen unverletzt und weich bleiben.

Spiegeleier auf Schinken •
4 Scheiben roher Schinken oder Schinkenspeck, Bratfett, 4 Eier.
Die Schinkenscheiben in heißem Fett von einer Seite anbraten, dann wenden und die Eier vorsichtig, damit die Dotter nicht verletzt werden, darüberschlagen. So lange braten, bis das Eiweiß gestockt ist. – In der gleichen Weise lassen sich auch Spiegeleier auf Wurstscheiben bereiten.

Gekochte Eier in pikanter Soße •
Hart oder halbweich gekochte Eier schälen, längs halbieren und in Viertel oder Achtel schneiden. Mit einer Kräuter-, Tomaten-, Meerrettich- oder Senfsoße oder auch mit einer Quarkmayonnaise anrichten.

Verlorene Eier •
1 l Wasser, 2 Eßl. Essig, Salz, 4 Eier, Senf- oder Tomatensoße.
Das Wasser zusammen mit Essig und Salz aufkochen, die Eier einzeln in einen Schöpflöffel schlagen, vorsichtig ins Wasser gleiten und 3 bis 4 Minuten ziehen lassen. Mit dem Schaumlöffel herausnehmen und mit der Soße übergossen auftragen.

Eierkuchen •
(3 Grundrezepte)
I. ½ l Milch, 250 g Mehl, 3 Eier, Salz, 1 Messerspitze Backpulver.
II. ⅜ l Milch, 150 g Mehl, 2 Eier, Salz.
III. ¼ l Milch, 100 g Mehl, 4 Eier, Salz.
Alle Zutaten zu einem glatten Teig verquirlen. Wenig Öl im Tiegel erhitzen, eine Kelle Teig hineingeben, breitlaufen und auf der Unterseite goldgelb braten lassen. Mit dem Eierkuchenwender oder einem breiten Messer umwenden. Dabei noch etwas Bratfett zugeben und den Eierkuchen auf der zweiten Seite ebenfalls goldgelb braten.

Bei Verwendung ganzer Eier werden die Eierkuchen fester. Wird das Eiweiß jedoch zu steifem Schnee geschlagen und zuletzt unter den angerührten Teig gehoben, werden die Eierkuchen schaumig-locker. Steifen Eischnee immer erst kurz vor dem Braten unterziehen. Anstelle von Milch läßt sich auch Selterswasser verwenden. Dann werden die Eierkuchen besonders dünn und knusprig. Das Mehl bindet besser, wenn der angerührte Teig eine Weile gestanden hat.

Plinsen •
150 g Mehl, 10 g Hefe, reichlich 1/4 l Milch, 1 bis 2 Eier, 2 Eßl. Korinthen, 1 Prise Salz, 1 Teel. Zucker, Bratfett.
Alle Zutaten, die Hefe zerbröckelt, zu einem dickflüssigen Teig verrühren. An warmer Stelle mindestens 1 Stunde gehen lassen. Bratfett im Tiegel erhitzen, jeweils eine Kelle Teig hineingeben und auf beiden Seiten goldgelb backen. Mit Kompott oder zum Kaffee reichen. Nach Belieben zuckern.

Schaumomelett
(Einzelportion) •
3 Eier, 65 g Zucker, 50 g Mehl, 10 g Margarine, 40 g Konfitüre, 10 g Staubzucker.
Die Eier teilen, die Eigelb mit der Hälfte des Zuckers schaumig rühren. Den übrigen Zucker unter die steifgeschlagenen Eiweiß ziehen und über die Eigelbmasse geben. Das Mehl darübersieben und alles rasch mit dem Schneebesen untereinanderheben. Die Masse in eine gefettete, mit Mehl ausgestäubte flache Form füllen und bei Mittelhitze etwa 20 Minuten in der Röhre backen (Hölzchen oder Rouladennadel muß beim Hineinstechen trocken bleiben). Inzwischen die Konfitüre glattrühren und nach Belieben ein paar Tropfen Weinbrand zugeben. Das Omelett damit bestreichen und halb zusammenklappen. Auf eine vorgewärmte Platte gleiten lassen und mit Staubzucker besieben. Sofort auftragen.

Quark

Pikanter Quark •
500 g Quark, Milch, Salz, Paprika, Kümmel oder nach Belieben Kräuter, Zwiebelwürfel, geriebener Meerrettich, Tomaten- oder Paprikamark.
Den Quark mit so viel Milch verrühren, daß er geschmeidig wird. Mit Salz, Paprika und Kümmel o.ä. abschmecken. – Beim Anrühren können nach Belieben einige Tropfen Öl zugegeben werden. Anstelle von Milch läßt sich auch Sahne verwenden. Dieser Quark schmeckt als Brotaufstrich, zu Pell- oder Salzkartoffeln.

Süßer Quark •
250 g Quark, 50 g Zucker, 1/2 Päckchen Vanillinzucker, abgeriebene Zitronenschale, Milch.
Den Quark mit dem Zucker, den Gewürzen und so viel Milch verrühren, daß eine dickschaumige Creme entsteht. – Süßer Quark läßt sich auch mit Fruchtsaft (z. B Zitrone), Marmelade oder Kakaopulver zubereiten. Nach Belieben kann der Quark noch mit Eigelb, Sahne, gehackten Mandeln, gewaschenen und ausgequollenen Sultaninen oder Korinthen verfeinert werden. Nach Belieben kann auch zuletzt noch 1 Eiweiß – mit 1 Prise Salz steifgeschlagen – untergezogen werden.

Quarkkäulchen •
500 g gekochte Pellkartoffeln, 375 g Quark, 150 g Mehl, 65 g Zucker, 1 bis 2 Eier, Salz, abgeriebene Zitronenschale, 50 g Korinthen, Bratfett.
Die möglichst am Vortage gekochten Kartoffeln schälen, reiben und mit Quark, Mehl, Zucker, Ei und Gewürzen zu einem Teig verarbeiten, der nicht feucht sein darf. Sonst noch etwas Mehl oder Grieß zufügen. Zuletzt die Korinthen unterarbeiten. Ein Rolle formen, etwa 1 1/2 cm dicke Scheiben abschneiden, in Mehl wälzen und in heißem Fett auf beiden Seiten goldbraun braten. Die

Quarkkäulchen können mit Zimtzucker bestreut oder zu Kompott aufgetragen werden.
Für **herzhafte Quarkkäulchen** anstelle von Zucker und Korinthen 75g harte Wurst oder ausgebratene Speckwürfel verwenden und den Teig mit Paprika oder Pfeffer würzen.

Quarkpuffer •
1 Packung Kloßmehl, 250g Quark, 2 Eier, Salz, Bratfett.
Das Kloßmehl in ¾ l Wasser einrühren und etwas ausquellen lassen. Den Quark und die Eier unter die Masse rühren und mit Salz abschmecken. In erhitztem Bratfett zu dünnen Puffern ausbakken. Mit Kompott servieren.

Quarkklöße •
125g Margarine, Salz, Paprika, 400 g Quark, 4 Eier, 2 Teel. Backpulver, 400 g Mehl.
Margarine, Salz und Paprika verrühren, den Quark, die Eier und das mit Backpulver gesiebte Mehl unterarbeiten. Aus der Masse mit bemehlten Händen Klöße formen. In siedendem Salzwasser 10 Minuten leise kochen und weitere 10 Minuten ziehen lassen. Mit Gulasch oder gebratener Wurst servieren.
Für **süße Quarkklöße** anstelle von Paprika 65g Zucker und 1 Päckchen Vanillinzucker verwenden. Mit brauner Butter und Zimtzucker oder erwärmtem Kompott auftragen.

Aus gesäuerter Frischmilch kann Quark selbst bereitet werden. Ist die Milch soweit geronnen, daß sich klare Molke absetzt, wird sie durch ein gebrühtes Tuch oder Deckchen gegossen, das auf einem Sieb liegt. Wenn alle Flüssigkeit abgelaufen ist, kann der Quark verwendet werden.
Wichtig ist, daß gesäuerte Milch nicht zu warm steht, weil sonst der Quark grießig und bitter schmecken kann.

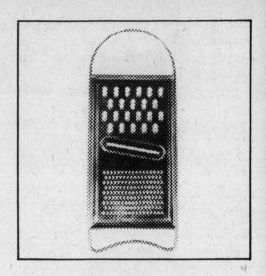

Gut gemischt, dann aufgetischt

Rohkost von Gemüse und Obst ist reich an Vitaminen, Mineralstoffen sowie Spurenelementen und hat einen günstigen Einfluß auf die Verdauung. Ein Schälchen täglich – möglichst zu Beginn der Mahlzeit – sollte zur Selbstverständlichkeit werden!
Salate aus den verschiedensten Zutaten können schon eine eigenständige Mahlzeit darstellen. Sie lassen sich beizeiten vorbereiten und eignen sich deshalb auch vorzüglich zur Gästebewirtung.

Rohkost

Salatmarinade I
(Grundrezept)
2 bis 3 Eßl. Öl, 1 bis 2 Eßl. Essig oder Zitronensaft, 1 Prise Salz, 1 Prise Zucker, nach Belieben frische Kräuter.
Öl, Essig oder Zitronensaft, Salz und Zucker vermischen und kräftig verrühren. Die Salatsoße muß sämig werden. Nach Belieben feingewiegte Kräuter zugeben. – Je nach Verwendungszweck kann die Salatsoße auch mit Pfeffer, Senf, Zwiebel, Paprikamark, Tomaten-

ketchup oder Meerrettich abgeschmeckt werden.

Salatmarinade II
(Grundrezept)
1 Eßl. Öl, 3 bis 4 Eßl. saure Sahne, 1 bis 2 Eßl. Essig oder Zitronensaft, 1 Prise Salz, 1 Prise Zucker, frische Kräuter.
Öl, Sahne, Essig und Gewürze kräftig schlagen. Die feingewiegten Kräuter zugeben. – Anstelle von Sahne kann auch Joghurt verwendet werden. Die Marinade kann außerdem – je nach Verwendungszweck – mit Zwiebel, Pfeffer, Senf, Meerrettich, Paprikamark (Pritamin) oder Tomatenketchup pikant abgeschmeckt werden.

Pikante Möhrenrohkost
500 g Möhren, 2 Zwiebeln, Salatmarinade I, Pfeffer.
Die Möhren waschen, schaben und raspeln oder raffeln. Die Zwiebeln fein schneiden. Alles mit der Marinade vermischen und mit Pfeffer abschmecken.

Möhren-Apfel-Rohkost
300 g Möhren, 200 g Äpfel, 1 bis 2 Eßl. gehackte Nüsse, 1 bis 2 Eßl. Rosinen, Zitronensaft, Zucker.
Die Möhren waschen und putzen, die Äpfel nur waschen und vom Kernhaus befreien. Möhren und Äpfel reiben, mit den gehackten Nüssen, den gewaschenen, aufgequollenen Rosinen, Zitronensaft und Zucker abschmecken.

Sellerierohkost
1 Sellerieknolle, 2 Äpfel, Salatmarinade II.
Den sorgfältig gewaschenen und geputzten Sellerie in die gut verschlagene saure Sahne raspeln und sofort untermischen, damit er sich nicht verfärbt. Die Äpfel mit der Schale ebenfalls raspeln und zugeben. Die restlichen Zutaten der Salatmarinade zufügen, alles vermischen und sofort servieren. – Sellerierohkost kann auch mit Mayonnaise oder Remouladensoße angemacht werden.

Rettichrohkost
400 g Rettiche, 40 g Mayonnaise, 2 Eßl. Joghurt, 1 Eßl. feingehackte Petersilie, 1 Teel. Senf, Salz, Pfeffer.
Die gründlich gewaschenen und geschälten Rettiche raspeln. Alle übrigen Zutaten gut verrühren und unter den Rettich mischen.

Kohlrabirohkost
3 Kohlrabi, 2 Äpfel, 1 kleine saure Gurke, Salatmarinade II.
Die Kohlrabi schälen, die Äpfel nur waschen und vom Kerngehäuse befreien. Kohlrabi, Äpfel und Gurke raspeln. Mit der Marinade mischen.

Radieschensalat
6 Bund Radieschen, Salatmarinade I oder II, 2 Eßl. feingehackte Petersilie oder andere Kräuter.
Die gewaschenen Radieschen in feine Scheiben schneiden. Mit der Salatmarinade vermischen und durchziehen lassen. Vor dem Anrichten mit gehackter Petersilie bestreuen.

Tomatensalat
500 g schnittfeste Tomaten, Salatmarinade I oder II, 1 Zwiebel, Schnittlauch.
Die gewaschenen Tomaten mit einem Tomatenmesser in dünne Scheiben schneiden. Die Salatmarinade über die Tomaten träufeln, etwas Pfeffer, gehackte Zwiebel und kleingeschnittenen Schnittlauch darüberstreuen.

Gurkensalat
1 grüne Gurke, Salatmarinade I oder II.
Gurke mit zarter Schale nur waschen, hartschalige Gurke von der Blüte zum Stiel schälen. Den Geschmack prüfen und das Bittere entfernen. Die Gurke in dünne Scheiben schneiden oder hobeln. Erst kurz vor dem Anrichten mit einer Marinade mischen und mit gehackten Kräutern (Petersilie, Dill oder Boretsch) bestreuen. – Nach Belieben können auch Gurken mit Tomaten gemischt werden.

Kopfsalat
2 Kopfsalat, Salatmarinade I oder II, Dill oder Zwiebelschlotten.
Von dem Salat die äußeren Blätter ent-

fernen, große Blätter später teilen, die zarten Rippen mit verwenden. Den Salat in reichlich Wasser vorsichtig waschen, aber nicht unter fließendem Wasser. Auf einem Sieb gut abtropfen lassen. Die Marinade mit kleingeschnittenem Dill oder Zwiebelschlotten vermischen und den Salat erst kurz vor dem Auftragen anmachen, weil er sonst zusammenfällt.

Rapünzchensalat
Wie „Kopfsalat" zubereiten.

Chicoréesalat
400 g Chicorée, 1 Apfelsine, 2 Äpfel, ⅛ l süße Sahne, 1 Eßl. Zitronensaft, Zucker nach Geschmack.
Den geputzten und gewaschenen Chicorée in Scheibchen schneiden. Apfelsinenspalten und die vom Kernhaus befreiten Äpfel in Würfelchen schneiden und zu dem Chicorée geben. Sahne, Zitronensaft und Zucker verschlagen und die Salatzutaten damit vermischen.

Paprikasalat
3 bis 5 Paprikafrüchte, 1 Zwiebel, Salatmarinade I.
Die gewaschenen Paprikafrüchte längs halbieren, Samenstand und Kerne entfernen und das Fruchtfleisch in Streifchen schneiden. Die feingeschnittene Zwiebel zufügen, Salatmarinade darübergießen, alles gut vermischen und durchziehen lassen.

Chinakohlsalat
400 g Chinakohl, 1 Bund Radieschen, ⅛ l saure Sahne, 1 Eßl. Tomatenketchup, 2 Eßl. feingehackter Schnittlauch, 1 Teel. Senf, ½ Teel. edelsüßer Paprika, je 1 Prise Salz und Pfeffer.
Den vorbereiteten Chinakohl in Streifen, die Radieschen in Scheiben schneiden. Aus den übrigen Zutaten eine Marinade bereiten und darübergießen. Alles gut vermischen, sofort servieren.

Rotkrautrohkost
500 g Rotkraut, Salz, Salatmarinade I, 1 Apfel.
Das Rotkraut putzen, waschen, vierteln und den Strunk entfernen. Das Kraut hobeln, mit Salz mürbe stampfen, dann mit der Marinade vermischen und gut durchziehen lassen. Den gewaschenen, vom Kernhaus befreiten Apfel raspeln und kurz vor dem Auftragen über die Rohkost streuen.

Weißkrautrohkost
Wie „Rotkrautrohkost" zubereiten, jedoch anstelle von Apfel 1 Zwiebel und etwas Kümmel verwenden.

Pikanter Sauerkrautsalat
500 g Sauerkraut, 100 g Möhren, 1 Apfel, 2 Eßl. Öl, 1 Eßl. Zitronensaft, 1 Eßl. Tomatenketchup, ½ Teel. Kümmel, Salz, Pfeffer.
Das Sauerkraut kleinschneiden, die Möhren putzen und raspeln. Die Äpfel vom Kerngehäuse befreien und ebenfalls raspeln. Das Öl erhitzen, mit den übrigen Zutaten vermischen und sofort über das zerkleinerte Gemüse gießen.

Rote-Rüben-Apfel-Rohkost
1 mittelgroße rote Rübe, 2 Äpfel, Salatmarinade II, 1 kleine Zwiebel, je ½ Eßl. gehackter Kümmel und geriebener Meerrettich.
Die rote Rübe gründlich waschen, schälen und fein reiben. Die Äpfel mit der Schale, aber ohne Kernhaus, raspeln. Die Salatmarinade mit geriebener Zwiebel, Kümmel sowie Meerrettich verrühren und unter die Rohkost mischen.

Süßer Apfelsalat
500 g Äpfel, ½ Flasche Joghurt, 1 Eßl. Honig, 1 Eßl. gehackte Nüsse.
Die gewaschenen Äpfel von Stiel, Blüte und Kernhaus befreien, vierteln und in Scheibchen schneiden. Joghurt und Honig zusammen schaumig schlagen, über die Äpfel gießen und die gehackten Nüsse obenauf streuen.

Bunter Obstsalat
200 g Äpfel, 200 g Birnen, 100 g Kirschen, 100 g Weinbeeren, 100 g Apfelsinenspalten, ⅛ l Joghurt, 2 Eßl. Zitronensaft, Zucker, 1 Eßl. gehackte süße Mandeln.
Äpfel und Birnen schälen, vom Kerngehäuse befreien, vierteln und in Scheiben

schneiden. Kirschen und Weinbeeren halbieren, dabei Steine und Kerne entfernen. Die Apfelsinenspalten in Scheibchen schneiden. Alles vermischen. Aus Joghurt, Zitronensaft sowie Zucker nach Geschmack eine Soße bereiten und über das Obst gießen. Den Salat leicht vermischen, kalt gestellt durchziehen lassen. Vor dem Auftragen gehackte Mandeln darüberstreuen.

Winterlicher Obstsalat
300 g Apfelsinenspalten, 2 Bananen, 2 Äpfel, 1 Eßl. Sultaninen, 2 Eßl. Weinbrand, 4 Eßl. süße Sahne oder Kaffeesahne, 2 Eßl. Zitronensaft, Zucker.
Apfelsinenspalten und Bananen in Scheibchen, die vom Kernhaus befreiten Äpfel in Würfelchen schneiden. Die gewaschenen und gequollenen Sultaninen untermischen. Die übrigen Zutaten verrühren, über den Salat gießen und alles gut durchziehen lassen.

Gekochte Salate

Salatsoße auf Vorrat •
(Grundrezept)
¼ l Essig, ⅛ l Öl, 2 Teel. Zucker, Salz, Paprika.
Den Essig mit abgekochtem, abgekühltem Wasser so verdünnen, daß er die richtige Schärfe hat. Alle Zutaten in eine Flasche füllen und schütteln, bis sich Zucker und Salz gelöst haben. Vor Gebrauch stets wieder schütteln. Eine auf Vorrat zubereitete Salatsoße ist zeitsparend und vielseitig verwendbar.

Salatsoße mit Öl •
(Grundrezept)
2 Eßl. Essig oder Zitronensaft, 3 Eßl. Öl, Salz, 1 Eßl. gehackte Kräuter.
Alle Zutaten gut verschlagen.

Salatsoße mit Sahne •
(Grundrezept)
4 Eßl. Sahne, 1 Eßl. Essig oder Zitronensaft, Salz, Paprika.
Die Sahne mit dem Schneebesen schlagen, den Essig tropfenweise zugeben. Mit Salz und Paprika abschmecken. – Nach Belieben geriebene Zwiebel, Zucker und gehackte Kräuter zufügen. Wird anstelle von süßer Sahne saure verwendet, kann auf Essig oder Zitronensaft verzichtet werden.

Salatsoße mit Ei •
(Grundrezept)
1 hartgekochtes Ei, 1 Eßl. Senf, Salz, 1 Prise Paprika, 1 Teel. Zucker, 2 Eßl. Essig, 2 Eßl. Öl, Schnittlauch oder Dill.
Aus dem hartgekochten Ei das Dotter lösen und mit einem Löffel fein zerdrücken. Zunächst Senf, Salz, Paprika und Zucker, dann Essig und Öl zugeben. Das Eiweiß in Würfelchen schneiden und ebenso wie den gehackten Schnittlauch zufügen.

Bunter Gemüsesalat •
200 g Möhren, 200 g Kohlrabi, 100 g grüne Erbsen, Salz, Salatsoße mit Öl oder Ei.
Die geschabten, gewaschenen Möhren und die geschälten Kohlrabi in Stifte schneiden. Möhren, Kohlrabi und grüne Erbsen in wenig Salzwasser gar dünsten. Alles mischen, die Salatsoße zufügen und gut durchziehen lassen. – Sehr schmackhaft ist dieser Salat auch, wenn das gare, abgetropfte Gemüse mit Zitronensaft mariniert und dann mit Mayonnaise vermengt wird.

Blumenkohlsalat •
1 Blumenkohl, 1 Glas Joghurt, 2 Eßl. Tomatenmark, 2 Eßl. Öl, ½ Teel. Salz, 1 Prise Zucker.
Die vorbereiteten Blumenkohlröschen in Salzwasser nicht zu weich kochen. Die übrigen Zutaten verrühren und darin den abgetropften Blumenkohl anrichten. – Nach Belieben kann auch Salatsoße mit Öl verwendet werden.

Zwiebelsalat •
500 g feste Zwiebeln, 1 Teel. Kümmel, 3 Eßl. Öl, 2 Eßl. Essig, Salz, 1 Eßl. gehackte Kräuter.
Die geschälten Zwiebeln in Scheiben schneiden, mit Kümmel bestreuen und

in dem erhitzten Öl dünsten. Aus Essig, Salz und gehackten Kräutern eine Salatsoße rühren und mit den Zwiebeln vermischen.

Spargelsalat
500 g Spargel, Salz, 1 Prise Zucker, Zitronensaft, 2 Eßl. Öl, nach Belieben Petersilie.
Den Spargel waschen, von den Köpfen abwärts schälen und die holzigen Teile entfernen. In kochendem Salzwasser mit einer Prise Zucker weichkochen und abtropfen lassen. Zitronensaft, Öl und gehackte Petersilie verrühren, den Spargel damit übergießen und durchziehen lassen. Sehr gut schmeckt Spargelsalat auch, wenn der gare, abgetropfte Spargel 1 bis 2 Stunden mit Zitronensaft mariniert und dann mit 100 g Mayonnaise vermischt wird.

Bohnensalat
500 g grüne Bohnen, Salz, Bohnenkraut, Salatsoße mit Öl, Pfeffer, 1 Zwiebel, Petersilie.
Die Bohnen waschen, putzen und in Stücke schneiden. In kochendem Salzwasser zusammen mit Bohnenkraut weichkochen. Abtropfen lassen, mit der Salatsoße, die mit Pfeffer abgeschmeckt wurde, übergießen, gehackte Zwiebel und Petersilie darüberstreuen, alles gut vermischen und durchziehen lassen.

Selleriesalat
750 g Sellerie, Salatsoße mit Öl.
Den Sellerie waschen und kräftig bürsten. Große Knollen halbieren, in wenig Wasser weichdämpfen. Kalt abspülen, damit er sich besser schälen läßt. Noch warm in feine Scheiben (evtl. mit dem Buntmesser) schneiden. Mit der Salatsoße übergießen, durchziehen lassen.

Rote-Rüben-Salat
Etwa 1 kg rote Rüben, 1 Stück Meerrettichwurzel oder 1 Eßl. geriebener Meerrettich, je ½ Teel. Kümmel und Salz, 1 Teel. Zucker, je 6 Eßl. Essig und Wasser.
Die roten Rüben waschen und kräftig bürsten. In wenig Wasser weichdämpfen, schälen und in Scheibchen schneiden (evtl. mit dem Buntmesser). Den geputzten, geriebenen Meerrettich sowie den gehackten Kümmel darüberstreuen. Salz, Zucker, Essig und Wasser aufkochen und erkaltet über die roten Rüben gießen. Gut vermischen und zugedeckt durchziehen lassen.

Marinade für Kartoffelsalat
1 Zwiebel, Salz, 1 Teel. Zucker, ½ Lorbeerblatt, 5 zerdrückte Pfefferkörner, 1 bis 2 Eßl. Essig, ⅛ l Würfelbrühe oder Wasser.
Die kleingeschnittene Zwiebel zusammen mit allen übrigen Zutaten langsam zum Kochen bringen und auf die Hälfte einkochen lassen. Die fertige Marinade durchseihen und heiß über die geschnittenen Kartoffeln gießen.

Einfacher Kartoffelsalat
750 g Kartoffeln, Marinade für Kartoffelsalat, 1 Zwiebel, 2 Eßl. Öl.
Die gewaschenen Kartoffeln in Salzwasser garen, pellen und in Scheiben schneiden. Die Marinade heiß über die Kartoffeln gießen. Dann die feingeschnittene Zwiebel und das Öl zufügen.

Mayonnaisensalat
Wie „einfachen Kartoffelsalat" bereiten. Anstelle von Öl 100 g Mayonnaise verwenden.

Warmer Specksalat
800 g Kartoffeln, 2 hartgekochte Eier, Marinade für Kartoffelsalat, 50 g Speck, 2 Zwiebeln, 2 Eßl. feingehackte Petersilie, 1 Prise Pfeffer.
Die gewaschenen Kartoffeln in Salzwasser garen, pellen und ebenso wie die Eier in Scheiben schneiden. Mit der heißen Marinade übergießen und vorsichtig vermengen. Den Speck in kleine Würfel schneiden und ausbraten. Die Zwiebeln kleinschneiden und darin goldbraun braten. Sofort über den Kartoffeln verteilen, Petersilie und Pfeffer zufügen und den Salat vorsichtig untereinanderheben. Warm servieren.

Kartoffel-Herings-Salat
500 g Kartoffeln, Marinade für Kartoffelsalat, 100 g gewässerte Salzheringsfilets,

2 Zwiebeln, 100 g marinierte Paprikafrüchte, 50 g Apfel, 50 g Gewürzgurke, 40 g Mayonnaise, 4 Eßl. saure Sahne, 1 Teel. Zitronensaft, 2 Eßl. feingehackte Petersilie, 1 Prise Pfeffer.
Die gewaschenen Kartoffeln in Salzwasser garen, pellen und in Scheiben schneiden. Mit der heißen Marinade übergießen. Salzheringsfilets, Zwiebeln, Paprikafrüchte, Apfel sowie Gurke in Würfel schneiden und zu den Kartoffeln geben. Aus den übrigen Zutaten eine würzige Soße bereiten, über die Salatzutaten gießen. Alles vorsichtig vermischen. Den Salat kaltgestellt gut durchziehen lassen.

Gemischte Salate

Bunter Reissalat •
250 g Reis, Salz, 100 g Tomaten, 100 g grüne Gurke, 100 g grüne Erbsen (Konserve), 100 g Bierschinken, 10 g Butter, 1 Teel. Curry, 2 Eßl. Öl, 1 Eßl. Essig oder Zitronensaft, 2 Eßl. feingehackte Petersilie, Pfeffer, einige Spritzer Peppersauce.
Den Reis in knapp 1 Liter Salzwasser garen, abgießen, mit kaltem Wasser überspülen und abtropfen lassen. Tomaten und grüne Gurke in Würfel schneiden, mit den abgetropften Erbsen zum Reis geben. Den Bierschinken in kleine Streifen schneiden, kurz in Butter anbraten, mit Curry bestäuben und zum Reis geben. Aus Öl, Essig, Petersilie, Salz, Pfeffer und Peppersauce eine Soße bereiten. Unter die Salatzutaten mischen und den Salat gut durchziehen lassen.

Spaghettisalat •
200 g Spaghetti, Salz, 100 g Schnittkäse (Edamer), 100 g Bierschinken, 100 g Gewürzgurken, 100 g Tomaten, 40 g Mayonnaise, 2 Eßl. Joghurt, 1 Eßl. Zitronensaft, 2 Eßl. feingehackter Schnittlauch, 1 Teel. edelsüßer Paprika, Worcestersauce, Pfeffer.
Die Spaghetti in Salzwasser garen, abgießen, mit kaltem Wasser abspülen und abtropfen lassen. Dann in 2 cm lange Stücke schneiden und in eine Schüssel geben. Käse, Bierschinken und Gewürzgurken in Würfel, Tomaten in Achtel schneiden und zufügen. Aus den restlichen Zutaten eine Soße bereiten; alle Zutaten damit vermischen. Den Salat gut durchziehen lassen. – Anstelle von Spaghetti können andere Teigwaren verwendet werden.

Teigwarensalat mit Geflügel •
200 g Teigwaren (Spirelli, Hörnchen, Makkaroni-Chips), 150 g gares Geflügelfleisch, 100 g garer Sellerie, 50 g Gewürzgurke, 50 g Paprikafrucht, 2 Eßl. Öl, 1 Eßl. Essig, 1 Eßl. Tomatenmark, 2 Eßl. feingehackte Petersilie, ½ Teel. edelsüßer Paprika, 1 Prise Muskat, je 1 Prise Zucker und Pfeffer.
Die Teigwaren in Salzwasser garen, abgießen, mit kaltem Wasser überspülen und auf einem Sieb abtropfen lassen. Fleisch, Sellerie, Gewürzgurke sowie Paprikafrucht in Würfel schneiden und zu den Teigwaren geben. Eine Soße aus den restlichen Zutaten bereiten, über die Salatzutaten gießen und alles gut vermischen. 1 bis 2 Stunden durchziehen lassen.

Eiersalat •
4 Eier, 1 Eßl. Mayonnaise, 5 Eßl. saure Sahne oder Joghurt, Salz, Paprika, Schnittlauch.
Die Eier 10 Minuten kochen, abschrecken und schälen. Ausgekühlt mit dem Eierschneider oder einem scharfen Messer in gleichmäßige Scheiben schneiden. Alle übrigen Zutaten verrühren, die Eischeiben hineingeben und kleingeschnittenen Schnittlauch darüberstreuen. – Nach Belieben können auch Tomatenachtel zugefügt werden.

Rindfleischsalat •
400 g gekochtes mageres Rindfleisch, 200 g Zwiebeln, 150 g Tomaten, 1 Gewürzgurke, 3 bis 4 Eßl. Öl, Essig, Salz, Pfeffer, Paprika, Senf.
Das kalte Rindfleisch, Zwiebeln, Tomaten und Gurke in kleine Würfel schnei-

den und locker untereinanderheben. Aus den übrigen Zutaten eine Marinade bereiten, mit den Salatzutaten vermischen und einige Zeit gut durchziehen lassen.

Fischsalat

400 g Fischfilet, 150 g marinierter Sellerie, 100 g Gewürzgurken, 100 g Tomaten, 1 Zwiebel, 40 g Mayonnaise, 1 hartgekochtes Ei, 2 Eßl. Zitronensaft, 2 Eßl. Weißwein, 2 Eßl. feingehackte Petersilie, Salz, Pfeffer.

Das Fischfilet in leicht gesalzenem Wasser garen, abkühlen lassen und leicht zerpflücken. Sellerie, Gewürzgurken, Tomaten und Zwiebeln in Würfel schneiden und locker untereinanderheben. Aus Mayonnaise, gehacktem Ei und den übrigen Zutaten eine würzige Soße bereiten und mit den Salatzutaten vermischen. Gut durchziehen lassen. – Für diesen Salat eignet sich auch ein garer Fischrest.

Heringssalat

300 g Salzheringsfilets, 150 g Gewürzgurken, 100 g gekochte Kartoffeln, 2 Zwiebeln, 100 g Äpfel, 40 g Mayonnaise, 2 Eßl. Joghurt, 2 Eßl. Tomatenketchup, 1 Eßl. Zitronensaft, Pfeffer.

Die gut gewässerten Heringsfilets sowie die Gewürzgurken in Streifen schneiden. Kartoffeln, Zwiebeln und Äpfel fein würfeln. Die restlichen Zutaten miteinander verrühren, über die Salatzutaten geben und den Salat gut durchziehen lassen.

Pikanter Käsesalat

200 g Schnittkäse, 100 g Salami, 100 g Gewürzgurken, 1 Zwiebel, 2 Eßl. Öl, 1 Eßl. Essig, 1 Eßl. feingehackter Schnittlauch, 1 Teel. Senf, Salz.

Schnittkäse, Salami und Gewürzgurke in Streifen, die Zwiebel in Ringe schneiden. Alles locker untereinandermengen. Aus Öl, Essig, Schnittlauch, Senf und Salz eine Soße bereiten und diese mit den anderen Zutaten vermischen. Den Salat durchziehen lassen und kühl servieren.

Hackfleischsalat

1 Tasse Reis, 5 Eßl. Öl, Salz, 300 g Gehacktes, 1 Zwiebel, Kümmel, Pfeffer, 1 Gewürzgurke, Essig, Zucker, Petersilie.

Den Reis in 3 Eßlöffel Öl schwenken und nach Zugabe von 2 Tassen leicht gesalzenem Wasser körnig ausquellen lassen. Das Gehackte, Zwiebel, Kümmel, Salz sowie Pfeffer verarbeiten und flockig in dem restlichen Öl braten. Fleisch, Reis und Gurkenwürfelchen locker vermischen, mit Essig, Salz und Zucker abschmecken. Kurze Zeit kühl gestellt durchziehen lassen. Vor dem Anrichten mit gehackter Petersilie oder auch mit Dill bestreuen.

Wichtig für eine schonende Gemüsezubereitung sind
1 großes Schneidebrett
1 scharfes rostfreies Messer
1 kleines spitzes Küchenmesser
1 Messer mit Sägeschliff für Tomaten
1 Gemüsehobel

Schnittlauch entfaltet sein Aroma am besten, wenn er mit einer Küchenschere möglichst fein geschnitten wird.

Im Winter, wenn frische Kräuter fehlen, ist getrocknetes Selleriekraut ein ausgezeichnetes Salatgewürz.

Teigwaren und Reis für Salate können einige Stunden vor der Salatfertigstellung gekocht und unter fließendem Wasser abgespült werden. Dann gut abtropfen lassen und zugedeckt aufbewahren.

Rohkost ist reich an Vitaminen, Mineralstoffen und Spurenelementen. Sie sollte täglich gegessen werden, am besten zu Beginn der Mahlzeit, weil sie einen günstigen Einfluß auf die Verdauung hat.

Gemüsesalat mindestens ½ Stunde, Fleisch-, Fisch-, Eier- und Teigwarensalate mehrere Stunden vor dem Essen zubereiten, damit sie gut durchziehen können.

Alles aus einem Topf

Selbst wer zunächst nur eine Kochstelle zur Verfügung hat, kann hin und wieder eine leckere Suppe oder einen deftigen Eintopf vorsehen. Die Auswahl ist groß und die Variationsmöglichkeiten sind beinahe unerschöpflich!

Brühen

Fleischbrühe •
400 g Kochfleisch, 2 l Wasser, Salz, 1 Stück Lorbeerblatt, 4 Gewürzkörner, 1 Zwiebel, Wurzelwerk.
Das Kochfleisch – es eignet sich am besten mit Fett durchwachsenes Rindfleisch – waschen und in kaltem Wasser zusammen mit Salz, Lorbeerblatt und Gewürzkörnern ansetzen. Zwiebel und Wurzelwerk putzen, waschen, zerschneiden und nach 1 Stunde Kochzeit zufügen. Weiterkochen, bis das Fleisch gar ist. Die fertige Fleischbrühe durchseihen.

Knochenbrühe •
500 g Knochen, 2 l Wasser, Salz, 1 Stückchen Lorbeerblatt, 4 bis 6 Gewürzkörner, 1 Zwiebel, Wurzelwerk.
Die gewaschenen Knochen mit kaltem Wasser ansetzen, dabei Salz, Lorbeerblatt sowie die Gewürzkörner zugeben. Nach 2 Stunden Kochzeit geschälte Zwiebel und geputztes Wurzelwerk zufügen und noch knapp 1 Stunde kochen lassen. Die fertige Brühe durchseihen. – Einen besonders kräftigen Geschmack bekommt die Brühe, wenn die Knochen vor der Zugabe von Wasser in etwas Margarine angeröstet werden. Ebenso verfeinern Trockenpilze – sie müssen vor dem Kochen eingeweicht werden – eine Brühe.

Geflügelbrühe •
Wie „Fleischbrühe" zubereiten.

Fischbrühe •
Fischabfälle (Gräten, Flossen, Bauchlappen, Köpfe) oder 400 g grätenreiche kleine Fische, 2 l Wasser, Salz, 1 Stück Lorbeerblatt, 4 Gewürzkörner, 1 Zwiebel, Wurzelwerk.
Die Fischabfälle waschen und zerkleinern, dabei aus den Köpfen die Kiemen entfernen und wegwerfen. Werden ganze Fische verwendet, diese ebenfalls gründlich säubern. In dem mit Salz, Lorbeerblatt und Gewürzkörnern gewürzten Wasser etwa 25 Minuten kochen lassen, erst dann geschälte Zwiebel sowie geputztes Wurzelwerk zugeben. Nochmals 25 Minuten kochen lassen. Die fertige Fischbrühe durch ein sehr feines Sieb seihen.

Gemüsebrühe •
Etwa 500 g verschiedenes Gemüse (auch Abfälle), 2 l Wasser, Salz, 3 Gewürzkörner, 1 Zwiebel.
Das gründlich gewaschene, kleingeschnittene Gemüse mit Salz, Gewürzkörnern und der geschälten, halbierten Zwiebel in dem kalten Wasser ansetzen und reichlich 1 Stunde kochen lassen. Die fertige Brühe durchseihen. – Werden helle Gemüsearten verwendet, kann die Zwiebel auch ungeschält zugegeben werden.

Einlagen für Brühen und Suppen

Eierflocken
2 Eier verquirlen, unter Rühren in die siedende Brühe gießen und einmal aufkochen lassen.

Reis
50 g Reis verlesen, waschen und in ¼ Liter kochendem Salzwasser ausquellen lassen. Das Wasser abgießen, den Reis kurz abspülen und in die Brühe geben.

Teigwaren
(Hörnchen, Sternchen, Buchstaben oder andere Formnudeln): 60 g Teigwaren in siedendes Salzwasser geben und fast weich kochen. Das Wasser abgießen, die Teigwaren kalt oder heiß abspülen und in die kochende Brühe geben.

Gemüse
200 bis 400 g verschiedenes Gemüse waschen, putzen und nochmals abspülen. Kohlrabi, Möhren, Sellerie als ganze Stücke garen und dann mit dem Buntmesser in Scheibchen oder Würfel schneiden. Blumenkohl in Röschen zerteilen, Spargel- und Schwarzwurzelstücke in Salzwasser gar kochen. Wird das Gemüse roh in gleichmäßige dünne Streifen oder Würfel geschnitten, dann mit wenig Wasser, Salz und etwas Margarine gar dünsten. Das gare Gemüse auf die Teller geben und die heiße Brühe darüberfüllen. Kräuter zufügen.

Semmelklößchen
3 Brötchen, ⅛ l Milch, 2 Eier, Salz, 25 g Margarine, 1 kleine Zwiebel, Petersilie.
Die kleingeschnittenen Brötchen in der lauwarmen Milch einweichen, später ausdrücken und zerpflücken. Eier und Salz zugeben. In der Margarine die feingeschnittene Zwiebel andünsten. Die gewaschene Petersilie fein wiegen. Beides zu der Brötchenmasse geben, alles gut vermengen und kleine Klößchen daraus formen. In kochendem Salzwasser 8 bis 10 Minuten gar ziehen lassen. Die fertigen Klößchen auf Teller geben und mit heißer Brühe übergießen.

Grießnockerl
50 bis 60 g Butter oder Margarine, 100 bis 120 g Grieß, 1 bis 2 Eier, Salz, Muskat.
Die weiche Butter schaumig rühren, abwechselnd Grieß und Eier zugeben, mit Salz und etwas Muskat würzen und alles gut vermengen. Den Teig etwas stehenlassen. Mit zwei nassen Teelöffeln Nokkerl formen, in kochende Brühe geben und 10 bis 15 Minuten leise kochen.

Leberspätzle
125 g Leber, ½ kleine Zwiebel, Petersilie, 40 g Butter oder Margarine, 1 Ei, 7 bis 8 Eßl. geriebene Semmel, Salz, Muskat.
Leber mit Zwiebel und Petersilie durch den Fleischwolf drehen. Schaumig gerührte Butter, Ei sowie geriebene Semmel zugeben und mit Salz und Muskat abschmecken. Die Masse auf ein Schneidebrettchen geben, mit einem Messer kleine Stückchen in die kochende Brühe schaben und 3 Minuten leise kochen lassen.

Teigerbsen
1 Ei, 2 Eßl. Milch, 30 g Mehl, Salz, Muskat, Ausbackfett.
Ei, Milch, Mehl und Gewürze verarbeiten und durch einen Durchschlag (Kochsieb) in heißes Ausbackfett tropfen lassen. Die goldbraun gebackenen Erbsen als Einlage für Brühe oder Suppe verwenden.

Eierstich
2 Eier, Salz, Muskat, 5 Eßl. Milch oder Brühe.
Alle Zutaten gut verrühren und in ein gefettetes flaches Förmchen gießen. Das Gefäß mit Butterbrotpapier abdecken und die Masse im siedend heißen, aber nicht kochenden Wasserbad stocken lassen (15 bis 20 Minuten). Mit dem Löffel abstechen oder in kleine Würfel schneiden und als Einlage in Brühe oder Suppe verwenden. Gehackte frische Kräuter darüberstreuen.

Gebundene Suppen

Milchsuppe
1 l Milch, 40 g Mehl, Salz.
Die Milch – einen kleinen Teil davon zurückbehalten – zum Kochen bringen. In der restlichen kalten Milch das Mehl anrühren, unter Rühren in die kochende Milch gießen und 1 Prise Salz zufügen. Etwa 10 Minuten kochen lassen. – Die Suppe kann durch verquirltes Ei oder einen Stich Butter verfeinert werden.

Helle Einbrennsuppe ●
(Grundrezept)
40 g Margarine, 40 g Mehl, 1 ¼ l Brühe.
In der erhitzten Margarine das Mehl lichtgelb anschwitzen, vom Feuer nehmen, wenig Brühe zugießen und glattrühren. Nach und nach die restliche heiße Brühe auffüllen und die Suppe 10 bis 15 Minuten kochen lassen. – Diese Suppe kann mit gehackten Kräutern geschmacklich verfeinert werden.

Geröstete Grießsuppe ●
50 g Grieß, Wurzelwerk, 1 kleine Zwiebel, 40 Margarine, 1 ½ l Brühe, Salz, Muskat, Schnittlauch, 1 Eigelb.
Grieß, gewaschenes, kleingeschnittenes Wurzelwerk und die in kleine Würfel geschnittene Zwiebel in der erhitzten Margarine gelb anrösten. Nach und nach die Brühe aufgießen. 20 Minuten kochen lassen. Mit Salz und Muskat abschmecken, feingeschnittenen Schnittlauch in die Suppe geben und mit dem Eigelb legieren.

Gulaschsuppe ●
50 g Schmalz, 2 bis 3 Zwiebeln, 250 g Rindfleisch, 1 Eßl. Mehl, 1 Glas Rotwein, Salz, Pfeffer, 2 bis 3 Teel. edelsüßer Paprika, 1 Messerspitze Kümmel, 1 Knoblauchzehe, 1 bis 2 Teel. Tomatenmark, 1 l Wasser.
Im erhitzten Schmalz die kleingeschnittenen Zwiebeln goldgelb schwitzen. Das Fleisch in Würfel schneiden, zugeben und von allen Seiten anbraten. Mit dem Mehl bestäuben und den Rotwein zugießen. Salz, Pfeffer, Paprika, Kümmel, die mit Salz zerdrückte Knoblauchzehe sowie Tomatenmark zufügen, 1 Liter Wasser aufgießen und zugedeckt weichkochen. Garzeit 1 bis 2 Stunden. – Nach Belieben können 2 Kartoffeln und 1 grüne Paprikafrucht zugegeben werden. Dafür die Kartoffeln in Würfel schneiden, in Salzwasser halbweich kochen und mit der entkernten, in Streifen geschnittenen Paprikafrucht zur Suppe geben. Nochmals 15 Minuten kochen lassen.

Käsesuppe ●
40 g Margarine, 40 g Mehl, 1 l Fleischbrühe, 100 g geriebener Emmentaler oder anderer Schnittkäse, Salz, Pfeffer, Petersilie, Butter, 2 Scheiben Weißbrot.
Aus Margarine und Mehl eine helle Schwitze bereiten, mit Brühe auffüllen und 10 Minuten leise kochen lassen. Die Suppe vom Feuer nehmen, den geriebenen Käse darunterrühren, mit Salz, Pfeffer und gehackter Petersilie abschmecken. Die Suppe mit in Butter gerösteten Weißbrotwürfeln servieren. – In kleine Streifchen geschnittener gekochter Schinken verfeinert die Suppe.

Fischsuppe ●
2 Zwiebeln, 40 g Öl, 20 g Mehl, 1 l Brühe, 250 g gares Suppengemüse, 2 Tomaten, 1 Teel. Senf, 1 Eßl. Tomatenketchup, Salz, 1 bis 2 Teel. Kapern, 500 g Fischfilet, 5 Eßl. saure Sahne, je 2 Eßl. gehackte Petersilie und feingeschnittener Dill.
Die feingeschnittenen Zwiebeln im heißen Öl gelb anschwitzen. Das Mehl darüberstäuben, kurz durchrösten und die Brühe auffüllen. Gewaschenes Suppengemüse und Tomaten in kleine Würfel schneiden und zur Brühe geben. Mit Senf, Tomatenketchup, Salz und Kapern würzen, 5 Minuten ziehen lassen. Das in Würfel geschnittene Fischfilet bei schwacher Hitze 15 bis 20 Minuten in der Brühe ziehen, aber nicht zerfallen lassen. Die Suppe vor dem Anrichten

mit saurer Sahne und gehackten Kräutern abschmecken.

Gemüsesuppen

Tomatensuppe mit Tomatenmark •
Eine helle Einbrennsuppe mit 4 bis 5 Eßlöffel Tomatenmark verrühren, mit Salz, 1 Prise Zucker und Paprika abschmecken. Als Einlage eignen sich garer Reis oder geröstete Weißbrotwürfelchen.

Tomatensuppe aus frischen Tomaten •
500 g Tomaten, ¾ l Wasser, Salz, ½ Zwiebel, 40 g Margarine, 2 Eßlöffel Mehl, Zucker, Paprika, 50 g Weißbrot.
Die gewaschenen Tomaten zerschneiden, in ¾ Liter siedendem Wasser mit Salz und Zwiebel weichkochen und durchschlagen. 20 g Margarine erhitzen, das Mehl darin lichtgelb schwitzen, die Tomatenbrühe auffüllen und gut durchkochen lassen. Mit Salz, Zucker und Paprika abschmecken. In der restlichen Margarine das in Würfel geschnittene Weißbrot rösten. Erst bei Tisch in die Suppe geben.

Schotensuppe •
500 g Schoten, 1 ¼ l Wasser, Salz, 1 Eßl. Margarine, 2 Eßl. Mehl, Petersilie.
Die Erbsen aus den Hülsen lösen, abspülen und in ¼ Liter siedendem Wasser fast weich kochen. Salz und das restliche siedende Wasser zugeben. In der erhitzten Margarine das Mehl lichtgelb schwitzen, mit Erbsenkochwasser glattrühren, die Erbsen dazuschütten und mehrmals aufkochen lassen. Mit Salz abschmecken und beim Anrichten die gehackte Petersilie zugeben.

Kartoffelsuppe •
500 g Kartoffeln, 1 Möhre, 1 Stange Porree, 1 Stück Sellerie, Salz, 1 ¼ l Wasser oder Brühe, Majoran, 40 g Speck, Selleriegrün, Petersilie.
Die geschälten Kartoffeln halbieren. Mit dem geputzten Gemüse in das siedende Salzwasser geben und zugedeckt auf kleiner Flamme kochen. Das weiche Gemüse zerstampfen oder elektrisch pürieren. Es kann auch durch einen Durchschlag gerührt werden. Mit Majoran abschmecken. Den Speck in kleine Würfel schneiden, auslassen und ebenso wie die gehackten Kräuter zur Suppe geben.

Blumenkohlsuppe •
Kohlrabisuppe
Selleriesuppe
Schwarzwurzelsuppe
Spargelsuppe
Wie „Schotensuppe" bereiten.

Pilzsuppe •
300 bis 500 g frische Pilze, 40 g Margarine, 1 kleine Zwiebel, Petersilie, 30 g Mehl, 1 ¼ l Wasser oder Fleischbrühe, Salz, 2 bis 3 Eßl. Sahne, 1 Teel. Zitronensaft.
Die Pilze putzen, gründlich waschen und in dünne Scheibchen schneiden. In der erhitzten Margarine zusammen mit kleingeschnittener Zwiebel sowie gewiegter Petersilie dünsten. Das Mehl darüberstäuben, langsam Flüssigkeit aufgießen, salzen und 15 bis 20 Minuten kochen lassen. Die Suppe mit Sahne und Zitronensaft abschmecken.

Bohnensuppe •
Erbsensuppe
Linsensuppe
125 g Hülsenfrüchte, 100 g Rauchspeck, Salz, Majoran.
Die Hülsenfrüchte verlesen, waschen und in 1 ¼ Liter Wasser über Nacht einweichen. Dann darin zusammen mit dem Rauchspeck weichkochen. Den Speck herausnehmen, die Hülsenfrüchte durchschlagen und mit Salz abschmecken. Den kleingeschnittenen Speck als Einlage in die Suppe geben. Mit frischem oder getrocknetem Majoran abschmecken.

Süße Suppen

Milchsuppe mit Schneeklößchen ●
25 g Stärkemehl, 1 l Milch, 2 Eßl. Mandeln (darunter 1 bittere), 1 Prise Salz, ½ geklopfte Vanillestange, 1 bis 2 Eßl. Zucker, 1 bis 2 Eier, Zucker und geraspelte Schokolade zum Bestreuen.

Das Stärkemehl in wenig kalter Milch anrühren. Die übrige Milch mit den geriebenen Mandeln, Salz, Vanillestange und Zucker zum Kochen bringen. Das angerührte Stärkemehl unter Rühren einlaufen und kurz durchkochen lassen. Die Vanillestange entfernen. Vor dem Anrichten mit Eigelb legieren. Das Eiweiß mit einer Prise Salz zu steifem Schnee schlagen, mit einem Teelöffel kleine Klößchen abstechen und in die heiße, aber nicht mehr kochende Suppe geben. Zugedeckt 5 Minuten ziehen lassen. Die Schneeklößchen mit Zucker und geraspelter Schokolade bestreuen.

Schokoladensuppe ●
Wie „Milchsuppe mit Schneeklößchen" bereiten. 50 g bis 75 g geriebene Schokolade oder 2 Eßlöffel Kakao mit der Milch kochen.

Obstsuppe ●
500 g Obst (es eignen sich Beeren, Birnen, Äpfel, Pflaumen, Rhabarber, Kirschen, Aprikosen), 1 Stück Zitronenschale, 1 ¼ l Wasser, 50 bis 150 g Zucker (entsprechend der Obstsorte), 20 bis 40 g Stärkemehl, Zitronensaft.

Das gut gewaschene und kleingeschnittene Obst mit Zitronenschale in 1 ¼ Liter Wasser weichkochen. Nach Belieben kann das Obst durchpassiert werden. Mit Zucker abschmecken und nochmals zum Kochen bringen. Das in wenig kalter Flüssigkeit angerührte Stärkemehl unter Rühren zugießen und kurz aufkochen lassen. Mit Zitronensaft abschmecken.

Holundersuppe ●
375 g Holunderbeeren, 1 l Wasser, ½ Zitrone, 30 g Stärkemehl, 75 g Zucker.

Die gewaschenen Holunderbeeren mit einer Gabel von den Stielen abstreifen. In dem Wasser zuammen mit 1 Stück Zitronenschale kochen. Den Saft abgießen, wieder zum Kochen bringen. Das Stärkemehl in wenig kalter Flüssigkeit anrühren, die Suppe damit binden und mit Zucker und Zitronensaft abschmecken. – 1 bis 2 roh geraspelte Äpfel sowie 1 Schuß Milch können den Geschmack abrunden.

Biersuppe ●
½ l Milch, 1 Stück Zimtrinde, 2 Eßl. Stärkemehl, 2 Flaschen helles oder Malzbier, 1 Eigelb, Zucker, Salz.

Die Milch mit der Zimtrinde aufkochen. Das in wenig kaltem Wasser angerührte Stärkemehl zugeben und durchkochen lassen. Erst dann das Bier zugießen und heiß werden lassen. Die Suppe mit dem Eigelb legieren und mit Zucker sowie 1 Prise Salz abschmecken.

Weinsuppe ●
65 g Butter, 50 g Mehl, ½ l Wasser, 100 g Zucker, 1 Prise Salz, 1 Stück Zimtrinde, 1 Flasche Weißwein, 2 Eigelb.

In der erhitzten Butter das Mehl schwitzen. ½ Liter Wasser mit Zucker und Gewürzen aufkochen und zur Schwitze geben. Den Wein zugießen, erhitzen, aber nicht mehr kochen lassen. Die Suppe mit dem Eigelb legieren. – Weinsuppe kann auch mit Schneeklößchen (siehe Milchsuppe) aufgetragen werden.

Kaltschalen

Buttermilchkaltschale ●
2 Eier, Zucker, 1 l Buttermilch, 1 Prise Salz, 2 Tassen möglichst verschiedene Früchte.

Die Eigelb mit Zucker nach Geschmack schaumig schlagen. Nach und nach die Buttermilch zugießen und gut kühlen. Dann das Eiweiß mit 1 Prise Salz zu steifem Schnee schlagen und unterheben. Die gewaschenen Früchte auf Teller verteilen und mit der Buttermilch übergießen.

Erdbeerkaltschale
250 g Erdbeeren, 100 g Zucker, ½ l Apfelsaft, ½ l Wasser.
Die Erdbeeren gründlich waschen, abtropfen lassen, von den Kelchblättern befreien und mit einer Gabel zerdrükken. Den Zucker darüberstreuen. Apfelsaft und ½ Liter abgekochtes, erkaltetes Wasser auffüllen. Gut gekühlt auftragen. – Anstelle von Apfelsaft und Wasser kann auch Milch verwendet werden. Dann aber Milch und Früchte erst kurz vor dem Auftragen mischen, da die Milch, sofern sie nicht abgekocht ist, sonst durch die Fruchtsäure gerinnt.

Himbeerkaltschale
Johannisbeerkaltschale
Wie „Erdbeerkaltschale" zubereiten.

Gurkenkaltschale
2 Gläser Joghurt oder saure Milch, ½ l Milch, 3 Eßl. Öl, Salz, Paprika, 1 grüne Gurke, Dill.
Joghurt, Milch, Öl und Gewürze verrühren und über die dünnen Gurkenscheiben gießen. Mit gehacktem Dill bestreuen. Gut gekühlt auftragen.

Eintöpfe

Gekochter Gemüseeintopf
(Grundrezept)
250 bis 500 g Fleisch, ½ bis ¾ l Wasser, etwas Salz, 750 g bis 1 kg Gemüse, 500 bis 750 g Kartoffeln, Gewürze, Kräuter.
Das Fleisch waschen, in kochendes Salzwasser geben und auf kleiner Flamme fast weich kochen. Dann das vorbereitete, kleingeschnittene Gemüse und die geschälten, in Würfel geschnittenen Kartoffeln zugeben. Nach Belieben würzen. Das Gericht zugedeckt auf großer Flamme zum Kochen bringen und auf kleiner Flamme garen. Das Fleisch herausnehmen, in Würfel schneiden und wieder in den Eintopf geben. Frisch gehackte Kräuter erst beim Anrichten zufügen. Soll der Gemüseeintopf sämig sein, kann er mit wenig Mehlschwitze (1 Eßlöffel Margarine, 1 Eßlöffel Mehl) gebunden werden.

Gedünsteter Gemüseeintopf
(Grundrezept)
40 g Margarine, Schweineschmalz oder Öl, 250 bis 500 g Fleisch, evtl. Zwiebel oder Wurzelwerk, etwas Salz, 750 g bis 1 kg Gemüse, 500 bis 750 g Kartoffeln, Gewürze, ⅛ bis ½ l Wasser, frische gehackte Kräuter.
Das Fett im Topf erhitzen, das in kleine Würfel geschnittene Fleisch zugeben und unter öfterem Wenden leicht anbraten, zwischendurch gegebenenfalls Zwiebel und Wurzelwerk – alles vorbereitet und kleingeschnitten – zufügen. Dann etwas salzen, das geputzte, entsprechend geschnittene Gemüse und die geschälten, kleingeschnittenen Kartoffeln darauf schichten. Zwischendurch immer wenig Salz und nach Belieben Gewürze streuen. So viel heißes Wasser aufgießen, daß alle Zutaten gerade bedeckt sind. Den Topf fest zudecken und bis zum Kochen auf großer Flamme lassen. Dann die Flamme kleinstellen, bis das Gericht gar ist. Der Topf sollte zwischendurch möglichst nicht aufgedeckt werden, damit kein Dampf entweichen kann, der für den Garprozeß erforderlich ist. Den garen Eintopf abschmecken und vor dem Auftragen nach Belieben gehackte Kräuter zufügen.

Gemüse-Fisch-Topf
1 große Zwiebel, 1 Eßl. Fett, 50 g Speck, 375 g Kartoffeln, 375 g Möhren oder Mischgemüse, 500 g Fischfilet, Zitronensaft, Salz, 2 Eßl. Tomatenmark, ½ l Wasser, Kräuter.
Die in kleine Würfel geschnittene Zwiebel in dem erhitzten Fett dünsten. Den Boden eines Topfes mit dünnen Speckscheiben auslegen, darauf die Zwiebel, die geschälten, in Scheiben geschnittenen Kartoffeln und Möhren sowie die nach dem 3-S-System vorbereiteten Fischstücke geben. Tomatenmark und

Wasser verquirlen und über das Gericht gießen. Zugedeckt langsam garen lassen und vor dem Auftragen mit gehackten Kräutern bestreuen.

Reis mit Rindfleisch
(Grundrezept)
250 g Rindfleisch, ½ Lorbeerblatt, 2 bis 3 Gewürzkörner, Salz, 1 ½ l Wasser, 1 Zwiebel, Wurzelwerk, 250 g Reis, frische Petersilie.

Das Rindfleisch zusammen mit Lorbeerblatt und Gewürzkörnern in das leicht gesalzene kochende Wasser geben. Nach einiger Zeit die Zwiebel und das Wurzelwerk zufügen. Inzwischen den Reis mit siedendem Salzwasser ansetzen, 5 Minuten kochen und noch zugedeckt gar ziehen lassen. Dann den Reis auf einem Sieb unter fließendem Wasser abspülen, abtropfen lassen und in die durchgeseihte Fleischbrühe geben. Wurzelwerk und Fleisch in Würfel schneiden und zusammen mit feingehackter Petersilie an den Eintopf geben. – Nach Belieben mit einem Stich Butter oder Margarine verfeinern.

Reis mit Gemüse
Wie „Reis mit Rindfleisch" bereiten. Nur 125 g Reis verwenden und Gemüse wie Blumenkohlröschen, Kohlrabistifte oder Spargelstückchen zufügen. Mit etwas geriebener Muskatnuß würzen.

Geflügelreis
Wie „Reis mit Rindfleisch" bereiten. Anstelle von Rindfleisch Geflügelklein oder ½ Suppenhuhn verwenden.

Gräupchen mit Rindfleisch
Wie „Reis mit Rindfleisch" zubereiten. 150 bis 200 g Gräupchen verwenden und nach dem Garen nicht abspülen. Nach Belieben kann auch Gemüse zugefügt werden. Am besten paßt Kohlrabi.

Nudeln mit Rindfleisch
Wie „Reis mit Rindfleisch" zubereiten. 400 g Nudeln in reichlich 1 Liter siedendes Salzwasser streuen, nicht zu weich kochen, abgießen und mit kaltem Wasser abschrecken.

Linseneintopf
(Grundrezept)
350 bis 400 g Linsen, 2 bis 2 ½ l Wasser, 500 g Schweinerippchen oder anderes Schweinefleisch, 500 bis 750 g Kartoffeln, 1 Wurzelwerk, Salz.

Die Linsen verlesen, waschen und 12 bis 24 Stunden in dem Wasser einweichen. Zusammen mit dem Einweichwasser und den gewaschenen Schweinerippchen auf großer Flamme zum Kochen bringen und auf kleiner Flamme fast weich kochen lassen. Dann die geschälten, kleingeschnittenen Kartoffeln, das gewaschene, kleingeschnittene Wurzelwerk und etwas Salz zufügen. Auf großer Flamme wieder zum Kochen bringen und auf kleiner Flamme gar werden lassen. Das Fleisch herausnehmen, klein schneiden und wieder in den Eintopf geben. Das Gericht abschmecken. – Nach Belieben kann Linseneintopf auch mit Essig und etwas Zucker süßsauer abgeschmeckt werden.

Erbseneintopf
Wie „Linseneintopf" zubereiten. Statt Schweinerippchen kann auch Pökelfleisch oder nur 250 g durchwachsener Speck genommen werden. Mit Majoran abschmecken.

Weiße-Bohnen-Eintopf
Wie „Linseneintopf" zubereiten und mit etwas Bohnenkraut abschmecken. Anstelle von Schweinefleisch ist auch Hammelfleisch zu verwenden.

Aufläufe

Gemüseauflauf
(Grundrezept)
Etwas Margarine, geriebene Semmel, 500 g gare Kartoffeln oder Kartoffelbrei von 1 ½ kg Kartoffeln, 500 g gares Gemüse, etwa 200 g gare Fleischreste oder Wurst, Salz, Gewürze (Pfeffer, Paprika o. ä.), ⅛ bis ¼ l Milch oder saure Sahne, 2 bis 3 Eier, etwas Reibekäse, etwa 20 g Butter.

Eine feuerfeste Auflaufform mit Margarine ausstreichen und mit geriebener Semmel ausbröseln. Schichtweise in Scheiben geschnittene Kartoffeln oder Kartoffelbrei, Gemüse und Fleisch- oder Wurstwürfelchen einfüllen. Dabei jede Schicht mit etwas Salz und entsprechendem Gewürz bestreuen. Zuoberst sollte eine Kartoffelschicht sein. Die Milch mit den Eiern und etwas Gewürz verquirlen und über die Zutaten gießen. Obenauf geriebene Semmel oder Reibekäse streuen und Butterflöckchen verteilen. In der heißen Backröhre bei Mittelhitze etwa 30 bis 40 Minuten überbakken. Sofort heiß auftragen und nach Belieben eine heiße Soße dazu reichen. –

Die Zutaten können beliebig variiert werden und beispielsweise auch nur aus Gemüse oder Kartoffeln bestehen. Anstelle von Kartoffeln sind auch gare Teigwaren oder Reis verwendbar. Fleisch oder Wurst kann durch Fisch (gares Fischfilet, entgräteter Räucherfisch) oder in Scheiben geschnittene, hartgekochte Eier ersetzt werden. Die Eiermilch wird herzhafter durch Hinzufügen von etwas Tomatenmark oder Pritamin. Auf diese Weise entstehen vielfältige Gerichte, und manche Reste lassen sich in neuem Gewand präsentieren.

Teigwarenauflauf ●
(Grundrezept)
375 g Teigwaren (Makkaroni, Spaghetti, Bandnudeln, Spirelli), Salzwasser, 200 g Schinken oder Jagdwurst, Margarine, geriebene Semmel, 2 Eier, 1/4 l Milch, Salz, Muskat, 20 g Butter.
Die Teigwaren in reichlich siedendem Salzwasser nicht zu weich kochen. Dann abgießen, mit kaltem Wasser abschrecken und auf einem Sieb gut abtropfen lassen. Schinken oder Wurst in Würfelchen schneiden, unter die Teigwaren mischen und alles in eine gefettete, mit geriebener Semmel ausgestreute Auflaufform füllen. Eier, Milch und Gewürze miteinander verquirlen und über die Teigwaren gießen. Obenauf geriebene Semmel streuen und Butterflöckchen verteilen. Den Auflauf etwa 45 Minuten in der heißen Röhre backen. – Der Teigwarenauflauf läßt sich beliebig verändern durch Hinzufügen von Fleischresten anstelle von Schinken oder Wurst, garem Gemüse (z. B. Pilze) oder Reibekäse.

Kirschpfanne ●
4 altbackene Brötchen oder Weißbrot, 1/2 l Milch, 60 g Margarine, 80 g Zucker, 2 Eier, 1 Prise Salz, gemahlener Zimt, abgeriebene Zitronenschale, geriebene Semmel, 500 g Sauerkirschen oder 1 Glas Sauerkirschkompott.
Die Brötchen – nach Möglichkeit etwas zerkleinert – in der erhitzten Milch einweichen. 50 g Margarine, 60 g Zucker und 2 Eigelb miteinander schaumig rühren, zu der etwas abgekühlten Weißbrotmasse geben und alles mit Salz, Zimt und Zitronenschale abschmecken. Mit der restlichen Margarine eine feuerfeste Form fetten und mit etwas geriebener Semmel ausstreuen. Abwechselnd Weißbrotmasse und vorbereitete Sauerkirschen oder gut abgetropftes Sauerkirschkompott einfüllen. Zuoberst muß Brotmasse sein. Alles mit Zimtzucker bestreuen, einige Butterflöckchen daraufgeben und bei Mittelhitze etwa 45 Minuten in der Röhre backen. Sofort heiß auftragen und eine Vanillesoße oder den mit etwas Stärkemehl angedickten Kirschsaft dazu reichen. – Nach Belieben können die Kirschen auch gleich unter die Weißbrotmasse gemischt werden. Statt Kirschen eignen sich auch halbierte Pflaumen oder Apfelstückchen für diesen Auflauf. Anstelle von Weißbrot kann Schwarzbrot verwendet werden.

Süßer Quarkauflauf ●
750 g Quark, 3/8 l Milch, 3 Eier, 40 g Stärkemehl, 150 g Zucker, 1 Päckchen Vanillinzucker, abgeriebene Zitronenschale oder 3 geriebene bittere Mandeln, 1 Prise Salz,

25 g Margarine oder Butter, geriebene Semmel.

Den Quark mit der Milch verrühren, am besten mit dem Handrührgerät. Eigelb, Stärkemehl, Zucker, Vanillinzucker und abgeriebene Zitronenschale zufügen. Zuletzt die zusammen mit einer Prise Salz steifgeschlagenen Eiweiß unterziehen. Die Quarkmasse in eine gefettete, mit geriebener Semmel ausgebröselte Auflaufform füllen, mit Margarineflöckchen belegen und bei Mittelhitze etwa 45 Minuten backen. – Der Quarkauflauf läßt sich durch Hinzufügen von Rosinen und gehackten Mandeln oder 250 g beliebigem Obst verändern.

Herzhafter Quarkauflauf

Wie „Süßer Quarkauflauf" bereiten. Anstelle von Zucker, Vanillinzucker und Zitronenschale zum Würzen Salz, Pfeffer oder Paprika und möglichst etwas Reibekäse nehmen. Als Einlage 100 g Wurstwürfelchen oder zerpflückten Räucherfisch verwenden.

Zusammenstellungen für Gemüseeintöpfe

Möhren	Schweinebauch (200 g)	Kartoffeln	Piment, Lorbeerblatt, Petersilie
Kohlrabi	Rindfleisch, Schweinefleisch oder Geflügel	Kartoffeln	geriebener Ingwer, Petersilie oder Dill
Blumenkohl und junge Erbsen	Rindfleisch, Schweinefleisch oder Geflügel	Kartoffeln	Dill oder Petersilie
Möhren, Kohlrabi und junge Erbsen	Rindfleisch oder Schweinefleisch	Kartoffeln	Pfeffer oder Paprika, Petersilie
Grüne Bohnen	Hammelfleisch	Kartoffeln	Pfeffer oder Paprika, Bohnenkraut
Möhren, Sellerie, Porree (2 Stangen), grüne Bohnen	Schweinefleisch	Kartoffeln	Pfeffer oder Paprika
Weißkraut oder Wirsing	Schweinebauch, Hammelfleisch oder Rindfleisch	Kartoffeln	Kümmel
Kohlrüben	Schweinefleisch oder Schweinerippchen	Kartoffeln	Majoran oder Kümmel

Ohne Vitamine geht es nicht

Gemüse hat für unsere Ernährung große Bedeutung. Von der richtigen Vor- und Zubereitung hängt jedoch sehr viel ab. Deshalb alles Gemüse unzerkleinert waschen und niemals im Wasser liegenlassen, weil die wasserlöslichen Inhaltsstoffe dann verlorengehen würden! Zum Garen die günstigste Zubereitungsweise – meist wird es das Dünsten sein – wählen (siehe dazu auch Tabelle S.65). Etwa ein Fünftel der Gesamtmenge des Gemüses in rohem, fein zerkleinertem Zustand zum Aufwerten an das gare Gericht geben.

Gekochtes Gemüse •
(Grundrezept)
1 kg Gemüse, Salz, 40 bis 50 g Margarine oder Butter, 20 bis 40 g Mehl.
Das Gemüse je nach Art putzen, waschen und zerkleinern. Mit kochendem Salzwasser – gerade eben bedeckt – langsam garen. Das Gemüse herausnehmen und abtropfen lassen. Das Gemüsekochwasser aufheben. Die Margarine zerlassen, das Mehl schnell unterrühren. Langsam unter ständigem Rühren mit dem Schneebesen ¼ bis ½ Liter Gemüsekochwasser aufgießen. 10 bis 15 Minuten kochen lassen und abschmecken. Das gare Gemüse zugeben.

Gedünstetes Gemüse •
(Grundrezept)
1 kg Gemüse, 40 bis 50 g Margarine oder Butter, Salz, 10 bis 20 g Mehl.
Das Gemüse je nach Art putzen, waschen und zerkleinern. In der heißen Margarine andünsten, wenig Flüssigkeit (Wasser, Brühe oder übriggebliebenes Gemüsekochwasser von einem anderen Gericht) aufgießen, salzen und zugedeckt weich dünsten. Bei Bedarf ab und zu wieder Flüssigkeit aufgießen. Kurz vor Ende der Garzeit das Mehl einstreuen, damit das Gemüse binden.

Gemüse in Butter •
(Grundrezept)
1 kg Gemüse, Salz, 50 bis 75 g Butter.
Das Gemüse je nach Art putzen, waschen und zerkleinern. In wenig kochendem Salzwasser garen. Das Gemüse herausnehmen und abtropfen lassen. Auf einer vorgewärmten Platte anrichten, mit der heißen Butter übergießen. – Die Butter kann auch im Topf zerlassen und das Gemüse darin geschwenkt werden.

Möhrengemüse •
750 g Möhren, 40 bis 60 g Margarine, ¼ l Wasser, Salz, 1 Eßl. Mehl, Petersilie.
Die Möhren waschen, putzen, nochmals waschen und in Würfel, Scheiben oder Stifte schneiden. In der heißen Margarine andünsten, heißes Wasser aufgießen, salzen und in geschlossenem Topf garen. Nach Belieben das Mehl überstäuben und nochmals gut durchkochen lassen. Die Möhren mit Salz und evtl. 1 Prise Zucker abschmecken. Vor dem Auftragen gehackte Petersilie darüberstreuen.

Junge Erbsen •
500 bis 600 g ausgehülste grüne Erbsen (1 ½ kg Schoten ergeben etwa 500 g Erbsen), Salz, 50 g Margarine, Petersilie.
Die Erbsen in wenig leicht gesalzenem,

siedendem Wasser zugedeckt gar dünsten. Die Margarine zugeben und das Gemüse durchschwenken. Vor dem Anrichten mit gehackter Petersilie bestreuen. – Das Gemüse kann auch mit einer Schwitze bereitet werden.

Mischgemüse •
500 g Möhren, 250 g ausgehülste grüne Erbsen, 40 bis 60 g Margarine, ¼ l Wasser, Salz, 1 Eßl. Mehl nach Belieben, Petersilie.
Die Möhren waschen, putzen, nochmals waschen und in Stifte, Würfel oder Scheiben schneiden. Zusammen mit den Erbsen in der zerlassenen Margarine andünsten, etwas heißes Wasser angießen, salzen und zugedeckt garen. Nach Belieben mit Mehl überstäuben und nochmals gut durchkochen lassen. Das Gemüse abschmecken und vor dem Anrichten mit gehackter Petersilie bestreuen.

Kohlrabigemüse •
1 kg zarte Kohlrabi, Salz, 40 g Margarine, 30 g Mehl, einige Tropfen Zitronensaft, Petersilie.
Die gewaschenen und geschälten Kohlrabi in Stifte oder dünne Scheibchen schneiden und in Salzwasser garen. Die Margarine zerlassen, das Mehl unterrühren und mit dem Gemüsekochwasser unter ständigem Rühren auffüllen. Mit einigen Tropfen Zitronensaft abschmecken, das Gemüse hineingeben und mit der gehackten Petersilie bestreuen.

Selleriegemüse •
2 bis 3 Sellerieknollen, Salz, 50 g Margarine, 40 g Mehl, 1 Schuß Kondensmilch, Zitronensaft, 1 Eigelb.
Die Sellerieknollen waschen, schälen und in dünne Stifte oder Scheibchen schneiden. Etwa 20 Minuten in wenig Salzwasser weich dünsten, abtropfen lassen. Aus Margarine und Mehl eine helle Schwitze bereiten, mit ⅜ Liter Gemüsekochwasser aufgießen und gut durchkochen lassen. Mit Kondensmilch, Zitronensaft und Salz abschmecken. Zuletzt mit Eigelb legieren.

Blumenkohlgemüse •
1 Blumenkohl, Salz, 40 g Margarine, 40 g Mehl, ⅛ l Milch, 1 bis 2 Eigelb, Zitronensaft, Muskat.
Von dem Blumenkohl die Blätter abbrechen, den Strunk verschneiden und den Kopf gründlich waschen. Gegebenenfalls 20 Minuten mit den Röschen nach unten in kaltes Salzwasser legen, damit die Insekten herauskommen. Den Blumenkohl ganz oder zerteilt in kochendem Salzwasser garen. Bei schon etwas verfärbtem Blumenkohl dem Kochwasser 1 Schuß Milch zufügen. Aus Margarine und Mehl eine Schwitze bereiten, mit Milch glattrühren und so viel Blumenkohlkochwasser auffüllen, daß eine sämige Soße entsteht. Mit Eigelb abziehen, mit Zitronensaft, Salz und Muskat abschmecken. Den abgetropften Blumenkohl damit überziehen. – Blumenkohl kann auch mit einer Tomatensoße oder nur mit gerösteten Semmelbröseln ergänzt werden.

Ausgebackener Blumenkohl •
1 Blumenkohl, Salz, 200 g Mehl, ½ Flasche Bier, 1 Ei, 1 Eßl. Öl, Öl zum Ausbacken.
Den Blumenkohl wie im Rezept „Blumenkohlgemüse" vorbereiten. In Salzwasser knapp gar dünsten, abtropfen lassen und vorsichtig in Röschen zerlegen. Aus Mehl, Bier, Ei, Öl und etwas Salz einen dickflüssigen Teig rühren. Die Blumenkohlröschen zuerst in Mehl wenden, dann durch den Ausbackteig ziehen und im heißen Fettbad goldbraun ausbacken. – Nach Belieben können die Blumenkohlröschen auch mit Mehl, Ei und geriebener Semmel paniert und dann ausgebacken werden.

Bohnengemüse •
750 g grüne Bohnen, Salz, Bohnenkraut, 50 g Margarine, 30 g Mehl, 1 Teel. Zwiebelwürfel, Pfeffer, 1 Eßl. Essig, Petersilie.
Die Bohnen waschen, putzen, brechen oder schneiden. In wenig kochendes Salzwasser geben, Bohnenkraut zufügen und 20 bis 30 Minuten weichkochen.

Abtropfen lassen. Aus Margarine, Mehl und Zwiebel eine Schwitze bereiten, ¼ bis ⅜ Liter Gemüsekochwasser langsam unter ständigem Rühren aufgießen, salzen und gut durchkochen lassen. Die Bohnen zugeben, mit Pfeffer, Essig und gehackter Petersilie abschmecken. – Anstelle von Margarine können auch 65 Gramm Speckwürfelchen genommen werden.

Porreegemüse
1 kg Porree, Salz, 50 g Margarine, 30 g Mehl, Muskat, 2 Eßl. Sahne.
Den Porree putzen, schlechte Blätter entfernen, Gemüse sehr sorgfältig waschen. In 2 cm dicke Stücke schneiden und in kochendem Salzwasser in etwa 15 Minuten weichkochen. Aus Margarine und Mehl eine helle Schwitze bereiten, mit Gemüsekochwasser aufgießen, salzen und nochmals gut durchkochen lassen. Den garen Porree zugeben, mit Muskat und Sahne abschmecken.

Überbackene Zwiebeln
750 g große Zwiebeln, Salz, Margarine, Weißbrotscheiben, ½ Tasse Reibekäse, ½ Tasse Milch, 1 Ei, Paprika, Butter.
Die Zwiebeln schälen, waschen und in Salzwasser fast weich kochen. Eine feuerfeste Form mit Margarine ausstreichen, den Boden mit getoasteten Weißbrotscheiben belegen und die halbierten Zwiebeln mit der Schnittfläche nach unten daraufsetzen. Etwas Käse darüberstreuen. Milch, Ei, Salz und Paprika verquirlen, über die Zwiebeln gießen. Obenauf Butterflöckchen setzen, nochmals mit Käse bestreuen und im vorgeheizten Ofen 15 bis 20 Minuten überbacken.

Chicoréegemüse
500 g Chicorée, 20 g Margarine, Salz, 30 g Butter.
Vom Chicorée die verwelkten Blätter entfernen. Das Gemüse waschen und abtropfen lassen. Inzwischen Margarine mit ¼ Liter Wasser aufkochen, den Chicorée hineingeben, salzen und zugedeckt gar dünsten. Auf einer Platte anrichten, mit gebräunter Butter übergießen.

Überbackener Chicorée
750 g Chicorée, Salz, 1 Prise Zucker, Margarine, Zitronensaft, 4 bis 5 Eßl. Reibekäse, 2 Eßl. geriebene Semmel, Butter, Paprika.
Den Chicorée putzen und waschen. In kochendem Salzwasser zusammen mit 1 Prise Zucker halb weich kochen und gut abtropfen lassen. Eine feuerfeste Form mit Margarine ausfetten, den Chicorée hineinschichten, mit Salz und Zitronensaft würzen, Reibekäse und geriebene Semmel darüberstreuen und obenauf Butterflöckchen verteilen. In der heißen Röhre etwa 15 bis 20 Minuten überbakken. Vor dem Anrichten mit Paprika bestreuen.

Gurkengemüse
1 kg grüne Gurken, Pfeffer, 50 g Mehl, 40 g Speck, 40 g Margarine, 1 Eßl. Senf, ⅛ l Fleischbrühe oder Wasser, Salz, 3 Eßl. saure Sahne, Dill.
Die geschälten Gurken in Würfel schneiden und in dem mit Pfeffer vermischten Mehl wälzen. Den kleingeschnittenen Speck in der Margarine auslassen, die Speckwürfelchen herausnehmen und in dem Speckfett die Gurkenstücke von allen Seiten anbraten. Dann Senf, Brühe sowie Speckwürfel zufügen und zugedeckt dünsten, bis die Gurke gar ist. Die Soße mit Salz und saurer Sahne abschmecken. Nach Belieben mit wenig übergestäubtem Mehl binden. Gehackten Dill darüberstreuen.

Tomatengemüse
750 g Tomaten, 30 g Margarine, ⅛ l saure Sahne oder Milch, Salz, Paprika, je 1 Eßl. gehackte Petersilie und Dill.
Die Tomaten überbrühen, häuten, in Scheiben oder größere Würfel schneiden und in der erhitzten Margarine dünsten. Wenn sich viel Saft absondert, etwas Mehl überstäuben. Dann saure Sahne und Gewürze zugeben, das Gemüse vom Feuer nehmen und die Kräu-

ter darüberstreuen. – Tomatengemüse schmeckt besonders gut, wenn es mit gedünsteten Pilzen vermischt wird.

Paprikagemüse

500 g Paprikafrüchte, 3 Eßl. Öl, 1 Zwiebel, Salz, Zucker, Weißwein, 1 Knoblauchzehe.
Von den gewaschenen Paprikafrüchten den Stengelansatz herausschneiden und den Samenstand mit einem Teelöffel lösen. Das Gemüse in Streifen schneiden und im erhitzten Öl auf kleiner Flamme etwa 15 Minuten dünsten. Die geriebene Zwiebel zufügen und das Gemüse mit Salz, Zucker, Weißwein und geriebenem Knoblauch würzen.

Gefüllte Paprikafrüchte

250 g Gehacktes, 50 g Weißbrot, 1 Zwiebel, 1 Ei, Kümmel, Salz, 8 Paprikafrüchte, 40 g Margarine, $\frac{1}{4}$ l Fleischbrühe.
Aus dem Fleisch, dem eingeweichten und wieder ausgedrückten Weißbrot, der kleingeschnittenen Zwiebel, dem Ei und den Gewürzen eine kräftige Hackfleischmasse bereiten. Die Paprikafrüchte aushöhlen (siehe Rezept „Paprikagemüse"), füllen und mit der Öffnung nach unten in die heiße Margarine setzen. Nach kurzem Anbraten unter Zugabe von heißer Brühe oder Wasser zugedeckt gar dünsten. – Nach Belieben kann die Soße mit ein wenig Stärkemehl angedickt und mit saurer Sahne oder Tomatenmark vervollständigt werden.

Weißkraut- oder Wirsinggemüse

750 g Kraut, 40 g Fett oder Öl, 1 Zwiebel, Salz, 1 Teel. Kümmel.
Das geputzte, gewaschene Kraut hobeln oder recht fein schneiden. Das Fett erhitzen, die gehackte Zwiebel zugeben und hellgelb werden lassen. Darin das mit den Gewürzen vermischte Kraut unter Wenden auf kleiner Flamme dünsten, bis es Saft abgibt und zusammenfällt. Erst dann etwa $\frac{1}{8}$ Liter kochendes Wasser oder Brühe zugießen und fest zugedeckt garen. Bei Bedarf etwas Flüssigkeit zugießen. – Für Bayrischkraut keinen Kümmel zugeben und das Gemüse mit Zucker und etwas Essig abschmecken.

Krautrouladen

1 Weißkraut, 375 g Gehacktes, 75 g Weißbrot, 2 Eier, 1 bis 2 Zwiebeln, Salz, Pfeffer, Kümmel, 20 g Mehl, 50 g Margarine oder Schmalz, $\frac{1}{4}$ l Fleischbrühe oder Gemüsekochwasser, 2 Teel. Tomatenmark.
Von dem Krautkopf die schlechten Blätter entfernen, den Krautkopf in einem Topf mit kochendem Wasser brühen und 5 Minuten ziehen lassen. Die Blätter lösen, jeweils 2 bis 3 große breit auslegen. Aus Gehacktem, eingeweichtem und wieder ausgedrücktem Weißbrot, Eiern, kleingeschnittener Zwiebel und Gewürzen eine kräftige Fülle bereiten. Auf die Krautblätter verteilen, diese zusammenrollen und mit gebrühtem Faden so umwickeln, daß die Fülle nicht heraustreten kann. Die Krautrouladen in Mehl wälzen, in heißer Margarine ringsum anbraten, Brühe auffüllen und zugedeckt gar schmoren. Der Krautrest kann kleingeschnitten mit geschmort werden. Die Soße mit Tomatenmark oder saurer Sahne abschmecken und nach Belieben mit 1 Eßl. Stärkemehl, in wenig kaltem Wasser angerührt, binden.

Sauerkraut

750 g Sauerkraut, 50 g Schmalz, 1 Zwiebel.
Das Sauerkraut nach Möglichkeit nicht waschen, denn der an Milchsäure reiche Saft hat Nährwerte und ist für die Verdauung sehr wertvoll. Das Sauerkraut grob hacken, einen kleinen Teil davon zugedeckt zur Seite stellen. Das Schmalz erhitzen, kleingeschnittene Zwiebel sowie Kraut zufügen und zugedeckt im eigenen Saft dünsten. Wenn nötig, etwas Brühe, Wasser oder Apfelsaft angießen. Vor dem Auftragen das rohe Kraut untermengen. – Sauerkraut kann mit $\frac{1}{2}$ Eßlöffel kalt angerührtem Stärkemehl oder 1 rohen, geriebenen Kartoffel gebunden werden.

Rotkraut

Etwa 800 g Rotkraut, 50 g Schmalz oder

3 Eßl. Öl, 2 herbe Äpfel, 1 Zwiebel, 2 Nelken, Salz, Zucker, ½ l Fleischbrühe oder Wasser, Essig oder Rotwein.

Das vorbereitete Rotkraut hobeln, in dem heißen Schmalz so lange umwenden, bis es zuammenfällt. Die Äpfel schälen, vom Kernhaus befreien und in Würfel schneiden, die Zwiebel mit den Nelken bestecken, Apfelwürfel, Zwiebel, Salz, Zucker sowie Brühe oder Wasser zum Rotkraut zugeben und zugedeckt gar dünsten. Mit Essig oder Rotwein, Zucker und Salz süßsauer abschmecken. – Statt Schmalz kann auch kleingeschnittener Speck verwendet werden.

Rosenkohl
750 g Rosenkohl, 50 g Margarine, Salz, Muskat, Petersilie.

Von dem Rosenkohl die schlechten, losen Blätter entfernen und den Ansatz sparsam verschneiden, damit die Röschen nicht auseinanderfallen. Das Gemüse waschen und mit dem noch anhaftenden Wasser in die erhitzte Margarine geben. Mehrfach durchschütteln, bis die äußeren Blätter nicht mehr roh aussehen. Dann die Gewürze zufügen und so viel heißes Wasser angießen, daß der Topfboden gerade bedeckt ist. Den Rosenkohl in verschlossenem Topf bei wiederholtem Schütteln (nicht umrühren!) gar dünsten. Mit gehackter Petersilie bestreuen.

Chinakohlgemüse
750 g Chinakohl, 40 g Speck oder Margarine, 1 Zwiebel, Salz, ½ Teel. Kümmel, 1 Eßl. Mehl, gehackte Petersilie.

Die äußeren, beschädigten Blätter entfernen, dann den Chinakohl kurz waschen und in etwa 3 cm breite Streifen schneiden. In den erhitzten Speckwürfelchen die feingeschnittene Zwiebel kurz dünsten. Den Chinakohl zugeben, mit den Gewürzen bestreuen und etwa ⅛ Liter siedendes Wasser aufgießen. Zugedeckt gar dünsten lassen. Mit Mehl bestäuben oder eine leichte Mehlschwitze bereiten und das Gemüse damit binden. Mit gehackter Petersilie bestreuen.

Pilzgemüse
30 g Margarine, 500 g Pilze, 1 geriebene kleine Zwiebel, Salz, Pfeffer, 1 Eßl. gewiegte Petersilie.

In der erhitzten Margarine die vorbereiteten, kleingeschnittenen Pilze und die Zwiebel unter Wenden anbraten. Sobald sich Saft gebildet hat, die Gewürze zugeben und zugedeckt dünsten lassen. Vor dem Anrichten mit der Petersilie bestreuen. – Wird das Gericht sämig gewünscht, dann nach etwa 5 Minuten Garzeit 1 Eßlöffel Mehl überstäuben.

Spinat
1 kg Spinat, 1 bis 2 Zwiebeln, 40 g Butter, 30 g Mehl, Milch, Salz, Muskat.

Etwa vier Fünftel des vorbereiteten Spinats in siedendem Wasser nur kurz aufwallen lassen. Abgetropft grob zerkleinern. Aus Zwiebelwürfeln, Mehl und Milch einen Schwitze bereiten, den Spinat unter mehrfachem Rühren kurz darin dünsten lassen und würzen. Zuletzt den rohen, feingehackten Spinat unterrühren.

Wie lange gart Gemüse?

Blumenkohl	15 bis 20 Minuten
Erbsen, junge	8 bis 10 Minuten
Gurken	10 Minuten
Grünkohl	20 bis 35 Minuten
Kohlrabi	15 bis 20 Minuten
Kohlrüben	20 bis 25 Minuten
Möhren	15 bis 20 Minuten
Paprika	10 bis 12 Minuten
Porree	15 bis 20 Minuten
Rosenkohl	7 bis 10 Minuten
Sauerkraut	30 Minuten
Spargel	12 bis 15 Minuten
Spinat	5 Minuten
Tomaten	2 bis 3 Minuten
Weißkraut	15 bis 25 Minuten
Wirsing	15 bis 20 Minuten
Zwiebeln	6 bis 8 Minuten

Eingefrorenes Gemüse benötigt eine kürzere Garzeit.

Weiß- und Rotkohl können mit der Brotschneidemaschine in Streifen geschnitten werden. Strunkteile erst danach entfernen.

Gemüse sorgfältig mit rostfreiem Messer putzen. Kurz, aber gründlich waschen. Nicht im Wasser liegen lassen!

Junge Kohlrabi möglichst nicht mit dem Messer schälen, die Schale vom Wurzelansatz her abziehen.

Grüne Bohnen niemals roh essen, weil durch evtl. vorhandene Blausäureverbindungen Gifte entstehen können, die unter Umständen zu schweren Erkrankungen führen. Durch das Kochen werden diese Gifte jedoch zerstört.

Tomaten verlieren im Kühlschrank an Aroma. Sie halten sich gut bei Zimmertemperatur.

Tomaten lassen sich einfach abziehen, wenn sie in einem Sieb kurz in sehr heißes Wasser gehalten und danach sofort kalt abgespült werden.

Gemüse läßt sich auch in wenig Wasser mit etwas gekörnter Brühe dünsten und zum Schluß mit etwas Butter oder Margarine durchschwenken.

Gemüsegerichte nicht warm halten! Besser ist es, sie bei Bedarf portionsweise aufzuwärmen.

Gemüse mild würzen! Küchenkräuter dürfen reichlich verwendet werden, aber erst beim Anrichten feingewiegt zugeben.

Angebratene Möhren oder Zwiebelhälften geben Fleischbrühe und brauner Soße ein appetitliches Aussehen und einen guten Geschmack.

Vitamin B und C sowie Mineralstoffe machen Blumenkohl für die Ernährung wertvoll. Er eignet sich auch ausgezeichnet für die Zubereitung von Schonkost.

Geschnittene Zwiebeln nie längere Zeit liegen lassen, weil sie dann bitter werden.

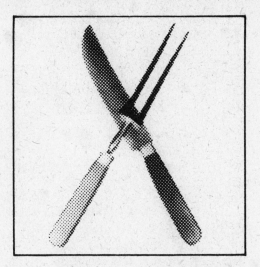

Wer will guten Braten braten?

Fleisch muß vorschriftsmäßig und mit Liebe behandelt werden, wenn nicht ein zähes und trockenes Etwas das Ergebnis brutzelnder Bemühungen sein soll! Viel Wichtiges wird mit den nachfolgenden Rezepten gesagt, doch auch im Kapitel „Das Abc der Küche" erfährt der wißbegierige Leser so mancherlei zu diesem Thema.

Gekochtes Fleisch
(Grundrezept)
750 g Rindfleisch (z. B. Hohe Rippe, Stich, Brust) mit Knochen, Salz, Wurzelwerk, 1 Zwiebel, 1 Lorbeerblatt, 3 Gewürzkörner.
Die gewaschenen Knochen in 2 Liter kaltem Wasser ansetzen und im geschlossenen Topf kochen. Das gewaschene, geklopfte Fleisch und Salz in die kochende Brühe geben, langsam weichkochen (2 bis 3 Stunden). Etwa 1 Stunde vor Ende der Garzeit das gewaschene, geputzte Wurzelwerk, die Zwiebel sowie die Gewürze zugeben. Das gare Fleisch – je nach Verwendungszweck – in Scheiben oder Würfel schneiden und z. B. als Fleischeinlage im Eintopf, zu Gemüse oder mit Meer-

rettichsoße anrichten. Im Schnellkochtopf verkürzt sich die Garzeit bedeutend.

Geschmortes Fleisch •
(Grundrezept)
750 g Rindfleisch (z. B. Schulter, Hohe Rippe), 5 Eßl. Öl, Fett oder Margarine, 1 Zwiebel, Wurzelwerk, Salz, 1/4 bis 1/2 l Brühe oder Wasser, 1 Teel. Stärkemehl, 1/8 l saure Sahne oder Buttermilch.
Das gewaschene, von Knorpeln und Sehnen befreite, geklopfte Fleisch in erhitztem Bratfett rasch von allen Seiten anbraten. (Längliche, besonders flache Fleischstücke können aufgerollt und zusammengebunden werden.) Zum Braten den Schmortopf nicht zudecken, damit sich eine braune Kruste bildet. Sie hält den Fleischsaft zurück, so daß das Fleisch nicht trocken wird. Stets nur mit zwei Löffeln das Fleisch wenden und nicht anstechen. Ist es gebräunt, die halbierte Zwiebel, das geputzte und in Stücke geschnittene Wurzelwerk und später Salz hinzufügen, wenn alles leicht gebräunt ist. Nach und nach die kochendheiße Brühe seitlich angießen, nicht direkt auf das Fleisch. Den Bratsatz öfter einschmoren lassen, bevor die restliche Brühe nach und nach zugegossen wird. Der Schmorbraten soll nicht in zu viel Flüssigkeit liegen, sonst laugt das Fleisch zu sehr aus, wird trocken und faserig. Nach dem letzten Zugießen den Schmortopf fest verschließen und den Braten auf kleiner Flamme garen. Dann das Fleisch erst auf einem Teller etwas auskühlen lassen, bevor es in Scheiben geschnitten werden kann. Das Stärkemehl in der sauren Sahne verquirlen und kurz aufkochen lassen. Die Soße durch ein Sieb gießen.

Gebratenes Fleisch •
(Grundrezept)
1 kg Rinderbraten (z. B. Keule), Salz, 60 g Speck, 2 Eßl. Margarine, 1/4 l Brühe, 1/8 l saure Sahne, 1 Eßl. Stärkemehl.
Das Fleisch waschen, abtrocknen, mit Salz und Pfeffer einreiben und in die heiße Pfanne auf Speckscheiben legen. Mit heißer Margarine begießen und rasch von allen Seiten anbraten. Während des Bratens mehrfach mit heißem Bratfett begießen. Den garen Braten auf einen Teller legen. Den Bratsatz mit der kochenden Brühe lösen und mit dem in saurer Sahne angerührten Stärkemehl binden. Die Soße durchkochen. Den Braten in Scheiben schneiden. – Größere Braten ab 1 kg werden am besten in der Pfanne in der Backröhre oder auf dem Rost der Herdpfanne gebraten. Dazu wird das Fleischstück mit Öl bepinselt. In die Herdpfanne kommt etwas Wasser und geputztes, kleingeschnittenes Wurzelwerk. Das Fleisch nicht mit Wasser begießen, sondern nur ab und zu mit etwas Öl bepinseln. Nach der Hälfte der Bratzeit die Ofentemperatur herabsetzen. Ist das Fleisch so fest, daß es dem Druck eines Löffels nicht mehr nachgibt, ist es gar und kann herausgenommen werden. Der mit heißem Wasser losgekochte Bratsatz in Topf oder Pfanne wird, wenn notwendig, entfettet und mit Stärke- oder Weizenmehl, das mit Sahne, Joghurt, Buttermilch oder Wasser angerührt worden ist, gebunden. Nach Belieben würzen.

Schwein

Großer Schweinebraten •
1 kg Schweinefleisch (Kotelettstück, Bauch, Kamm), Pfeffer, Kümmel, Basilikum, 2 Zwiebeln, Wurzelwerk, Salz.
Das Fleisch waschen, klopfen, das Fett mehrfach einschneiden. Kräftig mit Pfeffer, Kümmel und Basilikum einreiben. Dann mit der Fettseite nach unten in die Bratpfanne legen, mit wenig kochendem Wasser übergießen und in einer gut vorgeheizten Röhre anbraten, dann das Fleisch wenden. Die in Stücke geschnittenen Zwiebeln und das geputzte, zerkleinerte Wurzelwerk sowie Salz zugeben. Bei guter Hitze unter

mehrmaligem Wenden braun und knusprig braten. Mehrmals seitlich heißes Wasser nachgießen. Gegen Ende der Garzeit die Fettseite nach oben legen, mit kaltem Wasser bepinseln und kurz überbacken. Den Bratensatz abkratzen, die Soße nach Bedarf entfetten und durch ein Sieb gießen.

Geschmorter Schweinebraten •
750 g Schweinekamm, Salz, 1 Zwiebel, 1/8 l Buttermilch, 1 Eßl. Mehl.
Das gewaschene Fleisch in 1/8 l kochendes Wasser legen und zugedeckt dünsten lassen, damit sich das Fett aus dem Gewebe löst. Dann das Fleisch mit Salz bestreuen und ringsum kräftig anbraten. Die Zwiebel in Scheiben schneiden und zufügen. Mehrmals – insgesamt etwa 1/2 Liter – heißes Wasser zugießen und das Fleisch zugedeckt schmoren. Die Soße mit dem in Buttermilch angequirlten Mehl binden. – Nach Belieben kann auch mit Beifuß gewürzt werden.

Kaßler Rippenspeer •
1 kg Kaßler Rippenspeer, Wurzelwerk, 1 1/2 Eßl. Margarine.
Fleisch und geputztes Wurzelwerk in 1 Liter siedendes Wasser legen und etwa 15 Minuten ziehen lassen. Aus der Brühe nehmen, etwa 30 Minuten in der Margarine braten, dabei mehrfach mit dem heißen Bratsaft übergießen. – Kaßler Rippenspeer kann auch gleich angebraten und unter Zugabe von wenig siedendem Wasser fertig gegart werden.

Pökelbraten •
In der gleichen Weise wie Kaßler Rippenspeer bereiten. – Scharf gepökeltes Fleisch 6 bis 12 Stunden wässern, dabei das Wasser erneuern.

Schweinepfeffer •
500 bis 750 g Schweinefleisch, Knoblauch, Salz, Pfeffer, 3 Eßl. Mehl, 75 g Speck, 2 Zwiebeln, 1 Möhre, 1 Eßl. Tomatenmark, 1/8 l Weißwein, Beifuß, Paprika, 2 Wacholderbeeren.
Das Fleisch in Portionsstücke teilen, mit Knoblauch, Salz und Pfeffer einreiben, mit etwas Mehl bestäuben. Den kleingewürfelten Speck ausbraten, Zwiebel- und Möhrenwürfel darin andünsten. Die Fleischstücke zugeben und von allen Seiten anbraten. Tomatenmark, mit reichlich 1/4 Liter heißem Wasser und 1/8 Liter Wein verrührt, aufgießen. Beifuß, Paprika und Wacholderbeeren zufügen. Das Fleisch zugedeckt schmoren. Hin und wieder etwas Flüssigkeit nachgießen, damit das Fleisch nicht anbrennt. Vor dem Anrichten die Gewürze herausnehmen. Das restliche Mehl mit etwas Wasser verquirlen und die Soße damit binden. Das Fleisch in der Soße auftragen.

Gedünstetes Schweinefilet •
1 Schweinefilet, 30 g Speck, Salz, Pfeffer, Knoblauch, Beifuß, 40 g Fett, 1 Zwiebel, Wurzelwerk, 1/4 l Brühe, saure Sahne.
Das Filet waschen, enthäuten und mit dem in Streifen geschnittenen Speck spicken. Mit Salz, Pfeffer, Knoblauch und Beifuß würzen. Das Fleisch in dem heißen Fett mit feingehackter Zwiebel und vorbereitetem Wurzelwerk anbraten. Wenig heiße Brühe aufgießen und das Fleisch gar dünsten. Die Soße mit saurer Sahne abschmecken.

Schweineschnitzel oder -koteletts naturell •
4 Schweineschnitzel oder 4 Schweinekoteletts, Pfeffer, Bratfett, Salz, Brühe.
Die Schnitzel klopfen, pfeffern und im offenen Tiegel in heißem Bratfett auf jeder Seite etwa 5 Minuten braten, zuletzt salzen. Die Schnitzel herausnehmen und warm stellen. Für die Soße den Bratensatz mit etwas Brühe oder heißem Wasser loskochen und über die angerichteten Schnitzel gießen.

Schweineschnitzel oder -koteletts paniert •
4 Schweineschnitzel oder 4 Schweinekoteletts, Salz, Pfeffer, Mehl, 1 Ei, geriebene Semmel, Bratfett.

Die Schnitzel klopfen, mit Salz und Pfeffer würzen, zuerst in Mehl, dann in verschlagenem Ei und in geriebener Semmel wenden. In reichlich heißem Fett im offenen Tiegel auf beiden Seiten knusprig braten.

Gegrillte Koteletts •
4 Koteletts, Knoblauch, Rosmarin, Öl, Salz, Pfeffer.
Die Koteletts leicht klopfen oder mit der Hand flachdrücken. Mit Knoblauch und Rosmarin würzen, Grillrost und Fleisch mit Öl bepinseln und die Koteletts auf beiden Seiten grillen. Beim Wenden nicht anstechen, sondern zwei Löffel oder eine Grillzange benutzen. Erst nach dem Grillen salzen und pfeffern. – Schnitzel oder Steaks können ebenso gegrillt werden, nach Belieben auch ohne Knoblauch und Rosmarin.

Schweinekopf •
½ Schweinekopf, Salz, 1 Lorbeerblatt, 5 Pimentkörner oder Wacholderbeeren, 2 Zwiebeln, Selleriegrün.
Den Kopf wässern und das Blut entfernen. Nach dem Waschen mit Salzwasser bedecken und zusammen mit den übrigen Zutaten gar kochen. Die Knochen auslösen. Das Fleisch zu Sülze oder Ragout verwenden.

Eisbein •
Schweinerippchen
Wie „Schweinekopf" zubereiten.

Haschee •
50 g Speck, 1 Zwiebel, 300 bis 400 g gare Fleischreste, 2 Eßl. Mehl, ½ l Brühe, Salz, 1 Spritzer Essig, 1 Lorbeerblatt, 1 Nelke, Tomatenmark, saure Sahne.
Den Speck in Würfel schneiden und auslassen. Darin die gehackte Zwiebel goldgelb rösten und das durch den Fleischwolf gedrehte Fleisch hinzufügen. 2 Eßlöffel Mehl überstäuben und ebenfalls leicht anrösten. Dann die Brühe unter Rühren langsam zugießen. Gewürze zugeben und gut durchkochen lassen.

Rind

Gespickter Rinderschmorbraten •
750 g Rinderbraten, 30 g Speck, 40 g Fett, Salz, Pfeffer, 1 Zwiebel, Wurzelwerk, 2 Eßl. saure Sahne, 2 Teel. Mehl oder Stärkemehl.
Das Fleisch waschen, klopfen und mit dem in Streifen geschnittenen Speck spicken. In heißem Fett auf beiden Seiten rasch anbraten, salzen, pfeffern und das geputzte Wurzelwerk zufügen. Nach und nach ¼ bis ½ Liter Wasser oder Brühe aufgießen und das Fleisch gar schmoren. Dabei immer wieder mit Bratsatz begießen. 20 Minuten vor Ende der Garzeit den Braten mit der sauren Sahne bestreichen und in der Backröhre bräunen lassen. Dann das Fleisch auf einen Teller legen. Mehl mit etwas kaltem Wasser verquirlen, den Bratsatz damit binden. Die Soße abschmecken und durch ein Sieb gießen. – Nach Belieben kann beim Anbraten 1 kleingeschnittene Tomate oder etwas Tomatenmark zugefügt werden.

Sauerbraten •
750 g Rinderbraten, 5 Wacholderbeeren, ½ Lorbeerblatt, 1 Blatt Salbei, 1 Zwiebel, 1 Nelke, 50 g Sellerie, 50 g Möhre, Essig, 50 g Fett, 50 g Rauchspeck, 3 bis 4 Brotrinden, Salz, Zucker.
Das Fleisch waschen, klopfen, mit Gewürzen, Sellerie und Möhre – kleingeschnitten – in einen nicht zu großen Topf legen. Mit kräftig abgeschmecktem Essigwasser oder auch saurer Milch übergießen, bis es bedeckt ist. Saurer Apfelsaft, Rotwein, Buttermilch oder Bier können ebenfalls verwendet werden. Das kühlgestellte Fleisch mehrmals wenden. Nach 2 bis 3 Tagen aus der Flüssigkeit nehmen und abtrocknen. In dem erhitzten Fett Fleisch, Speckscheiben und Brotrinden, nach Belieben auch einige Pilze oder etwas Wurzelwerk anbraten. Salzen und ein wenig von der aufgekochten und verdünnten

Beize zugießen. Wenn die Flüssigkeit verdampft ist, wieder etwas zufügen. Dies zwei- bis dreimal wiederholen. Den Braten im fest verschlossenen Topf gar schmoren. Ist die Soße nicht sämig genug, dann mit etwas Speisekuchen oder Mehl dicken, mit Salz und Zucker, auch Sirup oder Gelee abschmecken.

Rouladen •
4 Rouladen, 2 Eßl. Senf, 2 Zwiebeln, 1 Gewürzgurke, 50 g Speck, Salz, Pfeffer, 65 g Fett, 1 Eßl. Tomatenmark, 1 Teel. Mehl.
Die gewaschenen, geklopften Fleischscheiben mit Senf bestreichen, mit Zwiebel-, Gurken- und Speckwürfeln belegen, mit Salz und Pfeffer bestreuen, zusammenrollen und mit Rouladennadeln, -klammern oder weißem Faden zusammenhalten. In heißem Fett ringsum anbraten. Dabei zuletzt Tomatenmark zugeben. Nach und nach etwas heißes Wasser zugießen und die Rouladen gar schmoren. Die Soße mit Mehl binden. Bei Schweinerouladen statt Speck Pilze oder Sellerie verwenden. Vor dem Auftragen die Rouladennadeln entfernen.

Gulasch •
250 g Rindfleisch, 250 g Schweinefleisch, 80 g Speck oder Fett, Salz, 30 g Mehl, 1 Lorbeerblatt, 5 Gewürzkörner, 1 Teel. Kümmel, Pfeffer, 3 große Zwiebeln, $1/8$ l saure Sahne, knapp $1/2$ l Brühe oder Wasser, Paprika, $1/2$ Glas Rotwein.
Das gewaschene Fleisch in Würfel schneiden und in den ausgelassenen Speckwürfelchen kräftig anbraten, salzen und Mehl darüberstreuen. Gewürze und die in Scheiben geschnittenen Zwiebeln zufügen. Saure Sahne aufgießen und die Bratflüssigkeit verdampfen lassen. Nach und nach die heiße Brühe auffüllen und das Fleisch unter mehrfachem Umrühren zugedeckt gar schmoren lassen. Mit Paprika und Rotwein abschmecken.

Lendenbraten (Filet) •
500 g Lende, Salz, 50 g Speck, $1\frac{1}{2}$ Eßl. Margarine, $1/8$ l Brühe, $1/8$ l saure Sahne oder Buttermilch, 2 Teel. Stärkemehl.
Das Fleisch abspülen, abtrocknen, häuten und mit Salz einreiben. Auf den in dünne Scheiben geschnittenen Speck legen und mit der erhitzten Margarine begießen. 20 Minuten braten und dabei mehrfach begießen. Den Bratsatz mit der kochenden Brühe lösen und mit dem in saurer Sahne angerührten Stärkemehl binden. – Bei größeren Fleischstücken sind als Bratzeit je 500 g Rindslende 20 Minuten, je 500 g Schweinelende und Roastbeef aber nur 12 bis 15 Minuten zu rechnen. Das Braten muß bei scharfer Hitze geschehen. Roastbeef soll im Anschnitt rosig aussehen, darf aber nicht mehr blutig sein. Zum vollständigen Durchbraten des Fleisches wird die doppelte Zeit gebraucht.

Rumpsteaks •
4 Rumpsteaks, Salz, Paprika, 6 Eßl. Öl.
Die Rumpsteaks waschen, abtrocknen, mit Salz und Paprika einreiben. Das Öl in die kalte Bratpfanne gießen, die Rumpsteaks darin wenden, in eine Schüssel legen und zugedeckt 1 Stunde stehenlassen. Dann erst die Pfanne mit dem Öl erhitzen und die Rumpsteaks darin auf beiden Seiten bei starker Hitze rasch mittelbraun braten. Mit gebräunten Zwiebelringen oder Kräuterbutter anrichten. – Rumpsteaks können auch gegrillt werden.

Kalb

Geschmorter Kalbsbraten •
750 g Kalbsbraten, 80 g Fett, Salz, 60 g Pilze, $1/8$ l Sahne, $3/8$ l Brühe oder Wasser, 1 Teel. Stärkemehl.
Das gewaschene und abgetrocknete Fleisch leicht klopfen. Lappige Stücke rollen und zusammenbinden. In heißem Fett anbraten, mit Salz bestreuen, die in Scheiben geschnittenen Pilze oder Wurzelwerk beifügen und kurz danach die

Sahne zugeben. Den Braten unter mehrmaligem Wenden anbraten. Nach und nach siedende Brühe zugießen und das Fleisch zugedeckt schmoren. Bei Verwendung von Wurzelwerk die Soße durch ein Sieb gießen. Mit kalt angerührtem Stärkemehl binden.

Gebratene Kalbshaxe
1 Kalbshaxe, Salz, Wurzelwerk, Pfeffer, 3 Eßl. Mehl, 1 Ei, geriebene Semmel, Bratfett, Zitronenscheiben, Petersilie.
Die gewaschene Kalbshaxe in 1½ bis 2 Liter kochendes Salzwasser geben und etwa 60 Minuten kochen. Das vorbereitete Wurzelwerk hinzufügen und fertig garen. Das Fleisch vom Knochen lösen und in Stücke schneiden. Dann salzen, pfeffern und in Mehl, verschlagenem Ei und in geriebener Semmel wenden. In heißem Fett auf beiden Seiten goldgelb braten. Mit Zitronenscheiben und gehackter Petersilie anrichten.

Kalbsrouladen mit Eifülle
2 Kalbsrouladen, Salz, 2 Scheiben Schinken, 2 Eier, 2 Eßl. Mehl, 50 g Fett, ⅛ l saure Sahne, ¼ l Brühe oder Wasser.
Die Kalbsrouladen leicht klopfen und salzen. Jede Fleischscheibe mit 1 Scheibe Schinken und 1 gekochten (geschälten) Ei belegen, zusammenrollen und mit Rouladennadeln zustecken. In Mehl wälzen und in siedendem Fett ringsum anbraten. Zuletzt saure Sahne zugießen. Ist sie eingeschmort, nach und nach die kochende Brühe auffüllen. Die Rouladen zugedeckt gar schmoren. Die Rouladennadeln entfernen. Dann jede Roulade längs halbieren und warm oder kalt auftragen.

Kalbsfrikassee
500 g Kalbfleisch, Salz, 1½ Eßl. Margarine, 1 Zwiebel, 2 Eßl. Mehl, Zitronensaft, Kräuter.
Das gewaschene Fleisch in 1 Liter leicht gesalzenem Wasser gar kochen und abgekühlt in gleichmäßige Würfel schneiden. In der Margarine Zwiebelwürfelchen und Mehl zartgelb werden lassen. ¾ Liter Brühe auffüllen, das Fleisch zufügen und nochmals durchkochen. Mit Salz, Zitronensaft oder Wein und Kräutern (Basilikum, Thymian oder Estragon) würzen. – Frikassee kann auch ohne Zwiebel bereitet, mit Ei abgezogen und durch Einlagen ergänzt werden, z.B. durch Blumenkohlröschen, Spargelstückchen, Pilze oder Klößchen (Semmel- oder Leberklößchen). – Auf die gleiche Weise können Gekröse, Kalbsmilch, Hirn, Zunge und Lammfleisch zubereitet werden.

Ragout fin (Würzfleisch)
Wie „Frikassee" zubereiten, aber nur die halbe Mehlmenge verwenden und mit ¼ Liter Brühe auffüllen, so daß es gut gebunden ist. Das in recht kleine Würfel geschnitene und mit der Soße vermischte Fleisch – nach Belieben auch gare Spargelstückchen und Champignons – in gefettete, feuerfeste Förmchen füllen, mit Reibekäse bestreuen, mit Butter beträufeln und bei starker Hitze überbacken. Mit Zitrone und Worcestersauce servieren. – Würzfleisch kann auch aus Schweinefleisch bereitet werden.

Hammel

Hammelbraten
750 g Hammelbraten, Salz, Pfeffer, Knoblauch, 50 g Fett, 1 Zwiebel, Wurzelwerk, Basilikum, Rosmarin, 1 Eßl. saure Sahne, Rotwein.
Das Fleisch waschen, klopfen, häuten und das Fett entfernen. Mit Salz, Pfeffer und zerdrücktem Knoblauch einreiben und in heißem Fett von allen Seiten kräftig anbraten. Zerkleinerte Zwiebel, vorbereitetes Wurzelwerk und Kräuter zufügen. Ab und zu etwas heißes Wasser oder Brühe (insgesamt etwa ¼ Liter) zugießen und das Fleisch gar schmoren. Dann auf eine vorgewärmte Platte legen. Die Soße mit saurer Sahne und Rotwein

abschmecken und das Gericht sehr heiß servieren.

Hammelragout

500 bis 750 g Hammelfleisch, Knoblauch, Kümmel, Salz, Pfeffer, Mehl, 150 g Speck, 2 Zwiebeln, ¼ l Brühe, ¼ l Rotwein, Thymian, Rosmarin, 1 Teel. Johannisbeergelee.
Das Fleisch von Haut und Fett befreien und in Portionsstücke teilen. Mit Knoblauch, Kümmel, Salz, Pfeffer einreiben und in Mehl wenden. Den in kleine Würfel geschnittenen Speck ausbraten und die gehackten Zwiebeln darin glasig dünsten. Das Fleisch zugeben und von allen Seiten anbraten. Mit Brühe und Rotwein aufgießen. Gewürze und Johannisbeergelee hinzufügen. Zugedeckt auf kleiner Flamme gar schmoren.

Lamm, Zickel, Ziege, Schaf

1 kg Fleisch, Salz, 1 Eßl. Senf, 100 g Fett, ⅛ l saure Sahne oder Buttermilch, Mehl.
Das Fleisch waschen, klopfen, häuten und mit Salz einreiben, mit Senf oder Tomatenmark bestreichen und in dem erhitzten Fett unter wiederholtem Begießen knusprig braten. Mit ¼ Liter kochendem Wasser den Bratsatz lösen und mit dem in der Sahne angerührten Mehl binden. Mit Salz, nach Belieben auch mit etwas Tomatenmark abschmecken.

Kaninchen

Kaninchenrücken

1 Kaninchenrücken, 50 g Speck, Salz, 50 g Margarine, ¼ l saure Sahne, 2 Teel. Stärkemehl.
Den Rücken waschen, abtrocknen, häuten und in gleichmäßigen Abständen mit dem in dünne Streifchen geschnittenen Speck spicken und salzen. Die erhitzte Margarine darübergeben und unter mehrfachem Begießen braten. Ist der Bratsatz braun, nach und nach saure Sahne zufügen. Der Rücken ist in etwa 40 bis 60 Minuten durchgebraten. Den Bratsatz mit ¼ Liter heißem Wasser lose kochen und mit dem in etwas kaltem Wasser angerührten Stärkemehl binden.
– Kaninchenrücken kann vor dem Braten zusätzlich mit Senf bestrichen werden. Damit sich der Rücken während des Bratens nicht wölbt und verzieht, können die Rückenwirbel vor der Zubereitung mehrfach eingeknickt werden oder der Kaninchenrücken wird in Portionsstücke geteilt und gebraten.

Kaninchenfrikassee

Kaninchenklein (Kopf, Hals, Brust, Bauchlappen, Vorderläufchen, Herz, Lunge), Salz, Wurzelwerk, je 1 Zweiglein Thymian, Majoran, Estragon und Petersilie, 1½ Eßl. Margarine, 2 bis 3 Eßl. Mehl, 1 Pfeffergurke, Paprika, ⅛ l Weißwein, Zitronensaft.
In ¾ Liter gesalzenem Wasser das gründlich gewaschene Kaninchenklein mit Salz kochen. Nach 30 Minuten Kochzeit das geputzte, zerkleinerte Wurzelwerk und die Kräuter hinzufügen. Das gare, entbeinte Fleisch in Würfel schneiden. In der Margarine das Mehl lichtgelb schwitzen, nach und nach ½ l Brühe auffüllen, das Fleisch darin durchkochen. Die geschälte und in kleine Würfel geschnittene Pfeffergurke zugeben und mit den übrigen Zutaten abschmecken.

Wildbret

Hasenrücken

Wie „Kaninchenrücken" bereiten.

Hasenragout (Hasenpfeffer)

Hasenklein (Vorderläufe, Kopf, Hals, Herz, Lunge, Bauchlappen), Salz, Pfeffer, Mehl, 150 g Speck, 2 Zwiebeln, Knoblauch, ¼ l Brühe, Rotwein, Thymian, Rosmarin, 1 Teel. Johannisbeergelee, Zitronensaft.
Das Hasenklein waschen, in Stücke teilen, dabei die Vorderläufe im Gelenk durchtrennen. Das Fleisch salzen, pfeffern und in Mehl wenden. Den in kleine Würfel geschnittenen Speck ausbraten, die gehackten Zwiebeln und den zer-

drückten Knoblauch glasig rösten. Die Fleischteile zugeben und auf allen Seiten anbraten. Mit Brühe und 1 Schuß Rotwein aufgießen. Gewürze und Johannisbeergelee zufügen. Das Ragout umrühren, aufkochen und bei kleiner Flamme garen. Das fertige Gericht mit Zitronensaft oder Essig abschmecken.

Frischlingsbraten ●
750 g Frischlingsrücken oder Keule, Salz, Pfeffer, 100 g Margarine, 1 Zwiebel, Wurzelwerk, etwas Brotrinde, 2 Zitronenscheiben, 2 Wacholderbeeren, 1/8 l saure Sahne, etwa 1/4 l Brühe, 1 Glas Rotwein, 1 Teel. Stärkemehl.
Das Fleisch waschen, häuten und die Schwarte lösen. Das Fleisch mit Salz und Pfeffer einreiben und im heißen Fett mit Zwiebelvierteln, zerkleinertem Wurzelwerk und Brotrinde kräftig anbraten. Zitrone, Wacholderbeeren, etwas saure Sahne zugeben und unter häufigem Begießen mit der heißen Brühe zugedeckt gar braten. Den Braten aus der Soße nehmen. Ist es zu wenig, dann den Bratsatz noch mit etwas Brühe loskochen. Das Stärkemehl in der restlichen sauren Sahne anrühren und die Soße damit binden. Mit Rotwein abschmecken.

Wildschwein in Beize ●
Älteres Wildschweinfleisch einige Tage in Buttermilch-, Essig- oder Rotweinbeize legen, damit es mürbe wird. Wie „Frischlingsbraten" zubereiten.

Wildbret in Beize ●
Wildfleisch stets erst nach dem Beizen enthäuten. Dann spicken und bratfertig zubereiten.

Buttermilchbeize ●
Buttermilch, Gewürze.
Das Wildbret 1 bis 8 Tage in eine Steingut- oder Porzellanschüssel legen und so viel Buttermilch darübergießen, daß das Fleisch bedeckt ist. Gewürze (Wacholderbeeren, Lorbeerblatt, Zwiebel, Zitrone) nach Geschmack zugeben. Die Buttermilch ist nach 2 Tagen zu erneuern. Buttermilchbeize nicht zum Aufgießen beim Braten verwenden.

Essigbeize ●
Essig, Wurzelwerk, 1 Zwiebel, 5 Wacholderbeeren, 1 Lorbeerblatt, Thymian, 1 Knoblauchzehe.
Essig und Wasser zu gleichen Teilen mischen, mit dem vorbereiteten Wurzelwerk und allen Gewürzen 10 Minuten kochen. Die Beize erkaltet über das Fleisch gießen. Es muß von der Beize bedeckt sein. Das Fleisch täglich wenden. Die Beize kann verdünnt zum Aufgießen beim Braten verwendet werden.

Rotweinbeize ●
1 Teil Wasser, 1 Teil Essig, 2 Teile Rotwein, Ingwer, Zitronenscheiben, Salz, Wurzelwerk, 1 Zwiebel, 5 Wacholderbeeren, 1 Lorbeerblatt, Thymian, 1 Knoblauchzehe.
Zubereitung wie „Essigbeize", den Rotwein erst nach dem Kochen zugießen.

Reh- oder Hirschrücken ●
2 kg Rücken, Salz, Pfeffer, 100 g Speck, 100 g Margarine, 1/4 l saure Sahne, 1/4 l Weißwein, 1 1/2 Teel. Stärkemehl, 1 Eßl. Johannisbeergelee.
Das Rückenstück ohne Hals, wenn nötig, an den Rippen gleichmäßig verschneiden. Das Fleisch feucht abreiben, leicht klopfen, häuten und mit Salz und Pfeffer einreiben. Nach Belieben mit Speckstreifen spicken oder mit Speckscheiben belegen und mit der heißen Margarine begießen. Sobald das Fleisch gebräunt ist, nach und nach saure Sahne darübergeben. Das Fleisch öfter mit dem Bratsatz begießen und zugedeckt gar braten. Wenn nötig, den Bratsatz mit etwas Fleischbrühe lösen, damit er nicht eintrocknet. Zuletzt den Rest des Bratsatzes mit dem Weißwein löschen und mit dem kalt angerührten Stärkemehl binden. Das Gelee (statt Johannisbeergelee auch Apfelgelee oder eingelegte Preiselbeeren verwenden) unter die Soße rühren.

Hirschkeule ●
Den Knochen auslösen und das Fleisch

vor dem Braten 3 bis 4 Tage in eine Beize legen. Nach dem Abtrocknen klopfen und häuten, wie „Hirschrücken" bereiten.

Gegrillte Reh- und Hirschsteaks •
8 Reh- oder Hirschsteaks, 2 Eßl. Öl, 1 Eßl. Weinbrand, Zitronensaft, Salz, Pfeffer, 4 Eßl. Preiselbeerkompott.
Die Rehsteaks 2 bis 3 Stunden in eine Marinade aus Öl, Weinbrand, etwas Zitronensaft, Salz und Pfeffer legen. Dann abtropfen lassen und im vorgeheizten Grill auf beiden Seiten garen. Beim Anrichten auf jedes Steak etwas Preiselbeerkompott geben. – Nach Belieben können auch Bananenscheiben – kurz in Butter gedünstet – zum Garnieren genommen werden.

Geflügel

Gebratenes Hähnchen •
1 bis 2 Hähnchen oder Broiler, Salz, Pfeffer, Petersilie, 60 g Butter, $3/8$ l Brühe, saure Sahne.
Das ausgenommene Hähnchen waschen, abtrocknen, innen und außen salzen und pfeffern. Ins Innere ein Stückchen Butter, Petersilie, Herz und Magen geben. Mit heißer Butter begießen und in der heißen Röhre braten. Dabei das Hähnchen ab und zu wenden und heiße Brühe aufgießen. Das Hähnchen herausnehmen. Den Bratsatz bei Bedarf mit etwas Brühe loskochen und mit saurer Sahne abschmecken. Das Hähnchen mit der Geflügelschere oder mit scharfem Messer längs halbieren und in 2 Keulen- und 2 Bruststücke teilen.

Backhähnchen •
1 Broiler, Salz, Pfeffer, Mehl, 1 Ei, geriebene Semmel, Ausbackfett.
Das bratfertige Geflügel vierteln, waschen und abtrocknen. Dann mit Salz und Pfeffer einreiben, mit Mehl bestäuben, in verschlagenes Ei tauchen und zuletzt in geriebener Semmel wenden.

Im siedenden Fett schwimmend goldbraun ausbacken.

Gegrillter Broiler •
1 Broiler, Salz, Pfeffer, Öl, Paprika.
Den bratfertigen Broiler waschen, abtrocknen, innen und außen salzen und pfeffern. Auf den Drehspieß des Grills stecken. Die Flügel verschränken und festbinden. Die Keulen auch zusammenbinden oder am Körper festbinden. Den Broiler mit Öl bepinseln und im vorgeheizten Grill braun und knusprig grillen. Etwas Öl mit Paprika verrühren und das Geflügel damit mehrmals zwischendurch bepinseln. – Gefrorenen Broiler zunächst auftauen.

Gefülltes Huhn •
1 Huhn oder Broiler, Salz, 100 g Weißbrot, Muskat, 100 g Margarine, 1 Eßl. gehackte Petersilie, 1 Eigelb, 1 Eßl. Mehl, $1/8$ l saure Sahne.
Das vorbereitete Huhn waschen, abtrocknen und mit Salz einreiben. Leber, Herz und Magen waschen. Das eingeweichte und fest ausgedrückte Weißbrot zusammen mit den Innereien durch den Wolf drehen. Die Masse mit Salz und Muskat abschmecken. In 2 Eßlöffel Margarine die Petersilie kurz anbraten, die Füllmasse zufügen und durchbraten. Etwas abgekühlt das Eigelb untermengen. Ist die Fülle zu weich, wenig geriebene Semmel zugeben. Bei einem großen Huhn für etwas 6 Personen sollten der Fülle je 125 g gehacktes Schweine- und Rindfleisch und 125 g gedünstete Champignons zugefügt werden. Das Huhn mit der Masse füllen, zunähen und in der erhitzten Margarine von allen Seiten anbraten. Wird der Bratsatz dunkel, ein wenig heißes Wasser zugießen. Das Mehl in der sauren Sahne anrühren und die Soße damit binden.

Hühnerfrikassee •
1 Suppenhuhn oder Broiler, Salz, Wurzelwerk, 40 g Butter, 40 g Mehl, 1 Eigelb, $1/8$ l Sahne oder Kondensmilch, Zitronensaft oder Weißwein.

Das vorbereitete Huhn in 2 Liter kochendem Salzwasser ansetzen. Nach etwa 40 Minuten das geputzte Wurzelwerk dazugeben und so lange auf kleiner Flamme kochen, bis das Huhn gar ist. Ein Broiler ist in etwa 40 Minuten bereits gar. Dann abtropfen lassen, die Haut abziehen, das Fleisch von den Knochen lösen und in Portionsstücke teilen. Für die Soße aus Butter und Mehl eine helle Schwitze bereiten und mit ½ bis ¾ Liter Hühnerbrühe aufgießen, gut durchkochen lassen, dabei ständig umrühren, damit die Soße nicht anbrennt. Eigelb mit Sahne verquirlen und die Soße damit legieren. Dann nicht mehr kochen lassen. Mit Zitronensaft und Salz abschmecken. Das Hühnerfleisch in die Soße geben. – Nach Belieben noch mit gedünsteten Champignons verfeinern.

Gänseklein, Entenklein ●

300 g Gänse- oder Entenklein, Salz, Wurzelwerk, 40 g Margarine, 40 g Mehl, 1 Eßl. gehackte Zwiebel, Petersilie.

Das Gänseklein (Kopf, Hals, Flügel, Magen, Herz und Füße) sehr sauber waschen und putzen. Die Füße brühen und die harte Hornhaut abziehen. In 1½ Liter gesalzenem Wasser zusammen mit geputztem Wurzelwerk gar kochen, dann die Brühe abgießen. Das Fleisch von den Knochen lösen, in gleichmäßige Stücke, den Magen in Scheiben schneiden. Aus Margarine, Mehl und Zwiebel eine helle Schwitze bereiten. ¾ Liter Brühe auffüllen und in der sämig gekochten Soße das zerschnittene Fleisch und das mit dem Buntmesser zerteilte Wurzelwerk erhitzen. Zuletzt gehackte Petersilie zufügen. Als Beilage auftragen. – Gänse- oder Entenklein kann auch für Reis- oder Nudeleintopf (siehe Seite 187) verwendet werden.

Gänsebraten, Entenbraten ●

1 Gans (1,5 kg) oder Ente, Salz, 500 g Äpfel, Beifuß, etwa 2 Teel. Stärkemehl.

Die bratfertige Gans waschen, abtrocknen und mit Salz ausreiben. Kleine Äpfel und einige Stengel Beifuß hineinstecken. Die Öffnung mit einer Rouladennadel zustecken oder zunähen. Mit ¼ bis ½ Liter Wasser, je nach Größe, die Gans mit der Brustseite nach unten ansetzen und mindestens 1 Stunde zugedeckt dünsten, damit sich das Fett lokkert. Dann aufgedeckt in der Röhre braten. Sobald die Flüssigkeit verdampft ist, an der Seite ein wenig kochendes Wasser nachgießen. Nach 1 Stunde Bratzeit kann bereits Fett abgeschöpft werden. Den Braten wenden und immer wieder mit Bratfett begießen. Damit es leichter abläuft, mehrmals mit der Gabel in die Haut am Bürzel und unterhalb der Keulen einstechen. Ist der Braten fast gar, dann nicht mehr begießen, damit die Haut knusprig wird, oder das Fleisch mit kaltem Salzwasser bepinseln und noch einmal in die Bratröhre stellen. Den Braten auf einer heißen Platte warm halten. Das Fett abschöpfen, den Bratsatz mit Brühe oder Wasser loskochen und mit kalt angerührtem Stärkemehl binden. In den Gänsebraten kann ein Stück Schweinefleisch gesteckt oder in der Pfanne mitgebraten werden. Beide Arten Fleisch schmecken nicht nur warm, sondern auch kalt sehr gut.

Das Zerlegen einer Gans:
Rings um die Keulen Haut und Fleisch einschneiden, mit der Geflügelschere die Knochen zerteilen. Dann das Brustfleisch in Streifen zerlegen. Den Faden von der zugenähten Bauchöffnung entfernen. Äpfel und Beifuß herausnehmen. Soll der Gänsebraten ganz aufgetragen werden, dann die Fleischstücke auf das Gerippe legen, mit Soße begießen und nochmals kurz in die heiße Röhre stellen. Wenn aber die Gans völlig zerlegt aufgetragen wird, erst die Keulen, dann das Brustfleisch und die Flügel mit je einem Stückchen Brustfleisch abtrennen. Mit der Geflügelschere den Rücken längs zerschneiden, dann quer in Portionsstücke teilen.

Gebratene Pute
Wie „Gefülltes Huhn" zubereiten. Es ist besonders darauf zu achten, daß die Sehnen aus den Keulen herausgezogen werden, weil sich sonst das Fleisch dort zusammenzieht! Zum Füllen ist der Größe entsprechend die doppelte oder dreifache Menge der Zutaten zu verwenden, die bei gefülltem Huhn angegeben ist. Es lassen sich auch 50 g Sultaninen und 20 g Zucker in die Masse geben. Bei mageren Tieren die Brust, vor allem aber auch die Keulen mit Speckscheiben belegen. 2 cm hoch Wasser, Speckscheiben und Margarine in die Bratpfanne geben. In die kochende Flüssigkeit die Pute legen und je nach dem Alter 1 bis 2 Stunden zugedeckt dünsten. Die Brühe abschöpfen und die Pute aufgedeckt unter öfterem Begießen braten. Die Bratzeit beträgt je nach Alter 2 bis 4 Stunden. Dabei ist immer wieder etwas Brühe zuzufügen. Die Pute darf nicht wie die Gans knusprig braten, weil dabei besonders das Fleisch der Keulen zu derb würde.

Gebratene Tauben
Tauben wie „Gebratenes Huhn" zubereiten. Zum Ausnehmen keinen Längs-, sondern einen Querschnitt machen. Dann die Beine hineinstecken, die Flügel auf den Rücken biegen und den Hals unter einen Flügel schieben. Das zarte Fleisch eignet sich besonders gut für die Krankenkost.

Gebratenes Rebhuhn
2 bis 3 Rebhühner, Salz, Pfeffer, 80 g Speck, 60 g Butter, $\frac{1}{4}$ l Brühe, $\frac{1}{8}$ l saure Sahne.
Die vorbereiteten Rebhühner waschen, innen und außen salzen und pfeffern. Den Speck in Scheiben schneiden. Brust und Schenkel mit Speckscheiben belegen und mit weißem Zwirnsfaden festbinden. Die Rebhühner von allen Seiten rasch anbraten, dabei mit der heißen Butter übergießen. Nach und nach die Brühe zugeben und unter häufigem Beschöpfen die Rebhühner etwa 40 Minuten garen. Dann den Speck abnehmen, die Rebhühner mit der sauren Sahne bestreichen und etwa 15 Minuten bräunen lassen. Aus der Soße nehmen und zerlegen. Nach Belieben die Soße mit 1 Teelöffel Stärkemehl, das mit etwas Wasser angerührt wurde, binden. – Ältere Rebhühner müssen etwas länger braten, sie können auch einige Tage in Beize gelegt werden.

Gebratener Fasan
Fasan wie Huhn zubereiten, aber mit Speckscheiben umwickeln. Die Bratzeit beträgt etwa 1 Stunde, ältere Tiere sollten geschmort werden. Von den Innereien wird nur die Leber verwendet.

Innereien

Zunge
1 Zunge, Salz.
Pökelzunge nach der beim Kauf angegebenen Zeit wässern, frische Zunge nur waschen. Mit siedendem Wasser bedeckt kochen, bei ungepökelter Zunge Salz zufügen. Die Zunge so lange kochen, bis sich die harte, rauhe Haut abziehen läßt. Dazu das Fleisch in kaltes Wasser legen. Das Schlundfleisch zu Frikassee verarbeiten, das Zungenfleisch in Scheiben schneiden und mit zerlassener Butter oder Rotweinsoße auftragen. – Im Schnellkochtopf verkürzt sich die Garzeit erheblich.

Herzragout
500 g Herz, 2 Eßl. Fett, 40 g Speck, 1 Zwiebel, 50 g Sellerie, 2 Eßl. Mehl, $\frac{1}{2}$ l Brühe, Salz, Pfeffer.
Das Herz von den Blutgerinnseln befreien, waschen und in Scheiben schneiden. In dem Fett Speck-, Zwiebel- und Selleriewürfelchen anbraten und das Herz zufügen. Sobald alles gebräunt ist, das Mehl überstäuben und auch bräunen. Dann die kochende Brühe auffüllen und das Herz gar schmoren. Mit Salz und Pfeffer würzen.

Geschmorte Nieren (saure Nieren)

500 g Nieren, 2 Eßl. Fett, 40 g Speck, 1 Zwiebel, 2 Eßl. Mehl, 1/2 l Brühe, 125 g Senfgurke, Salz, Pfeffer, Zucker.

Die Nieren längs aufschneiden und nach Entfernen der Röhren sehr gut waschen. Rindernieren, wenn nötig, einige Zeit wässern. Das Fleisch in Scheiben schneiden. In dem Fett Speck- und Zwiebelwürfel anbraten und die Nieren zufügen. Sobald sie gebräunt sind, das Mehl überstäuben. Hat auch das eine braune Farbe angenommen, die kochende Brühe auffüllen und die Nieren gar schmoren. Die Senfgurke, in Würfelchen oder Streifen geschnitten, zufügen und die Soße mit Salz, Pfeffer und Zucker abschmecken. – Die Senfgurke kann auch wegbleiben oder durch gehäutete Tomatenstücke, Tomatenmark oder in Stifte geschnittene Möhren ersetzt werden.

Gebratene Kalbsmilch

400 g Kalbsmilch (Bries), Salz, Pfeffer, Mehl, 1 Ei, geriebene Semmel, Bratfett.

Die Kalbsmilch wässern, in Salzwasser kochen, herausnehmen und mit kaltem Wasser abspülen (blanchieren). Die Kalbsmilch häuten, in Portionen teilen, salzen und pfeffern. Zuerst in Mehl, dann in verschlagenem Ei und in geriebener Semmel wenden. In reichlich heißem Fett auf beiden Seiten goldgelb backen.

Gebratenes Hirn

400 g Hirn, Mehl, 2 Eßl. Margarine oder Fett, 1/2 Zwiebel, Salz, Paprika, 1 Eßl. gehackte Petersilie.

Das Hirn in kaltes Wasser legen. Alles geronnene Blut entfernen, das Hirn häuten, grob zerschneiden und mit Mehl bestäuben. In der Margarine die feingehackte Zwiebel kurz anbraten, das Hirn zufügen, mit Salz und Paprika bestreuen und etwa 5 Minuten kräftig durchbraten. Vom Feuer nehmen und mit gewiegter Petersilie mischen. – Hirn kann auch vor dem Braten in Semmelmehl gewendet und mit Zitrone aufgetragen werden.

Gebratene Leber

600 g Leber, Mehl, 2 Eßl. Margarine oder Fett, Salz, Pfeffer.

Die gehäutete Leber waschen, abtrocknen und in Scheiben schneiden, dabei die Röhren entfernen. Die Leberscheiben in Mehl wenden und in der heißen Margarine auf beiden Seiten in 5 Minuten gar braten. Leicht mit Salz und Pfeffer bestreuen. Anschließend im Bratfett gebräunte Zwiebel- oder Apfelscheiben lassen sich zusammen mit der inzwischen heiß gehaltenen Leber anrichten.

Gebratene Geflügelleber

Die zarte Geflügelleber wird mit gehackter Zwiebel in heißer Margarine oder Butter gebraten und mit Salz, Pfeffer oder Paprika gewürzt. Geflügelleber kann aber auch wie andere Leber zubereitet werden.

Grillspieße

200 g Niere, 200 g Leber, 1/4 l Rotwein, Perlzwiebeln, 1 Delikateßgurke, 2 Tomaten, Öl, Pfeffer, Salz.

Die Niere halbieren, gründlich säubern und von den Röhren befreien. In größere Würfel schneiden. Die vorbereitete Leber ebenfalls würfeln. Beides etwa 30 Minuten in Rotwein legen, dann gut abtropfen lassen. Zusammen mit Perlzwiebeln, Gurkenscheiben und Tomatenvierteln auf Spieße reihen. Alles mit Öl bepinseln, mit Pfeffer kräftig würzen, grillen und anschließend salzen.

Kuheuter

1 kg Kuheuter, Salz, Wurzelwerk, 60 g Margarine, Zitrone.

Das Kuheuter waschen, einige Stunden wässern, gut ausdrücken. In 2 Liter leicht gesalzenem Wasser 3 bis 4 Stunden kochen. Das vorbereitete Wurzelwerk zufügen und das Fleisch gar kochen. Erkaltet in 1 cm dicke Scheiben schneiden und in der heißen Margarine auf beiden Seiten braten. Mit Zitronensaft beträufelt anrichten.

Flecke (Kutteln, Kaldaunen) •
1 kg Flecke, Salz, Wurzelwerk, 1 Kräuterbündel, 40 g Fett, 50 g Mehl, Essig, Zucker, Pfeffer, 100 g Gurke.
Die sehr gründlich erst heiß, dann kalt gewaschenen Flecke in etwa 2 Liter Wasser ansetzen und fast weich kochen. Das dauert 4 bis 5 Stunden. Mit Salz, Wurzelwerk und dem Kräuterbündel gar kochen. Die Brühe abgießen und das Fleisch in gleichmäßige Stückchen schneiden. In dem Fett das Mehl hellbraun werden lassen, $\frac{3}{4}$ l Brühe auffüllen, durchkochen, die Flecke zufügen und das Gericht mit Essig, Zucker oder Sirup und Pfeffer kräftig abschmecken. Die Gurke schälen, in Würfelchen schneiden und zugeben.

Lungenhaschee •
1 kg Lunge, Salz, 1½ Eßl. Margarine, 2 Eßl. Mehl, 1 Zwiebel, Essig.
Die gewaschene Lunge in grobe Stücke teilen, in 1 Liter Salzwasser gar kochen. In der Margarine das Mehl und die gehackte Zwiebel zart bräunen, so viel Brühe auffüllen, daß eine sämige Soße entsteht. Die Lunge kleinschneiden und hacken oder durch den Fleischwolf drehen. Mit der Soße verrühren, herzhaft mit Essig abschmecken.

Wurst

Bratwurst •
4 Bratwürste, Milch, 2 Eßl. Margarine oder Fett.
Ungebrühte Bratwürste an den Enden fest zudrehen und in kochendem Wasser 20 Minuten brühen. (Bei schon gebrühten Würsten entfällt dieser Arbeitsgang.) Die Bratwürste in Milch wenden und in der Margarine vorsichtig braten, damit die Haut nicht platzt. – Sollen die Bratwürste gegrillt werden, dann nur mit Öl bepinseln und goldbraun grillen.

Gegrillte Bockwürste •
4 Bockwürste, Öl.
Jede Bockwurst an beiden Enden zweimal kreuzweise tief einschneiden, mit Öl bepinseln und im vorgeheizten Grill auf dem Rost von allen Seiten grillen.

Gebratene Wurstscheiben •
200 g Jagdwurst, 1½ Eßl. Bratfett.
Die Wurst in Scheiben schneiden und im heißen Fett – nach Belieben auch zuvor paniert – braten. Sollen die Scheiben flach bleiben, dann die Pelle abziehen. Ist die Wurstpelle unverletzt, zieht sie sich beim Braten zusammen, und es entstehen kleine Schüsselchen, die mit gedünstetem Gemüse, gebratenem Hirn oder Rührei gefüllt werden können.

Wurstspießchen •
Abwechselnd Stücke von Wiener Würstchen und frischer Gurke sowie gerollte Speckscheiben auf Spieße reihen. Mit einer Marinade aus Essig, Öl, geriebener Zwiebel und Paprika beträufeln und einige Zeit durchziehen lassen. Vor dem Grillen salzen und mit Öl bepinseln. Beim Anrichten mit Tomatenketchup bestreichen.

Hackfleisch

Hackfleischmasse (Grundrezept) •
500 g Hackfleisch (halb Rind, halb Schwein), Salz, 1 bis 2 alte Brötchen, 1 Zwiebel, 1 bis 2 Eier, Pfeffer, Majoran, Kümmel, Bratfett.
Mit angefeuchteten Händen das Hackfleisch mit etwas Salz durchkneten, davon wird es zart und geschmeidig. Die in etwas Wasser eingeweichten und gut ausgedrückten Brötchen, die feingehackte Zwiebel, Ei und Gewürze dazugeben. Alle Zutaten miteinander vermischen, den Teig gut durcharbeiten und je nach Rezept weiter verarbeiten.

Kochklopse •
Aus Hackfleischmasse kleine Klößchen formen und in kochendem Salzwasser

garen. Mit Kapernsoße (siehe Seite 219) anrichten.

Bratklößchen (Buletten) •
Aus Hackfleischmasse runde oder längliche Klößchen formen, flachdrücken und auf beiden Seiten in heißem Fett braun braten oder mit Öl beträufeln und im vorgeheizten Grill auf beiden Seiten knusprig grillen. Die Bratklößchen können auch zuvor in Mehl gewendet werden.

Hackbraten (Wiegebraten) •
Aus Hackfleischmasse ein großes Brot formen. Ist die Masse zu weich, 1 bis 2 Eßlöffel geriebene Semmel unterkneten. Dann in geriebener Semmel wälzen, in heißem Fett auf der Seite, die beim Anrichten oben sein soll, anbraten, vorsichtig wenden und unter mehrfachem Begießen mit Bratfett in milder Hitze gar braten. Der Hackbraten läßt sich auch in der Röhre garen. Damit er dabei nicht so austrocknet, sollte er möglichst mit Speckscheiben bedeckt werden.

Bratklößchen aus Wildfleisch •
400 g Hirsch- oder Rehfleisch, 1 bis 2 Brötchen, 1 Zwiebel, 40 g Speck, Knoblauch, Salz, Pfeffer, 1 Ei, 2 Eßl. saure Sahne, Öl oder Margarine zum Braten, Rotwein.
Das Fleisch in Stücke schneiden. Die Brötchen in etwas Wasser einweichen, fest ausdrücken. Diese Zutaten zweimal durch den Fleischwolf drehen. Die gehackte Zwiebel in den ausgelassenen Speckwürfelchen andämpfen und zur Fleischmasse geben. Gewürze, Ei und saure Sahne zufügen, durchkneten und würzig abschmecken. Aus dem Teig runde oder längliche Klößchen formen, flach drücken und auf beiden Seiten in reichlich heißem Fett braun braten. Für die Soße den Bratsatz mit etwas Rotwein aufkochen.

Das Fleisch soll stets völlig gegart und niemals nur angebraten werden! Nur so ist es bei guter Kühlung einige Tage haltbar.

Beim Braten auf dem Rost wird das Fleisch mit siedendem Fett begossen oder mit Öl bestrichen und in die heiße Röhre geschoben.
Nach 10 bis 20 Minuten wenden.
Während des Garens ab und zu mit Bratfett aus der Pfanne begießen.

Zu Wildgerichten passen sehr gut Rotkraut, Pilze, Rosenkohl, Buttererbsen, Klöße und Preiselbeeren.

Als Schmorbraten eignen sich besonders kleinere Fleischstücke (Bratenstücke unter 1 kg, Rouladen, Gulasch). Dazu das Fleisch würzen und im heißen Fett im offenen Topf auf der Kochstelle ringsum kräftig anbraten. Zwiebel und Wurzelwerk können gleich mit bräunen. Nach mehrfacher Zugabe von heißer Brühe oder Wasser kann das Fleisch zugedeckt gar schmoren. Bei Bedarf hin und wieder heiße Brühe nachgießen. Siehe auch Tabellen S. 61 und 66.

Geflügel wird knusprig braun, wenn es kurz vor Beendigung der Garzeit mit Salzwasser bepinselt wird.

Fettes Geflügel wie Gans und Ente stets mit etwas kochendem Wasser ansetzen, besonders fette Hautpartien beim Braten mit der Gabel einstechen, damit das Fett ablaufen kann. Die Soße während des Bratens unbedingt entfetten.

Suppengemüse erst 30 Minuten vor Ende der Kochzeit zugeben, damit die wertvollen Geschmacksstoffe erhalten bleiben. Das Fleisch nach dem Kochen noch 15 Minuten in der Brühe lassen, bevor es aufgeschnitten wird. Es bleibt so saftiger.

Die Bratzeit richtet sich nach der Stärke und der Qualität des Fleischstückes. Für eine 1,5 cm starke altschlachtene Fleischscheibe genügen etwa 8 Minuten. Ein 10 cm hoher Braten braucht etwa 1 Stunde. Läßt sich der Braten mit einem Löffel drücken, fühlt sich das Fleisch dabei fest und nicht schwammig an, ist es gar.

Wie lange gart ein Fleischgericht?

Rindfleisch muß vor der Zubereitung gut abhängen.

Braten und Rouladenfleisch vor dem Würzen und Garen klopfen.

Rinderbraten wird außer mit Salz und Pfeffer gern mit Senf, Tomate, Paprika, Wein, saurer Sahne oder Speisekuchen gewürzt.

Kalbfleisch nicht überwürzen! Pfeffer, Salz, Zwiebeln, Tomaten, etwas Möhre, Trockenpilze, saure Sahne oder Weißwein verfeinern einen Kalbsbraten.

Schweinebraten wird außer mit Salz und Pfeffer gern zusätzlich mit Kümmel, Majoran, oder Beifuß gewürzt.

Häute und Sehnen müssen vor dem Braten entfernt werden, da sie sonst das Fleisch beim Garen zusammenziehen.

Das klassische Gewürz für Hammelfleisch ist Knoblauch.

Schweinefleisch
Eisbein	50 bis 75 Minuten
Kaßler Rippenspeer, gebraten (ohne Knochen)	30 bis 40 Minuten
Pökelkamm, geschmort	60 bis 80 Minuten
Schweinebauch, gekocht	40 bis 60 Minuten
Schweinebraten	40 bis 60 Minuten
Schweinekotelett	8 bis 10 Minuten
Schweinelende, gebraten	15 bis 20 Minuten
Schweinerippchen, geschmort	40 bis 50 Minuten
Schweinesteak	7 Minuten

Rindfleisch
Filetsteak	5 bis 7 Minuten
Gulasch	60 bis 90 Minuten
Rindersauerbraten	50 bis 80 Minuten
Rinderschmorbraten	60 bis 90 Minuten
Rinderroulade	50 bis 75 Minuten
Rindfleisch, gekocht	60 bis 80 Minuten
Rumpsteak, gebraten	5 bis 7 Minuten

Kalbfleisch
Kalbsbraten	30 bis 40 Minuten
Kalbsnierenbraten	40 bis 60 Minuten
Kalbsschnitzel	5 bis 7 Minuten

Hammelfleisch
Hammelbraten	60 bis 80 Minuten
Hammelfleisch, gekocht	50 bis 70 Minuten
Hammelkotelett	8 bis 10 Minuten

Geflügel
Broiler	40 bis 50 Minuten
Entenbraten	30 bis 45 Minuten
Gänsebraten	60 bis 90 Minuten
Hähnchen, gebraten	20 bis 25 Minuten
Huhn, gekocht	60 bis 90 Minuten

Hackfleisch
Bratklops	7 Minuten
Hackbraten	50 bis 60 Minuten
Kochklops	12 bis 15 Minuten
Krautroulade	40 Minuten

Innereien
Leber in Scheiben, gebraten	5 Minuten
Rinderzunge, gekocht	60 bis 80 Minuten
Schweinezunge, gepökelt	60 bis 90 Minuten
Nieren, geschmort	20 bis 25 Minuten
Rinderherz, geschmort	40 bis 60 Minuten
Herzragout	50 bis 70 Minuten

Welches Fleisch ist wofür geeignet?

Fleischteile vom Schwein	Geeignete Garmachungsarten	Einige Verwendungsmöglichkeiten
1. Kopf	kochen	Sülze, Kopf im ganzen zubereitet, Erbseneintopf mit Schweinsohren, Einlage für Eintöpfe
2. Kamm	braten, grillen, kochen, schmoren, dünsten	Pökelkamm, Kaßler, Steaks, Schweinebraten, Gulasch, Rouladen
3. Kotelett	braten, kochen, dünsten, grillen	vielseitige Zubereitung für warme und kalte Gerichte, gegrillt mit Kräuterbutter, Schweinerückenbraten, Kaßlerkoteletts
4. Schulter	schmoren, braten, dünsten, kochen	Hackmasse, Gulasch, gekochtes Schweinefleisch auf Sauerkraut, Schweinebraten
5. Bauch	kochen, braten	gefüllter oder gebratener panierter Schweinebauch, Wellfleisch, Bauchspeck, geschmorte Rippchen, Kaßlerbauch (Schwarzfleisch)
6. Keule	braten, schmoren, dünsten, kochen, grillen	Schnitzel auf verschiedene Arten, Schinken in Brotteig, Rouladen, große Braten, Frikassee, Schaschlyk u.a. Fleischspießchen
7. Eisbein	kochen, schmoren	Eisbein mit Sauerkraut, geschmorte Schweinshaxe, Sülze
8. Spitzbein	kochen	gekocht auf Sauerkraut, gekocht als Einlage für Eintöpfe, Sülze

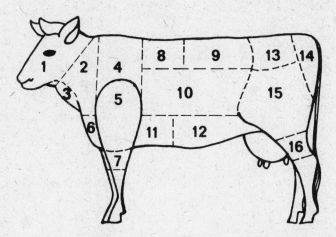

Fleischteile vom Rind	Geeignete Garmachungsarten	Einige Verwendungsmöglichkeiten
1. Kopf	kochen	Brühe, Haschee, Ochsenmaulsalat
2. Hals	kochen	Rindfleisch mit Bohnen, Ragout
3. Stich	kochen	Eintöpfe, Ragout
4. Zungenstück	schmoren, kochen	Eintöpfe, Gulasch
5. Schulter (Bug)	kochen, braten, schmoren	Kochfleisch, Hackfleisch Rollbraten, Gulasch
6. Brust	kochen	Brust mit Meerrettichsoße, Eintöpfe
7. Beinfleisch	kochen	Brühe, Eintöpfe
8. Hohe Rippe	kochen, braten, schmoren	Suppenfleisch, Gulasch, Hackmasse
Filet	braten, grillen	Filetsteaks, Lendenbraten
10. Querrippe	kochen, schmoren	Suppenfleisch, Ragout
11. Brust	kochen, braten, dünsten	Pökelfleisch, Rollbraten, Ragout, Eintöpfe
12. Bauch	kochen	Eintöpfe
13. Hüfte	kochen, schmoren	Eintöpfe, Gulasch
14. Schwanzstück	schmoren, kochen	Gulasch, Eintöpfe
15. Blume (Keule)	kochen, braten, schmoren	Koch-, Hackfleisch, Sauer-, Rinderbraten, Gulasch, Schmorbraten, Rouladen
16. Beinfleisch	kochen	Brühe, Eintöpfe

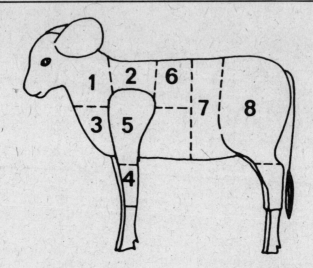

Fleischteile vom Kalb	Geeignete Garmachungsarten	Einige Verwendungsmöglichkeiten
1. Kopf, Hals	kochen, dünsten	Ragout, Fleischsalate
2. Nacken	kochen, schmoren	Ragout, Haschee
3. Brust	kochen, schmoren, braten	gefüllte Kalbsbrust, Frikassee, Ragout, gekochte Kalbsbrust mit Soße, Kalbsnierenbraten
4. Haxe	kochen, braten, schmoren	Ragout, Gulasch, gebratene oder geschmorte Haxe
5. Schulter	braten, schmoren, dünsten	Rindfleisch, Ragout, Gulasch, Rollbraten
6. Kotelett (Rücken)	braten, dünsten, kochen, grillen	Koteletts in vielen Varianten, im ganzen gebraten, Frikassee
7. Nierenbraten	braten, schmoren	Kalbsnierenbraten
8. Keule	braten, grillen, schmoren, kochen	Kalbsbraten, Kalbsschnitzel, Kalbssteaks, gekocht für feines Würzfleisch, Rouladen

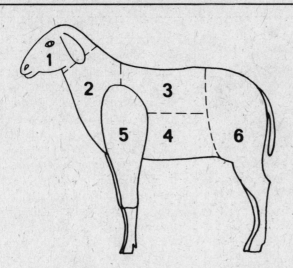

Fleischteile vom Hammel	Geeignete Garmachungsarten	Einige Verwendungsmöglichkeiten
1. Kopf	kochen	Ragout, Eintöpfe
2. Hals	kochen, schmoren	Ragout, Eintöpfe, geschmort im eigenen Saft
3. Rücken (Kotelett)	braten, schmoren, grillen	gebratener Hammelrücken, Hammelkoteletts
4. Bauch	kochen	Eintöpfe
5. Schulter	braten, schmoren	Ragout, Gulasch, Schmorbraten
6. Keule	braten, schmoren, grillen, dünsten	gebratene oder geschmorte Hammelkeule, Gulasch, Hammelfleischspießchen

Fisch frisch auf den Tisch

Fisch ist ein ausgezeichnetes und vor allem sehr gesundes Nahrungsmittel. Er enthält hochwertiges Eiweiß, beachtliche Mengen leicht aufschließbarer Vitamine sowie die für unseren Stoffwechsel wichtigsten Mineralstoffe und Spurenelemente. Dagegen wirken die im Fischfett vorhandenen Fettsäuren im Blut cholesterinsenkend. Die Entstehung von Gefäßkrankheiten wird also durch Fisch nicht begünstigt. Fischfleisch ist arm an Kohlenhydraten, leicht verdaulich und vielseitig verwendbar.

Vorbereiten von Süßwasser- und Seefischen

Süßwasserfische, die getötet in den Handel kommen – sogenannte Eisfische –, von der Bauchseite her sauber ausnehmen. Den Fisch auf die Seite legen, mit einem scharfen spitzen Messer die Bauchseite vom After bis zur Kehle öffnen. Die Innereien vom After zum Kopf hin ausnehmen. Die Gallenblase vorsichtig von der Leber entfernen. Das Messer nicht zu weit in die Bauchhöhle einführen, damit die Gallenblase nicht verletzt wird! Sollte es doch einmal passieren, dann den Fisch sofort unter fließendem Wasser gründlich abspülen und mit Essigwasser nachwaschen. Die Innereien sind dann allerdings meist nicht mehr genießbar. Große Fische wie z. B. Karpfen nur vom Rücken her spalten. Dazu den ausgenommenen Fisch in Schwimmlage auf ein Brett legen, mit der linken Hand am Genick fassen, linken Daumen und Zeigefinger unter die Kiemendeckel schieben. Mit einem großen scharfen Messer den Kopf von der Kopfwurzel zum Maul hin spalten; eventuell einen Hammer dazu benutzen. Dann den Fisch seitlich auf das Brett legen und mit der linken Hand von der Oberseite her festhalten. Den Rücken mit dem Messer vom Kopf zur Schwanzseite hin aufschneiden. Das Messer so führen, daß es knapp an der Wirbelsäule entlang schneidet. Die beiden Hälften je nach Größe des Fisches und entsprechend dem Verwendungszweck quer durchschneiden, d. h. portionieren. Aus den Kopfstücken die Kiemen entfernen.

So werden Seefische filetiert:

Den ausgenommenen Fisch auf ein Brett legen. Mit einem scharfen Messer hinter dem Kiemenbogen schräg einschneiden und an der Wirbelsäule bis zur Schwanzflosse entlang schneiden. Den Fisch umdrehen und diesen Arbeitsgang wiederholen. Die Filethälften mit der Haut nach unten legen, und vom Schwanz nach dem Kopf zu mit einem scharfen Messer das Fleisch von der Haut ablösen. Makrelen und geschuppte Fische müssen nicht unbedingt von der Haut befreit werden. Die Bauchlappen abschneiden und dann die Gräten entfernen.

Das 3-S-System

Frische Seefische munden besser und der typische Fischgeruch in der Küche bleibt aus, wenn sie nach dem 3-S-System (säubern, säuern, salzen) vorbereitet werden.

Säubern: Fischfleisch kurz und gründlich unter fließendem Wasser abspülen, aber nicht im Wasser liegenlassen, weil sonst wertvolle Inhaltsstoffe verlorengehen. Ganze Fische nach dem Schuppen, dem Abschneiden der Flossen und dem Entfernen der schwarzen Bauchhaut innen und außen gut abspülen.

Säuern: Fischfleisch von allen Seiten mit Essig oder Zitronensaft beträufeln. Die Säure bindet den arteigenen Fischgeruch. Das Fischfleisch wird weiß, würzig und fester. Einen besonders feinen Geschmack erhält Fischfleisch, wenn es mit gehackten Küchenkräutern (Petersilie, Dill, Estragon, Kerbel, Schnittlauch) und Zwiebelwürfelchen bestreut wird.

Salzen: Fischfleisch erst kurz vor der Zubereitung salzen, weil Salz bei längerem Einwirken dem Fischfleisch wertvollen Saft entzieht.

Vorbereiten von Salzheringen

Salzheringe 24 Stunden wässern. Für 1 Kilogramm Salzheringe immer 3 Liter kaltes Wasser verwenden. Das Wasser 2- bis 3mal erneuern. Die gewässerten Salzheringe filetieren. Die Filets zur Geschmacksverfeinerung für 2 bis 3 Stunden in Milch oder Buttermilch legen.

So werden Salzheringe filetiert:

Nach dem Wässern den Bauch der Heringe aufschneiden. Die Eingeweide herausnehmen und die Innenseiten sauber ausschaben. Die Haut von beiden Seiten am Kopf einschneiden und abziehen, Kopf und Schwanz abschneiden. Die Heringe aufklappen. Die Mittelgräten herausnehmen und die Filets mit der Messerkante sauber putzen. Die Heringe in zwei Hälften teilen.

Marinierte Heringe ●
4 Salzheringe, Essig, $3/8$ l Milch.
Die Heringe wässern und filetieren. Die Heringsmilch aus der Haut schaben, mit etwas Essig verrühren und mit der Milch verquirlen. Die Filets in die Milch legen. Durch Zugabe von 50 g Mayonnaise, $1/8$ l saurer Sahne oder 2 Eßlöffel Öl, durch Gurken-, Zwiebel- oder Tomatenscheiben, Apfelschnitzel oder Kapern kann die Soße verfeinert werden.

Saure Heringe ●
2 bis 4 Salzheringe, 1 Zwiebel, 1 Lorbeerblatt, 4 Wacholderbeeren, $3/8$ l Essigwasser, Zucker.
Die Heringe wässern und filetieren. Die Filets in ein Gefäß geben, dabei die in Scheiben geschnittene Zwiebel und die Gewürze dazwischenlegen. Das kräftig abgeschmeckte Essigwasser, dem etwas Zucker zugesetzt werden kann, abgekocht und ausgekühlt über die Fische gießen. Einige Tage vor dem Verbrauch zubereiten und das Gefäß kühl stellen.

Gabelbissen ●
4 Salzheringe, 1 Lorbeerblatt, $1/2$ Teelöffel abgeriebene Zitronenschale, Senf- und Gewürzkörner, Öl.
Die gewässerten und vorbereiteten Heringsfilets in mundgerechte Stücke schneiden, mit den Gewürzen in ein Gefäß schichten und so viel Öl daraufgießen, daß die Fischstücke davon bedeckt sind. – Wird weniger Öl gewünscht, dann die Gewürze mit Zwiebelringen, Wasser und Essig aufkochen und erkaltet über den Hering gießen.

Heringshäckerle ●
2 gewässerte und filetierte Salzheringe recht klein schneiden oder hacken, ebenso nach Belieben Apfel, Gurke, Tomaten und Zwiebel.
Alle Zutaten mischen, mit Kräuteressig, Senf, Öl oder Mayonnaise verrühren. Unter Heringshäckerle können auch

kleingehackte hartgekochte Eier gemischt werden.

Seefisch in Würzsud
(Grundrezept)

⅛ l 10%iger Essig, 12 g Salz, 1 kg Seefisch.
⅞ Liter Wasser mit Essig und Salz zum Kochen ansetzen. Den vorbereiteten Fisch in den Würzsud geben und auf kleiner Flamme 10 bis 20 Minuten – je nach Größe der Fische – gar ziehen lassen. Mit Tomaten-, Senf-, Kräuter-, Meerrettich-, Kapern-, Gurken-, Zwiebel- oder Specksoße anrichten, zu der der Fischsud verwendet wird.

Süßwasserfisch in Würzsud
(Grundrezept)

⅛ l 10%iger Essig, 12 g Salz, 80 g Möhren, 50 g Zwiebel, 1 Lorbeerblatt, einige Petersilienstiele, 4 Pfefferkörner, 1 kg Süßwasserfisch.
⅞ Liter Wasser mit Essig, Salz, in Stücke geschnittener Möhre und Zwiebel, Lorbeerblatt, Petersilienstielen und Pfefferkörnern 15 bis 20 Minuten kochen. Dann den vorbereiteten Fisch zugeben und auf kleiner Flamme gar ziehen lassen.

Gedämpfter Fisch
(Grundrezept)

1 kg Fisch, Salz, Essig, 1 Eßl. gehackte Petersilie, 50 g Butter.
Beim Dämpfen laugt das Fischfleisch weniger aus als beim Kochen oder Garziehen. Zum Dämpfen wird ein Kochtopf mit Dämpfeinsatz gebraucht. In den Topf bis 1 cm unter dem Dämpfeinsatz (Locheinsatz) leicht gesalzenes Wasser füllen (auf 1 Liter Wasser 8 Gramm Salz). Den nach dem 3-S-System vorbereiteten Fisch auf einen tiefen Teller oder in eine feuerfeste Schale legen und auf den Einsatz stellen. Der durch die Dampfeinwirkung entzogene wertvolle Fischsaft wird so aufgefangen. Beim Anrichten den Fischsaft, mit gehackten Kräutern und heißer Butter verrührt, über den Fisch gießen. Alle Fischarten – frisch oder gefroren – sind zum Dämpfen geeignet. Die Garzeit beträgt etwa 15 bis 20 Minuten.

Gedünsteter Fisch
(Grundrezept)

1 kg Fisch, Zitronensaft oder Essig, Salz, 2 Eßl. Margarine, Wurzelwerk.
Den Fisch nach dem 3-S-System vorbereiten. In eine feuerfeste Ton- oder Glasform mit passendem Deckel die Margarine sowie das kleingeschnittene Wurzelwerk geben und erhitzen. Den Fisch hineinlegen und im eigenen Saft oder unter Hinzufügen von 1 Tasse Flüssigkeit (Wasser, Weißwein) zugedeckt etwa 20 Minuten auf kleiner Flamme gar dünsten. Dabei möglichst einen Drahtuntersetzer unter die Form legen.

Karpfen im Gemüsebett

1 kg Karpfen, Zitronensaft oder Essig, Salz, 500 g Gemüse, 50 g Margarine, ½ l Bier.
Den Karpfen ausnehmen, waschen, zerteilen, mit Zitronensaft und Salz einreiben. Das Gemüse (Möhren, Sellerie, Petersilienwurzel, Kohlrabi, auch ein wenig Weißkraut) putzen, waschen und in Streifen schneiden. In 25 g Margarine das mit 1 Teelöffel Salz vermischte Gemüse anbraten, das Bier auffüllen. Auf das Gemüse die Fischstücke legen, Margarineflöckchen darauf verteilen und in fest geschlossenem Topf etwa 20 bis 30 Minuten dünsten. Dieses Gericht möglichst in feuerfester Form bereiten, in der es auf den Tisch kommen kann. Nach Belieben vor dem Auftragen gehackte frische Kräuter darüberstreuen.

Karpfen in polnischer Soße

1 kg Karpfen, 2 Eßl. Essig, 250 g Wurzelwerk, 1 Zwiebel, 2 Eßl. Margarine, ¼ l Rotwein, Salz, 50 g Soßenkuchen, 10 g Sultaninen, ½ Zitrone, Zucker, 1 Eßl. Mehl.
Beim Karpfenschlachten möglichst das Blut auffangen, sofort mit ein wenig Essig verrühren und zugedeckt kühl stellen. Den Karpfen ausnehmen, waschen, teilen und die einzelnen Portionsstücke mit Essig einreiben, Wurzelwerk und Zwiebel vorbereiten, kleinschneiden, in

der Margarine anbraten. Rotwein oder verdünnten Essig, ½ Liter Wasser und etwas Salz zufügen. 20 bis 30 Minuten kochen, dabei den geriebenen Soßenkuchen, die gewaschenen Sultaninen, die in Scheiben geschnittene Zitrone und das Karpfenblut zufügen. Die Soße mit Salz und Zucker oder Sirup herzhaft abschmecken und mit dem kalt angerührten Mehl binden. Den gespaltenen Karpfenkopf hineinlegen, die anderen Stücke daraufschichten, aufkochen und 30 Minuten auf kleiner Flamme ziehen lassen. – Statt Rotwein kann Bier verwendet werden.

Gedünstete Fischkoteletts •
4 etwa 2 cm dicke Fischkoteletts (z. B. von Seelachs, Dorsch, Kabeljau, Rotbarsch, Katfisch), Zitronensaft oder Essig, Salz, 50 g Margarine, 200 g Gemüse, 1 Zwiebel, ⅛ l Brühe, 1 Eßl. Mehl, 1 Eßl. Senf, je 1 Prise Paprika und Zucker.
Die Fischkoteletts nach dem 3-S-System vorbereiten. In der heißen Margarine das geraspelte Gemüse und die würfelig geschnittene Zwiebel andünsten. Die Fischkoteletts auf das Gemüse legen und zugedeckt 20 Minuten auf kleiner Flamme dünsten. Den Fisch auf eine heiße Platte geben, das Gemüse darüberhäufen. Zu dem Dünstsaft die heiße Brühe gießen und mit dem kalt angerührten Mehl binden, kurz aufkochen. Die Soße mit Senf, Paprika und Zucker kräftig abschmecken.

Gegrillter Fisch •
(Grundrezept)
600 g Fischfilet, Essig, Öl, Salz.
Das gesäuberte, gesäuerte und abgetrocknete Fischfilet leicht ölen und auf den gefetteten Grillrost legen. Je nach Stärke der Fischportion jede Seite etwa 3 bis 6 Minuten grillen, dann erst salzen. – Ebenso können ganze Fische oder Fischportionen gegrillt werden. Ganze Fische vor dem Grillen am Rücken in Abständen von 2 cm fast bis auf die Mittelgräte einschneiden.

Gebackener Süßwasserfisch •
1 kg Fisch (Karpfen, Hecht), Zitronensaft oder Essig, Salz, 50 g Speck, 2 Eßl. Reibekäse, 2 Eßl. geriebene Semmel, ¼ l saure Sahne, Paprika, Tomatenmark.
Den Fisch aufschneiden und die Mittelgräte entfernen. Die Innenseite mit Zitronensaft und Salz einreiben. Die Fischhälften mit der Hautseite nach unten auf den gefetteten Rost legen und mit Speckwürfeln bestreuen. Reibekäse, geriebene Semmel und saure Sahne verrühren, daraufstreichen und den Fisch etwa 30 Minuten in der heißen Röhre backen. Den Fischsaft mit kochendem Wasser ablöschen, mit Salz, Paprika und Tomatenmark abschmecken und zu dem gebackenen Fisch reichen.

Forelle in Alufolie •
4 Forellen, Essig oder Zitronensaft, Salz, 80 g Kräuterbutter, Öl zum Bestreichen der Alufolie.
Die ausgenommenen und gesäuberten Forellen nach dem 3-S-System vorbereiten und mit Kräuterbutter füllen. Jede Forelle auf 1 rechteckiges Stück geölte Alufolie legen. Die beiden Längsseiten 2- bis 3mal umfalzen, die seitlichen Enden ebenso falzen und die Ecken nach oben biegen. Die Fische in der gut vorgeheizten Backröhre 15 bis 20 Minuten garen und in der Folie servieren. – Ebenso können Süß- oder Salzwasserfische, auch Fischfilet, zubereitet werden.

Fischauflauf •
1 kg Makrelen oder beliebiger anderer Fisch, Essig, Salz, 2 Stangen Porree, 2 Eßl. Öl, knapp ¼ l Tomatensaft, 2 Eßl. Reibekäse.
Die ausgenommenen Makrelen zu Filets schneiden und nach dem 3-S-System vorbereiten. Den gewaschenen Porree in Ringe schneiden. Porree und Fischfleisch schichtweise in eine gut gefettete Form füllen. Den Tomatensaft darübergießen. Mit gefetteter Alufolie abdecken und in der gut vorgeheizten Backröhre 20 bis 25 Minuten backen.

Während der letzten 5 Minuten die Folie abnehmen und den Auflauf mit Reibekäse bestreuen. – Anstelle von Porree kann auch anderes Gemüse verwendet werden.

Fischhackmasse
(Grundrezept)
600 g Fisch oder 450 g Fischfilet, 60 g Speck, 1 Zwiebel, 50 g geriebene Semmel, 1 bis 2 Eier, Salz, Pfeffer, Kümmel, Majoran.
Den vorbereiteten Fisch ohne Haut und Gräten 2- bis 3mal durch den Fleischwolf drehen. Den Speck in Würfelchen schneiden, die gehackte Zwiebel darin leicht bräunen und zur Fischmasse geben. Geriebene Semmel, Eier, Salz, Pfeffer, Kümmel und Majoran hinzufügen. Alles gut mischen und runde oder flache Klößchen daraus formen. Für Kochklößchen in Brühe gar ziehen lassen. Für Bratklößchen in heißem Öl von allen Seiten knusprig braten. – Soll die Fischhackmasse zum Füllen von Gemüse verwendet werden, dann noch 3 bis 4 Eßlöffel körnig gekochten Reis untermengen.

Blau gekochter Fisch
(Grundrezept)
1,5 kg Fisch, Salz, 1 Lorbeerblatt, 4 Pfefferkörner, Wurzelwerk, Petersilienstiele.
Zum Blaukochen sind nur frisch geschlachtete Fische mit unverletzter Schleimschicht geeignet, wie z. B. Karpfen, Forellen, Schleien, Zander, Brassen, Plötzen, Hechte und Aale. Die Fische nicht schuppen und die Flossen nicht beschneiden. Auf einem feuchten Brett oder in einer großen Schüssel mit Wasser sauber ausnehmen, die Kiemen entfernen. Die Fische nur innen, nicht außen salzen, in das gerade aus dem Kochen gekommene Salzwasser legen und gar ziehen, aber nicht kochen lassen. Das Wasser soll die Fische eben nur bedecken. Auf 1 Liter Wasser 15 Gramm Salz rechnen. Das Begießen mit Essig oder die Zugabe von Essig zum Kochwasser ist überflüssig. Der arteigene Geschmack der Süßwasserfische bleibt beim Blaukochen in Salzwasser am reinsten erhalten. Sollen Brassen, Plötzen, Hechte, Karpfen und Zander blau gekocht werden, dem Kochwasser außer Salz noch wenig Lorbeerblatt, einige Pfefferkörner, feingeschnittenes Wurzelwerk und Petersilienstiele beifügen. Blau gekochte Fische sofort nach dem Garziehen servieren, weil sie sonst an Aussehen und Geschmack verlieren. Mit Salzkartoffeln und zerlassener Butter (Kräuter-, Senfbutter) oder mit Meerrettichsahne oder einer hellen Soße (Kapern-, Kräutersoße) und Zitronenscheiben oder -achteln auftragen.

Gebratene Süßwasserfische
(Grundrezept)
2 bis 4 Fische, Zitronensaft oder Essig, Salz, Mehl, Bratfett.
Forellen, Schleien o. ä. ausnehmen, große Fische mit oder ohne Kopf in Portionsstücke teilen. Nach dem 3-S-System vorbereiten. Dann in Mehl wenden und in heißem Fett auf beiden Seiten je 5 Minuten braten. Sollen große Fische im ganzen gebraten werden, dann entweder auf die gefetteten Stäbe des Bratrostes legen, mit Margarine bestreichen und in der Röhre etwa 20 Minuten braten oder Speckscheiben in eine Pfanne geben, den Fisch darauflegen und nach 10 Minuten wenden. – Bei Fischen oder Fischportionen über 125 Gramm die Haut auf beiden Seiten in fingerbreiten Abständen leicht einschneiden. Dann reißen sie nicht und garen schneller.

Gebratene Fischkoteletts
4 etwa 2 cm dicke Fischkoteletts, Zitronensaft oder Essig, Salz, Mehl, Bratfett, 2 Zwiebeln.
Die Koteletts nach dem 3-S-System vorbereiten. Dann in Mehl wenden, leicht abklopfen und in heißem Fett auf beiden Seiten goldgelb braten. Zuletzt Zwiebelringe mit braten. Die Koteletts beim Anrichten damit belegen. Nach Belieben mit Petersilie garnieren.

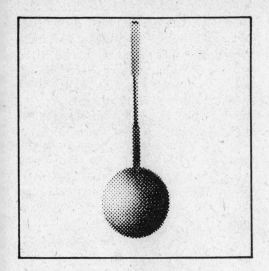

Das macht die Mahlzeit richtig rund

Eine gute Soße bringt manches Gericht erst voll zur Geltung. Deshalb geht es in diesem Kapitel um schmackhafte Soßen und sättigende Beilagen.

Warme Soßen

Helle Soße •
(Grundrezept)
30 g Margarine oder Butter, 30 g Mehl, ½ l Flüssigkeit (Brühe, Fischsud, Gemüsesud, Milch oder halb Milch, halb Wasser), Salz.
Aus Margarine und Mehl eine helle Schwitze bereiten. Dazu in der erhitzten Margarine das Mehl unter Rühren lichtgelb werden lassen. Nach und nach mit der kalten Flüssigkeit verrühren und einige Minuten durchkochen. Mit Salz und nach Belieben mit anderen Gewürzen abschmecken. Zur Geschmacksverbesserung kann kurz vor dem Anrichten ein Stückchen Butter in die Soße gegeben werden. Helle Soße ist die Grundsoße für mehrere der folgenden Soßen.

Frikasseesoße •
(nicht „Holländische Soße")
Helle Soße, 1 Eigelb, 2 Eßl. Sahne oder Kondensmilch, 3 Eßl. Weißwein oder Zitronensaft.
Die helle Soße (jeweils mit der entsprechenden Brühe von Fleisch, Fisch oder Gemüse – z. B. Blumenkohl – bereitet) mit Eigelb legieren, mit Sahne, Weißwein oder Zitronensaft abschmecken und 10 Minuten ziehen, aber nicht mehr kochen lassen. – Etwas frische Butter, Spargelstückchen, Champignonscheiben oder Kapern verfeinern die Soße. Nach Belieben kann auch ein Hauch Muskat zugefügt werden.

Kapernsoße •
Helle Soße, 1 Eßl. ganze oder feingehackte Kapern, 1 Eßl. Zitronensaft oder 2 Eßl. Weißwein, 1 Eigelb, 1 Prise Zucker.
Die helle Soße mit Kapern und Zitronensaft 10 Minuten ziehen lassen. Dann mit dem Eigelb legieren und mit Zucker abschmecken.

Anchovissoße •
Helle Soße, 50 g feingehackte Anchovis- oder Heringsfilets, ½ Glas Weißwein, Pfeffer, 1 Prise Zucker.
Die helle Soße nicht salzen. Die feingehackten Anchovis zugeben und 10 Minuten ziehen, aber nicht mehr kochen lassen. Dann durch ein Sieb gießen, mit Weißwein, Pfeffer und Zucker abschmecken.

Kräutersoße •
Helle Soße, 2 Eßl. feingehackte Kräuter (Petersilie, Estragon, Dill, Schnittlauch, Kerbel), 2 Eßl. Sahne oder Kondensmilch, Zitronensaft.
In die helle Soße die Kräuter geben und mit Sahne und Zitronensaft gut abschmecken.

Petersiliensoße, •
Dillsoße
Wie „Kräutersoße" bereiten, jedoch nur Petersilie oder nur Dill verwenden. Nach Belieben Zitronensaft weglassen.

Meerrettichsoße
Helle Soße, etwa 2 Eßl. geriebener Meerrettich, Zitronensaft, 2 Eßl. Sahne oder Kondensmilch.
Die helle Soße möglichst mit Brühe und Milch zu gleichen Teilen bereiten, Meerrettich hinzufügen. Die Menge richtet sich nach seiner Schärfe. Mit Zitronensaft und Sahne abschmecken. – Wird frischer Meerrettich verwendet, dann erst kurz vor der Zubereitung putzen, waschen und am offenen Fenster reiben oder mit etwas Flüssigkeit im Mixer zerkleinern. Durch längeres Kochen verliert Meerrettich an Schärfe.

Zwiebelsoße I
Helle Soße, 200 bis 300 g gehackte Zwiebeln, 1 Eßl. saure Sahne, Pfeffer, Kümmel oder Liebstöckel.
Bei Bereitung der hellen Soße die zerkleinerten Zwiebeln in der Margarine mitdünsten. Mit saurer Sahne und den Gewürzen abschmecken.

Zwiebelsoße II
Helle Soße, ¼ l Sahne, 300 bis 400 g Zwiebelscheiben, 30 g Butter, Pfeffer, Zitronensaft, 1 Eigelb.
Bei Bereitung der hellen Soße zum Aufgießen je ¼ Liter Brühe und Sahne verwenden. Die Zwiebeln in der Butter andünsten und zur Soße geben. Mit Pfeffer und Zitronensaft abschmecken und mit Eigelb legieren.

Eiersoße
Helle Soße, 2 Eßl. saure Sahne, Zitronensaft, Pfeffer, 2 Eßl. gehackte Petersilie, 1 Eßl. gehackter Kerbel, 2 bis 3 hartgekochte Eier.
Die helle Soße mit Sahne, Zitronensaft, Pfeffer und den frischen Kräutern abschmecken. Zum Schluß die Eier schälen, grob hacken, unter die Soße rühren.

Tomatensoße I
40 g Butter oder Margarine, 1 Teel. Zwiebelwürfelchen, 30 g Mehl, 1 kleine Flasche Tomatenketchup, ¼ l Brühe, Thymian, 1 Prise Zucker, Pfeffer, 2 Eßl. Sahne oder Kondensmilch.
In der erhitzten Butter Zwiebelwürfelchen und Mehl unter Rühren leicht anschwitzen, Tomatenketchup zugeben. Nach und nach mit der klaren Brühe verrühren und einige Minuten durchkochen lassen. Mit den übrigen Zutaten abschmecken. Es kann auch Tomatenmark verwendet werden. Dann noch einige Tropfen Zitronensaft oder Essig zufügen. Es können auch zusammen mit den Zwiebelwürfelchen 50 g Wurstwürfelchen in der Butter gedünstet werden.

Tomatensoße II
500 g Tomaten, Salz, 40 g Schweineschmalz oder Öl oder Margarine, 1 Teel. Zwiebelwürfelchen, 30 g Mehl, 1 Prise Zucker, Thymian, Paprika, 2 Eßl. Kondensmilch.
Die gewaschenen Tomaten in Stücke schneiden, in 1 Tasse Salzwasser weichkochen und durch ein Sieb streichen. In dem erhitztem Fett Zwiebelwürfelchen und Mehl unter Rühren leicht anschwitzen und mit der erkalteten Tomatenbrühe aufgießen. Mit den restlichen Zutaten abschmecken.

Senfsoße
Helle Soße, 2 Eßl. Senf, 1 Teel. Zucker, Zitronensaft oder Essig.
Die Soße mit den Zutaten abschmecken.

Paprikasoße
50 g Speck, 1 Eßl. Öl, 1 Eßl. Zwiebelwürfel, 1 Teel. Tomatenmark, ½ Eßl. edelsüßer Paprika, ¼ l Brühe, ⅛ l saure Sahne, ½ Eßl. Stärkemehl, Salz.
Den Speck in Würfel schneiden und in Öl auslassen. Die Zwiebelwürfelchen darin anschwitzen, Tomatenmark und Paprika zugeben, mit heißer Brühe auffüllen und 2 Minuten kochen lassen. Die Sahne mit dem Stärkemehl verquirlen, zugießen und weiterrühren. Die Soße aufkochen und salzen.

Currysoße
½ Eßl. Margarine, 1 Eßl. Zwiebelwürfelchen, 2 Äpfel, ½ bis 1 Teel. Curry, ¼ l Brühe, ⅛ l saure Sahne, ½ Teel. Stärkemehl, Salz.

Die Margarine erhitzen und die Zwiebelwürfelchen darin anschwitzen. Die geschälten, vom Kernhaus befreiten Äpfel in Würfelchen schneiden und mitdünsten, Curry unterrühren. Kalte Brühe nach und nach unter Rühren zugeben und alles 5 Minuten kochen lassen. Die Sahne mit dem Stärkemehl verquirlen, zugießen und bis zum Aufkochen weiterrühren. Mit Salz abschmecken.

Béchamelsoße
1 Teel. Zwiebelwürfelchen, 100 g magerer Schinkenspeck, 1 Eßl. Margarine, 2 Eßl. Mehl, 1/4 l Brühe, 1/4 l Milch, 1 Prise Salz, Pfeffer, Muskat.
Die Zwiebelwürfelchen und den in kleine Würfel geschnittenen Schinken in der Margarine goldgelb dünsten, das Mehl darin leicht anschwitzen. Nach und nach kalte Brühe und Milch aufgießen, dabei die Soße mit dem Schneebesen glattrühren und durchkochen lassen. Mit den Gewürzen abschmecken.

Käsesoße
Helle Soße, Pfeffer, Muskat, je 1 Prise Zucker und Paprika, 1 Teel. Senf, 100 g Reibekäse.
Bei der Bereitung der hellen Soße zum Aufgießen Milch oder halb Milch, halb Brühe verwenden. Mit den Gewürzen abschmecken und vor dem Anrichten den Reibkäse unter die Soße rühren.

Weißweinsoße
Helle Soße, 1 Eigelb, Weißwein, Zitronensaft.
Die helle Soße mit dem Eigelb legieren, mit etwas Weißwein und Zitronensaft abschmecken. Die Soße darf nicht mehr kochen, sonst gerinnt das Eigelb.

Fleischsoße
3 Eßl. Öl, 2 Zwiebeln, 1 Knoblauchzehe, 125 g Gehacktes, 100 g Tomatenmark, je 1 Prise Thymian, Salbei, Rosmarin, Pfeffer, Salz und Zucker.
Das Öl erhitzen und feingehackte Zwiebeln und Knoblauchzehe darin anschwitzen. Dann das Gehackte zufügen und anbraten. Das Tomatenmark und die Gewürze sowie 3/8 Liter Wasser zugeben und alles etwa 10 Minuten auf kleiner Flamme leise kochen lassen.

Buttersoße
80 g Butter, 1 Prise Salz, Zitronensaft.
Die Butter in einem Gefäß im heißen Wasserbad so lange rühren, bis sie keine Blasen mehr wirft. Mit Salz und einigen Tropfen Zitronensaft würzen. – Nach Belieben können unter ständigem Rühren auch gehackte frische Kräuter (z. B. Petersilie, Dill, Kerbel oder Estragon), Senf, Tomatenmark, Paprikamark, gehackte Kapern oder ganz fein gehackte Anschovis zugeführt werden.

Sauce hollandaise
(echte „Holländische Soße")
2 Eßl. Weinessig, 5 Pfefferkörner, 1 Teel. feingehackte Zwiebel, Salz, 2 Eigelb, 100 g Butter, Zitronensaft, weißer Pfeffer.
Den Essig mit 4 Eßlöffel Wasser, den zerstoßenen Pfefferkörnern, der Zwiebel und 1 Prise Salz mischen und bis auf 1/4 der Menge einkochen lassen. Mit 2 Eßlöffel kaltem Wasser abkühlen. Diese Essenz durch ein Sieb über die Eigelb gießen. Das Gefäß in ein heißes Wasserbad stellen und die Eigelb mit einem kleinen Schneebesen cremig schlagen. Allmählich die zerlassene lauwarme Butter unter ständigem Schlagen zufügen. Die Butter muß dabei stets erst restlos von der Eigelbmasse aufgenommen sein. Mit Salz, Zitronensaft und wenig weißem Pfeffer abschmecken. Die Soße darf nur mäßig warm gehalten und nicht mehr aufgekocht werden, weil sonst das Eigelb gerinnt. Sauce hollandaise ist eine sehr energiereiche Soße. Nur in kleinen Mengen reichen.

Dunkle Soße
(Grundrezept)
40 g Fett (Margarine, Öl oder Schmalz), 40 bis 50 g Mehl, 1/2 l Brühe oder Wasser, Salz.
Aus Fett und Mehl eine dunkle Schwitze bereiten. Dazu in dem erhitzten Fett das Mehl unter Rühren hell- bis

mittelbraun rösten. Nach und nach mit der kalten Flüssigkeit verrühren und einige Minuten durchkochen lassen. Mit Salz und anderen Gewürzen nach Belieben abschmecken.

Rotweinsoße ●
Dunkle Soße, etwa $1/8$ l Rotwein, 1 kleine geriebene Zwiebel, Salz, $1/2$ Lorbeerblatt, Pfeffer, Thymian, Piment.

Die dunkle Soße mit Zwiebel, Salz, Lorbeerblatt, Pfeffer, Thymian und Piment würzen und 10 Minuten durchkochen lassen. Dann durch ein Sieb streichen und mit Rotwein abschmecken. Nur noch erhitzen, nicht mehr kochen lassen.

Rosinensoße ●
Dunkle Soße, 50 g Rosinen, 1 Eßl. gehackte süße Mandeln, 1 Prise gestoßene Nelken, etwas Zucker, Zitronensaft oder Wein.

Der dunklen Soße die gewaschenen Rosinen, die Mandeln und die Gewürze zufügen, abschmecken und noch etwa 10 Minuten warmgestellt ziehen lassen.

Pilzsoße ●
Dunkle Soße, 1 Tasse kleingehackte frische Pilze oder 20 g Trockenpilze, Salz, Paprika, 1 bis 2 Eßl. gehackte Petersilie.

Bei Bereitung der dunklen Soße zunächst die Pilze etwa 8 bis 10 Minuten im Fett dünsten. Die Soße mit Salz und Paprika würzen. Zuletzt die Petersilie zufügen. – Werden Trockenpilze verwendet, dann die Pilze einige Stunden in wenig Wasser einweichen, anschließend mit dem Wiegemesser zerkleinern.

Specksoße ●
Dunkle Soße, anstelle von Fett 50 g Speckwürfelchen, 1 Eßl. Zwiebelwürfelchen, Salz, Pfeffer, 1 Prise Nelkenpulver, Essig oder Zitronensaft, Zucker.

Die Speckwürfelchen zusammen mit den Zwiebelwürfelchen glasig werden lassen, dann erst die dunkle Soße wie Grundrezept zubereiten. Mit den Gewürzen abschmecken.

Biersoße ●
$1/4$ l Gemüsebrühe, 2 bis 3 Gewürzkörner, 1 Nelke, 1 Zwiebel, $1/4$ l dunkles Bier, 40 bis 60 g Soßenkuchen, 1 Prise Salz, Essig, Zucker, Sirup.

Die Gemüsebrühe mit Gewürzkörnern, Nelke und Zwiebel aufkochen, durchseihen, das Bier zugießen und mit dem geriebenen Soßenkuchen binden. Mit den übrigen Gewürzen abschmecken.

Kalte Soßen

Apfel-Meerrettich-Soße
1 Apfel, 1 bis 2 Teel. geriebener Meerrettich, Saft von 1 bis 2 Apfelsinen, Zitronensaft, Zucker, Zitronenmelisse.

Den geschälten, vom Kernhaus befreiten Apfel fein reiben, mit dem Meerrettich verrühren, Apfelsinensaft zufügen, mit Zitronensaft und Zucker abschmecken. Vor dem Auftragen mit feingehackter Zitronenmelisse würzen.

Aioli ●
(Südfranzösische Knoblauchsoße)
6 bis 8 Knoblauchzehen, 1 bis 2 Eigelb, 1 Tasse Öl, Saft von $1/2$ Zitrone.

Die Knoblauchzehen ganz fein zerreiben, die Eigelb zufügen und unter Rühren tropfenweise das Öl untermischen. Wenn die Knoblauchsoße cremig wird bzw. gerinnt, dann einige Tropfen lauwarmes Wasser und den Zitronensaft hinzufügen. Anschließend weiter Öl einrühren, bis die Soße mayonnaiseartig ist.

Tatarensoße ●
2 Eier, 3 Eßl. gewiegte frische Kräuter (Petersilie, Schnittlauch, Estragon), 1 Teel. Kapern, 2 Essiggurken, 100 g Salatcreme oder Mayonnaise, Senf, Pfeffer.

Die Eier hart kochen, schälen und feinhacken. Die Kräuter zufügen. Die Kapern fein wiegen und die Gurken in kleine Würfelchen schneiden. Alles gut mischen, mit der Salatcreme verrühren, mit Senf und Pfeffer abschmecken.

Remouladensoße ●
1 Essiggurke, 1 Zwiebel, 1 Teel. Kapern,

2 Eßl. gewiegte Petersilie und Kerbel, 1 Glas Salatcreme oder Mayonnaise, Anschovispaste, Pfeffer.
Gurke, Zwiebel und Kapern fein hakken. Mit den Kräutern und der Salatcreme vermischen, mit Anschovispaste und Pfeffer abschmecken. – Die Hälfte der Salatcreme kann auch durch Joghurt ersetzt werden.

Quarksoße •
250 g Quark, 1 Flasche Joghurt, Salz, Zucker.
Den Quark durch ein Sieb streichen, mit dem Joghurt verrühren und würzen. – Die Quarksoße kann mit verschiedenen Gewürzen (Pfeffer, Paprika, Curry, Senf), Kräutern (Petersilie, Schnittlauch, Kresse, Kerbel, Dill), Tomatenketchup, Meerrettich, Apfel, Apfelsinen- oder Zitronensaft, Fisch, Kapern, Gurke und Zwiebel – je nach ihrer Verwendung – abgeschmeckt werden.

Sahnemeerrettich •
1/8 l Schlagsahne, 1 Eßl. geriebener Meerrettich, etwas Zitronensaft, je 1 Prise Salz und Zucker.
Die Sahne steif schlagen und mit den übrigen Zutaten verrühren.

Preiselbeersoße •
5 Eßl. Preiselbeerkompott, 1 bis 2 Teel. scharfer Senf, 3 Eßl. Rotwein, 3 Eßl. Apfelsinensaft, 1 Teel. Zitronensaft.
Das Kompott durch ein Sieb streichen oder mit dem Mixer zerkleinern. Mit Senf und den restlichen Zutaten glattrühren und abschmecken.

Heringssoße •
Heringsmilch von 4 bis 6 Salzheringen, 1 Zwiebel, 3 Äpfel, 1 Gewürzgurke, 1/2 l Buttermilch, Zucker, Pfeffer, Essig.
Die Heringsmilch abspülen und fein wiegen oder im Mixer zerkleinern. Die geschälten, vom Kernhaus befreiten Äpfel und die Gurke in Würfelchen schneiden und mit der feingehackten Zwiebel vermischen. Die Buttermilch zugießen und die Soße mit den Gewürzen abschmecken. Etwa 2 Stunden durchziehen lassen. – Anstelle von Buttermilch saure Milch oder Joghurt verwenden.

Grillsoße •
4 Eßl. Tomatenketchup, 1 bis 2 Teel. scharfer Senf, 1 Eßl. Öl, 1 Spritzer Worcestersauce.
Alle Zutaten miteinander verrühren.

Süße Soßen

Vanillemilch •
1/2 l Milch, 30 g Zucker, 1 Päckchen Vanillinzucker oder 1/2 Vanilleschote.
Die Milch mit Zucker und Vanillinzucker oder in Stücke geschnittener, halbierter Vanilleschote aufkochen. Während des Erkaltens ab und zu umrühren, damit sich keine Haut bildet. Vanilleschote wieder herausnehmen.

Vanillesoße •
(Grundrezept)
Aus 1 Päckchen Soßenpulver „Vanille" nach Vorschrift eine Soße bereiten. Nach Belieben mit 1 Eigelb legieren, 1 Stich Butter zufügen oder zur Verfeinerung zuletzt 1 steifgeschlagenes Eiweiß unterziehen.
Vanillesoße läßt sich besonders schnell aus Instant-Soßenpulver „ohne Kochen" bereiten.

Schokoladensoße •
Aus 1 Päckchen Soßenpulver „Schokolade" nach Vorschrift eine Soße bereiten. Verfeinerungen siehe „Vanillesoße". Auch aus Instant-Soßenpulver zu bereiten.

Mandelsoße, Nußsoße •
70 g feingehackte geröstete Nüsse oder Mandeln, Vanillesoße.
Die Nüsse oder Mandeln beim Bereiten der Vanillesoße zunächst in der Milch, zu der auch ein Teil Sahne verwendet werden kann, aufkochen. Verfeinerungen: mit 1 Eigelb legieren, 1 Stich Butter zufügen oder zuletzt 1 steifgeschlagenes Eiweiß unterziehen. Nach Belieben

kann auch 1 Gläschen Eierlikör oder Weinbrand zugefügt werden.

Marmeladensoße
100 g Marmelade, 1 Eßl. Stärkemehl.
Die Marmelade mit knapp ½ Liter Wasser verrühren und aufkochen. Das kalt angerührte Stärkemehl zugießen und unter Rühren aufkochen lassen. Bei Bedarf nachsüßen.

Fruchtsoße
250 g Beeren (Him-, Erd-, Heidel-, Johannisbeeren), 1 Eßl. Stärkemehl, Zucker.
Die vorbereiteten und gewaschenen Beeren in reichlich ⅛ Liter Wasser kochen, dann passieren und wieder erhitzen. Das Stärkemehl in ⅛ Liter kaltem Wasser anrühren und die Soße damit binden. Mit Zucker abschmecken.

Fruchtsaftsoße
¼ l Fruchtsaft (Most, auch verdünnter Fruchtsirup), 1½ Eßl. Stärkemehl, Zucker, Zitronensaft.
Den Saft zusammen mit ⅛ Liter kaltem Wasser aufkochen. In ⅛ Liter kaltem Wasser das Stärkemehl anrühren und den Saft damit binden. Mit Zucker und Zitronensaft abschmecken. – Ein Teil des Wassers läßt sich durch Weißwein ersetzen, der aber nicht mit aufkochen darf.

Weinschaumsoße
(Chaudeau)
¼ l Weißwein, 1 Eßl. Zitronensaft, 70 g Zucker, 2 Eier, 1 Teel. Stärkemehl.
Alle Zutaten mit dem Schneebesen in einem entsprechend großen Topf (beim Schlagen verdoppelt sich das Volumen der Soße!) gut verrühren, ins Wasserbad stellen und unter ständigem Schlagen erhitzen. Wenn die Masse gebunden ist, sofort heiß servieren. Die Soße darf nicht kochen, weil sie dann gerinnt.

Welche Soße wozu?

Frikasseesoße
zu gekochtem Geflügelfleisch,
Fisch,
Blumenkohl

Kapernsoße
zu gekochtem Geflügelfleisch,
Kochklops,
gedünstetem Fisch

Anchovissoße
zu Fisch,
gekochtem Fleisch,
hartgekochten Eiern,
Kartoffelgerichten

Kräutersoße
zu Fisch,
Pilzen,
Spargel,
Eiergerichten

Petersiliensoße
zu gekochtem Fleisch,
Fisch,
Zunge,
Eierspeisen

Dillsoße
zu Fisch,
gekochtem Fleisch,
Zunge,
Krebsen,
Eierspeisen

Meerrettichsoße
zu gekochtem Fleisch,
Hasenbraten,
Fisch

Zwiebelsoße
zu Fisch,
Kartoffelgerichten

Eiersoße
zu gekochtem Fleisch,
Fisch

Senfsoße
zu Fisch,
Eierspeisen,
gekochtem Fleisch,
Zunge

Tomatensoße
zu Knödeln,
Teigwaren,
Spätzle,
Fisch,
Wurst,
Fleisch

Paprikasoße
zu Fleisch,
Fisch,
Teigwaren,
Knödeln

Currysoße
zu gekochtem Geflügel,
Reis

Béchamelsoße
zu Kartoffeln,
Gemüse

Käsesoße
zum Überbacken von Ragouts,
zu Gemüsegerichten,
Fisch,
Fisch-Fondue,
Fleisch- und Kartoffelgerichten

Weißweinsoße
zu Fisch-,
Fleisch- und Geflügelgerichten

Fleischsoße
zu Teigwaren,
Kartoffelgerichten

Buttersoße
zu Fisch,
Fleisch,
Gemüse

Sauce hollandaise
zu gegrilltem Fisch,
Fleisch

Rotweinsoße
zu Schinken,
Zunge,
Wild

Rosinensoße
zu Geflügel,
Zunge,
Fleischklößchen

Pilzsoße
zu Teigwaren,
Hammelfleisch,
Wild

Specksoße
zu Kartoffel- und Gemüsegerichten

Biersoße
zu Rindfleisch,
Hackbraten,
Wild,
Fisch

Apfel-Meerrettich-Soße
zu Fisch

Aioli
zu gegrilltem Fleisch, Fisch, Fondue

Tatarensoße
zu Fleisch- und Fischspeisen

Remouladensoße
zu Fleisch- und Fischgerichten

Quarksoße
zu Fleisch-, Fisch- und Gemüsegerichten

Sahnemeerrettich
zu Würstchen, Fleisch, Fisch (Karpfen), Schinken

Heringssoße
zu Pellkartoffeln

Preiselbeersoße
zu Wild, Wildgeflügel, Pasteten, Schinken

Grillsoße
zu gegrillten Fleischgerichten, Fondue

Die Schwitze oder Einbrenne stets langsam mit Flüssigkeit aufgießen. Sie darf nicht kochend heiß aufgegossen werden, weil sich sonst Mehlklümpchen bilden. Sollte es doch einmal passieren, dann die Soße durch ein Sieb gießen.

Eine zu dicke helle Soße mit Brühe, Milch, Weißwein oder Wasser verdünnen. An dunkle Soße etwas Brühe, Wasser oder Rotwein geben.

Helle Soßen schmecken besonders gut, wenn beim Anrichten ein kleines Stückchen frische Butter hinzugefügt wird.

Empfindliche Geschmackszutaten, wie Zitronensaft, Wein, Käse, Sahne und gewiegte frische Kräuter, erst kurz vor dem Anrichten zur Soße geben, die dann nicht mehr kochen darf.

Fette Soße kann durch ein sauberes, in kaltes Wasser getauchtes Tuch gegossen werden. So wird ihr sehr viel Fett entzogen. Von erkalteter Soße läßt sich das Fett leicht mit einem Löffel abnehmen.

Kartoffelbeilagen

Pellkartoffeln
750 g Kartoffeln, Salz, nach Belieben Kümmel.
Möglichst gleichgroße, mehlige Kartoffeln verwenden, gründlich waschen, aber nicht schälen. Mit Wasser, Salz und nach Belieben etwas Kümmel ansetzen. Zugedeckt ½ bis ¾ Stunde garen. Das Wasser abgießen und die Kartoffeln offen etwas abdampfen lassen.

Salzkartoffeln
750 g Kartoffeln, Salz.
Die gewaschenen Kartoffeln schälen, größere halbieren und mit wenig gesalzenem Wasser in 20 bis 30 Minuten weichkochen. Das Wasser abgießen und die Kartoffeln über der Kochstelle schütteln, damit sie mehlig werden.

Petersilienkartoffeln
750 g Kartoffeln, Salz, 50 g Butter, Petersilie.
Möglichst kleine Kartoffeln mit der Schale in Salzwasser kochen. Abdampfen lassen, pellen und in der zerlassenen Butter schwenken. Mit reichlich feingewiegter Petersilie bestreuen.

Bratkartoffeln
750 g Kartoffeln, 50 g Bratfett, Salz, 1 Zwiebel.
Pellkartoffeln bereiten, abdampfen lassen, pellen und in Scheiben schneiden. Das Bratfett erhitzen, die Kartoffeln zugeben und Salz darüberstreuen. Während des Bratens öfter wenden. Die kleinwürfelig geschnittene Zwiebel erst zugeben, wenn die Kartoffeln schon angebraten sind. Fertigbraten. – Besonders würzig schmecken Bratkartoffeln, wenn etwas Kümmel zugesetzt wird.

Kartoffelbrei
1 kg Kartoffeln, Salz, ¼ l Milch.
Salzkartoffeln bereiten, abgießen, stampfen oder durch die Kartoffelpresse drücken. Die heiße Milch zugießen und den Brei schaumig schlagen. – Nach

Belieben einen Stich Butter zufügen. Kartoffelbrei ist besonders schnell mit dem elektrischen Handrührgerät oder unter Verwendung von Instant-Kartoffelflocken bereitet.

Pommes frites •
750 g Kartoffeln, Ausbackfett, Salz.
Die Kartoffeln schälen, in Stäbchen schneiden, kurz abspülen und zwischen sauberen Tüchern trocknen. Portionsweise im heißen Ausbackfett etwa 10 Minuten schwimmen lassen. Herausnehmen und nach dem Abtropfen auf einem Sieb erneut in das inzwischen stark erhitzte Fettbad geben. Goldbraun ausbacken. Pommes frites erst nach dem Herausnehmen salzen.

Pommes chips •
Ebenso wie Pommes frites bereiten, jedoch die Kartoffeln in hauchdünne Scheibchen schneiden. Sie dürfen ausnahmsweise 10 Minuten in kaltem Wasser liegen, damit ein Teil der Stärke auslaugt und die Pommes chips besonders knusprig werden.

Kartoffelbällchen, Kartoffelkroketten •
750 g Kartoffeln, Salz, 3 Eier, 1 gehäufter Teel. Stärkemehl, Muskat, geriebene Semmel, Ausbackfett.
Die geschälten Kartoffeln in Salzwasser garen, abgießen, heiß durchpressen und erkalten lassen. Dann mit 2 Eigelb und Stärkemehl verrühren, mit Salz und Muskat abschmecken. Aus dem Teig kleine Kugeln oder längliche Kroketten formen. Erst in verschlagenem Ei, dann in geriebener Semmel wenden. Im erhitzten Fett schwimmend ausbacken.

Kartoffelpuffer •
1 kg Kartoffeln, 2 Eßl. saure Sahne, 1 Ei, 2 Eßl. Mehl oder Grieß, Salz, nach Belieben geriebene Zwiebel, Öl.
Die rohen Kartoffeln schälen, reiben und auf einem Sieb abtropfen lassen. Sofort mit saurer Sahne vermischen, damit sie sich nicht verfärben. Den Teig mit Eiern und Mehl oder Grieß binden. Mit Salz abschmecken. Nach Belieben fein geriebene Zwiebel zugeben. Reichlich Öl erhitzen, den Teig löffelweise hineingeben und flachdrücken. Die Kartoffelpuffer auf beiden Seiten braun und knusprig braten.

Klöße

Klöße aus gekochten Kartoffeln •
1½ kg Kartoffeln, 75 g Weizenmehl, 100 g Stärkemehl, 2 Eier, Salz, Muskat, 20 g Margarine, 50 g Weißbrot.
Die gekochten Kartoffeln reiben, mit Mehl, 50 g Stärkemehl, Eiern, Salz und 1 Prise Muskat zu einem Teig verarbeiten. In 12 Stücke teilen, breitdrücken und die in der Margarine gerösteten Weißbrotwürfel in die Mitte geben. Die Klöße ohne Risse formen und in dem restlichen Stärkemehl wälzen. In siedendem Salzwasser 5 Minuten leise kochen und dann noch 15 bis 20 Minuten ziehen lassen. – Frisch gekochte Kartoffeln nicht reiben, sondern durchpressen.

Klöße aus rohen Kartoffeln •
2 kg Kartoffeln, Salz, 50 g Weißbrot, 20 g Margarine.
1½ kg rohe Kartoffeln schälen, reiben, ausdrücken, in eine Schüssel geben. Dann Salz zufügen und mit ¼ l kochendem Wasser oder Milch brühen. 500 g geriebene gekochte Kartoffeln zugeben und alles gut vermengen. Die Weißbrotwürfel in der Margarine braten. Den Kloßteig in 12 gleiche Stücke teilen. Mit nassen Händen ein Stück nach dem anderen auf der Handfläche breitdrücken, Weißbrotwürfel hineingeben und zu Klößen formen. In sprudelndes Salzwasser geben, 15 Minuten leise kochen und weitere 10 Minuten ziehen lassen. Einen breiten Topf ohne Deckel benutzen, damit die Klöße nicht aneinanderkleben. Das Wasser nach dem Einlegen der Klöße wieder zum Kochen bringen, sonst setzen sie sich auf dem Boden fest oder zerfallen.

Halbseidene Klöße

1 kg Kartoffeln, 225 bis 250 g Stärkemehl, Salz, ⅜ l Milch, 1 Ei, Weißbrot, Margarine.

Pellkartoffeln kochen, schälen, durchpressen und auskühlen lassen. Stärkemehl und Salz untermengen, mit der kochenden Milch übergießen. Das Ei zufügen und alles zu einem Teig verarbeiten. Die Hände mit Stärkemehl bemehlen, Klöße formen, dabei in die Mitte in Margarine geröstete Weißbrotwürfel geben. In kochendem Salzwasser 15 Minuten langsam kochen lassen.

Hefeklöße

30 g Hefe, ¼ l Milch, 500 g Mehl, 2 Eier, 50 g Zucker, 50 g Butter oder Margarine, Salz, abgeriebene Zitronenschale.

Die zerbröckelte Hefe in der lauwarmen Milch verrühren, in eine Vertiefung des gesiebten Mehles gießen und mit Eiern, Zucker, zerlassener Butter und Gewürzen zu einem Teig verarbeiten. Mindestens 1 Stunde warm gestellt gehen lassen. Nochmals durchkneten, Klöße formen und gehen lassen, bis sich die Oberfläche geglättet hat. In siedendem Wasser zugedeckt 10 Minuten kochen lassen, dabei die Klöße einmal wenden und prüfen, ob sie gar sind. Nach dem Herausnehmen sofort aufreißen, damit sie nicht zusammenfallen. – Hefeklöße können auch auf einem Tuch über siedendem Wasser, mit einer großen Schüssel abgedeckt, gedämpft werden.

Grießklöße

¾ l Milch, Salz, 2 Eßl. Margarine, 250 g Grieß, 2 Eier, Muskat, 50 g Weißbrot.

Die Milch zusammen mit Salz und der Hälfte der Margarine aufkochen. Den Grieß einstreuen, kochen lassen und dabei rühren, bis sich die Masse vom Topfboden löst. Vom Feuer nehmen, etwas abkühlen lassen, die verquirlten Eier und ein wenig Muskat untermengen. Das in Würfel geschnittene Weißbrot in der restlichen Margarine braten. Den Teig in 8 gleiche Stücke teilen. Je ein Stück auf die nasse Hand nehmen, breitdrücken, Weißbrotwürfel darauflegen und mit nassen Händen Klöße formen. In siedendem Salzwasser 5 Minuten kochen und 10 Minuten ziehen lassen.

Böhmischer Semmelknödel

300 g Grieß, 300 g Mehl, 1 Teel. Backpulver, 3 Eier, 50 g Margarine, Salz, 200 g Weißbrot.

Aus Mehl, Grieß, Backpulver, Eiern, 20 g Margarine, Salz und ¼ l Wasser einen mittelfesten Teig bereiten. Die Weißbrotwürfel in der übrigen Margarine goldbraun rösten und abgekühlt unter den Teig arbeiten. Eine Rolle von etwa 10 cm Durchmesser formen und in siedendem Salzwasser mindestens 45 Minuten gar ziehen lassen. Den abgetropften Knödel mit dem Messer oder einem starken Zwirnsfaden in Scheiben teilen.

Teigwarenbeilagen

Selbstgemachte Nudeln

500 g Mehl, 3 bis 4 Eier, 1 Teel. Salz, etwa 4 Eßl. Milch.

Das Mehl sieben, in die Mitte eine Vertiefung drücken, Eier und Salz hineingeben. Von der Mitte aus die Milch in das Mehl rühren und dabei die anderen Zutaten mit verarbeiten. Den Teig, der sehr fest sein muß, so lange kneten, bis er durchgeschnitten keine Mehlstreifen, sondern kleine Luftbläschen zeigt. In 4 bis 6 Stücke teilen und jedes zu einem dünnen Nudelfladen ausrollen. Zum Trocknen auf Holzbretter oder frische Wischtücher legen. Alles anhaftende Mehl mit einem Pinsel entfernen. Die etwas getrockneten Nudelfladen in lange Streifen schneiden, übereinanderlegen und gleichmäßig in Nudeln teilen. Für Suppeneinlage kaum 2 mm breite, für Nudelgerichte ½ bis ¾ cm breite Streifen oder kleine Flecke schneiden. Die Nudeln zum Trocknen breit streuen. Feuchte Nudeln kleben beim

Einstreuen in die kochende Flüssigkeit leicht zusammen. Kochdauer etwa 20 Minuten. Die Nudeln nach dem Kochen abschrecken.

Butternudeln
(Grundrezept)
500 g Nudeln, Salz, Muskat, 2 Eßl. Butter.
Die Nudeln in siedendem Salzwasser gar, aber nicht zu weich kochen. Auf ein Sieb schütten, abschrecken, mit Salz und Muskat abschmecken und in der flüssigen Butter schwenken.

Schinkennudeln
200 g gekochten Schinken in Streifen schneiden und unter Butternudeln mischen.

Specknudeln
50 g Speck in Würfel schneiden, ausbraten und unter abgeschreckte Nudeln mischen.

Spaghetti als Beilage
500 g Spaghetti, Salz, 2 Eßl. Margarine, Butter oder ausgelassene Speckwürfelchen.
Die Spaghetti bündelweise senkrecht in das kochende Salzwasser halten, damit sie von unten her geschmeidig werden und sich dann in den Topf schlängeln. Auf kleiner Flamme etwa 20 Minuten garen. Abgießen, abschrecken, mit dem erhitzten Fett durchschwenken. – Makkaroni auf die gleiche Weise zubereiten, jedoch zwei bis dreimal brechen, bevor sie ins Wasser kommen.

Nockerl
40 g Butter oder Margarine, 5 bis 6 Eier, Salz, Muskat, 1 Handvoll frische Kräuter, etwa 250 g Mehl.
Die sahnig gerührte Butter mit den Eiern, etwas Salz, 1 Prise Muskat und den gewiegten Kräutern vermischen. So viel Mehl zugeben, daß ein fester Teig entsteht. Mit einem Löffel Nockerl abstechen und 12 bis 15 Minuten in leise siedendem Salzwasser oder in Brühe kochen lassen.

Spätzle
Salz, 2 Eier, 250 g Mehl, 2 Eßl. Butter.
$1/8$ l Wasser, Salz, Ei und Mehl verrühren. So lange schlagen, bis sich Blasen bilden und sich die Masse vom Löffel löst. Den Teig auf einem nassen Brett mit breitem Messer in schmale Streifen schneiden, in das siedende Salzwasser schieben und kurz kochen. Die Spätzle mit einem Schaumlöffel zum Abtropfen auf einen Durchschlag heben. Dann in eine heiße Schüssel füllen und mit der leicht gebräunten Butter übergießen.

Reisbeilagen

Butterreis
Salz, 250 g Reis, 50 g Butter.
$3/4$ l leicht gesalzenes Wasser aufkochen. Den gut gewaschenen und auf einem Sieb abgetropften Reis hineingeben, aufkochen un in der Röhre oder auf ganz kleiner Flamme ohne Rühren ausquellen lassen. Vor dem Auftragen die Butter zufügen.

Risotto
250 g Reis, 2 Eßl. Öl, $1/2$ l Brühe oder Wasser, 1 Zwiebel, Salz, 1 Lorbeerblatt.
Den Reis heiß waschen, auf ein trockenes Tuch schütten und abreiben. In einem breiten Topf das Öl erhitzen, den Reis darin kurz schwitzen. Die Brühe mit Zwiebel, Salz und Lorbeerblatt aufkochen und zum Reis geben. Nach dem Aufkochen fest zugedeckt in der Röhre oder auf kleiner Flamme – am besten auf einem Drahtuntersetzer – ohne Rühren in etwa 20 Minuten ausquellen lassen. Dann die Zwiebel herausnehmen und den Reis vorsichtig auflockern.

Curryreis
250 g Reis, 40 g Butter oder Öl, 1 Zwiebel, 2 Teel. Curry, $3/4$ l Fleischbrühe, Salz etwas Butter.
Den Reis mit einem trockenen Tuch abreiben, aber nicht waschen. In der heißen Butter die feingeschnittene Zwiebel mit dem Reis glasig rösten, mit Curry würzen und die kochende Fleischbrühe

aufgießen. Bei starker Hitze ankochen, bei kleiner Flamme zugedeckt ausquellen lassen. Vor dem Anrichten mit einem Stich Butter verfeinern und nochmals mit Salz abschmecken.

Risibisi
50 g fetter Schinken, 1 Eßl. Margarine, 2 Eßl. Öl, 1 Zwiebel, 500 g grüne Erbsen, ¾ l Brühe, 250 g Reis, Salz, 50 g Reibekäse.
Den würfelig geschnittenen Schinken mit Margarine und Öl erhitzen, darin die gehackte Zwiebel anbraten. Nach Zugabe der Erbsen die Brühe auffüllen und kurz aufkochen. Den gewaschenen Reis zufügen und das Gericht fertig garen. Mit Salz abschmecken. Den Reibekäse – nach Belieben auch gehackte Petersilie und einen Stich Butter – unterrühren.

Süßes und Süffiges

Wenn ein Nachtisch gefragt ist, so sollte ein energiereiches Gericht durch Kompott ergänzt werden, während zu einer leichten Mahlzeit eine sättigende Süßspeise paßt. Getränke von früh bis spät schließen sich an – wohl bekomm's!

Obst- und Süßspeisen

Kompott
(Grundrezept)
500 g Obst, ¼ bis ½ l Wasser, 40 bis 100 g Zucker, Gewürz.
Das Obst waschen, abtropfen lassen, entsprechend vorbereiten und gegebenenfalls zerkleinern. Wasser mit Zucker und Gewürz – bei Beerenobst ohne Gewürz – aufkochen. Das Obst hineingeben, kurz aufwallen lassen, den Topf zudecken, sofort vom Feuer nehmen und das Obst einige Minuten gar ziehen lassen. Festeres Obst wie Birnen, Äpfel, Aprikosen, Pfirsiche, Pflaumen und Weinbeeren sowie Rhabarber einige Minuten auf der Flamme gar dünsten lassen. Die Zuckergabe richtet sich nach dem Reifegrad des Obstes. Deshalb

Teigwaren nie zu weich kochen. Sie sollen gar, aber noch bißfest sein.

Reis quillt beim Kochen stark auf, etwa um das Dreifache seines Trockenmaßes.

Man rechnet pro Person 60 g Reis als Beilage, etwa 100 g als Hauptgericht.

Wird beim Kochen von Kartoffeln etwas Kümmel zugesetzt, schmecken sie herzhafter und sind besser bekömmlich.

Kartoffelbrei stets aus frisch gegarten Salzkartoffeln bereiten. Darauf achten, daß er geschmeidig und klumpenfrei ist.

Kartoffelbreireste entweder im Wasserbad aufwärmen oder unter ständigem Rühren durchbraten.

Beim Bereiten von Pommes frites beachten: Zu heißes Fett bräunt die Kartoffelstäbchen zu schnell und verhindert völliges Garen, zu gering erhitztes Fett dringt in das Backgut ein und macht es schwer bekömmlich.

sollte das fertige Kompott noch abgeschmeckt werden.

Apfel-, Birnenkompott
500 g Äpfel oder Birnen, ½ l Wasser, 40 bis 60 g Zucker, 1 Stück Zitronenschale, 2 Nelken oder 1 Stück Zimtrinde.

Die Früchte dünn schälen, halbieren, das Kernhaus entfernen und das Obst – je nach Größe – in Viertel oder Achtel schneiden. Nach Grundrezept zubereiten. Darauf achten, daß die Apfelstücke nicht zerfallen! Birnenkompott bekommt durch 1 Schuß Essig einen kräftigeren Geschmack.

Quittenkompott
500 g Quitten, ½ l Wasser, 200 g Zucker, 1 Stück Ingwer.

Die Quitten mit einem trockenen Tuch gut abreiben, schälen und in Viertel oder Achtel teilen, dabei das Kernhaus entfernen. Die Quittenstücke mit einem in Essigwasser getränkten Tuch vor dem Verfärben schützen. Kerngehäuse und Schalen in das siedende Wasser geben und etwa 10 Minuten kochen lassen. Dann durchseihen und den Quittensaft mit Zucker und Ingwer nochmals aufkochen. Die Quittenstücke zugeben und zugedeckt gar dünsten. – Das Quittenkompott kann noch mit etwas Rum oder Weinbrand geschmacklich verfeinert werden.

Kirschkompott
500 g Kirschen, ⅛ l Wasser, 75 g Zucker, 1 Stück Zimtrinde, 2 Nelken oder 1 Stück Zitronenschale.

Nach Grundrezept zubereiten.

Pflaumen-, Zwetschenkompott
Mirabellen-, Reneklodenkompott
Nach Grundrezept zubereiten. Pflaumen und Zwetschen entweder im ganzen oder entsteint und halbiert verwenden. Mirabellen und Renekloden nur mehrmals mit einer Nadel einstechen, nicht entsteinen.

Aprikosen-, Pfirsichkompott
Nach Grundrezept – aber ohne Gewürze – zubereiten. Die Früchte bei der Vorbereitung kurz in kochendes Wasser tauchen und die Haut abziehen, dann halbieren und entkernen. Aprikosen können auch mit Haut verwendet werden. Einige Tropfen Zitronensaft, zum Schluß untergerührt, verfeinern das Kompott von nicht ausgereiften Aprikosen.

Erdbeer-, Himbeer-, Brombeerkompott
500 g Beeren, ⅜ l Wasser, 65 g Zucker.

Die Beeren von Kelchblättern und Stielen befreien. Nach Grundrezept zubereiten.

Johannisbeer-, Stachelbeerkompott
Nach Grundrezept zubereiten. Johannisbeeren zuvor mit einer rostfreien Gabel von den Stielen streifen, damit sie nicht zerdrückt werden. Die Stiel- und Blütenansätze von Stachelbeeren mit einer Küchenschere abschneiden. Stachelbeerkompott nach Belieben mit Zitronenschale würzen.

Heidelbeer-, Preiselbeerkompott
Wie Erdbeerkompott zubereiten. Blättchen, zerdrückte und unreife Beeren zuvor auslesen.

Weinbeerkompott
500 g Weinbeeren, ¼ l Wasser, 65 g Zucker, 1 Stück Zitronenschale, 1 Eßl. Zitronensaft oder Weinbrand.

Die Weinbeeren abstielen. Nach Grundrezept zubereiten. Zitronensaft oder Weinbrand nach dem Garen zufügen.

Rhabarberkompott
500 g Rharbarber, 100 g Zucker, etwa ⅛ l Wasser, 1 Päckchen Vanillinzucker, 1 Stück Zitronen- oder Apfelsinenschale oder Zimtrinde.

Stengel- und Blattansätze abschneiden. Nicht mehr ganz jungen Rhabarber ringsum abziehen. Jeweils mehrere Stengel auf einem Brett mit scharfem Messer in 1 bis 2 cm lange Stücke schneiden. Im Topf mit dem Zucker vermischen und solange stehen lassen, bis sich reichlich Saft gebildet hat. Dann Wasser und Gewürze zufügen, alles zum Kochen bringen und einmal aufwallen lassen. Nur harten Rhabarber vorsichtig etwas länger kochen. Die Stücke dürfen jedoch nicht zerfallen!

Backobstkompott
125 g getrocknetes Backobst (Backpflaumen, Trockenäpfel, -birnen oder -aprikosen), 1 Stück Zitronenschale oder Zimtrinde oder etwas Anis, Zucker.
Das Backobst gründlich waschen und etwa 12 Stunden in kaltem Wasser einweichen. Im gleichen Wasser zusammen mit Gewürz gar kochen. Erst dann mit Zucker abschmecken. Das Kompott kann nach Belieben mit einem Teelöffel Stärkemehl gebunden werden.

Melonenkompott
750 g Melone, ¼ l Wasser, 50 bis 75 g Zucker.
Die Melone in Stücke schneiden, dick schälen und die Kerne herausschaben, das Fruchtfleisch in Würfel schneiden. Wasser mit Zucker aufkochen, die Melonenwürfel zufügen, einmal aufwallen lassen, den Topf zudecken, vom Feuer nehmen und das Kompott noch 10 Minuten ziehen lassen. – Nach Belieben können dem Zuckerwasser Gewürze wie Zimtrinde, Zitronenschale, 3 Nelken oder 2 Prisen Ingwer zugefügt werden.

Kürbiskompott
750 g Kürbis, ⅜ l Wasser, ⅛ l Weinessig, 100 bis 150 g Zucker, 1 Stück Zimtrinde, 3 Nelken.
Den Kürbis in handliche Stücke schneiden und nicht zu dünn schälen. Das innere Fruchtfleisch mit den Kernen entfernen. Das feste Kürbisfleisch in Würfel schneiden. Wasser, Essig, Zucker und Gewürz aufkochen. Den Kürbis zufügen und so lange dünsten, bis er glasig aussieht.

Apfelmus
500 g Äpfel (gut geeignet sind Falläpfel), ¼ l Wasser, je 1 Stück Zimtrinde und Zitronenschale, 1 Päckchen Vanillinzucker, Zucker.
Die Äpfel waschen und in grobe Stücke schneiden. Dabei Blüten und schlechte Stellen entfernen. In einem Topf mit heißem Wasser übergießen, die Gewürze zufügen und die Äpfel weichkochen lassen. Noch heiß durchpassieren und süßen. – Apfelmus kann mit vorgequollenen Korinthen und gehackten süßen Mandeln verfeinert werden.

Vanilleäpfel
4 bis 8 mittelgroße Äpfel, 40 g Zucker, 1 Stück Vanilleschote, ½ l Wasser, 3 Eßl. Konfitüre, ½ l Vanillesoße, 1 Eigelb, 20 g Butter.
Die gewaschenen Äpfel schälen und das Kernhaus mit einem Apfelausstecher ausstechen. Dem Wasser Zucker und Vanilleschote zufügen und aufkochen lassen. Die Äpfel – gegebenenfalls in 2 Portionen – darin gar ziehen lassen. Abgetropft in eine Schüssel legen und mit der Konfitüre füllen. Die noch heiße Vanillesoße mit Eigelb abziehen, mit der Butter verfeinern und um die Äpfel gießen. Gut gekühlt auftragen.

Pudding
Aus fertig käuflichen Puddingpulver bereiten. Aus solchem mit Vanille-, Mandel- oder Sahnegeschmack kann auch Schokoladenpudding gekocht werden, wenn mit dem Stärkemehl 20 g Kakao und zusätzlich noch 1 Eßlöffel Zucker verquirlt werden. Nach Belieben unter heißen Pudding 1 Eigelb rühren und 1 steifgeschlagenes Eiweiß unterziehen.

Grießpudding
½ l Milch, 1 Prise Salz, 50 g Zucker, abgeriebene Zitronenschale, 60 g Grieß.
⅜ l Milch, Salz, Zucker und Zitronenschale aufkochen, vom Feuer nehmen. Den Grieß in der restlichen Milch anquirlen, sofort in die heiße Milch gießen und langsam unter ständigem Rühren auf kleiner Flamme ausquellen lassen. In eine kalt ausgespülte Form gießen.

Rote Grütze
½ l roter Fruchtsaft, 1 Prise Salz, 50 g Zucker, 65 g Grieß.
Die rote Grütze wie „Grießpudding" zu-

bereiten. Bei sehr herbem Saft die Zuckermenge erhöhen.

Obstgrütze
(Grundrezept)

500 g rohes Obst, ½ l Wasser (je nach Obstsorte abgeriebene Zitronenschale, Vanillinzucker, geriebene bittere Mandel), Zucker nach Geschmack, 50 g Grieß.

Das vorbereitete Obst in dem siedenden Wasser unter Hinzufügen von Gewürz und Zucker garen. Bei kleiner Flamme unter Rühren den Grieß einstreuen und ausquellen lassen. In eine kalt ausgespülte Schüssel oder Form füllen. Erkaltet stürzen und nach Belieben mit Vanillesoße oder gesüßter Milch auftragen. Auf diese Weise läßt sich aus Rhabarber, Stachel-, Johannis-, Him-, Brom- und Heidelbeeren Grütze bereiten. Kirschen möglichst zuvor entsteinen.

Tuttifrutti

4 Kastenkuchenscheiben oder 8 bis 10 Butterkekse, 2 Likörgläser Rum oder Weinbrand, 2 Tassen Kompottfrüchte (möglichst gemischt), Vanille-, Sahne- oder Mandelpudding von ½ l Milch.

Den Kuchen in Würfel schneiden oder die Kekse zerbrechen. In eine Glasschüssel abwechselnd mit Rum beträufeltes Gebäck, gut abgetropfte Früchte und warmen Pudding füllen. Die Schichten noch einmal wiederholen. Gut kühlen und nach Belieben Fruchtsaft dazu reichen.

Weingelee

⅜ l Rotwein, 100 g Zucker, ⅛ l Wasser oder Kirschsaft, 1 Prise Salz, etwas abgeriebene Zitronenschale, 1 Stückchen Zimtrinde, 1 Nelke, 20 g Gelatine.

Den Rotwein mit dem Zucker nur so viel erhitzen, bis sich der Zucker aufgelöst hat. Inzwischen das Wasser oder den Kirschsaft von den Gewürzen aufkochen, die in wenig kaltem Wasser vorgeweichte Gelatine darin auflösen und durch ein Haarsieb zu dem Rotwein geben. In eine kalt ausgespülte Schüssel schütten und recht kalt stellen. Mit Vanillesoße auftragen. – Statt Rotwein und Kirschsaft können Weißwein und heller Saft für ein Weingelee verwendet werden. Sollen Geleespeisen gestürzt werden, dann die Schüssel einen kleinen Augenblick (nicht zu lange!) in heißes Wasser halten. Weingelee kann auch vor dem Erstarren mit Früchten (z. B. Weinbeeren) vermischt werden.

Sauermilchgelee

½ l saure Milch, 65 g Zucker, 1 Päckchen Vanillinzucker, Salz, ½ Teelöffel abgeriebene Zitronenschale, 20 g Gelatine, ½ Tasse Wasser.

Milch, Zucker, Vanillinzucker, eine Prise Salz und Zitronenschale miteinander verrühren. Die in wenig kaltem Wasser vorgeweichte Gelatine in dem heißen Wasser auflösen, unter Rühren zu den übrigen Zutaten geben und in einer kalt ausgespülten Schüssel erstarren lassen. Mit Fruchtsaft auftragen.

Weinschaumcreme

3 Eier, 125 g Zucker, 1 Päckchen Vanillinzucker, ⅛ l Wasser, 30 g Gelatine, ⅜ l Weißwein.

Eigelb, Zucker und Vanillinzucker schaumig rühren. Das Wasser aufkochen, vom Feuer nehmen und die in wenig kaltem Wasser vorgeweichte Gelatine darin auflösen. Den Weißwein zugießen und bei Beginn des Gelierens allmählich unter die Eiercreme ziehen. Zuletzt den steifen Eischnee unterheben und die Weinschaumcreme in eine Schüssel füllen.

Quarksahne mit Früchten

1 Zitrone, 1 Eßl. Weinbrand, 75 g Zucker, 200 g Quark, 5 Eßl. Sahne, 1 Glas gemischte Früchte oder frisches gemischtes Obst.

Zitronensaft, Weinbrand und etwas Zucker unter den durch ein Sieb gestrichenen Quark rühren. Zum Schluß die mit dem restlichen Zucker steifgeschlagene Sahne unterziehen. Die abgetropften, zerkleinerten Früchte darübergeben und die Speise gut gekühlt servieren.

Flambierte Pfirsiche
40 g Butter, 4 Eßlöffel Puderzucker, 8 Pfirsichhälften, 20 g süße Mandeln, 2 Likörgläschen Pfirsichgeist oder Weinbrand.
Die Butter in der Pfanne auf kleiner Flamme zerlaufen lassen, den Puderzucker dazugeben und karamelisieren lassen. Die Pfirsichhälften (frische abziehen, Kompottfrüchte gut abtropfen lassen) ebenfalls in die Pfanne geben und nach kurzer Zeit wenden. Mit den gehackten Mandeln bestreuen. Den Pfirsichgeist in einer Kelle leicht erwärmen, anzünden und noch brennend über die Früchte in die Pfanne geben. – Anstelle von Pfirsichen lassen sich auch andere Früchte wie Aprikosen, Sauerkirschen und Ananas aus der Konserve flambieren.

Eisbecher
Fertig käufliches Eis in Gläser oder Schälchen verteilen, dazwischen Früchte geben. Nach Belieben mit einem Schlagsahnehäubchen krönen und ein Gläschen Eier- oder Kirschlikör (für Erwachsene!) darübergießen. Waffeln oder anderes Kleingebäck sowie geraspelte Schokolade können zum Garnieren genommen werden.

Getränke

Kaffee
30 bis 35 g Kaffee, ½ l Wasser.
Den gemahlenen Kaffee mit dem kochenden Wasser überbrühen und 5 Minuten zugedeckt ziehen lassen, umrühren, setzen lassen und in eine vorgewärmte Kanne gießen. Nach Belieben kann der Kaffee auch gefiltert werden. Ein Prise Salz oder eine Messerspitze Kakao heben den Geschmack.

Mokka
20 bis 25 g Kaffee, 4 Mokkatassen Wasser, Zucker, Kondensmilch.
Den gemahlenen Kaffe mit dem kochenden Wasser überbrühen und 5 Minuten zugedeckt ziehen lassen. Zucker und Kondensmilch extra reichen.

Eiskaffee
4 Tassen starker Kaffee (60 g Kaffee, ½ l Wasser), 4 Portionen Vanilleeis, ⅛ l Schlagsahne, Zucker.
Den abgekühlten Kaffee recht kalt stellen. Das Vanilleeis in 4 Gläser verteilen. Den Kaffee darübergießen. Mit der steifgeschlagenen Sahne garnieren.

Schwarzer Tee
4 Teel. schwarzer Tee, ½ l kochendes Wasser.
Den Tee in eine vorgewärmte Kanne geben, mit dem kochenden Wasser aufbrühen, 3 bis 5 Minuten ziehen lassen und dann in eine andere, ebenfalls vorgewärmte Kanne gießen. Nach Belieben Zucker, Kandiszucker, Sahne, Zitronensaft, Rum oder Weinbrand dazu reichen.

Englischer Tee
Milch, ½ l schwarzer Tee, Zucker.
Angewärmte Tassen bis zu einem Viertel mit heißer Milch füllen, Tee aufgießen und nach Geschmack süßen.

Hagebuttentee
3 bis 4 Eßl. Hagebuttenkerne oder -schalen oder ganze Hagebutten, 1 l Wasser.
Die Hagebutten mit dem kalten Wasser ansetzen. 5 Minuten leicht kochen.

Kakao
30 bis 40 g Kakao, 50 g Zucker, ¼ l Wasser, ¾ l Milch.
Den Kakao mit dem Zucker vermischen, in dem Wasser verrühren und in die kochende Milch gießen. Einmal aufkochen lassen.

Fruchtmilch
½ l Milch, ⅛ l Fruchtsaft oder 1 Tasse gewaschene Früchte, Zucker.
Alle Zutaten miteinander mixen. – Nach Belieben noch 1 Ei oder 1 Schuß Weinbrand oder Rum (nicht für Kinder!) zufügen.

Kräutermilch
½ l Milch oder Buttermilch, 1 bis 2 Eßl. fri-

sche Kräuter (Petersilie, Schnittlauch, Kerbel, Estragon u. a.), je 1 Prise Salz und Muskat.
Alle Zutaten miteinander mixen.

Warmbier •
80 bis 125 g Zucker (je nach Süße des Bieres), je 1 Stück Zitronenschale und Zimtrinde, 1 Prise Salz, ¼ l Wasser, 2 Flaschen Bier, 1 ½ Eßl. Mehl, ¼ l Milch, 1 Ei.
Den Zucker und die Gewürze in dem Wasser 5 Minuten kochen lassen. Das Bier zufügen, aufwallen lassen und mit dem in der Milch verquirlten Mehl binden. Das Getränk mit dem Ei abziehen.

Kalte Ente •
1 Zitrone, 100 bis 150 g Zucker, 1 Flasche Weißwein, 1 Flasche Selterswasser.
Die gründlich gewaschene Zitrone in Scheiben schneiden, mit Zucker bestreuen, gut gekühlten Wein und Selterswasser aufgießen.

Erdbeerbowle •
250 g Erdbeeren, 70 bis 100 g Zucker, 1 Flasche Weißwein, 1 kleine Flasche Sekt oder Selterswasser.
Die vorbereiteten Erdbeeren mit dem Zucker bestreuen, etwas Weißwein aufgießen und zugedeckt 1 Stunde stehen lassen. Den restlichen Wein und Sekt oder Selterswasser dazugeben. Gut gekühlt auftragen.

Feuerzangenbowle •
2 Flaschen Rotwein, 1 kleiner Zuckerhut oder 200 g Würfelzucker, ¼ l Rum oder Weinbrand, 1 Zitrone.
Den Rotwein in einem feuerfesten Gefäß erhitzen, aber nicht kochen lassen. Eine Feuerzange oder ein Metallsieb auf das Gefäß legen und darauf den Zuckerhut geben. Mit einem Teil des Alkohols den Zucker tränken und vor den Gästen anzünden. Nach und nach vorsichtig den restlichen Alkohol darübergießen, bis der Zucker in den Wein getropft ist. Den Saft von 1 Zitrone zufügen. Das Gefäß sollte dabei möglichst auf einem Tischflämmchen stehen.

Die Früchte für den Bowlenansatz dürfen nicht zerdrückt werden, sonst wird die Bowle trüb. Ein Zusatz von Weinbrand erhöht zwar den Alkoholgehalt einer Bowle, fördert jedoch den gefürchteten Kater am nächsten Tag.

Zum Kühlen der Bowle keine Eiswürfelchen zufügen, das würde sie verwässern! Lieber das Bowlegefäß in eine große Schüssel mit Eiswürfelchen stellen.

Soll schwarzer Tee anregen, dann 2 bis 3 Minuten ziehen lassen. Soll er dagegen beruhigen, muß er 4 bis 5 Minuten ziehen.

Kaffeewasser nur in einem Topf bzw. Wasserkessel erhitzen, in dem nie etwas anderes gekocht wird, und sobald es zu kochen beginnt verwenden.

Pudding und geschlagene Süßspeisen brennen nicht an, wenn sie im Milchkochtopf (Wasserbadkocher) bereitet werden.

Vor dem Stürzen eines Puddings sollte die dafür vorgesehene Platte kalt abgespült werden, damit sich die Speise gegebenenfalls noch verschieben läßt.

Eine Geleespeise läßt sich leicht stürzen, wenn sie am Rand der Form mit einem Messer gelöst und die Form ganz kurz in heißes Wasser gehalten wird.

Schlagsahne mindestens 24 Stunden vor dem Schlagen im Kühlschrank aufbewahren.

Süßspeisen sollten gut gekühlt serviert und erst kurz vor dem Auftragen garniert werden.

Für Rote Grütze sind im Sommer nicht nur Früchte, sondern auch Rückstände vom Dampfentsaften gut geeignet.

Wer auf seine schlanke Linie bedacht ist, kann Zucker in Süßspeisen bis zu 50 Prozent durch Süßstoff ersetzen.

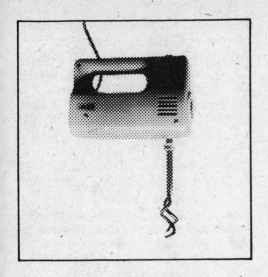

Backe, backe Kuchen ...

Backen macht immer Spaß, auch weil sich heutzutage mit Hilfe der Küchentechnik vielerlei kraft- und zeitaufwendige Arbeiten schnell und beinahe mühelos bewältigen lassen. Doch sehen wir uns zunächst die Zutaten etwas genauer an!

Von den Zutaten hängt viel ab!

Mehl ist grundsätzlich immer zu sieben, gegebenenfalls zusammen mit Stärkemehl oder Kakao und Backpulver.

Die **Fettigkeiten** müssen rechtzeitig aus dem Kühlschrank genommen werden, damit sie bis zur Verwendung schon etwas erwärmt sind. Wurde das einmal vergessen, dann die Teigschüssel mit heißem Wasser ausspülen, abtrocknen und die Margarine in Würfelchen schneiden. So läßt sie sich leichter schaumig rühren.

Statt **Milch** kann für die Teigbereitung verquirlte Buttermilch, Sauermilch, mit etwas Wasser verdünnte Kondensmilch oder angerührtes Milchpulver verwendet werden. Die erforderlichen Flüssigkeitsmengen können unterschiedlich sein, weil auch die Quellfähigkeit des Mehles und die Größe der Eier eine Rolle spielen.

Jedes **Ei** muß erst einzeln in ein kleines Gefäß geschlagen und geprüft werden, bevor es zum Teig kommt. Soll Eischnee bereitet werden, dann die Eier sehr sorgfältig trennen, weil Eiweiß mit Eigelbresten nicht schlagfähig ist! Das Eiweiß wird schneller steif, wenn es zuvor recht kalt gestanden hat und beim Schlagen 1 Prise Salz oder Zucker oder auch einige Tropfen Zitronensaft zugefügt werden. Nur völlig fettfreie und möglichst auch kalte Gefäße bzw. Geräte sind zum Schlagen geeignet. Wenn nötig, kurz in den Kühlschrank stellen. Eischnee ist steif, wenn er am hochgehobenen Schlaggerät fest haftet und nichts mehr herunterläuft. Er fällt rasch zusammen und läßt sich nicht wieder aufschlagen. Deshalb erst kurz vor der Verwendung bereiten! Damit das Backwerk recht locker wird, sollte er jeweils zum Schluß mehr unter den Teig „gehoben" als gerührt werden.

Backpulver ist im allgemeinen neun Monate verwendungsfähig. Deshalb auf das Herstellungsdatum achten! Älteres Backpulver kann schon an Triebkraft verloren haben.

Frische **Hefe** läßt sich im Plastbeutel verpackt im Kühlschrank 6 bis 8 Wochen aufbewahren. Kleine Mengen können 8 bis 14 Tage fest in ein Glas gedrückt werden, das auf einen mit Wasser gefüllten Teller gestülpt wird. Hefe besitzt noch genügend Triebkraft, wenn ein kleines, in heißes Wasser geworfenes Stück nach oben steigt.

Hirschhornsalz und Pottasche vor Zugabe zum Teig getrennt in wenig Flüssigkeit gut auflösen. Beide Triebmittel in Glasgefäßen fest verschlossen und trocken aufbewahren.

Sultaninen und Korinthen in lauwarmem Wasser waschen, auf einem Sieb abtropfen und auf einem Tuch ausgebreitet gut trocknen lassen, Unreinheiten auslesen. Wenn Sultaninen oder Korinthen vor der Verwendung einige Minuten in die warme Backröhre geschoben werden, gehen sie schön auf und sinken in gerührten Teigen nicht mehr unter. Das Versinken läßt sich auch vermeiden, wenn sie mit ganz wenig Mehl bestäubt oder bei ganz leichten Teigen auf den bereits in die Form gefüllten Teig gestreut und nicht untergerührt werden.

Mandeln mit kochendem Wasser überbrühen, damit sich die braunen Häutchen lösen. Vor dem Zerkleinern völlig trocknen lassen. Das Grobhacken mit dem Wiegemesser wird erleichtert, wenn zuvor etwas Zucker auf das Brett gestreut wurde. Für einen Rührkuchen können die Mandeln auch mit etwas für den Teig bestimmter Milch im elektrischen Mixer zerkleinert werden. Bittere Mandeln werden immer fein gerieben verwendet, damit sich ihr Aroma im Teig verteilt.

Zitronen- oder **Apfelsinenschale** zum Würzen darf nur von Früchten, die unter warmem Wasser gründlich abgebürstet wurden, gerieben werden. Das Abgeriebene löst sich besser aus dem Reibeisen, wenn etwas klarer Zucker darübergestreut und mit der Hand leicht verrieben wird. Im Schraubglas hält sich Zitronen- oder Apfelsinenschale mit Zucker vermischt mehrere Monate.

Puderzucker für Glasuren vor der Verwendung immer durchsieben. Klumpigen Puderzucker notfalls zwischen zwei sauberen Tüchern mit dem Nudelholz glatt walzen oder besser in der Schlagmühle der elektrischen Küchenmaschine zerkleinern.

Vor **Beginn** der Teigbereitung alle benötigten Zutaten und Gerätschaften bereitstellen. Formen oder Bleche vorbereiten, um ein zügiges Arbeiten zu ermöglichen. Teigzutaten nicht „nach Gefühl", sondern mit Waage oder Meßbecher exakt abmessen, wenn das Resultat befriedigend ausfallen soll!

Backbleche gleichmäßig, keinesfalls jedoch zu stark einfetten, sonst bräunt das Backwerk von unten zu rasch. Für Kleingebäck aus Mürbe- oder Backpulverteig oder Weihnachtsgebäck das Blech zusätzlich noch mit Mehl bestäuben.

Zum **Teigausrollen** Brett und Rollholz mit wenig Mehl bestäuben. Die Qualität eines Teiges leidet, wenn er bei der Bearbeitung zu viel Mehl aufnimmt. Deshalb Kleingebäck so rationell wie möglich ausstechen, damit Reste nicht mehrmals zusammengeknetet und erneut ausgerollt werden müssen. Für runde Teigböden den Springformboden als Schablone verwenden. Das zugeschnittene Teigstück dann einlegen, vom restlichen Teig eine Rolle formen, ringsum legen und mit den Fingern etwa 3 cm hoch andrücken. Darauf achten, daß der Rand auch an der Bodenplatte gut mit angedrückt wird, weil er sonst nach dem Backen leicht abfällt. Für Tortenböden, die erst nach dem Backen mit Obst gefüllt werden, gibt es spezielle Formen, die gleich einen dekorativen Rand haben. Alle Teigböden müssen vor dem Belegen mit der Gabel mehrfach eingestochen werden, um Blasenbildung zu vermeiden.

Mit der **elektrischen Küchenmaschine** können fast alle Teigarten gerührt oder geknetet werden. Bei Rührteig ist zu beachten, daß zunächst Eier und Zucker schaumig zu rühren sind, bevor die zimmerwarme Fettigkeit dazukommt, weil sonst die Margarine am Rührarm hängen bleibt. Wird Rührteig mit der Hand bereitet, geht es am schnellsten mit einem Schneebesen. Die Backschüssel darf jedoch nicht aus Aluminium sein, damit sich der Teig nicht dunkel verfärbt. Das Unterheben von Mehl und Weizenstärke bei Biskuitmasse sollte ebenfalls mit der Hand und einem Schneeschläger, nicht mit dem elektrischen Rührwerk erfolgen, damit die lockere Beschaffenheit erhalten bleibt. Vorbereitete Sultaninen, gehackte Mandeln und Zitronat kommen immer erst zum Schluß an einen Teig, weil vor allem die Trockenfrüchte durch langes Rühren unansehnlich werden. Damit die Rührschüssel nicht wegrutscht, ist es zweckmäßig, ein feuchtes Viskoseschwammtuch unterzulegen. Rührteig soll sich schwerreißend vom Löffel lösen. Ist er zu flüssig, kann der Kuchen zusammenfallen, ist er zu fest, wird das Backwerk trocken und rissig.

Für **Kuchenbelag** geschälte Äpfel oder Birnen behalten ihre helle Farbe, wenn sie bis zum Verbrauch in ein mit Essigwasser getränktes Tuch geschlagen werden.

Backformen mit flüssiger oder weicher Margarine gut einfetten und mit Mehl, Grieß oder gesiebten Semmelbröseln ausstreuen. Bei Napfkuchen- oder Rehrückenformen darauf achten, daß alle Rillen gut bedeckt sind! Für Torten die Springform nur am Boden und nicht am Rand mit fetten, weil der Teig sonst abrutscht und die Torte in der Mitte höher wird. Spring- oder Kastenkuchenformen und Backbleche lassen sich auch mit Alufolie auslegen und dann einfetten. So lösen sich später alle Kuchen mühelos. Damit der Teig beim Backen nicht überläuft, dürfen alle Backformen nur zu zwei Dritteln, höchstens drei Vierteln gefüllt werden.

Über **Backzeiten** geben die Tabellen auf den Seiten 58 und 65 Auskunft. Die dort angegebenen Backzeiten für verschiedene Gebäcke sind als Durchschnittswerte anzusehen, weil auch Gebäckgröße und -dicke eine beachtliche Rolle spielen. Erfahrungen mit dem eigenen Herd müssen immer selbst gesammelt werden. Besitzt die Backröhre keinen Thermostat oder eine entsprechende Einstellung, so läßt sich die Durchschnittstemperatur auf einfache Weise ermitteln. Ein Blatt weißes Schreibpapier wird in die Backröhre gelegt. Innerhalb von $\frac{1}{2}$ Minute zeigt seine Verfärbung den etwaigen Hitzegrad an.

Wenn das Papier schwach gelb wird:
100–120 °C (leichte Hitze)

Wenn das Papier gelb wird:
130–190 °C (mittlere Hitze)

Wenn das Papier gelbbraun wird:
190–210 °C (starke Hitze)

Wenn das Papier verbrennt:
220–250 °C (zu heiß)

Bräunt ein Backwerk von oben zu schnell, kann gefettetes Butterbrotpapier oder etwas Packpapier aufgelegt werden. Zu starke Unterhitze läßt sich mildern, wenn ein leeres Backblech auf die Schiene unter dem Kuchen geschoben wird. Gefettetes Butterbrotpapier, vor dem Backen innen um das Loch der Backform gelegt, verhindert, daß manche Kuchen in der Mitte schnell verbrennen.

Festsitzende Kuchen lösen sich aus der Form, wenn sie auf ein mehrfach zusammengelegtes nasses Tuch gestellt oder kurz über Wasserdampf gehalten werden. Blechkuchen lösen sich mit Hilfe eines Zwirnsfadens, der unter dem Kuchen durchgezogen wird.

Mürbeteig

Mürbeteig •
(Grundrezept)
250 g Mehl, 125 g Margarine oder Butter, 65 g Zucker, 1 Prise Salz, $\frac{1}{2}$ Teel. abgeriebene Zitronenschale, 1 Ei.
Das Mehl auf ein Backbrett sieben, darauf die zerpflückte Margarine, den Zucker, das Salz, die Zitronenschale und in eine Vertiefung des Mehles das Ei geben. Zunächst alles mit einem großen Messer durcheinanderhacken, dann aber rasch mit kühler Hand verkneten. Zur Kugel geformt, mit einem Margari-

nepapier bedeckt, mindestens 30 Minuten kalt gestellt rasten lassen. Erst dann den Teig weiterverarbeiten. Soll der Teig mit dem elektrischen Handrührgerät verarbeitet werden, dann das Mehl in eine hohe Schüssel geben, die übrigen Zutaten darauf verteilen, zuletzt das in Flöckchen verteilte streichfähige Fett. Alles mit dem Knethaken auf niedriger Schaltstufe miteinander verkneten, dann auf höchster Schaltstufe kurz durcharbeiten. Den Teig ebenfalls 30 Minuten rasten lassen. – $\frac{1}{4}$ bis $\frac{1}{3}$ der Mehlmenge kann als Stärkemehl zugesetzt werden. Die Zugabe von 1 Teel. Backpulver macht den Teig locker. Statt der Zitronenschale lassen sich bei süßem Mürbeteig $\frac{1}{2}$ Päckchen Vanillinzucker, 2 geriebene bittere Mandeln oder 1 Prise Zimt verwenden. Für ungesüßten Mürbeteig kommt als Gewürz 1 Prise Ingwer, Paprika oder Pfeffer, auch Reibekäse in Frage.

Tortenboden
Mürbeteig.
Eine gefettete, mit Mehl ausgestäubte Obstkuchen- oder Springform mit dem nicht zu dünn ausgerollten Mürbeteig auslegen, dabei einen Rand andrücken. Den Boden mehrfach mit der Gabel einstechen und bei Mittelhitze goldgelb backen. – Auf die gleiche Weise, jedoch mit dünner ausgerolltem Teig lassen sich Tortelett bereiten. Kühl und trocken aufbewahrt halten sich gebackene Mürbeteigböden – am besten in Alufolie verpackt – bis zu 14 Tagen.

Erdbeertorte
1 Mürbeteig-Tortenboden, $\frac{1}{2}$ gekochter Pudding (Vanille-, Sahne- oder Mandelgeschmack), 1 Eigelb, 20 g Butter oder Margarine, 500 bis 750 g vorbereitete Erdbeeren, 1 Päckchen roter Tortenguß oder $\frac{1}{8}$ bis $\frac{1}{4}$ l verdünnter Fruchtsirup und 6 bis 10 g Gelatine.
Den Tortenboden mit dem etwas abgekühlten Pudding, unter den Eigelb und Butter gerührt wurden, gleichmäßig bestreichen und die Erdbeeren darauf verteilen. Den Tortenguß nach Vorschrift auf der Verpackung bereiten oder die in wenig kaltem Wasser vorgeweichte Gelatine in dem verdünnten aufgekochten Fruchtsirup auflösen. Bei Beginn des Gelierens über die Erdbeeren ziehen. – Nach Belieben kann die Torte nach dem völligen Erstarren des Gusses mit Schlagsahne oder Schlagcreme garniert werden. Anstelle von Erdbeeren lassen sich beliebige andere Früchte – roh oder gedünstet und sehr gut abgetropft – verwenden.

Obsttörtchen
Wie „Erdbeertorte" zubereiten. Anstelle der Puddingmasse kann unter das Obst auch die Hälfte der Quarkmasse von Seite 244 gestrichen werden.

Apfeltorte mit Decke
$1\frac{1}{2}$ fache Menge Mürbeteig, 500 bis 750 g Äpfel, 20 g Butter, 150 g Sultaninen oder Korinthen, 20 g süße Mandeln, Zitronenglasur.
Eine gefettete Springform mit etwa $\frac{2}{3}$ des ausgerollten Mürbeteiges auslegen, dabei einen Rand andrücken. Den Tortenboden mit der Gabel mehrfach durchstechen. Die Äpfel schälen, vom Kernhaus befreien und in Achtel schneiden. Schuppenförmig auf dem Teigboden anordnen und mit flüssiger Butter bestreichen. Die vorbereiteten Rosinen und die abgezogenen, blätterig geschnittenen Mandeln darüber verteilen. Den restlichen Teig ausrollen und als Decke obenauf legen. An den Rändern mit der Gabel festdrücken und in der Mitte mehrfach durchstechen. Die Torte etwa 50 Minuten backen. Noch warm Zitronenglasur darüberziehen.

Quarktorte
Siehe Seite 240.

Mürbchen
Mürbeteig, 1 Ei, Milch.
Den Mürbeteig zu etwa 5 cm starken Rollen formen und kalt stellen. Dann

mit scharfem Messer in Scheiben von knapp 1 cm Stärke schneiden, dabei das Messer immer wieder in Mehl tauchen. Auf ein leicht gefettetes Blech legen, mit Eiermilch bestreichen und 12 bis 15 Minuten bei Mittelhitze goldgelb backen. – Nach Belieben können die Mürbchen noch mit Zucker- oder Kakaoglasur überzogen werden.

Terrassenplätzchen •
Mürbeteig, Marmelade, Puderzucker.
Den Mürbeteig etwa messerrückendick ausrollen und zu einer gleichen Anzahl von Plätzchen in drei verschiedenen Größen ausstechen. Auf gefettetem Blech bei Mittelhitze goldgelb backen. Die mittleren und die kleinen Plätzchen auf der Unterseite mit Marmelade bestreichen und jeweils 3 verschieden große Plätzchen aufeinandersetzen. Mit Staubzucker besieben.

Schwarz-Weiß-Gebäck •
Mürbeteig, 25 g Kakao, 15 g Zucker, 1 bis 2 Eier.
Den Mürbeteig halbieren und unter die eine Hälfte mit kühlen Händen Kakao und Zucker kneten. Nach Belieben kann auch noch etwas Milch zugefügt werden. Den Teig etwa 30 Minuten rasten lassen. Dann den hellen Teig auf bemehltem Tuch zu einer Platte ausrollen und mit Eiweiß bepinseln. Den dunklen Teig ebenfalls zu einer Platte ausrollen und auf den hellen Teig legen. Kurz mit dem Nudelholz darüberrollen. Dann die Ränder verschneiden und auch die dunkle Platte mit Eiweiß bepinseln. Für die Rolle zunächst den Anfang des Teiges mit den Fingern ganz sorgfältig umschlagen. Dann das Ganze mit Hilfe des Tuches aufrollen. Die Rolle nochmals gut kühlen. Dann ½ cm dicke Scheiben abschneiden, auf ein gefettetes Blech legen, mit verquirltem Eigelb bestreichen und bei Mittelhitze goldbraun backen. – Nach Belieben können auch kleine Röllchen geformt und zu Zöpfen geflochten werden.

Backpulver- oder Rührteig

Backpulver-Rührteig •
(Grundrezept)
250 bis 300 g Margarine, 200 g Zucker, Salz, abgeriebene Zitronenschale oder 1 Päckchen Vanillinzucker oder 4 bittere Mandeln, 3 bis 4 Eier, 400 g Weizenmehl, 100 g Stärkemehl, 1 Päckchen Backpulver, 6 bis 8 Eßl. Milch.
Die Margarine schaumig schlagen, Zucker, Gewürze und nach und nach die Eier zugeben. Erst wenn die Masse glatt ist, Mehl und Backpulver darübersieben und während des Weiterschlagens die Milch zugießen. Den Teig sofort nach Rezeptvorschrift verarbeiten. – Für einfaches Gebäck kann die Margarine- oder Eimenge herabgesetzt werden, dafür muß die Milchmenge erhöht werden. Der Teig soll schwerreißend vom Löffel fallen. Bei Benutzung einer elektrischen Küchenmaschine werden zunächst Eier und Zucker schaumig gerührt, dann das übrige zugegeben.

Backpulver-Knetteig •
(Grundrezept)
500 g Mehl, 1 Päckchen Backpulver, 175 g Margarine, 125 g Zucker, Salz, abgeriebene Zitronenschale oder 1 Päckchen Vanillinzucker oder 3 bittere Mandeln, 2 Eier, 2 bis 3 Eßl. Milch.
Mehl und Backpulver sieben und nach und nach mit den übrigen Zutaten verarbeiten. – Backpulver-Knetteig eignet sich besonders gut für Blechkuchen und kann mit beliebigem Belag gebacken werden (siehe ab Seite 243). Für Pizza oder Speckkuchen (s. S. 240 und 246) ist dieser Teig ohne Zucker zu bereiten.

Quark-Öl-Teig •
(Grundrezept)
180 g Quark, 7 Eßl. Öl, 7 Eßl. Milch, 100 g Zucker, 1 Prise Salz, 400 g Mehl, 1 Päckchen Backpulver.
Den Quark mit Öl, Milch, Zucker und

Salz verrühren. Das mit dem Backpulver gesiebte Mehl zufügen und alles gut verkneten. Den Teig anstelle von Backpulver- oder Hefe-Knetteig verwenden. Für herzhaftes Backwerk Zucker weglassen.

Rührkuchen
Backpulver-Rührteig, Puderzucker oder Glasur.
Den Rührteig ¾ hoch in eine gefettete ausgebröselte Form füllen. Bei Mittelhitze mindestens 60 Minuten backen. Nach dem völligen Erkalten stürzen und mit Puderzucker besieben oder glasieren. – Rührkuchenteig läßt sich durch Zugabe von 50 Gramm gehackten Mandeln, 150 Gramm Sultaninen oder Korinthen oder durch Schokoladenwürfelchen nach Belieben verfeinern.

Marmorkuchen
Backpulver-Rührteig, 3 Eßl. Kakao, Puderzucker, 4 Eßl. Sahne oder Milch, Butter.
Den Teig halbieren und unter die eine Hälfte Kakao, 2 Eßl. Puderzucker und Sahne rühren. Den hellen und den dunklen Teig abwechselnd in eine gefettete, ausgebröselte Form verteilen. Eine besonders schöne Marmorierung läßt sich erreichen, wenn eine Gabel mehrfach durch beide Teigschichten gezogen wird. Den Kuchen bei Mittelhitze etwa 60 Minuten backen. Nach dem Erkalten stürzen, mit zerlassener Butter bestreichen und dick mit Puderzucker besieben oder nach Belieben mit einer Glasur überziehen. – Gehackte Mandeln oder Nüsse verfeinern den Teig noch.

Versunkener Obstkuchen
¾ des Backpulver-Rührteiges, 750 g Obst (Aprikosen, Äpfel, Pflaumen oder Kirschen), Butter, feiner klarer Zucker oder Puderzucker.
Den Rührteig auf einem gefetteten, mit Mehl bestäubten Blech oder in einer ebenso vorbereiteten Springform breitstreichen. Das Obst (Steinobst entkernt, Äpfel halbiert und anstelle des Kernhauses mit ein wenig Konfitüre gefüllt) in gleichmäßigen Abständen auf dem Teig verteilen (Apfelhälften mit der Rundung nach oben legen). Bei Mittelhitze etwa 45 Minuten backen. Sofort mit erhitzter Butter bestreichen und mit Zucker bestreuen.

Quarktorte
Hälfte des Backpulver-Knetteiges oder Mürbeteig oder Quark-Öl-Teig, 50 g Margarine, 200 g Zucker, 1 Päckchen Vanillinzucker, Salz, 3 bis 4 Eier, 1 Gläschen Rum oder Weinbrand, 1 kg Quark, Vanillepudding aus ½ l Milch, etwas Milch.
Eine leicht gefettete Springform mit dem Teig auslegen, dabei einen hohen Rand andrücken. Margarine, Zucker, Gewürz und nach und nach auch die Eier schaumig schlagen. Rum, Quark, erkalteten Pudding und Milch nach Bedarf zugeben. Die glattgerührte Masse (sofern kein elektrisches Gerät vorhanden ist, durch ein Sieb streichen) auf dem Teig verteilen. Bei guter Mittelhitze etwa 90 Minuten backen. – Durch Zugabe von Korinthen oder Sultaninen, gehackten Mandeln (darunter 3 bis 4 Stück geriebene bittere) und Zitronenschale läßt sich die Quarkmasse geschmacklich verändern.

Kräppelchen
Backpulver-Knetteig, Ausbackfett, Zucker, Vanillinzucker.
Den Teig etwa 1 cm dick ausrollen und mit dem Kuchenrädchen in ungleichmäßige Rechtecke teilen. In siedendem Fett ausbacken. Nach dem Abtropfen in vanilliertem Zucker wälzen. – Für Kräppelchen auch Hefe-Knetteig verwenden.

Pizza
Hälfte des Quark-Öl-Teiges (ohne Zucker bereitet), 3 bis 4 Eßl. Tomatenmark, Öl, 200 g Reibekäse, 500 g Tomaten, 2 grüne Paprikafrüchte, 8 Anschovisfilets oder Anschovispaste, 200 g Salami, Majoran, Pfeffer, Salz.
Eine gefettete Springform mit dem Teig auslegen, dabei einen hohen Rand andrücken. Den Teig reichlich mit Toma-

tenmark und Öl bestreichen und mit dem Reibekäse bedecken. Tomatenscheiben, Paprikaringe, Anchovisstückchen und Salamischeiben darauf verteilen, mit Majoran sowie Pfeffer würzen und noch einmal Öl daraufgeben. Die Pizza im heißen Ofen etwa 40 Minuten backen. Dann leicht salzen und sofort heiß servieren.

Sandgebäck
125 g Margarine oder Butter, 1 Ei, 125 g Zucker, 1 Päckchen Vanillinzucker, 125 g Weizenmehl, 125 g Stärkemehl.
Margarine, Ei, Zucker und Vanillinzucker schaumig rühren. Nach und nach das Mehl zufügen. Der Teig muß geschmeidig sein. Mit dem Spritzbeutel Streifen, Ringe und S-Formen auf ein gefettetes Blech spritzen und bei Mittelhitze etwa 10 Minuten backen. – Nach Belieben können die Gebäckstücke in Kakaoglasur getaucht werden.

Rührteigwaffeln
150 g Butter oder Margarine, 125 g Zucker, 1 Päckchen Vanillinzucker, 3 Eier, abgeriebene Zitronenschale, 150 g Mehl, Puderzucker.
Die Butter sahnig rühren. Nach und nach Zucker, Vanillinzucker, Eier, Zitronenschale und Mehl zufügen. Bei Bedarf etwas Milch unterrühren. Den Teig in ein gut gefettetes Waffeleisen streichen und goldgelb backen. Die herausgenommenen Waffeln noch heiß mit Puderzucker besieben. Sie schmecken frisch am besten.

Biskuitmasse
(Grundrezept I)
150 g Puderzucker, 6 Eier, ½ Teel. abgeriebene Zitronenschale, Salz, 100 g Weizenmehl, 50 g Stärkemehl, 1 Teel. Backpulver.
Den gesiebten Puderzucker unter langsamer Zugabe von Eigelb, Zitronenschale und Salz mit dem Schneebesen so lange schlagen, bis sich die Masse fast verdoppelt hat. Die zusammen mit 1 Prise Salz steifgeschlagenen Eiweiß daraufgeben, sofort Mehl und Backpulver darübersieben und alles locker untereinanderheben.

Biskuitmasse
(Grundrezept II)
3 Eier, 3 Eßl. Wasser, 125 g Zucker, 1 Päckchen Vanillinzucker, Salz, 75 g Weizenmehl, 75 g Stärkemehl, 1 Teel. Backpulver.
Die Eigelb unter allmählicher Zugabe des heißen Wassers recht schaumig schlagen, dabei 100 g Zucker, Vanillinzucker und 1 Prise Salz zugeben. Unter den steifen Eischnee den restlichen Zucker ziehen. Den völlig schnittfesten Eischnee auf die Eigelbmasse geben. Das mit dem Backpulver vermischte Mehl darübersieben und alles mit dem Schneebesen untereinanderheben.

Biskuitrolle
Biskuitmasse I, ½ Glas Konfitüre, Puderzucker.
Die Biskuitmasse etwa 1 cm stark auf ein mit gefettetem Papier belegtes Blech streichen und bei Mittelhitze knapp 15 Minuten backen. Sofort auf ein mit einem Tuch belegtes Backbrett stürzen (für Ungeübte ist es günstig, wenn das Tuch zuvor mit Zucker bestreut wird) und das Papier von der Biskuitmasse abziehen. Mit Konfitüre, die nach Belieben mit Weinbrand oder Rum verrührt sein kann, bestreichen und vorsichtig aber zügig aufrollen. Sind die Ränder der Biskuitplatte recht scharf gebacken, ist es zweckmäßig, sie vorher dünn abzuschneiden, damit der Teig beim Aufrollen nicht reißt. Die fertige Biskuitrolle mit Puderzucker besieben.

Biskuit-Obsttorte
Biskuitmasse I oder II, frisches Obst (Weinbeeren, Erdbeeren, Himbeeren) oder gut abgetropfte gedünstete Früchte, ⅜ l Fruchtsaft oder Weißwein, Zucker nach Geschmack, 15 g Gelatine, Mandelsplitter.
Die Biskuitmasse in einer gefetteten, mit etwas Mehl ausgestäubten Springform bei Mittelhitze goldgelb backen. Nach dem Erkalten die Oberfläche gerade schneiden und mit Früchten bele-

gen. Den Springformrand wieder um die Torte legen. In dem erhitzten, gesüßten Fruchtsaft die in wenig kaltem Wasser vorgeweichte Gelatine auflösen oder hellen Tortenguß verwenden. Bei Beginn des Gelierens auf dem Obst verteilen. Kaltgestellt völlig erstarren lassen und den Rand mit Mandelsplittern bestreuen. – Nach Belieben kann die Torte auch noch mit Schlagsahne oder Buttercreme bespritzt werden. Eine solche Obsttorte läßt sich auch mit einem fertig käuflichen Biskuitboden bereiten.

Pralinentorte •
Biskuitmasse I oder II, Buttercreme (siehe Seite 249), 125 g Zucker, 40 g Kakao, 1 Ei, 200 g Kokosfett, 100 g Mandeln oder Nüsse, 20 g Butter, Pralinen.
Die Biskuitmasse in einer mit gefettetem Papier ausgelegten Springform bei Mittelhitze etwa 40 Minuten backen. Abgekühlt stürzen und das Papier entfernen. Nach dem völligen Erkalten 1- oder 2mal quer durchschneiden und mit $\tfrac{2}{3}$ der Buttercreme bestreichen. 75 g Zucker und den Kakao mischen, Ei und tropfenweise auch das erhitzte, sich abkühlende Kokosfett unterrühren. Die Oberfläche der Torte damit überziehen, den Tortenrand dünn mit Buttercreme bestreichen. Die gehackten Mandeln in der heißen Butter rösten, dabei mit dem restlichen Zucker bestreuen. Nach dem Abkühlen an den Tortenrand drücken. Die dunkle Oberfläche der Torte mit einer immer wieder in heißes Wasser getauchten Gabel gitterartig mustern, ringsum helle Tupfen spritzen und jeweils eine Praline auflegen. Die Torte läßt sich auch mit einem fertig käuflichen Biskuitboden bereiten.

Biskuitplätzchen •
Biskuitmasse II, abgezogene Mandeln.
Die Biskuitmasse in einen Spritzbeutel mit großer Tülle füllen und nicht zu dicht auf ein gefettetes, bemehltes Blech spritzen. In die Mitte jedes Plätzchens eine abgezogene Mandel legen. Bei nicht zu starker Mittelhitze in etwa 12 bis 15 Minuten goldgelb backen.

Hefeteig

Hefe-Knetteig •
(Grundrezept)
500 g Mehl, 30 g Hefe, knapp $\tfrac{1}{4}$ l Milch, 80 g Zucker, 1 Päckchen Vanillinzucker oder abgeriebene Zitronenschale oder 3 geriebene bittere Mandeln, 1 Prise Salz, 50 g Margarine, 1 Ei.
Das Mehl in eine Schüssel sieben. In die Mitte in eine Vertiefung die Hefe bröckeln, mit der Hälfte der lauwarmen Milch und etwas Mehl zu einem dicklichen Teig verrühren. Ganz wenig Mehl darüberstreuen, alles mit einem sauberen Tuch bedecken und die Schüssel an einen warmen – nicht heißen! – Platz stellen. Nach etwa 20 bis 30 Minuten, nachdem das Hefestück gegangen ist, alle anderen Zutaten zugeben, mit der Hand oder dem Knethaken des elektrischen Handrührgerätes verarbeiten. Zuletzt so lange mit der Hand kneten, bis sich der Teig von der Schüssel löst und Blasen wirft. Nochmals 30 bis 60 Minuten gehen lassen und vor der weiteren Verarbeitung zusammenstoßen.

Das gesiebte Mehl kann auch gleich mit den übrigen zimmerwarmen Zutaten (die zerbröckelte Hefe gut in der lauwarmen Milch verrühren) zu einem glatten Teig verarbeitet werden, der dann an einem warmen Platz $1\tfrac{1}{2}$ Stunden gehen muß.

Vor allem in der kühleren Jahreszeit kann der Teig auch wie vorstehend beschrieben – doch mit kalter Milch – zubereitet werden. Den gut durchgearbeiteten glatten Teig dann zu einer Kugel formen, in eine mit Mehl ausgestäubte Schüssel legen, ein wenig Mehl darüberstreuen, mit einem Tuch bedecken und 8 bis 10 Stunden – am besten über Nacht – kaltgestellt gehen lassen. Dann zusammenstoßen und nochmals kurz durchkneten. Nach Rezept weiterverarbeiten.

Blechkuchen •
Für einen trockenen Kuchen, der auf dem rechteckigen Blech des Haushaltherdes gebacken werden soll, wird eine Knetteigmenge von 375 bis 500 g Mehl gebraucht. Bei nassem Kuchen genügt es, einen Teig aus 250 bis 375 g Mehl zu bereiten. Auch für ein kleines rundes Blech oder für eine Springform reicht diese Teigmenge aus. Am besten ist es, wenn man sich Notizen macht, wieviel man für seine eigenen Bleche und Formen braucht. Den gut gegangenen Hefeteig auf einem bemehlten Brett oder gleich auf einem gefetteten Blech ausrollen. Bei feuchten Kuchen einen Rand andrücken. Die Teigplatte mit einer Gabel durchstechen, damit sich beim Backen keine Blasen bilden. Der belegte Kuchen muß vor dem Backen stets noch 10 Minuten gehen.

Anstelle von Hefe-Knetteig kann für Blechkuchen auch Backpulver-Knetteig (siehe Seite 239) verwendet werden.

Butterkuchen •
Hefe-Knetteig, 100 g Butter, 100 g Zucker, ½ Teel. Zimt, 20 g süße Mandeln.
Die aufgegangene Teigplatte mit Butterflöckchen belegen, mit Zimtzucker und abgezogenen, in dünne Scheiben geschnittenen Mandeln bestreuen. Bei Mittelhitze goldgelb backen. – Werden in die Teigplatte zunächst kleine Vertiefungen gedrückt, läuft die Butter beim Backen dort zusammen.

Kartoffelkuchen •
Unter den Hefe-Knetteig etwa 150 g geriebene gekochte Kartoffeln vom Vortag kneten und den Teig vor dem Backen gut gehen lassen. Nach Belieben erst nach dem Backen mit zerlassener Butter und Zimtzucker bestreuen.

Streuselkuchen •
Hefe-Knetteig, Milch oder Wasser, 300 g Mehl, 150 g Zucker, 1 Prise Salz, 50 g süße Mandeln, ½ Teel. Zimt, 200 g Butter oder Margarine.
Die Teigplatte mit Milch oder Wasser bestreichen. Das gesiebte Mehl mit Zucker, Salz, gehackten Mandeln und Zimt vermischen. Das zerlassene Fett nach und nach zufügen, zur Streuselmasse verarbeiten und auf die Teigplatte krümeln. Bei Mittelhitze im Ofen etwa 30 Minuten hellbraun backen. – Nach Belieben kann die Streuselmasse auch noch mit 3 bis 5 Eßlöffel Kakao und zusätzlich bis zu 50 g Zucker verarbeitet werden. Heller Streuselkuchen kann nach dem Backen noch mit einer Kakaoglasur überzogen werden.

Bienenstich •
Hefe-Knetteig, 300 g Margarine, 300 g Zucker, 30 g Honig, 400 g Kokosraspel oder süße Mandeln, 50 g Mehl ¼ l Milch, 1 Ei.
Den Teig auf ein gefettetes Blech geben, dabei einen Rand andrücken. Die Margarine zusammen mit Zucker und Honig aufkochen. Die Kokosrasel oder abgezogene, gehackte Mandeln und das Mehl unterziehen. Die Masse nochmals aufkochen lassen. Dann erst Milch und Ei dazurühren. Gleichmäßig auf die Teigplatte streichen und bei Mittelhitze etwa 25 Minuten backen.

Quarkkuchen •
Hefe-Knetteig, 1½ kg Quark, ¼ bis ½ l Milch, 5 Eier, 200 bis 300 g Zucker, 1 Päckchen Puddingpulver (Vanille- oder Sahnegeschmack), 100 g Weizenstärke, 50 g Mehl, 1 Päckchen Backpulver, abgeriebene Zitronenschale, Salz.
Den Teig auf ein gefettetes Blech geben, dabei einen Rand andrücken. Die offene Blechseite möglichst mit einem Holzstab, der mit gefettetem Butterbrotpapier umwickelt wurde, abschließen. Den Quark mit Milch, Eigelb, Zucker, Puddingpulver, Weizenstärke, Mehl, Backpulver und Zitronenschale nach Geschmack verrühren. Zuletzt die zusammen mit 1 Prise Salz steifgeschlagenen Eiweiß unterziehen. Die Quark-

masse gleichmäßig auf dem Teig verteilen und glattstreichen. Den Kuchen bei Mittelhitze goldgelb backen. Sollte er obenauf schlecht Farbe bekommen, dann kurz vor Beendigung der Backzeit vorsichtig mit wenig flüssiger Margarine oder Butter bestreichen. – Nach Belieben können der Quarkmasse 5 bis 7 geriebene bittere Mandeln und 150 g vorbereitete Sultaninen oder Korinthen zugefügt werden.

Mohnkuchen

Hefe-Knetteig, $\frac{1}{2}$ l Wasser oder Milch, 125 g Margarine, 125 g Zucker, Salz, 65 g Grieß, 500 g gemahlener Mohn, $\frac{1}{2}$ Teel. Zimt, 3 Eier, 100 g Sultaninen, weiße Zuckerglasur.

Den Teig auf ein gefettetes Blech geben, dabei einen Rand andrücken. Für die Mohnmasse Wasser, Margarine, Zucker und 1 Prise Salz aufkochen, den eingestreuten oder angerührten Grieß darin ausquellen lassen. Sofort gemahlenen Mohn, Zimt, nach leichter Abkühlung Eier und vorbereitete Sultaninen untermengen. Die Mohnmasse gleichmäßig auf den Teig streichen und bei Mittelhitze etwa 40 Minuten backen. Mit Zuckerglasur, die auch mit Milch angerührt werden kann, überziehen. – Wird anstelle des Hefe-Knetteiges ein Backpulver-Knetteig (siehe Seite 239) verwendet, kann die Mohnmasse vor dem Backen auch mit einem Gitter von etwa 1 cm breiten Streifen aus Teig belegt werden.

Obstkuchen

Hefe-Knetteig nach Grundrezept ausrollen, auf ein rechteckiges, gefettetes Blech legen, dabei einen Rand andrücken und die offene Blechseite möglichst mit einem Holzstab, der mit gefettetem Butterbrotpapier umwickelt wurde, schließen, damit der Fruchtsaft nicht vom Blech läuft. Wer den Teigboden sehr dünn liebt, kann von der Hefe-Knetteig-Menge noch eine kleine runde Kuchenform belegen. Den Teig bis 15 Minuten gehen lassen, dann mehrfach mit der Gabel einstechen und dünn aber gleichmäßig mit Grieß oder geriebener Semmel bestreuen. So wird verhindert, daß der Teig beim Backen durchweicht. Saftiger wird Obstkuchen, wenn anstelle von Grieß oder Semmel eine dünne Schicht Pudding- oder Quarkmasse aufgestrichen wird.

Das vorbereitete oder gut abgetropfte gedünstete Obst dicht auflegen. Den Kuchen nochmals 10 bis 15 Minuten gehen lassen. Bei Mittelhitze backen. Nach Belieben zuvor mit ganz wenig Zucker bestreuen. Viel aufgestreuter Zucker bewirkt jedoch, daß das Obst zuviel Saft abgibt und der Kuchen trocken wird. Nach dem Backen kann etwas zerlassene Butter aufgeträufelt und mit Vanillinzucker vermischter klarer oder Puderzucker darübergestreut oder -gesiebt werden.

Besonders gut schmecken Obstkuchen, wenn sie obenauf noch mit Quarkmasse, Rahm- oder Eierguß oder Streuseln versehen werden. Apfel- oder Birnenkuchen läßt sich mit 125 Gramm vorbereiteten Sultaninen oder Korinthen und 50 Gramm Mandelsplittern verfeinern.

Puddingmasse

$\frac{3}{4}$ l Obstsaft (z. B. von eingezuckerten Rhabarberstücken oder kurz vorgedünsteten unreifen Stachelbeeren) oder Milch, Zucker, $\frac{1}{16}$ l saure oder süße Sahne oder Milch, 1 Päckchen Puddingpulver Vanille-, Sahne- oder Mandelgeschmack, 50 g Margarine, 3 Eier.

Den Saft aufkochen lassen, gegebenenfalls süßen und mit dem in der Sahne angerührten Puddingpulver andicken. Sofort Margarine und Eier unterrühren. Wenig abgekühlt auf die Teigplatte streichen und das vorbereitete Obst darauf verteilen.

Quarkmasse

40 g Margarine, 100 g Zucker, 1 bis 2 Eier, 500 g Quark, $\frac{1}{2}$ Päckchen Puddingpulver Vanille- oder Mandelgeschmack, 1 Prise

Salz, abgeriebene Zitronenschale oder 1 Päckchen Vanillinzucker, etwas Milch.
Die Margarine schaumig rühren, nach und nach die übrigen Zutaten zufügen und so lange schlagen, bis die Masse kremig ist. Gleichmäßig auf die Teigplatte streichen und das vorbereitete Obst darauf verteilen. – Es können auch erst die Früchte und dann die Quarkmasse auf den Teig gegeben werden.

Rahmguß
$\frac{1}{2}$ l saure Sahne, 2 Eier, 1 bis 2 Eßl. Mehl, 1 Eßl. Zucker, 1 Prise Salz, 40g Butter.
Alle Zutaten – außer der Butter – miteinander verquirlen und auf den gut gegangenen Obstkuchen streichen. Mit der zerlassenen Butter beträufeln und bei Mittelhitze backen.

Eierguß
60 g Butter, 100 g Zucker, 4 bis 5 Eier, knapp $\frac{1}{4}$ l Joghurt, saure Sahne oder dicke saure Milch, Salz.
Die Butter schaumig rühren, Zucker, Eigelb und Joghurt zufügen. Zuletzt die mit 1 Prise Salz steifgeschlagenen Eiweiß unterziehen. Den Guß über den gut gegangenen Obstkuchen geben und sofort bei Mittelhitze backen bis er eine schöne Farbe hat.

Streuselauflage
Die Hälfte bis $\frac{2}{3}$ der bei Streuselkuchen (siehe Seite 243) angegebenen Menge verwenden. Anstelle von gehackten Mandeln und Zimt kann auch Vanillinzucker oder geriebene Zitronenschale genommen werden.

Obstmengen für das Blech des Haushaltherdes

Obstsorte	Hinweise
1,5 kg Rhabarber	(in 1 cm lange Stücke schneiden, mit Zucker bestreuen, Saft ziehen lassen)
1,5 kg Stachelbeeren	(gegebenenfalls in etwas Zuckerwasser vordünsten)
1,5 kg Johannisbeeren	(besonders fein, wenn rote und schwarze gemischt werden)
1,5 kg Heidelbeeren	(nach dem Backen mit Zimtzucker bestreuen)
2 kg Kirschen	(entsteinen, besonders gut saure Kirschen mit Rahmguß)
2 kg Pflaumen	(entsteinen, halbieren, mit der Hautseite nach unten auflegen)
2 kg Äpfel	(schälen, in Spalten schneiden, schuppenförmig auflegen, auch geraspelt oder als dickes Apfelmus)
2 kg Birnen	(nur reife Birnen verwenden, wie Apfelkuchen bereiten)

Anstelle von frischem Obst können auch gefrorene (möglichst nicht aufgetaute) oder Kompottfrüchte (gut abgetropft) verwendet werden.

Speckkuchen

Hefe-Knetteig (ohne Zucker bereitet) oder Quark-Öl-Teig (siehe Seite 239), 400 g Speck, 25 g Margarine, Salz, Kümmel, $1/8$ l saure Sahne, 4 Eier, 1 Eßl. Stärkemehl.

Ein rechteckiges Blech mit dem ausgerollten Teig belegen, dabei die offene Blechseite möglichst mit einem Holzstab, der mit gefettetem Butterbrotpapier umwickelt wurde, schließen. Etwa 20 Minuten zum Gehen warm stellen. In der Zwischenzeit den kleinwürfelig geschnittenen Speck in der Margarine glasig braten, auf dem Teig verteilen, mit Salz und Kümmel leicht bestreuen. Die saure Sahne, die Eier, das Stärkemehl und 1 Prise Salz im Wasserbad schlagen, bis die Masse dicklich wird. Dann über den Speck gießen, breitstreichen und den Kuchen bei Mittelhitze backen.

Pfannkuchen

Hefe-Knetteig, Marmelade oder Konfitüre, Ausbackfett, Zucker, Vanillinzucker oder helle Zuckerglasur.

Den Teig etwa $1/2$ cm dick ausrollen. Mit einem Wasserglas nebeneinander Rundungen markieren. In die Mitte jeweils $1/2$ Teel. Marmelade geben. Die Ränder mit Wasser bestreichen. Eine zweite Teigplatte darüberdecken und entsprechend den Erhebungen mit dem Wasserglas Pfannkuchen aussstechen. Gegebenenfalls die Ränder noch festdrücken. Im Fettbad von beiden Seiten goldgelb ausbacken. Gut abgetropft in vanilliertem Zucker wälzen.

Hefenapfkuchen (Aschkuchen)

500 g Mehl, 30 g Hefe, $1/4$ l Milch, 200 g Margarine, 150 g Zucker, Salz, 1 Päckchen Vanillinzucker oder abgeriebene Zitronenschale, 2 bis 3 Eier, 150 g Sultaninen oder Korinthen, (auch beides gemischt), 50 g Mandeln (darunter 5 bittere), 30 g geraspeltes Zitronat, Butter, Puderzucker.

In das gesiebte Mehl eine Vertiefung drücken. Die zerbröckelte Hefe in der Hälfte der lauwarmen Milch verrühren und von der Mitte her mit soviel Mehl verarbeiten, daß ein kleiner fester Teig entsteht. Wenig Mehl darüberstäuben und zugedeckt an warmer Stelle gehen lassen. Inzwischen die Margarine schaumig schlagen, Zucker, Gewürz und nach und nach auch die Eier unterrühren. Das aufgegangene Hefestück, Mehl und die restliche Milch unterarbeiten. Den gründlich geschlagenen Teig an warmer Stelle etwa 60 Minuten gehen lassen. Wieder kurz schlagen und Sultaninen, gehackte Mandeln und Zitronat unterarbeiten. Den Teig in eine gut gefettete, mit Mehl ausgestäubte oder mit etwas Grieß ausgebröselte Napfkuchenform füllen. Nochmals 20 Minuten gehen lassen und dann bei Mittelhitze etwa 60 Minuten backen. Nach dem Abkühlen stürzen, mit Butter bestreichen und dick mit Puderzucker besieben.

Blätterteig

Die Selbstherstellung von Blätterteig lohnt sich im Haushalt kaum noch, da er im Handel fast jederzeit in guter Qualität angeboten wird. Ein schnelles Rezept ist der

Quarkblätterteig

(Grundrezept)
250 g Margarine, 250 g trockener Quark, 250 g Mehl, Salz.

Die Margarine, den möglichst durch ein Sieb gestrichenen Quark, das gesiebte Mehl und 1 Prise Salz schnell und gründlich zu einem Teig verarbeiten. Mindestens 30 Minuten kalt stellen. Möglichst mehrfach ausrollen, zwischendurch zusammenschlagen und wieder kalt stellen. Den Teig nach Rezeptvorschrift weiterverarbeiten.

Äpfel im Mäntelchen

1 Paket gefrorener Blätterteig, etwa 8 kleine mürbe Äpfel, Konfitüre oder Marmelade, 50 g Nüsse oder Mandeln, Puderzucker, Vanillinzucker.

Den angetauten Blätterteig etwa $1/2$ cm

dick ausrollen und in Quadrate von etwa 10 cm schneiden. Jeweils einen geschälten Apfel, dem mit einem Apfelausstecher das Kerngehäuse ausgestochen wurde, in die Mitte des Teigstükkes legen. Konfitüre, geriebene Nüsse und nach Belieben noch etwas Rum oder Weinbrand miteinander verrühren und in die Äpfel füllen. Die Teigecken darüberschlagen. In die Mitte obenauf ein ausgestochenes Teigstück legen. In der vorgeheizten Röhre auf einem mit Wasser benetzten Blech backen. Mit Puderzucker, der mit Vanillinzucker vermischt wurde, besieben oder nach Belieben noch warm mit Glasur überziehen.

Würstchen im Blätterteig •
1 Paket gefrorener Blätterteig, 6 bis 8 Brat- oder Bockwürste, Paprika- oder Tomatenmark, 1 Eigelb, Kümmel.
Den angetauten Blätterteig etwa ½ cm dick ausrollen und in Rechtecke schneiden, die der Würstchengröße entsprechen. Jedes aufgelegte Würstchen mit Paprikamark bestreichen und mit dem Teig umhüllen. Die Ränder festdrücken. Auf ein mit Wasser benetztes Blech legen, mit verquirltem Eigelb bestreichen und Kümmel darüberstreuen. Bei Mittelhitze etwa 20 Minuten backen.

Blätterteig-Kleingebäck •
1 Paket gefrorener Blätterteig, 1 Ei, Kümmel.
Den Blätterteig antauen lassen, in die einzelnen Lagen zerlegen oder ausrollen. Mit einem Messer oder Teigrädchen in Streifen, Drei- oder Vierecke teilen oder mit Förmchen beliebig ausstechen. Auf dem angefeuchteten Blech vorsichtig mit verquirltem Ei bestreichen (darauf achten, daß nichts herunterläuft, weil dann der Teig nicht blättrig aufgehen kann!) und mit Kümmel bestreuen. Bei Mittelhitze backen. – Anstelle von Kümmel können auch Mohn, Paprika (Vorsicht, verbrennt schnell!), geriebener Käse oder gehackte Mandeln genommen werden.

Weihnachtliches und anderes Gebäck

Pfefferkuchen •
250 g Kunsthonig, 250 g Zucker, 60 g Margarine, 65 g Kakao, 625 g Weizenmehl, 2 g Nelken, 4 g Zimt, 4 g Kardamon, abgeriebene Schale von ½ Zitrone, 6 geriebene bittere Mandeln, 1 Ei, 10 g Hirschhornsalz, 5 g Pottasche, ⅛ l Wasser, 50 g süße Mandeln, 50 g Zitronat.
Kunsthonig, Zucker und Margarine zusammen erhitzen und wieder abkühlen lassen. Das mit dem Kakao gesiebte Mehl, die Gewürze, das Ei und die getrennt aufgelösten Triebmittel nach und nach zugeben. Alles gut miteinander verkneten. Zuletzt die gehackten süßen Mandeln sowie das kleingeschnittene Zitronat unterarbeiten. Den Teig nach Möglichkeit drei Wochen kalt gestellt rasten lassen. Etwa ½ cm dick ausrollen, beliebige weihnachtliche Figuren ausstechen und auf gefettetem, mit Mehl bestäubtem Blech bei Mittelhitze backen. – Die Pfefferkuchen können kurz vor Beendigung der Backzeit mit Kaffee-Extrakt oder Zuckerwasser bestrichen und mit Mandelhälften belegt werden. Sie lassen sich jedoch auch nach dem Backen mit Zuckerglasur überziehen und dann mit Mandeln oder buntem Streuzucker verzieren. Anstelle der verschiedenen Gewürze kann für die Teigbereitung auch gleich gemischtes Pfefferkuchengewürz verwendet werden.

Honigkuchen •
125 g Honig, 65 g Zucker, 1 Prise Salz, 65 g Fett oder Margarine, 375 g Mehl, 1 Päckchen Backpulver, 8 g Pfefferkuchengewürz, 1 großes Ei, Zuckerwasser, Mandelhälften.
Honig, Zucker, Salz und Fett erhitzen, vom Feuer nehmen und abkühlen lassen. Das zusammen mit Backpulver und Pfefferkuchengewürz gesiebte Mehl und das Ei unterarbeiten. Den Teig auf gefettetem Belch zu einer 1 cm dicken

Platte ausrollen, mit Zuckerwasser bestreichen, rechteckige Stücke markieren und dementsprechend mit Mandelhälften belegen. Bei Mittelhitze backen und noch warm schneiden. – Dieser Teig kann auch dünner ausgerollt, beliebig ausgestochen und nach dem Backen mit Glasur überzogen werden.

Zimtsterne
75 g Margarine, 75 g Zucker, 3 Eßl. Honig, 8 g Zimt, Salz, 50 g Nüsse, 250 g Mehl, ½ Päckchen Backpulver, 1 Glas Apfelsaft, 1 Ei.

Alle Zutaten – die Nüsse gerieben – miteinander verkneten. Nach Belieben auf grobem Zucker 3 mm stark ausrollen, Sterne ausstechen und mit der Zuckerseite nach oben auf gefettetem Blech bei Mittelhitze hellbraun backen.

Anisplätzchen
4 Eier, 300 g Zucker, 250 g Mehl, 50 g Stärkemehl, 1 Eßl. Anis.

Eier und Zucker eine Viertelstunde schaumig rühren (elektrisch nur etwa 5 Minuten). Die übrigen Zutaten zufügen und nochmals solange rühren. Auf ein gefettetes, bemehltes Blech mit zwei Teelöffeln kleine Häufchen setzen, über Nacht stehen lassen. Am nächsten Tag bei gelinder Hitze ganz hell backen. Es bilden sich dabei der für dieses Gebäck typische „Sockel" und das „Schaumkäppchen".

Baisers
4 Eiweiß, 150 g Puderzucker, 1 Prise Salz, 1 Teel. Vanillinzucker.

Die Eiweiß (sie bleiben oft bei der Bereitung von Eierlikör zurück) nahezu steif schlagen. Puderzucker, Salz und Vanillinzucker nach und nach zufügen. Die Masse muß ganz schnittfest sein. Ein Butterbrotpapier mit Öl bestreichen und auf ein gefettetes Blech legen. Die Baisermasse in einen Spritzbeutel mit großer Tülle füllen und zu gleichmäßigen länglichen oder runden Formen auf das Papier spritzen. Bei ganz milder Hitze (höchstens 100 °C) in der Backröhre trocknen lassen. Die Hitze darf eher zu mild als zu stark sein. – Nach Belieben können jeweils zwei Baisers mit Schlagsahne oder Buttercreme zusammengesetzt werden.

Lukullus
300 g Kokosfett, 125 g Puderzucker, 45 g Kakao, 1 Teel. Instant-Kaffee, 1 Eßl. Weinbrand, 2 bis 3 Eier, etwa 300 g Butterkekse.

Das Kokosfett auf kleiner Flamme zerlaufen lassen. Inzwischen Puderzucker, Kakao, Kaffee, Weinbrand und Eier zu einer schaumigen Masse verrühren. Nach und nach das sich abkühlende Kokosfett in kleinen Portionen zufügen und laufend weiterrühren. In eine mit Butterbrotpapier oder Alufolie ausgelegte Kastenform eine Schicht Lukullusmasse streichen, darauf Butterkekse anordnen und so fortfahren, bis die Schokoladenmasse aufgebraucht ist. Nach dem völligen Festwerden aus der Form stürzen, das Papier abziehen und den Lukullus nach Wunsch beliebig garnieren. Zum Festwerden sollte Lukullus nicht in den Kühlschrank gestellt werden, weil sich dann das Fett trennt und einen unschönen weißen Belag ergibt. – Lukullusmasse kann auch auf einen käuflichen Tortenboden oder auf Torteletts gestrichen und garniert werden oder als Tortenfülle Verwendung finden.

Windbeutel
⅜ l Wasser, 1 Prise Salz, 100 g Margarine, 200 g Mehl, 5 Eier, Schlagsahne, Puderzucker.

Wasser, Salz und Margarine aufkochen, das gesiebte Mehl zuschütten und auf kleiner Flamme so lange rühren, bis sich die Masse als Kloß vom Topfboden löst. Vom Feuer nehmen, zunächst 1 Ei unterrühren und erst dann nacheinander die übrigen Eier dazugeben. Den Teig (Brandmasse) in einen Spritzbeutel mit großer Tülle füllen. Bei nicht zu knappem Abstand 4 bis 5 cm große Häufchen auf ein schwach gefettetes, mit Mehl bestäubtes Blech spritzen. Bei starker Hitze in 20 bis 25 Minuten goldbraun backen. Erst gegen Ende der Backzeit in den Ofen sehen, weil das Gebäck sonst zusammenfallen könnte. Die erkalteten Windbeutel durchschneiden, mit Schlagsahne füllen und mit Puderzucker überstäuben. – Anstelle von Schlagsahne lassen sich Windbeutel auch herzhaft – z. B. mit pikant abgeschmecktem Quark – füllen. Eclairs werden ebenfalls so zubereitet, aber die Brandmasse dazu in Streifen auf das Blech spritzen.

Füllungen und Glasuren

Vanillecreme •
¼ l Milch, 50 g Zucker, ½ Päckchen Puddingpulver Vanillegeschmack, Salz, 3 Eiweiß.
Aus Milch, Zucker und Puddingpulver einen Pudding kochen. Etwa ein Drittel des zusammen mit 1 Prise Salz steifgeschlagenen Eiweißes unter flottem Rühren ganz kurz darin aufkochen lassen. Vom Feuer nehmen, weiterrühren und den übrigen Eischnee unterheben. Das ist eine sehr leichte und deshalb gut bekömmliche Creme!

Buttercreme •
(Grundrezept I)
½ l Milch, 125 g Puderzucker, 1 Prise Salz, 1 Päckchen Puddingpulver Vanillegeschmack, 250 bis 300 g Butter.
⅜ l Milch, Puderzucker und Salz aufkochen und mit dem in der übrigen Milch angerührten Puddingpulver dicken. Während des Auskühlens hin und wieder rühren, damit sich keine Haut bildet. Die Butter recht schaumig schlagen und löffelweise den völlig erkalteten Pudding unterrühren. Ist der Pudding nicht ganz glatt und geschmeidig, muß er zuvor durch ein Sieb gestrichen werden.

Buttercreme •
(Grundrezept II)
250 g Butter, 200 g Staubzucker, 1 Eigelb.
Unter die schaumig geschlagene Butter nach und nach den gesiebten Staubzucker und das Eigelb rühren.
Durch Hinzufügen von Vanillinzucker, Kakao, Instant-Kaffee, Kaffee-Extrakt, geriebenen Mandeln, abgeriebener Zitronenschale, wenig Fruchtsaft (Zitrone, Apfelsine, Ananas), Rum, Weinbrand oder Fruchtlikör, kann der Geschmack der Buttercreme beliebig verändert werden.

Eiweißglasur •
100 g Puderzucker, 1 Eiweiß.
Den gesiebten Puderzucker und das Eiweiß sehr gründlich verrühren. Soll die Glasur gespritzt werden, was nur mit sehr feiner Tülle möglich ist, dann so viel Staubzucker unterrühren, daß die Glasur nicht mehr breitläuft.

Einfache Zuckerglasur •
100 g Puderzucker, etwa 2 Eßl. Wasser oder Milch.
Den gesiebten Puderzucker nach und nach mit der heißen Flüssigkeit verrühren.

Fruchtglasur •
100 g Puderzucker, 2 Eßl. Zitronensaft, roter Fruchtsaft oder -sirup, 1 Teel. flüssiges Kokosfett.
Den gesiebten Puderzucker mit Fruchtsaft (Zitronensaft durch ein Sieb gießen) und dem erhitzen Kokosfett verrühren.

Kakaoglasur •
100 g Puderzucker, 3 Teel. Kakao, 2 bis 3 Eßl. Wasser.
Puderzucker und Kakao zusammensieben und allmählich mit dem heißen Wasser verrühren.

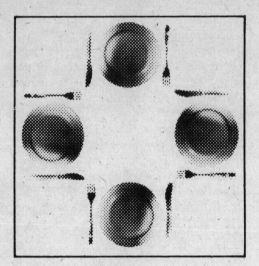

Was essen wir heute?

Wer wünscht sich nicht manchmal darauf eine Antwort? Doch oft genügt schon ein kleiner Denkanstoß, um mit dem, was Vorrats- und Kühlschrank bieten oder was man verhältnismäßig schnell besorgen kann, etwas Abwechslung auf den Tisch zu bringen.

Speisepläne für jung und alt

Von Frühstück bis Abendbrot reichen die folgenden Zusammenstellungen. Sie sollten als Vorschläge zum Variieren und nicht als Dogma aufgefaßt werden. Jeder wird sich selbstverständlich nach dem richten, was ihm zum entsprechenden Zeitpunkt zur Verfügung steht.
Für alle mit * versehenen Gerichte folgen die Rezepte im Anschluß an die Speisepläne. Alles andere ist im Rezeptteil zu finden.

1. Frühstück

Apfel-Quark-Schnitte*
Roggen-Vollkornbrot
Aufstrichfett
Schnittkäse
Kräutertee mit Zucker

Brötchen
Aufstrichfett
gekochter Schinken
Käserührei* mit
Roggen-Vollkornbrot
Bohnenkaffee mit
Kondensmilch und Zucker

Knäckebrot
Roggen-Vollkornbrot
Aufstrichfett
Bienenhonig
Leberwurst
1 Apfel
Milch

Leinsamenbrot
Toastbrot
Aufstrichfett
Salamiquark*
hartgekochtes Ei mit Anschovis
Schwarzer Tee mit Zucker

Frühstücksmüsli*
Mischbrot
Aufstrichfett
Leberkäse
Apfelschalentee mit Zucker

Mischbrot
Speckfett
1 Apfel
Malzkaffee mit Milch und Zucker

Roggen-Vollkornbrot
Weißbrot
Aufstrichfett
Camembert
Schmelzkäse
Schnittkäse
Radieschen
Kakao

Kirschstrudel
Bohnenkaffee mit Kondensmilch

Brötchen
Frische Rahmbutter
Obstteller nach Jahreszeit
Kräutertee mit Zucker

Apfelsuppe mit Haferflocken*
Knäckebrot
Aufstrichfett
Kraftfleisch
Schwarzer Tee mit Zucker

Brötchen
Aufstrichfett
Quark-Marmeladen-Aufstrich
1 weichgekochtes Ei
Bohnenkaffee mit Kondensmilch
und Zucker

Schinken auf Toastbrot
Filinchen
Joghurt

Frühlingsschnitte*
Knäckebrot
Aufstrichfett
Wurst nach Wahl
Malzkaffee mit Milch

Weizenkeimbrot
Knäckebrot
Aufstrichfett
Marmelade
Camembert
Schwarzer Tee mit Zucker

Apfeltaschen (handelsüblich)
oder anderes Gebäck
Bohnenkaffee mit Kondensmilch

2. Frühstück

für Kindergartenkinder
3 bis 6 Jahre

Vollkornbrot
Aufstrichfett
pikanter Quark (handelsüblich)
Möhre

Brötchen
Aufstrichfett
Wurst nach Wahl
Apfel oder Apfelsine

Früchtebrot
Butter
frisches Obst nach Jahreszeit

Knäckebrot
Mischbrot
Frische Rahmbutter
Nußmus
Käse nach Wahl
Tomate

Obstmüsli

Filinchen
Kräuterbutter
Gemüse nach Jahreszeit

Tee- oder Biskuitplätzchen
Fruchtpudding

Vollkornbrot
Butter
weichgekochtes Ei
(im Eierbecher mitgeben)
Gemüse nach Jahreszeit

Vollkornzwieback
Schoko- oder Zitronenbutter
frisches Obst

Milchbrötchen
Aufstrichfett
gezuckertes Obst mit Milch

Quarkkuchen oder -torte
(handelsüblich)

Filinchen
Obstgrütze

Vollkornkeks
Butter
Apfel

Erdbeerquark (handelsüblich)
Knäckebrot

frisches Obst, gezuckert
und mit Milch
Diätnährschnitte

Rosinenbrötchen
Butter
kleine Apfelsine

2. Frühstück

für Schulkinder

Bratenschnitte*
Käseschnitte
Obst nach Jahreszeit

Obstsalat
Knäckebrot
Butter

Brötchen
Frische Rahmbutter
Wurst nach Wahl
Gemüse nach Jahreszeit

Mischbrot
Becher Erdbeer- oder
Vanillequark (handelsüblich)
Aufstrichfett
Obst

Kuchen
(Quark-, Obst-,
gefüllter Streuselkuchen o. ä.)

Vollkornbrot
Butter
Spiegelei
Mixed Pickles

Becher Joghurt
Filinchen
Mischbrot
Aufstrichfett
Käse nach Wahl

Mischbrot
Speckfett
Weißbrot
Aufstrichfett
gekochter Schinken
Obst nach Jahreszeit

Mischbrot
Aufstrichfett
Leberwurst
Kräuterquark
Tomate

Knäckebrot
Weißbrot
Aufstrichfett
Schinkenwurst
Nudossi
Obst

Rosinenbrötchen
Butter
Obst nach Jahreszeit

Haferflockenmüsli
Vollkornbrot
Aufstrichfett
Schnittkäse

Mischbrot
Butter
weichgekochtes Ei
Leberkäse

Brötchen
Aufstrichfett
Salami
frische Erdbeeren

Mischbrot
Butter
Kresse
Knäckebrot
Aufstrichfett
Mettwurst
Apfel

Vollkornbrot
Aufstrichfett

Kraftfleisch
Kohlrabi

Vollkornzwieback
Butter
Becher Joghurt (handelsüblich)

2. Frühstück
für Erwachsene

Knäckebrot mit Käse
1 kleiner Apfel
1 Flasche Kakaomilch

1 Becher Fruchtjoghurt
(handelsüblich)
Wurstbrot

1 gekochtes Ei
Mischbrot mit Butter
1 Tomate

3 halbe Schinkenbrötchen
1 Stück grüne Gurke

1 Stück Pflaumenkuchen
1 Tasse Bohnenkaffee
mit Kondensmilch

Mischbrot mit Wurst
Aufstrichfett
Obst

2 halbe Brötchen mit Hackepeter
saure Gurke

Obst- und Gemüseteller
nach Jahreszeit

Knäckebrot
Frische Rahmbutter
Kräuterquark (handelsüblich)
1 Apfel

Erdbeermüsli*

Bockwurst mit Brötchen
1 Glas Apfelsaft

Vitalbrot
Rührei mit Tomate und Paprika
1 Flasche Kakaomilch

1 Stück Johannisbeerkuchen
1 Tasse Bohnenkaffee mit Kondensmilch

Vanillequarkspeise
Biskuitplätzchen
(beides handelsüblich)

1 Flasche Joghurt
Knäckebrot mit Butter

Mittagessen für Frühjahr

Kaßler
Sauerkraut
Salzkartoffeln
Sauerkirschkompott

Selleriebratlinge*
Kartoffelbrei
Rotkraut-Apfel-Rohkost
Rosinen-Quarkspeise

Kochklops mit Kapernsoße
Salzkartoffeln
grüner Salat
Fruchtschaum*

Quark mit Schnittlauch
5 g Butter je Person
Pellkartoffeln
grüner Salat
Obstsalat mit geriebenen Nüssen

Gegrillter Broiler
Buttererbsen
Paprikareis
Stachelbeerkompott

Eier im Nest*
Schokoladenpudding mit Vanillesoße

Krautroulade
Petersilienkartoffeln
Erdbeerpudding
(aus handelsüblichem Puddingpulver)

Käseschnitzel*
Kartoffelbrei
grüner Salat
Mischkompott

Schweinefrikassee
Risotto
Rote-Bete-Apfel-Rohkost
Obstsalat mit Joghurt

Rinderschmorbraten
Rosenkohl
Salzkartoffeln
Rote Grütze mit Vanillesoße

Bunter Gemüseeintopf*
Schokoladenquarkspeise
mit gerösteten Haferflocken

Rindsroulade
Rohe Klöße
Rotkraut
Apfelkompott

Steaks „Schweizer Art"*
Pommes frites

Bunter Rohkostteller
Weinschaum

Fischgulasch
Salzkartoffeln
Rote-Bete-Salat
Mischkompott

Bohneneintopf mit Hammelfleisch
Apfelsinenquarkspeise

Mittagessen für Sommer

Herzragout
Mischgemüse (Blumenkohl, Kohlrabi, Bohnen)
Salzkartoffeln
frische Kirschen

Tomatensuppe
Quarkkeulchen
Apfelmus

Gekochtes Schweinefleisch mit Meerrettichsoße
Kartoffelklöße
grüner Salat
Aprikosenkaltschale (handelsüblich)

Gefüllte Tomaten mit Rührei
Kartoffelbrei
Blumenkohlsalat
frische Erdbeeren mit Schlagschaum

Spaghetti
gebratene Jagdwurstwürfel
geriebener Käse
grüner Salat
Rhabarberkompott mit Vanillesoße

Möhreneintopf mit Rindfleisch
Schokoladenquarkspeise mit Nüssen

Gegrillte Wiener Würstchen
Kartoffelsalat
Feldsalat mit Äpfeln
Johannisbeermilch

Beefsteak mit Pilzsoße
Salzkartoffeln
Tomatensalat
frische Erdbeeren

Fisch „Gärtnerin"* mit Petersiliensoße
Salzkartoffeln
grüner Salat
Rote Grütze mit Vanillesoße

Geröstete Grießsuppe
„Süße Überraschung"*

Sülze mit Remoulade
Bratkartoffeln
Weißkraut-Gurken-Salat
Kirschmilch

Szegediner Gulasch*
Semmelknödel
Tomatensalat
Apfelschichtspeise

Verlorene Eier mit Senfsoße
Kartoffelbrei
Möhrenrohkost
frisches Obst

Klare Brühe mit Fleischklößchen
ausgebackener Blumenkohl
Kartoffelbrei
Tutti Frutti

Kartoffelsuppe
Wiener Würstchen
Erdbeerquarkspeise

Schnitzel „Cordon bleu"*
Blumenkohlgemüse mit holländischer Soße
Petersilienkartoffeln
frische Süßkirschen

Mittagessen für Herbst

Gegrillter Broiler mit Weißweinsoße
Kartoffelklöße
grüner Salat
Weintrauben

Rapünzchensalat
Pflaumenklöße mit brauner Butter
und Zimtzucker
Pflaumenkompott

Verlorene Eier mit Tomatensoße
Petersilienkartoffeln
Salat
Karamelpudding* mit Vanillesoße

Knoblauchfisch*
Salzkartoffeln
Rote-Rüben-Salat
Birne „Helene"*

Gefüllter Paprika
Kuko-Reis
Gurkensalat
Vanillequark (handelsüblich)

Wirsingeintopf mit Rindfleisch
Rote Grütze mit Vanillesoße

Hammelbraten
grüne Bohnen
Kartoffelkroketten
Melonenstücke

Fadennudelsuppe (kochfertig)
Quarkauflauf mit Fruchtsoße

Hühnerfrikassee
Risi-Bisi
Möhrenrohkost
Zitronencreme*

Rührei mit Pfifferlingen
Kartoffelbrei
grüner Salat
Grießpudding mit Kompott

Schweinekoteletts
Butternudeln
Blumenkohl mit Paprikasoße
Obstsalat (Weinbeeren, Äpfel, Pflaumen)

Gebratener Fisch mit Tomatensoße
Salzkartoffeln
Gurkensalat
Weinbeeren mit Quarkcreme

Nudeleintopf mit Hühnerfleisch
Süße Luft*

Schweinerouladen
Kohlrabi-Möhren-Gemüse
Petersilienkartoffeln
Pflaumenkompott

Geschmorte Nieren
Kartoffelbrei
Bohnensalat
Pfirsiche

Pilzomeletts*
grüner Salat
Kirschkompott

Jägerschnitzel mit Tomatensoße*
Spirelli
Götterspeise

Mittagessen für Winter

Gebratene Leber mit Zwiebelringen
Kartoffelbrei
Weißkrautrohkost
Himbeerjoghurt (handelsüblich)

Marinierte Heringe
Pellkartoffeln

Chinakohlsalat
Apfelmus

Linseneintopf mit Rauchfleisch
Schichtquark

Rindsgulasch
Grießklöße
Bayrischkraut
Pflaumenkompott

Pilzsuppe (kochfertig)
Apfelreis mit brauner Butter und Zimtzucker

Kebaptscheta mit Letscho*
Salzkartoffeln
Chicoréesalat mit Nüssen

Eierfrikassee
Salzkartoffeln
Rote-Rüben-Salat
Karamelpudding* mit Schokoladensoße

Sauerbraten
Hefeklöße (ohne Zucker)
Rotkraut
Fruchtschaum

Klare Brühe mit Eierstich
Kartoffelpuffer
Apfelmus

Porree-Eintopf mit Rindfleisch
Vanillepudding mit Fruchtsirup

Gänsebraten
Rotkraut
grüne Klöße
Ananaskompott

Eierfisch*
Kartoffelbrei
Rotkraut-Apfel-Rohkost
Kürbiskompott

Gemüse-Kartoffelsalat
Bockwurst
Chicoréesalat mit Apfelsine

Schaschlyk (handelsüblich)
Petersilienkartoffeln
Rotkraut-Weißkraut-Rohkost
Apfelschaumspeise*

Geschmorte Rippchen
Grünkohl
Salzkartoffeln
Obstsalat (Äpfel, Kompottfrüchte)

Rumpsteaks mit Kräuterbutter
grüne Bohnen
Salzkartoffeln
Mokkacreme*

Abendbrot

Mischbrot
Aufstrichfett
Schaschlyk (handelsüblich)
Romadur
Bohnensalat
Getränk

Toastbrot oder Weißbrot getoastet
Ragout fin
Rotkrautrohkost
Getränk

Vollkornbrot
Aufstrichfett
gefülltes Ei
Salami
Tomatensalat
Getränk

Karlsbader Schnitten*
Paprikasalat
Getränk

Vollkornbrot
Aufstrichfett
Heringshappen
Bierschinken
Rapünzchensalat
Getränk

Feinschmeckersteaks*
grüner Salat
Getränk

Mischbrot
Aufstrichfett
pikante Quarktörtchen*
Lachsschinken
Möhren-Apfel-Rohkost
Getränk

Kartoffel-Fleisch-Auflauf*
Sauerkrautsalat
Getränk

Brötchen
Aufstrichfett
Eiersalat
Tomatensalat
Getränk

Vollkornbrot
Aufstrichfett
Käsewürstchen*
Blumenkohlsalat
Getränk

Pizza
Tomaten-Gurken-Salat
Getränk

Weißbrot
Aufstrichfett
Soljanka*
Harzer Käse

Weißkrautrohkost
Getränk

Grieß-Apfel-Auflauf* mit Fruchtsoße
bunter Salatteller
(Möhre, rote Rüben, grüner Salat)

Röstkartoffeln
Sülze oder Sülzwurst (handelsüblich)
Remoulade
Rote-Bete-Salat
Getränk

Mischbrot
Aufstrichfett
Feurige Wurst
Knoblauchkäse (handelsüblich)
Gurkensalat
Getränk

Rezepte zu den Speiseplänen

Apfel-Quark-Schnitte ●
200 g Quark, 4 Eßl. Milch, 2 Teel. Zucker, Zitronensaft, 4 Scheiben Knäckebrot, 4 Äpfel.
Den Quark mit Milch, Zucker und etwas Zitronensaft verrühren. Das Knäckebrot damit bestreichen und Apfelspalten darauflegen.

Apfelschaumspeise ●
250 g Äpfel, 150 g Zucker, 15 g Gelatine, 1/2 Päckchen Vanillinzucker.
Die vorbereiteten Äpfel vierteln und das Kerngehäuse entfernen. Die Apfelstücke in 5/8 l Wasser garen, abseihen und durchpassieren. In die Garflüssigkeit die Gelatine und den Zucker geben. Unter ständigem Rühren aufkochen und abkühlen lassen. Dann das Apfelpüree und den Vanillinzucker zufügen und alles mit dem Schneebesen oder einem elektrischen Rührgerät schaumig schlagen. Sobald die Masse leicht dicklich wird, in Portionsschälchen füllen und kalt stellen.

Apfelsuppe mit Haferflocken ●
1/2 l Milch, 100 g Haferflocken, 250 g Äpfel, 1 Eßl. Zucker, Salz, Zimt.
Die Milch zum Kochen bringen. Haferflocken, geschälte, in Spalten geschnittene Äpfel, Zucker und Gewürze zugeben und alles auf kleiner Flamme garen.

Birnen „Helene" ●
4 Hälften von Kompottbirnen, 1/2 l gekochter Schokoladenpudding.
Die gut abgetropften Birnenhälften auf je einen Glasteller mit der Schnittfläche nach unten legen. Den heißen Schokoladenpudding darübergießen und die Speise gut kühlen.

Bratenschnitte ●
1 Scheibe Vitalbrot, Butter, 1 Scheibe kalter Braten, Radieschen.
Das Vitalbrot mit Butter bestreichen, den kalten Braten darauflegen und reichlich mit Radieschenscheiben garnieren.

Bunter Gemüseeintopf ●
400 g Nieren, 3 Zwiebeln, 1 Knoblauchzehe, 50 g Fett, 1 kg zartes Gemüse (Karotten, Erbsen, grüne Bohnen o. ä.), 1/2 l Fleischbrühe, Salz, Pfeffer, 100 g Spaghetti, Kräuter.
Die vorbereiteten Nieren in dünne Scheibchen schneiden, zusammen mit einer gehackten Zwiebel und der zerkleinerten Knoblauchzehe in dem erhitzten Fett anbraten. Das vorbereitete Gemüse, die Zwiebelviertel, Gewürze und die siedende Brühe zugeben. Bei geschlossenem Topf garen. Die gesondert ausgequollenen Spaghetti daruntermischen und das Gericht mit gehackten Kräutern bestreuen.

Eierfisch ●
400 g Frischfisch, Zitronensaft, Salz, Margarine, 4 Eier, Pfeffer.
Den vorbereiteten Fisch in Würfel schneiden, säuern, salzen, in eine mit Margarine ausgefettete feuerfeste Form geben. Die Eier verquirlen, mit Salz und Pfeffer abschmecken und über den Fisch gießen. Solange in die heiße

Backröhre stellen, bis das Gericht gar und schön goldgelb ist.

Eier im Nest
Etwa 800 g gefrorener Spinat, 30 g Mehl, je 40 g gebräunte Speck- und Zwiebelwürfelchen, Salz, Pfeffer, Muskat, etwas Kaffeesahne, Kartoffelbrei von etwa 1,5 kg Kartoffeln, 4 Eier.
Den zuvor angetauten Spinat aufkochen lassen und mit dem in wenig kaltem Wasser angerührten Mehl binden. Die Speck- und Zwiebelwürfelchen zufügen. Mit Salz, Pfeffer und einer Prise Muskat abschmecken. Eine gefettete feuerfeste Form zunächst mit dem Kartoffelbrei, dann mit dem Spinat füllen. Vier Vertiefungen eindrücken, in jede ein aufgeschlagenes Ei gleiten lassen. Die Auflaufform so lange in die vorgeheizte Backröhre setzen, bis die Eier gestockt sind.

Erdbeermüsli
125 g Haferflocken, 500 g Erdbeeren, 400 ml Apfelsaft oder anderer Fruchtsaft, 40 g Zucker.
Die Haferflocken am Abend zuvor in 12 Eßlöffel Wasser einweichen. Am nächsten Tag die vorbereiteten Erdbeeren und alle anderen Zutaten miteinander verrühren und das Müsli abschmecken.

Feinschmeckersteaks
4 Scheiben Toastbrot, 40 g Butter, 4 gewürzte und gegrillte Schweinesteaks, Pfirsich- oder Birnenhälften, 4 Scheiben Schnittkäse.
Die Brotscheiben einseitig rösten. Die nichtgeröstete Seite mit Butter bestreichen, das Schweinesteak darauflegen, mit Pfirsichhälften belegen, 1 Scheibe Käse daraufgeben und im heißen Grill oder in der heißen Backröhre überbacken, bis der Käse zu zerlaufen beginnt.

Fisch „Gärtnerin"
800 g Fischfilet, Zitronensaft, Salz, 20 g Margarine, 100 g Möhre, 50 g Sellerie, 50 g Kohlrabi, 50 g grüne Gurke, 50 g Tomate, 40 g Butter.
Den nach dem 3-S-System vorbereiteten Fisch in eine gefettete feuerfeste Form legen. Darüber das geriebene Gemüse – Tomate in Scheiben – und Butterflöckchen verteilen. Etwa 1 Tasse Wasser zufügen. Den Fisch in der heißen Röhre garen.

Fruchtschaum
½ l Fruchtsaft, Zucker nach Geschmack, 35 g Grieß.
Den Fruchtsaft mit Zucker abschmecken, zum Kochen bringen, unter Rühren den Grieß langsam einrieseln und auf kleiner Flamme unter mehrfachem Rühren ausquellen lassen. Vom Feuer genommen schaumig schlagen und in Gläser verteilen. Gut gekühlt servieren.

Frühlingsschnitten
4 Scheiben Roggen-Vollkornbrot, Aufstrichfett, 125 g herzhaft zubereiteter Quark, ½ kleine Zwiebel, 100 g grüne Gurke, 3 Tomaten, Schnittlauch.
Das Brot mit Aufstrichfett und Quark bestreichen. Darauf die gehackte Zwiebel geben. Gurke und Tomaten in Scheiben schneiden und die Quarkschnitten damit abwechselnd belegen. Obenauf Schnittlauch streuen.

Frühstücksmüsli
125 g Haferflocken, 200 ml Milch, 200 ml Apfelsaft, 400 g Obst nach Jahreszeit, 4 Tel. Zitronensaft, 20 g Honig.
Die Haferflocken am Abend zuvor mit Milch einweichen. Das vorbereitete Obst kleinschneiden und mit allen Zutaten verrühren.

Grieß-Apfel-Auflauf
600 ml Milch, 50 g Grieß, 1 Prise Salz, 4 Eiweiß, 4 mittelgroße Äpfel, Zucker, Zimt, 2 Eigelb.
In die heiße Milch den Grieß einrieseln lassen und ständig rühren. Gut durchkochen! Nach dem Abkühlen die zusammen mit 1 Prise Salz zu Schnee geschlagenen Eiweiß unterheben. Die Äpfel grob raspeln und mit Zucker und Zimt abschmecken. Schichtweise Grießmasse

und Äpfel in vier ausgefettete feuerfeste Förmchen geben, mit Eigelb bestreichen und in der heißen Röhre backen. Sofort mit einer heißen Fruchtsoße auftragen.

Jägerschnitzel
4 Scheiben Römerbraten (etwa 400 g), Senf, 1 bis 2 Eier, geriebene Semmel, Bratfett.
Die vier Wurstscheiben halbieren, mit Senf bestreichen und zusammenklappen. Dann in verschlagenem Ei und in geriebener Semmel wälzen und sofort auf beiden Seiten goldbraun braten.

Karamelpudding
100 g Zucker, ⅜ l Milch, 1 Prise Salz, 1 Päckchen Vanillinzucker, 50 g Stärkemehl.
70 Gramm Zucker trocken in einem Topf hellbraun rösten. Dann mit ⅛ l heißem Wasser ablöschen. In der Milch den restlichen Zucker und die übrigen Zutaten verrühren, zu der Karamelflüssigkeit geben und unter Rühren mehrfach durchkochen lassen. In einer ausgespülten Form erkalten lassen.

Karlsbader Schnitten
8 Scheiben Toastbrot, 80 g Butter, Tomaten- oder Paprikamark (Pritamin), 8 Scheiben Kochschinken oder Römerbraten, 8 Scheiben Schnittkäse, Paprika.
Die Brotscheiben einseitig rösten. Die nicht geröstete Seite mit Butter und Tomatenmark bestreichen. Jeweils 1 Scheibe Schinken und 1 Scheibe Käse darauflegen, mit Paprika bestreuen und im heißen Grill oder in der heißen Backröhre solange überbacken, bis der Käse zu zerlaufen beginnt. Sofort anrichten.

Kartoffel-Fleisch-Auflauf
800 g gekochte Kartoffeln, 400 g abgeschmeckte Hackfleischmasse, 40 g Butter oder Margarine.
Die Kartoffeln in dünne Scheiben schneiden und schichtweise mit der Hackfleischmasse in eine größere ausgefettete Form (auch Springform) füllen. Obenauf Butterflöcken setzen und den Auflauf in der Röhre goldbraun backen. – Nach Belieben kann das Gericht vor dem Backen mit Eiermilch übergossen werden.

Käserührei
4 Eier, 4 Eßl. Milch, 60 g Reibekäse, Salz, Öl, Schnittlauch.
Eier, Milch, Reibekäse und etwas Salz miteinander verquirlen. Wie Rührei braten. Mit gehacktem Schnittlauch bestreuen.

Käseschnitzel
4 dicke Scheiben Schnittkäse, 1 bis 2 Eier, geriebene Semmel, Öl.
Die Käsescheiben in verschlagenem Ei und geriebener Semmel wälzen. Dann in erhitztem Öl von beiden Seiten goldgelb braten.

Käsewürstchen
8 Wiener Würstchen, 120 g Schnittkäse, Tomatenketchup, Senf.
Die Würstchen mehrmals quer einschneiden, in jede Spalte ein Käsescheibchen stecken. Alles mit Öl bepinseln und einige Minuten in den Grill oder in die heiße Backröhre schieben. Tomatenketchup mit Senf verrühren, erwärmen und damit die heißen Würstchen bestreichen.

Kebaptscheta mit Letscho
400 g abgeschmeckte Hackfleischmasse, Öl, 1 Glas Letscho, Mehl, Salz, Pfeffer.
Aus der Hackfleischmasse kleine längliche Würste (etwa 2 cm × 6 cm) formen, jeweils auf einer Seite schräg einschneiden und im heißen Öl braten. Letscho (Konserve) in einem Topf heiß werden lassen, mit etwas Mehl binden, mit Salz und Pfeffer abschmecken und über die Kebaptscheta geben, die auch mit Knoblauch gewürzt werden können.

Mokkacreme
400 ml starker Bohnenkaffee, Zucker nach Geschmack, 12 g Gelatine, 3 Eiweiß oder 200 ml Schlagsahne.

Den Bohnenkaffee mit Zucker süßen. Die zuvor in wenig Wasser eingeweichte Gelatine darunterrühren und kalt stellen. Beginnt die Masse zu gelieren, das steifgeschlagene Eiweiß oder die Schlagsahne vorsichtig unterheben. Die Creme in Gläser füllen, etwas Kaffeepulver darüberstreuen und kalt stellen.

Pilzomeletts •
200 bis 300 g Champignons oder andere Pilze, 50 g Butter oder Margarine, Salz, Pfeffer, je Person ein Omelett nach Grundrezept.
Die geputzten Champignons in Scheiben schneiden, in der Butter braten, mit Salz und Pfeffer würzen. Jedes Omelett auf einen vorgewärmten Teller gleiten lassen. Eine Hälfte mit Pilzfülle belegen und die andere Hälfte darüberklappen. Sofort servieren. – Nach Belieben kann unter die Fülle gehackte Petersilie gemischt werden.

Pikante Quarktörtchen •
12 Scheiben Vollkornbrot, 80 g Butter, 500 g herzhaft abgeschmeckter Quark (mit gemahlenem Kümmel, gehackter Petersilie oder Tomatenketchup), 2 Tomaten, Petersilie, ½ Zwiebel.
Mit einem Glas aus den Brotscheiben runde Törtchen ausstechen und mit Butter und Quark bestreichen. Jeweils 3 Scheiben übereinanderlegen und diese Törtchen mit dem restlichen Quark umhüllen. Tomatenviertel, Petersilie und Zwiebelringe zum Garnieren verwenden. – Die Törtchen können auch mit verschieden abgeschmecktem Quark gefüllt werden. Die Brotreste lassen sich gut zu einer Brotsuppe verwenden.

Salamiquark •
250 g Quark, 150 ml Milch, 100 g Salami, Gewürzgurke, 2 Tomaten, Salz.
Den Quark mit der Milch glattrühren, Wurst, Gurke und Tomate fein schneiden und unter den Quark mischen. Mit Salz, nach Belieben auch mit etwas Paprika oder Pfeffer abschmecken.

Schnitzel „Cordon bleu" •
4 Schnitzel, Salz, 4 kleine Scheiben roher Schinken, 4 kleine Scheiben Schnittkäse, Mehl, 2 Eier, geriebene Semmel, Bratfett.
Die geklopften Schnitzel so weit aufschneiden, daß sie nur noch an einer Breitseite zusammenhängen. Leicht salzen, jeweils eine Hälfte mit einer Schinken- und Käsescheibe belegen, die zweite Schnitzelhälfte darüberklappen. Mit einer Rouladennadel befestigen und in Mehl, Ei und geriebener Semmel wenden. Auf beiden Seiten braten.

Selleriebratlinge •
8 dicke Scheiben Sellerie, Salz, Pfeffer, 1 bis 2 Eier, geriebene Semmel, Öl.
Die Selleriescheiben in kochendem Salzwasser gar kochen. Dann abtropfen lassen, leicht salzen und pfeffern, in verschlagenem Ei und geriebener Semmel wälzen. Die panierten Scheiben in heißem Öl von beiden Seiten braten.

Soljanka •
200 g verschiedenes Fleisch (Wurst, Schinken, gare Fleischreste), 2 Zwiebeln, Öl, 2 Eßl. Tomatenmark, 1 l abgeschmeckte Fleischbrühe, saure Gurke, marinierte Paprikastreifen, Salz, Pfeffer, 4 Zitronenscheiben, 4 Eßl. saure Sahne.
Wurst und Fleisch (alles gewürfelt) zusammen mit den Zwiebelscheiben in erhitztem Öl anbraten, mit dem Tomatenmark ablöschen und die Fleischbrühe auffüllen. Den Paprika – ebenfalls gewürfelt – dazugeben, kurz aufkochen, mit Salz, Pfeffer und evtl. etwas Zitronensaft oder Gurkenwasser abschmecken. Die Soljanka in Suppentassen füllen, obenauf 1 Zitronenscheibe und etwas saure Sahne geben.

Steaks „Schweizer Art" •
4 Steaks, Salz, Pfeffer, Öl, 1 Staude grüner Salat, ½ Zitrone, 4 Scheiben Schnittkäse, 2 Eßl. Tomatenmark, Senf.
Die Steaks würzen und in erhitztem Öl von beiden Seiten braten. Auf jeden Teller ein kleines Salatnest legen, mit

Zitronensaft beträufeln und darauf die gebratenen Steaks legen. Auf jedes Steak eine Scheibe Käse legen, mit Tomatenmark bestreichen und mit einem Tupfer Senf verzieren.

Süße Luft ●
3 Eier, 125 g Zucker, 1 Zitrone, $\frac{1}{4}$ l Apfelsaft, 8 g Gelatine, Salz, $\frac{1}{2}$ Päckchen Vanillinzucker.
Eigelb und Zucker schaumig rühren, Zitronensaft und etwas abgeriebene Zitronenschale zufügen. Den Apfelsaft erhitzen, darin die zuvor in wenig kaltem Wasser angerührte Gelatine auflösen und abgekühlt zur Eigelbmasse geben. Die Eiweiß mit 1 Prise Salz und Vanillinzucker steif schlagen, unter die Speise ziehen und erstarren lassen.

Süße Überraschung ●
Eierkuchen nach Grundrezept oder aus backfertigem Eierkuchenmehl, Vanillequark, Fruchtsoße.
Die Eierkuchen auf vorgewärmtem Teller warmhalten, dann einzeln mit Vanillequark bestreichen. Zusammen mit der heißen Fruchtsoße, der noch zerkleinertes Obst zugefügt werden kann, auftragen.

Szegediner Gulasch ●
400 g Rindfleisch, Salz, Pfeffer, 30 g Öl, 2 Zwiebeln, 300 g Sauerkraut, 1 Eßl. Tomatenmark, 1 Lorbeerblatt, 3 Gewürzkörner, Paprika, Mehl.
Das Rindfleisch in Würfel schneiden, mit Salz und Pfeffer würzen und im erhitzten Öl bräunen. Die in Scheiben geschnittenen Zwiebeln dazugeben, unter Umrühren bräunen, dann Sauerkraut, Tomatenmark, Lorbeerblatt, Gewürzkörner sowie Paprika zufügen und unter Rühren anschmoren. Mit etwas Wasser auffüllen und garen. Das Gericht zum Schluß mit Mehl binden und abschmecken.

Zitronencreme ●
4 Eier, 100 g Zucker, 4 Eßl. Zitronensaft, 8 g Gelatine.
Eigelb und Zucker schaumig rühren, bis die Masse ganz dickflüssig ist. In dem erhitzten Zitronensaft die zuvor in wenig kaltem Wasser eingeweichte Gelatine auflösen. Alles mit dem Eierschaum vermischen und halbsteif werden lassen. Dann erst den steifgeschlagenen Eischnee unterziehen und die Creme kalt gestellt fest werden lassen.

Knoblauchfisch ●
3 Knoblauchzehen, 30 g Margarine, 50 g Mehl, $\frac{1}{2}$ l Milch, Salz, Pfeffer, Muskat, 750 g Fischfilet, Zitronensaft, 1 Eßl. geriebene Semmel, 40 g Butter.
Den Knoblauch zerreiben und in der Margarine 5 Minuten dünsten. Das Mehl zugeben und die Schwitze mit der Milch auffüllen. Mit Salz, Pfeffer sowie Muskat abschmecken und gut durchkochen lassen. Die Hälfte der Soße in eine gefettete Form geben, den portionierten, nach dem 3-S-System vorbereiteten Fisch darauflegen und mit der restlichen Soße übergießen. Geriebene Semmel und Butterflöckchen darauf verteilen. In der gut vorgeheizten Röhre etwa 30 Minuten garen.

Was machen wir mit dem Rest?

Mitunter bleibt von einer Mahlzeit ein Rest übrig. Weil er für ein vollständiges Gericht nicht mehr reicht, endet er leider nicht selten im Futtereimer! Das ist nicht nur schade um die guten Zutaten und die Mühe der Zubereitung, es wirkt sich auch nachteilig auf das Wirtschaftsgeld aus und ist volkswirtschaftlich gesehen nicht zu vertreten. Jeder Rest läßt sich verwerten, und mit einiger Überlegung kann daraus ein neues Gericht entstehen. Genaue Rezepte lassen sich allerdings nicht geben.
Die nachfolgenden Hinweise sollen deshalb zu eigenen Überlegungen anregen.

Fleischreste

Suppen, Eintöpfe: Gares, in Würfel geschnittenes Fleisch in wenig heißem Fett anbraten, dabei nach Belieben kleingeschnittene Zwiebel zufügen. Als Einlage für Suppen und Eintöpfe verwenden.

Soßen: Gares, feingewiegtes Fleisch unter eine beliebige Soße ziehen. Durch die Zugabe von Gurkenwürfelchen, garen Pilzscheibchen oder hartgekochtem, gehacktem Ei werden solche Soßen noch gehaltvoller.

Bratlinge: Fein zerkleinerte Fleischreste unter garen Reis oder geriebene gekochte Kartoffeln mischen. Zur besseren Bindung Ei und ein wenig Stärkemehl hinzugeben. Die Masse kräftig würzen und zu flachgedrückten Klößchen formen. In Mehl oder geriebener Semmel wenden und in heißem Fett braten.

Aufläufe: Zerkleinerte Fleischreste zusammen mit Kartoffeln, Teigwaren oder Reis und Gemüse in eine Auflaufform schichten. Übriggebliebene Bratensoße darübergießen oder nur Butterflöcken obenauf verteilen und das Gericht in der Röhre überbacken.

Pastetchen: Gewiegtes gares Fleisch mit etwas Margarine, Tomatenmark, geriebener Semmel und Ei mischen. Die Fleischmasse in Hefe- oder Kloßteig, der in kleine Quadrate aufgeteilt wurde, einhüllen. Entweder in siedenem Salzwasser gar ziehen lassen oder, mit verquirltem Ei bestrichen, abbacken.

Salate: Feinstreifig geschnittenes gares Fleisch verfeinert Kartoffel-, Teigwaren-, Reis- oder Gemüsesalate.

Fischreste

Auch bei guter Kühlung sind Fischreste sobald wie möglich zu verwenden! Den garen Fisch zerpflücken und dabei sorgfältig entgräten.

Frikassee: Eine helle, säuerlich abgeschmeckte Soße bereiten und den Fisch zufügen. Kirschgroße Semmelklößchen, gare Champignonstücke und Kapern können dieses Gericht noch ergänzen.

Bratlinge (siehe Fleischreste): Nicht nur Reste von garem, sondern ebenso von Räucherfisch können für Bratlingsmassen Verwendung finden.

Klopse, Klößchen: Den fein zerkleinerten Fischrest mit eingeweichtem, ausgedrücktem Weißbrot oder mit geriebener Semmel, Ei und Gewürzen mischen. Die Klopse oder Klößchen in Stärkemehl wälzen und entweder in heißem Fett braten oder in siedendem Salzwasser, einer heißen Soße oder Suppe aufkochen und gar ziehen lassen.

Aufläufe: Kartoffeln, Reis oder Teigwaren und Gemüse in eine gefettete Auflaufform schichten, dabei den Fischrest in die Mitte geben. Mit Eiermilch übergießen, Margarineflöckchen darauf verteilen und den Auflauf backen.

Sülzen: Eine kräftige, säuerlich abgeschmeckte Gelatinelösung (20 g Gelatine auf $1/2$ l Flüssigkeit) bereiten, die Fischstücke und nach Belieben auch Würfelchen von Gurke, hartgekochten Eiern und Gemüse untermischen. In kalt ausgespülter Schüssel oder portionsweise erstarren lassen.

Salate: Fischreste, auch von Räucherfisch, können die Grundlage für einen vollwertigen Salat darstellen. Kleinere Reste einem Salat aus Kartoffeln, Reis, Teigwaren oder Eiern zufügen.

Teigwarenreste

Suppeneinlagen: Die Teigwaren, gegebenenfalls zerkleinert, in klare Suppen geben. Mit frischen kleingehackten Kräutern bestreuen.

Aufläufe: Teigwaren zusammen mit garem Gemüse oder Obst in eine gefettete Auflaufform schichten, mit Eiermilch übergießen. Herzhafte Aufläufe dick mit geriebenem Käse, süße mit gerösteten Semmelbröseln bestreuen, Margarineflöckchen darauf verteilen und in der heißen Röhre überbacken. Nach Belieben noch eine herzhafte oder süße Soße dazu reichen.

Eierkuchen: Teigwaren (Makkaroni, Spaghetti oder Nudeln zerkleinern) entweder in Fett anbraten, mit Eierkuchenteig übergießen und die Eierkuchen braten oder die Teigwaren gleich unter die rohe Masse rühren.

Salate: Die gegebenenfalls zerkleinerten Teigwaren mit Fleisch-, Wurst- oder Fischresten, Mayonnaise oder energiereduzierter Salatcreme und gehackten Kräutern vermischen.

Kartoffelreste

Suppen: Grob geraspelte oder kleingeschnittene Kartoffeln kochfertigen oder anderen Suppen zufügen und mit frischen Kräutern bestreuen.

Soßenkartoffeln: Würfelig geschnittene Kartoffeln in einer beliebigen Soße erhitzen und gut durchziehen lassen. Nach Wunsch angebratene Wurst- oder Speckwürfelchen und gehackte Kräuter zufügen.

Bratlinge: Geriebene oder durchgepreßte Kartoffeln mit zerkleinertem Gemüse, Mehl, Ei und Gewürzen vermischen. Fleisch-, Fisch- oder Wurstreste lassen sich ebenfalls mit verwenden. Flache Klößchen formen, in Mehl oder geriebener Semmel wenden und in heißem Fett braten.

Außerdem lassen sich Kartoffelreste zu Aufläufen, Bratkartoffeln, Klößen, Quarkkeulchen, Salaten verwenden.

Kartoffelbreireste: Sie lassen sich im Tiegel unter Rühren aufbraten oder für Aufläufe verwenden. Der Kartoffelbrei kann auch mit Ei, geriebener Semmel und gehacktem Kümmel oder Majoran vermischt, etwa 1 cm dick auf ein angefeuchtetes Brett gestrichen, in Stücke geschnitten und in heißem Fett gebraten werden.

Gemüsereste

Suppeneinlagen: Gemüsereste als Einlage für klare oder gebundene Suppen verwenden, reichlich gehackte Kräuter darüberstreuen.

Soßen: Einen Gemüserest in eine holländische Soße geben, nach Belieben Schinken- oder Wurstwürfelchen zufügen. Zu Teigwaren, Reis oder Kartoffeln auftragen.

Eierkuchen: Gebackene Eierkuchen mit dem möglichst gut erhitzten Gemüse füllen und reichlich mit feingehackten Kräutern bestreuen. Der Gemüserest kann auch unter den angerührten Eierkuchenteig gegeben werden.

Gemüsereste lassen sich auch zu Aufläufen, Bratlingen (siehe Kartoffelreste) und Salaten verwenden.

Brotreste

Die Möglichkeiten, altbackenes Brot zu verwenden, sind vielfältig (Semmelknödel, Kirschpfanne, Schwarzbrotauflauf). Aus altbackenen Brötchen oder hartem Weißbrot läßt sich mit der Mandelmühle oder mit Hilfe der elektrischen Küchenmaschine geriebene Semmel bereiten.

Übrig gebliebene Wurstbrote aufklappen, auf der Unterseite in heißem Fett braten, nach Belieben mit einem Spiegelei belegen und vor dem Auftragen dick mit frischen Kräutern bestreuen.

Wir kochen fürs Wochenende

Wenn für zwei hintereinander liegende Tage Mittagessen geplant werden soll, ist es angebracht, gründlich zu überdenken, was sich am ersten Tag gleich für den zweiten mit vorbereiten läßt. Der Speisezettel braucht deshalb keineswegs eintönig auszusehen. Wie die nachfolgenden Vorschläge zeigen, kann man verschiedene Gemüse heute in dieser Form und morgen als Salat auftragen, der gleich mit zubereitet und im Kühlschrank aufbewahrt wird. Die verschiedensten industriell vorbereiteten Zutaten lassen sich zeitsparend und mit individuellen Abwandlungen nutzen. Und weshalb sollte man nicht das „besondere" Essen, das meist mit mehr Arbeit verbunden ist, für den Sonnabend vorsehen und dafür am Sonntag etwas „Schnelles" zubereiten? Schließlich ist es doch gar nicht so abwegig, sonntags beispielsweise Nudeln mit Geflügelklein und Rosenkohl zu essen, wenn es am Tag zuvor Würzbroiler am Spieß gab. Wer sich in dieser Richtung Gedanken macht, findet bestimmt noch viele ähnliche Varianten, die ihm allerlei Zeit sparen helfen!

**Würzbroiler am Spieß,
roter Butterreis,
Rohkostsalat,
Vanillequark**

**Nudeln mit Rosenkohl,
Eischneespeise**

Würzbroiler am Spieß ●
1 Broiler, Salz, 40 g Butter, ½ Zitrone, ½ Teel. gehackte Petersilie, je 1 Messerspitze Salbei, Rosmarin und Thymian, Paprika, Öl.

Den vorbereiteten Broiler innen leicht salzen und mit einer Mischung aus der Butter, verknetet mit dem Zitronensaft, der Petersilie, Salbei, Rosmarin und Thymian, einreiben. Die Öffnung an Hals und Bauch zunähen, den Broiler dressieren und auf den Grillspieß stecken. Außen mit Salz und Paprika einreiben und mit Öl bepinseln. Etwa 45 bis 60 Minuten grillen. Dabei zwischendurch immer wieder mit Öl überpinseln. Die Flügelstücke und die Innereien in der Auffangschale des Grills mitgaren.

Roter Butterreis ●
1 Päckchen Kuko-Reis, 4 Eßl. Butter, 1 Dose Paprikamark (Pritamin).

Den Kuko-Reis nach Vorschrift garen. Die Butter zusammen mit dem Paprikamark erhitzen und den Reis damit durchschwenken.

Vanillequark ●
1 Beutel Vanillesoße ohne Kochen, ¼ l Milch, 250 g Quark, abgeriebene Zitronenschale, Zucker, frische oder Kompottfrüchte.

Die Vanillesoße mit der Milch nach Vorschrift anrühren und andicken lassen. Dann unter den glattgerührten Quark schlagen. Mit abgeriebener Zitronenschale würzen und nach Belieben süßen. Schichtweise mit den frischen oder Kompottfrüchten in Gläser verteilen und obenauf mit den Früchten garnieren.

Nudeln mit Rosenkohl ●
350 g Nudeln, ½ Paket gefrorener Rosenkohl, 1 Eßl. Butter, Salz, Muskat, Petersilie.

Die Nudeln in reichlich Salzwasser garen und abschrecken. Den Rosenkohl noch gefroren in ganz wenig Wasser, dem die Butter, etwas Salz und Muskat zugefügt wurden, garen. Das in der Auffangschale des Grillgerätes am Tag zuvor gegarte Fleisch von den Knochen lösen und in kleine Stücke schneiden. Die abgetropften Nudeln und den Rosenkohl mit der Garflüssigkeit in einen

Topf geben und so viel kochendes Waser oder Würfelbrühe auffüllen, daß alles gerade bedeckt ist. Noch einmal aufkochen, abschmecken und mit gehackter Petersilie bestreut servieren.

Eischneespeise
1 Eiweiß, 1 Päckchen Sahnestabilisator, ½ Tasse Beerenkompott oder Apfelmus oder frische Erd- oder Himbeeren.
Das Eiweiß zusammen mit dem Sahnestabilisator steif schlagen, dann das Kompott, das Apfelmus oder die vorbereiteten frischen Beeren zufügen und weiterschlagen, bis die Masse steif geworden ist. Gegebenenfalls noch etwas süßen. In Schälchen verteilen und nach Belieben mit Biskuits garnieren. Zusammen mit dem Kompott, Apfelmus oder dem frischen Obst kann auch noch 1 Gläschen Eierlikör zugefügt werden.

Ochsenschwanzsuppe,
ausgebackener Blumenkohl,
holländische Soße,
Salzkartoffeln

Steaks mit Käsedecke,
Blumenkohlsalat,
Pommes frites,
Rumfrüchte oder Kompott

Ochsenschwanzsuppe
Fertig käufliche Ochsenschwanzsuppe aus Beutel oder Dose verwenden. Nach Belieben noch mit 1 Schuß Rotwein oder etwas Weinbrand sowie je 1 Prise Thymian und Salbei abschmecken.

Ausgebackener Blumenkohl
1 Blumenkohl, Salz, 2 Eier, 4 Eßl. Öl, Paprika, Brat- oder Ausbackfett.
Den vorbereiteten Blumenkohl in Salzwasser knapp gar dünsten, abtropfen lassen und vorsichtig in Röschen oder größere Stücke teilen. Eier, Öl, etwas Paprika und Salz verquirlen. Den Blumenkohl hineintauchen und sofort in reichlich siedendem Fett im Tiegel braten oder schwimmend ausbacken.

Holländische Soße
30 g Margarine, 30 g Mehl, ¼ l Milch, 1 bis 2 Eigelb, Zitronensaft, Muskat.
Aus Margarine, Mehl, der Milch und ¼ l Blumenkohldünstwasser eine helle Soße bereiten. Mit dem Eigelb abziehen und mit Zitronensaft sowie 1 Prise Muskat abschmecken. Zusammen mit Salzkartoffeln zu dem ausgebackenen Blumenkohl reichen. – Auch eine Tomatensoße schmeckt gut zu diesem Gericht.

Steaks mit Käsedecke
4 Steaks, Salz, Öl, 1 bis 2 Ecken Schmelzkäse, Curry.
Die Steaks leicht salzen, mit Öl bepinseln und in den erhitzten Grill geben. Gegen Ende der Garzeit auf jedes Steak mehrere Schmelzkäsescheibchen legen und im Grill etwas zerlaufen lassen. Vor dem Auftragen wenig Curry darüberstreuen.

Blumenkohlsalat
1 Blumenkohl, Salz, 4 Eßl. Öl, Zitronensaft oder verdünnter Essig, ½ Zwiebel, Pfeffer, Petersilie.
Den vorbereiteten Blumenkohl in wenig Salzwasser garen, abtropfen lassen und in Röschen zerteilen. Aus dem Öl, dem Zitronensaft oder Essig, der feingehackten Zwiebel sowie etwas Pfeffer und Salz eine kräftige Marinade bereiten. Über den Blumenkohl gießen und gut durchziehen lassen. – Der Salat kann auch am Vortag bereitet und zugedeckt im Kühlschrank aufbewahrt werden. Anstelle der angegebenen Marinade läßt sich der Blumenkohlsalat auch mit einer fertig käuflichen Salatsoße nach Geschmack bereiten.

Pommes frites
1 Packung Pommes frites aus der Gefriertruhe nach Vorschrift in heißem Fett ausbacken, gut abtropfen lassen und mit wenig feinem Salz bestreuen.

Räucherfischeierkuchen,
Paprikasalat,
Pflaumenkompott,

Paprika mit Pilzfülle,
Petersilienkartoffeln,
Apfelsulz

Räucherfischeierkuchen •
200 g Mehl, 2 Eier, 1 Flasche Selterswasser, Salz, 1 Zwiebel, 250 bis 300 g Räucherfisch, Bratfett.
Aus Mehl, Eiern, Selterswasser, etwas Salz und der geriebenen Zwiebel oder aus backfertigem Eierkuchenmehl einen Eierkuchenteig bereiten. Den Räucherfisch entgräten, in kleine Stücke zerpflücken und unter den Teig mischen. Davon kellenweise Eierkuchen backen. – Es können auch ohne Räucherfisch gebackene Eierkuchen später damit gefüllt werden.

Paprikasalat •
4 Paprikafrüchte, 1 bis 2 Eßl. Öl, 2 Tomaten, 3 Eßl. Kondensmilch, Zitronensaft, Salz, Pfeffer, Dill, Liebstöckel (pulverisiert).
Die von Stengelansatz und Samenstand befreiten Paprikafrüchte in Streifen schneiden. In dem erhitzten Öl kurz dünsten und abkühlen lassen. Die in Scheiben geschnittenen Tomaten zugeben. Aus den übrigen Zutaten eine Marinade rühren und über die Salatzutaten gießen. Kurze Zeit zugedeckt durchziehen lassen.

Paprika mit Pilzfülle •
250 g Pilze, 1 Zwiebel, 4 Eßl. Öl, 100 g Weißbrot, 1 Ei, 1 Eßl. gehackte Petersilie, Salz, Pfeffer, 4 Paprikafrüchte, etwas saure Sahne, 1 Teel. Mehl.
Die vorbereiteten und zerkleinerten Pilze zusammen mit der würfelig geschnittenen Zwiebel in zwei Eßlöffel erhitztem Öl dünsten. Mit dem eingeweichten und wieder ausgedrückten Weißbrot, dem Ei sowie Petersilie vermischen, mit Salz und Pfeffer abschmecken. Die vorbereiteten, ausgehöhlten Paprikafrüchte damit füllen und in dem restlichen erhitzten Öl anbraten. Unter Zugabe von heißem Wasser oder Brühe gar dünsten. Die Dünstflüssigkeit mit etwas in saurer Sahne angerührtem Mehl binden. Dazu in Petersilie geschwenkte Kartoffeln auftragen.

Apfelsulz •
20 g Gelatine, $\frac{1}{4}$ l Apfelmus, Zimt, Zucker, 1 Tasse abgetropfte Kompottpflaumen.
Die in ganz wenig Wasser vorgeweichte Gelatine in $\frac{1}{8}$ l heißem Wasser auflösen und mit dem Apfelmus verrühren. Mit Zimt und gegebenenfalls etwas Zucker abschmecken. Die entsteinten Kompottpflaumen in Schälchen oder eine große Schüssel geben, die Sulzmasse darüber verteilen und kühlgestellt erstarren lassen. – Nach Belieben mit gerösteten Mandeln garnieren. Die Speise läßt sich gut schon am Tag zuvor bereiten.

Wenn Gäste kommen

Sich mit netten Menschen gesellig zusammenzufinden, gehört mit zu den Freuden unseres Lebens. Für den glücklichen Verlauf solcher Stunden spielt allerdings die häusliche Atmosphäre keine unwesentliche Rolle. Deshalb sollten wir beizeiten überlegen, was es dabei zu bedenken gibt!

Der Tisch

Bei rechteckigen oder runden Tischen ist für jede Person eine Sitzbreite von mindestens 65 cm erforderlich, um entsprechende Bewegungsfreiheit zu gewährleisten. Rechteckige Tische können im Raum platzsparend sein, wenn sie mit einer Schmalseite an der Wand oder am Fenster stehen. Sie sollten mindestens 90 cm Breite haben, damit gegenüberliegende Gedecke sowie eine Tischdekoration Platz finden. Reicht der Tisch für die Anzahl der Gäste nicht aus, ist es günstiger, z. B. für das Abendbrot ein kaltes Büfett vorzusehen, das sich auf einem Schreibtisch, im Flur oder in der Küche aufbauen ließe.

Richtig gedeckt

Beim Tischdecken liegt das Messer stets rechts vom Teller, mit der Schneide nach innen, die Gabel links vom Teller, mit den Zinken nach oben. Eine Gabel findet nur dann rechts vom Teller ihren Platz – also dort, wo sonst das Messer liegt – wenn das Gericht nur mit der Gabel gegessen wird. Der Suppenlöffel gehört rechts neben das Messer, der Kompott- bzw. Dessertlöffel liegt oberhalb des Tellers mit dem Griff nach rechts. Sind für eine Speisenfolge mit mehreren Gängen verschiedene Bestecke vorgesehen, so muß dasjenige außen liegen, das zuerst gebraucht wird. Gläser werden oberhalb des Gedecks über dem Messer aufgestellt. Dabei steht das Glas, das für den ersten Gang bestimmt ist, am weitesten rechts. Mehr als drei Gläser sollten nicht aufgestellt werden. Wenn erforderlich, sind sie nachzureichen. Bechergläser gehören auf passende Untersetzer.

Der Kaffee- bzw. Teelöffel wird auf die rechte Seite der Untertasse gelegt. Bei Grog und Glühwein kommt er in das feuerfeste Glas. Die Kuchengabel gehört rechts neben den Kuchenteller oder darauf.

Blumenschmuck sollte niemals höher als 30 cm sein, damit er nicht die Sicht zum Gegenübersitzenden versperrt. Schalen sind dafür am besten geeignet.

Das ist zu bedenken:

– Wichtig ist das Planen einer exakten Zeiteinteilung.

– Ein Merkzettel für den Einkauf erspart doppelte Wege!

– Alle Möglichkeiten, von Stadtküchen, Gaststätten oder dem Gastronom-Service kalte Platten, Getränke, Backwaren u. ä. anliefern zu lassen, sollten in Erwägung gezogen und weitestgehend genutzt werden, um den Arbeitsaufwand im Haushalt so gering wie möglich zu halten.

– Wein und andere Getränke beizeiten einkaufen.

– Die Speisen möglichst so auswählen, daß sie mit wenig Zeitaufwand am Tag der Einladung oder schon am vorhergehenden Tag zubereitet werden können.

– Zum Abstellen von Speisen und Getränken bewähren sich kleine Beistelltische oder -wagen.

– Die Gastgeber sollten sich absprechen, wer beim Servieren welche Aufgabe übernimmt und gegebenenfalls einen männlichen Gast bitten, sich um das Einschenken der Getränke zu kümmern.

– Mehr als 8 Personen lassen sich erfahrungsgemäß zu Hause nicht ohne fremde Hilfe bewirten. Für eine größere Festlichkeit ist es günstiger, die Mahlzeiten in einer Gaststätte einzunehmen. Solche Vorhaben sind jedoch rechtzeitig in die Wege zu leiten.

Einige Servierregeln
- Von links Geschirr aufstellen und Speisen servieren.
- Von rechts Getränke reichen oder einschenken und Geschirr sowie Gläser abräumen.
- Beim Abräumen eines Tellers von rechts anschließend einen neuen Teller von links aufstellen.
- Beilegegabeln für Fleischscheiben, Löffel und Gabeln für Fisch und Gemüse gehören auf jede Platte oder Schüssel zum Herunternehmen.
- Grundsätzlich gehören Wein- und Bierflaschen nicht auf den Tisch. Karaffen bilden eine Ausnahme.
- Vor dem Nachtisch alle Besteck- und Geschirrteile vom Hauptgang auf den Beistelltisch, Servierwagen oder in die Küche räumen.

Alles hübsch garniert

Jeden Tag – nicht nur wenn Gäste kommen – soll es auf dem Eßtisch appetitlich aussehen! Deshalb ist es gut, wenn jedes Familienmitglied, das sich mit der Zubereitung einer Mahlzeit beschäftigt, auch weiß, wie man sie ein bißchen nett anrichten kann.

Petersilie – fast immer verfügbar – als Sträußchen oder gehackt übergestreut, muntert jedes Gericht ein bißchen auf.

Radieschen – mit wenig zarten grünen Blättern daran, sind eigentlich schon Garnitur genug. Sehr rasch lassen sich Radieschenfächer schneiden. Je dichter die Einschnitte beieinanderliegen, desto besser läßt sich der Fächer auseinanderziehen. Die rote Schale des Radieschens kann auch vorsichtig mit spitzem Messer wie bei einer Apfelsine gelöst, aber nicht völlig abgezogen werden. So entsteht ein röschenähnlicher Effekt. Die so vorbereiteten Radieschen kurze Zeit in kaltes Wasser legen, damit die Röschen schön aufgehen.

Zwiebeln werden meist in dünne Scheiben geschnitten, deren einzelne Ringe sich beliebig verwenden lassen. In Wasser getauchte und in Paprika oder Curry gewendete Zwiebelringe ergeben eine hübsche farbige Garnitur.

Paprikafrüchte mit ihren verschiedenen leuchtenden Farben sind besonders wirkungsvoll. Sie brauchen nur vom Samenstand befreit und in Ringe geschnitten zu werden.

Gurken, vor allem kleine oder halbierte, lassen sich fächerförmig einschneiden und seitlich flachdrücken. Die Scheiben größerer und fester Gurken bekommen einen Einschnitt bis zur Mitte. Die eine Seite der Scheibe wird nach vorn, die andere nach hinten gezogen und so aufgestellt. Gegebenenfalls noch mit Tupfern von Tomatenmark garnieren.

Zitronen entweder in Scheiben oder Achtel schneiden. Die Zitronenscheiben erhalten einen Zackenrand, wenn ringsum kleine Stücke aus der Schale geschnitten werden. Petersilie, Kapern oder Anchovisröllchen können den Mittelpunkt der Scheiben bilden.

Gares Gemüse – vor allem Möhren, rote Rüben, Sellerie – gibt eine beliebte Garnitur, die möglichst immer mit dem Buntmesser geschnitten werden sollte. Nicht zu dicke Scheiben können auch mit einem einfachen Messer geschnitten, mit kleinen Gebäckförmchen ausgestochen und zu Mustern zusammengesetzt werden.

Paprika- oder Tomatenmark, das so dickflüssig ist, daß es gespritzt werden kann, läßt sich ohne weiteres zum Garnieren verwenden. Andernfalls sollte lieber darauf verzichtet werden, weil es nicht appetitlich aussieht, wenn die Tupfen breitlaufen.

Eier – hartgekocht – bieten unzählige Möglichkeiten der Verwendung. Sowohl Scheiben als auch Achtel sind besonders dann wirkungsvoll, wenn die Dotter schön gelb sind.

Sachwortverzeichnis

Abbacken 135
Abbrennen 135
Abdämpfen 135
Abendbrot 255
Abhängen 135
Ablöschen 135
Abschäumen 135
Abschmecken 135
Abschrecken 135
Abschuppen 135
Absengen 135
Abwasch 45
Abziehen 135
Aioli 222, 225
Alkohol 76
Alufolie 135
Ananas 139
Anisplätzchen 248
Anschovissoße 219
Aperitif 166
Apfel 140
Äpfel im Mäntelchen 246
Apfelkompott 230
Apfel-Meerrettich-Soße 222, 225
Apfelmus 231
Apfel-Quark-Schnitte 256
Apfelsalat, süßer 176
Apfelschaumspeise 256
Apfelsine 140
Apfelsulz 265
Apfelsuppe mit Haferflocken 256
Apfeltorte mit Decke 238
Aprikose 140
Aprikosenkompott 230
Aprikotieren 136
Artischocke 143
Aschkuchen 246
Aspik 158
Aubergine 144
Aufläufe 187
Auslösen 136

Babykost 88
Backaroma 158
Backen 134, 235
Backhähnchen 149, 203
Backen mit Gas 64
Backen mit Strom 57
Backobst 140
Backobstkompott 231
Backpulver 158
Backpulverteig 239
Backzeiten 58, 65, 237
Backzutaten 235
Baisers 248
Banane 140
Bardieren 136
Bauernfrühstück 172
Béchamelsoße 221, 224
Beizen 136
Bienenhonig 158
Bienenstich 243
Bier 166
Biersoße 222, 224
Biersuppe 185

Binden 136
Birne 140
Birnen „Helene" 256
Birnenkompott 230
Biskuitmasse 241
Biskuit-Obsttorte 241
Biskuitplätzchen 242
Biskuitrolle 241
Blanchieren 136
Blätterteig 246
Blätterteig-Kleingebäck 247
Blauen 136
Blechkuchen 243
Blumenkohl 144, 191, 264
Blumenkohlgemüse 191
Blumenkohlsalat 177, 264
Blumenkohlsuppe 184
Bockwürste, gegrillte 207
Bohne 144
Bohnengemüse 191
Bohnensalat 178
Bohnensuppe 184
Bombage 136
Bouquet garni 136
Bowle, leichte 17
Braten 134, 195
Braten mit Gas 64
Braten mit Strom 57
Bratenschnitte 256
Brathering 16
Bratkartoffeln 225
Bratklößchen 208
Bratwürste 5, 207
Brennessel 144
Bries 149
Brokkoli 144
Broiler 149
Broiler, gegrillter 203
Broilerkeulen mit Senfkruste 12
Brombeere 140
Brombeerkompott 230
Brot 158
Brote, belegte 170
Brötchen 158
Brotreste 262
Brühen 181
Büchsenfleisch, veredelt 11
Büffet „deftig" 20
Buletten 208
Butter 154
Butteraufstriche 170
Buttercreme 249
Butterkuchen 243
Buttermilch 155
Buttermilchbeize 202
Buttermilchkaltschale 185
Butternudeln 228
Butterreis 228
Butterreis, roter 263
Butterschmalz 155
Buttersoße 221, 224

Chaudeau 224
Chicorée 144, 192
Chicorée im Schinkenmantel 10
Chicoréesalat 176
Chinakohl 144

Chinakohlgemüse 7, 8, 194
Chinakohl-Kaßler-Topf 8
Chinakohlsalat 176
Chutney 158
Curryreis 228
Currysoße 220, 224

Dämpfen 134
Dattel 140
Dessertwein 166
Diabetiker-Getränke 166
Diabetiker-Lebensmittel 158
Dillsoße 219, 224
Dressieren 137
Dünsten 134
Dunstobst 140

Edelbrand 166
Eier 155, 171
Eieraufstrich 170
Eierfisch 256
Eierflocken 182
Eier, gefüllte 171
Eier, gekochte 171
Eier in pikanter Soße 172
Eierguß 245
Eier im Nest 257
Eierkuchen 172
Eierkuchenmehl 159
Eier, marinierte 171
Eiersalat 179
Eier, saure 6
Eiersoße 220, 224
Eierstich 182
Eierteigwaren 159
Eier, verlorene 172
Einbrennsuppe, helle 183
Einfrieren 137
Einkauf 40
Einkochen im Schnellkochtopf 70
Eintöpfe 186
Eisbecher 17, 233
Eisbein 20, 149, 198
Eischneespeise 264
Eiskaffee 233
Eiweiß 74, 96
Eiweißglasur 249
Elektrogeräte 49
Elektrokochen 56
Endivie 144
Energie 96
Energiebedarf 72
Energieverbrauch 84
Ente 149, 204
Entenei 155
Entenklein 204
Entfetten 137
Entsehnen 137
Erbsen 144
Erbseneintopf 187
Erbsen, junge 190
Erbsensuppe 184
Erdbeerbowle 234
Erdbeere 140
Erdbeerkaltschale 186
Erdbeerkompott 230
Erdbeermüsli 257

Erdbeertorte 238
Erdnuß 140
Ergänzungsstoffe 75
Ernährung der Kinder 77, 251
Ernährung der Schwangeren 77
Ernährung des Babys 88
Ernährung, richtige 71
Ernährungsregeln 78
Essig 159
Essigbeize 202

Fachbegriffe, küchentechnische 134
Farcieren 137
Fasan 149, 205
Feige 140
Feinschmeckersteaks 257
Fenchel 144
Fertignahrung 92
Fett 74, 96
Feuerzangenbowle 234
Fiakersuppe 14
Filet 199
Filet mit grüner Mütze 14
Filetieren 137
Fisch 199
Filtern 137
Fischauflauf 217
Fischaufstrich 170
Fisch, blaugekochter 218
Fischbrühe 181
Fisch „Gärtnerin" 257
Fisch, gedämpfter 216
Fisch, gedünsteter 216
Fisch, gegrillter 217
Fischhackmasse 218
Fischkoteletts 217, 218
Fischreste 261
Fischsalat 180
Fischsuppe 183
Fischvorbereitung 214
Flambieren 137
Flecke 149, 207
Fleisch 150, 195
Fleischbrühe 181
Fleischfondue 150
Fleisch-Gartabelle 209
Fleisch, gebratenes 196
Fleisch, gekochtes 195
Fleisch, geschmortes 196
Fleischreste 261
Fleischsoße 221, 224
Fleischtabellen 210
Flüssig-Gewürz 109, 159
Fond 137
Forelle in Alufolie 217
Frikassee aus Rindfleisch 13
Frikasseesoße 219, 224
Frischlingsbraten 202
Fritieren 134
Früchtetee 167
Fruchtglasur 249
Fruchtsaft 166
Fruchtsaftsoße 224
Fruchtschaum 257
Fruchtsirup 167
Fruchtsoße 224
Fruchtsüßmost 167

Frühlingsschnitten 257
Frühstück 250
Frühstücksmüsli 257
Füllungen 249

Gabelbissen 16, 215
Gans 150, 204
Gänsefett 170
Gänseklein 204
Gänseschmalz 155
Gans zerlegen 204
Garmachungsarten 134
Garnieren 137, 267
Gartabelle für Gas 65
Gartabelle für Strom 58
Garziehen 134
Gaskochen 63
Gästebewirtung 266
Geflügel 150, 203
Geflügelbrühe 181
Geflügelklein 151
Geflügelleber, gebratene 206
Geflügelleberreis 6
Geflügelportionen 151
Geflügelreis 187
Geflügelsalat 18
Geflügelsülze 18
Geflügel, vorbereiten 150
Gefriergemüse 145
Gefriergutlagerschrank 54
Gefrierkonserve 159
Gefrierobst 141
Gehacktes in Blätterteig 12
Gelapekt 163
Gelatine 159
Geldeinteilung 38
Gelee 159
Gemüse 143, 190
Gemüseeinlagen 182
Gemüseauflauf 187
Gemüsebeilagen 145
Gemüsebrühe 181
Gemüseeintöpfe 186, 189, 256
Gemüse-Fisch-Topf 186
Gemüse-Gartabelle 194
Gemüsereste 262
Gemüsesalat, bunter 177
Gemüsesuppen 184
Getränke 166, 233
Gewürze 108, 126, 159
Gewürzdosis 137
Gewürze, ausländische 130
Gewürze, heimische 126
Gewürzmischungen 125
Gewürzvorräte 112
Glasieren 137
Glasuren 249
Götterspeise 159
Grapefruit 142
Gratinieren 138
Graupen 159
Gräupchen mit Rindfleisch 187
Grieß 159
Grieß-Apfel-Auflauf 257
Grießklöße 227
Grießnockerl 182
Grießpudding 231

Grießsuppe, geröstete 183
Grillen 134
Grillschnitzel, gefüllte 12
Grillsoße 223, 225
Grillspieße 206
Grundnährstoffe 74, 84
Grünkohl 145
Grütze 160
Gulasch 199
Gulaschsuppe 183
Gulasch, Szegediner 260
Gurke 145
Gurke, gefüllte 11
Gurkengemüse 192
Gurkenkaltschale 186
Gurkensalat 175
Gurkensuppe, schnelle 15

Hackbraten 208
Hackfleisch 151, 207
Hackfleischmasse 207
Hackfleischsalat 180
Haferflocken 160
Haferschneeflocken 160
Hagebutte 141
Hagebuttentee 233
Hähnchen, gebratenes 203
Haltbarkeit/Lebensmittel 44, 55
Hammel 151, 200, 213
Hammelbraten 200
Hammelragout 200
Hammelspießchen 171
Happenspießchen 171
Haschee 198
Hase 151
Haselnuß 141
Hasenpfeffer 151, 201
Hasenragout 201
Hasenrücken 151, 201
Häuten 138
Hefe 160
Hefeklöße 227
Hefe-Knetteig 242
Hefenapfkuchen 246
Hefeteig 242
Heidelbeere 141
Heidelbeerkompott 230
Herdreinigung 62, 64
Heringe, marinierte 16, 215
Heringe, saure 215
Heringshäckerle 215
Heringssalat 180
Heringssoße 223, 225
Herz 151
Herzragout 205
Himbeere 141
Himbeerkaltschale 186
Himbeerkompott 230
Hirn 151, 206
Hirsch 151
Hirschhornsalz 160
Hirschkeule 202
Hirschrücken 202
Hirschsteaks, grillte 203
H-Milch 155
Holunderbeere 141
Holundersuppe 185

Honigkuchen 247
Hühnerbüffet 18
Hühnerfrikassee 203
Huhn 18, 151, 203
Hülsenfrucht 160

Idealgewicht 86
Innereien 152, 205
Instant-Erzeugnis 160
Instant-Kaffee 167

Jägerschnitzel 258
Joghurt 155
Johannisbeere 141
Johannisbeerkaltschale 186
Johannisbeerkompott 230
Joule 72, 96, 138

Kaffee 167, 233
Kaffee, koffeinfreier 167
Kaffee-Ersatz 167
Kakao 233
Kakaoglasur 249
Kalb 199, 212
Kalbsbraten, geschmorter 199
Kalbsfrikassee 200
Kalbshaxe, gebratene 200
Kalbsmilch, gebratene 206
Kalbsrouladen mit Eifülle 200
Kaldaunen 207
Kalorie 72, 96, 138
Kalte Ente 234
Kaltschalen 185
Kaninchen 152, 201
Kaninchenfrikassee 201
Kaninchenrücken 201
Kapernsoße 219, 224
Karamelpudding 258
Karlsbader Schnitten 258
Karotte 145
Karpfen 216
Kartoffel 145
Kartoffelbällchen 226
Kartoffelbeilagen 225
Kartoffelbrei 225
Kartoffelfleisch 13
Kartoffel-Fleisch-Auflauf 258
Kartoffelfleischbrötchen 20
Kartoffel-Herings-Salat 178
Kartoffelkloßmehl 160
Kartoffelkroketten 226
Kartoffelkuchen 243
Kartoffelpuffer 226
Kartoffelpüreeflocken 161
Kartoffelreste 262
Kartoffelsalat 5, 178
Kartoffelstärke 161
Kartoffelsuppe 183
Käseaufstrich 170
Käseklopse 5
Käse-Radieschen-Salat 19
Käserührei 258
Käsesalat, pikanter 180
Käseschnitzel 258
Käsesoße 221, 224
Käsesuppe 183
Käsewürstchen 258

Kaßlerkamm 20
Kaßler Rippenspeer 152, 197
Kaßler Röllchen 11
Kefir 155
Kepaptscheta mit Letscho 258
Kilojoule 72
Kilokalorie 72
Kindernahrung 161
Kinderpflichten 37, 42
Kirsche 141
Kirschkompott 230
Kirschpfanne 188
Klären 138
Kleinkinderkost 94
Klöpschen 19
Klöße 226
Knäckebrot 161
Knoblauchfisch 260
Knoblauchsoße 222
Knochenbrühe 181
Knochenmark 152
Knusperflocken 161
Kochen am Wochenende 263
Kochen im Schnellkochtopf 68
Kochen mit Strom 56
Kochgeschirr 47, 56
Kochklopse 207
Kochplatten, elektrische 56
Kohl 146
Kohleherd 68
Kohlenhydrate 75, 96
Kohlrabi 145
Kohlrabibrei 93
Kohlrabigemüse 191
Kohlrabirohkost 175
Kohlrabisuppe 184
Kohlrübe 145
Kokosnuß 141
Konfitüre 161
Kompott 229
Kondensmilch 155
Konserve 161
Kopfsalat 145, 175
Kosten 38, 39
Kotelett 152, 198
Kräppelchen 240
Kraut 146
Kräuter 161
Kräuterblätterteig 19
Kräuterbutter 170
Kräutermilch 233
Kräutersoße 219, 224
Kräutertee 167
Kräutervorräte 112
Krautfleisch 10
Kraut, gefülltes 9
Kraut, polnisches 9
Krautrouladen 193
Kremspeisepulver 161
Küchen 22
Küchen-ABC 133
Bücheneinrichtung 22
Küchengeräte 47
Bücheninventar 52
Kuchenmehl 161
Kuheuter 152, 206
Kühlschrank 53

Kühlschrank/Haltbarkeit 55
Kunsthonig 162
Kürbis 146
Kürbiskompott 231
Kurzkochreis 162
Kutteln 207

Lamm 152, 201
Lauch 147
Läutern 138
Lebensmittel 162
Lebensmitteltabellen 96
Leber 152, 206
Leberspätzle 182
Leberwurst 4
Legieren 138
Leinöl 156
Lende 152
Lendenbraten 199
Likör 167
Limonade 167
Linseneintopf 187
Linsensuppe 184
Lukullus 248
Lunge 152
Lungenhaschee 207

Mais 146
Maisstärke 162
Makkaroniauflauf 8
Mandel 141
Mandelsoße 223
Mangold 146
Margarine 156
Marinade für Kartoffelsalat 178
Marmelade 162
Marmeladensoße 224
Marmorkuchen 240
Mayonnaise 156
Mayonnaisensalat 178
Meerrettichsoße 220, 224
Mehl 162
Melone 142, 146, 231
Milch 156
Milchpulver 156
Milchsuppe 183, 185
Mineralstoffe 75
Mineralwasser 167
Mirabelle 142
Mirabellenkompott 230
Mischgemüse 191
Mittagessen 253
Mitternachtssüppchen 17
Mixed Grill 152
Mixed Pickles 146
Mohn 162
Mohnkuchen 244
Mokka 233
Mokkacreme 258
Molkereiwaren 154
Möhre 146
Möhren-Apfel-Rohkost 175
Möhrenbrei 93
Möhrengemüse 190
Möhrenrohkost, pikante 175
Mürbchen 238
Mürbeteig 237

270

Nährmittel 158
Nährstoffe 74
Nahrungsbegleitstoffe 76
Nahrungsenergie 83
Naturreis 165
Nieren 152, 206
Nockerl 228
Nudeln mit Rindfleisch 187
Nudeln mit Rosenkohl 263
Nudeln, selbstgemachte 227
Nußsoße 223

Oblate 162
Obst 139, 142
Obstgrütze 232
Obstkuchen 244
Obstkuchen, versunkener 240
Obstmengen für Kuchen 245
Obstsalat 176, 177
Obstspeisen 229
Obstsuppe 185
Obsttörtchen 238
Obstwein 167
Ochsenschwanzsuppe 264
ON® 162
Orangeat 163
Ordnung 38

Pampelmuse 142
Panieren 138
Paniermehl 163
Passieren 138
Paprikafrucht 146
Paprikafrüchte, gefüllte 193, 265
Paprikagemüse 193
Paprikasalat 176, 265
Paprikasoße 220, 224
Paprikasuppe 15
Pastinake 146
Pektina 163
Pellkartoffeln 225
Petersilienkartoffeln 225
Petersiliensoße 219, 224
Pfannkuchen 246
Pfefferkuchen 247
Pfirsich 142
Pfirsiche, flambierte 232
Pfirsichkompott 230
Pflanzenöl 156
Pflaume 142
Pflaumenkompott 230
Pflaumenmus 163
Pflichten für Kinder 37
Pilze 146, 149
Pilzgemüse 194
Pilzomeletts 259
Pilzsoße 222, 224
Pilzsuppe 184
Pizza 240
Planung 35
Plinsen 173
Pökelbraten 197
Pökelfleisch 153
Pommes chips 226
Pommes frites 226, 264
Porree 147, 192
Pottasche 163

Poularde 153
Pralinentorte 242
Präserve 163
Preiselbeere 142
Preiselbeerkompott 230
Preiselbeersoße 223, 225
Pritamin 163
Pudding 231
Puddingmasse 244
Puddingpulver 163
Puderzucker 163
Puffmais 163
Pute, gebratene 153, 205

Quark 156, 173
Quarkauflauf 188, 189
Quarkblätterteig 246
Quarkkäulchen 173
Quarkklöße 174
Quarkkuchen 243
Quarkmasse 244
Quark-Öl-Teig 239
Quark, pikanter 173
Quarkpuffer 174
Quarksahne mit Früchten 232
Quarksoße 223, 225
Quark, süßer 173
Quarktörtchen, pikante 259
Quarktorte 238, 240
Quitte 142
Quittenkompott 230

Radieschen 147
Radieschensalat 175
Ragout fin 200
Rahmguß 245
Rapünzchen 147, 176
Räucherfischeierkuchen 265
Rauchfleisch 153
Rebhuhn 153, 205
Reduktionskost 81
Reduzieren 138
Rehrücken 202
Reh 153
Rehsteaks, gegrillte 203
Reis 163
Reiseinlagen 182
Reisbeilagen 228
Reis, brauner 5
Reismehl 164
Reis mit Gemüse 187
Reis mit Rindfleisch 187
Reis mit Wolkeneiern 6
Reissalat, bunter 179
Remouladensoße 222, 225
Reneklode 142
Reneklodenkompott 230
Resteverwertung 260
Rettich 147
Rettichrohkost 175
Rhabarber 143, 147
Rhabarberkompott 230
Rind 198, 211
Rinderschmorbraten 198
Rindertalg 156
Rindfleischbüffet 19
Rindfleischsalat 19, 179

Rindfleischsülzchen 19
Rippchen 13
Risibisi 229
Risotto 228
Rohkost 174
Rollbraten 153
Röllchen mit Apfelmeerrettich 19
Rollmöpse 20
Rosenkohl 147, 194
Rosine 143
Rosinensoße 222, 224
Rostbraten 153
Rösten 134
Rote Grütze 231
Rote Rübe 147
Rote-Rüben-Apfel-Rohkost 176
Rote-Rüben-Salat 178
Rotkraut 147, 193
Rotkrautrohkost 176
Rotwein 167
Rotweinbeize 202
Rotweinsoße 222, 224
Rouladen 199
Rühreier 172
Rührkuchen 240
Rührteig 239
Rührteigwaffeln 241
Rumpsteaks 153, 199

Saccharin 164
Sago 164
Sahne 157
Sahnemeerrettich 223, 225
Sahnestabilisator 164
Salamiquark 259
Salat 148, 177, 179
Salatmarinade 174
Salatöl 156
Salatsoßen 157, 177
Salatsuppe, kalte 15
Salzen 139, 215
Salzhering vorbereiten 215
Salzkartoffeln 225
Sandgebäck 241
Sättigungsbeilagen 225
Säubern 139, 215
Sauce hollandaise 221, 224
Sauerbraten 14, 153, 198
Sauerkraut 9, 148, 193
Sauerkrautsalat, pikanter 176
Sauermilch 157
Sauermilchgelee 232
Säuern 139, 215
Säuglingsernährung 88
Schabefleisch 153
Schaf 151, 201
Schalenobst 143
Schalentee 167
Schalotte 148
Schaumomelett 173
Schaumwein 168
Schinkennudeln 228
Schmalz 157, 170
Schmalzfleisch 153
Schmer 157
Schmoren 134
Schneiden 139

271

Schnellkochtopf 68
Schnepfe 154
Schnitzel 154
Schnitzel „Cordon bleu" 259
Schnitzel mit heller Soße 8
Schokoladensoße 223
Schokoladensuppe 185
Schoten 148
Schotensuppe 184
Schwarzfleisch 153
Schwarz-Weiß-Gebäck 239
Schwarzwurzel 148
Schwarzwurzelsuppe 184
Schwein 196, 210
Schweinebraten 196, 197
Schweinefilet, gedünstetes 197
Schweinekopf 198
Schweinekoteletts 197
Schweinepfeffer 197
Schweinerippchen 198
Schweineschmalz 157
Schweineschnitzel 197
Seefisch im Würzsud 216
Seefisch vorbereiten 214
Sekt 168
Sellerie 148
Selleriebratlinge 259
Selleriegemüse 191
Sellerierohkost 175
Selleriesalat 19, 178
Selleriesuppe 184
Selterswasser 168
Semmelklößchen 182
Semmelknödel, Böhmischer 227
Senfbutter 170
Senfsoße 220, 224
Servierregeln 267
Sirup 164
Sojamehl 164
Soleier 171
Soljanka 259
Sorbit 164
Soße, holländische 221, 264
Soßen 219
Soßenkuchen 164
Soßenpulver 164
Soßen, süße 223
Soßentabelle 224
Soßen, warme 219
Spaghetti 228
Spaghetti „exclusiv" 7
Spaghettisalat 179
Spargel 148
Spargelsalat 178
Spargelsuppe 184
Spätzle 228
Speck 157
Speckkuchen 246
Specknudeln 228
Specksalat, warmer 178
Specksoße 222, 224
Speisepläne 250
Speisewürze 109, 164
Spicken 139
Spiegeleier 172
Spinat 148, 194
Spinat-Ei-Omelett 11

Stachelbeere 143
Stachelbeerkompott 230
Stärkemehl 164
Steak 154
Steaks mit Käsedecke 264
Steaks „Schweizer Art" 259
Streifenfleisch mit Bohnenreis 12
Streuselauflage 245
Streuselfleisch 13
Streuselkuchen 243
Stürzen 139
Sülze 154
Suppe, exotische 164
Suppe, kochfertige 165
Suppeneinlagen 182
Suppen, gebundene 183
Suppen, süße 185
Suppe, tafelfertige 165
Süße Luft 260
Süßspeisen 229
Süßwasserfisch, gebackener 216
Süßwasserfisch, gebratener 218
Süßwasserfisch in Würzsud 216
Süßwasserfisch vorbereiten 214

Tafelöl 157
Tatarensoße 222, 225
Taube 154
Tauben, gebratene 205
Tee 167, 168
Tee, englischer 233
Tee, schwarzer 233
Teigerbsen 182
Teigwareneinlagen 182
Teigwarenauflauf 188
Teigwarenbeilagen 227
Teigwarenreste 261
Teigwarensalat mit Geflügel 179
Terrassenplätzchen 239
Tisch decken 266
Toastbrot 165
Tomate 148
Tomatenbutter 170
Tomatengemüse 192
Tomatenketchup 165
Tomatenmark 165
Tomatensalat 175
Tomatensoße 220, 224
Tomatensuppe 184
Töpfe 47
Tortenboden 238
Tortenguß 165
Tranchieren 139
Traubenzucker 165
Trinkbranntwein 168
Trockenpilze 149
Tuttifrutti 232

Überraschung, süße 260

Vanilleäpfel 231
Vanillecreme 249
Vanillemilch 223
Vanillequark 263
Vanillesoße 223
Vanillinzucker 165
Versicherung 45

Vitamine 75, 96
Vollreis 165
Vorratswirtschaft 40, 112

Wachtel 154
Wachtelei 158
Walderdbeere 143
Walnuß 141
Warmbier 233
Wasserbad 139
Weihnachtsgebäck 247
Wein 166, 167, 168
Weinbeerkompott 230
Weingelee 232
Weinschaumcreme 232
Weinschaumsoße 224
Weinsuppe 185
Weintraube 143
Weißbrot 165
Weißbrot, gefülltes 20
Weiße-Bohnen-Eintopf 187
Weißkraut 149
Weißkrautgemüse 193
Weißkrautrohkost 176
Weißkrautsalat 20
Weißwein 168
Weißweinsoße 220, 224
Weizenstärke 165
Wickelbraten 153
Wiegebraten 208
Wildbret 154, 201
Wildbret in Beize 202
Wildente 154
Wildgans 154
Wildgeflügel 154
Wildschwein 154, 202
Windbeutel 248
Wirsinggemüse 193
Wurst 207
Würstchen in Blätterteig 247
Wurstscheiben, gebratene 207
Wurstspießchen 207
Würzbroiler am Spieß 263
Wurzelwerk 139
Würzen 108, 139
Würzfleisch 200
Würzmittel 107
Würztabelle 116

Zickel 201
Ziege 201
Zimtsterne 248
Zitronat 165
Zitrone 143
Zitronencreme 260
Zucker 166
Zuckerglasur, einfache 249
Zuckerhut 166
Zückli 166
Zunge 154, 205
Zwetsche 143
Zwetschenkompott 230
Zwieback 166
Zwiebel 149
Zwiebeln, überbackene 192
Zwiebelsalat 177
Zwiebelsoße 220, 224